SHICHANG YINGXIAO CEHUA YU ZHIXING

市场营销策划与执行

⊙王瑞丰 编著

首都经济贸易大学出版社
·北京·

图书在版编目（CIP）数据

市场营销策划与执行/王瑞丰编著. —北京：首都经济贸易大学出版社，2013.8

ISBN 978 - 7 - 5638 - 2103 - 7

Ⅰ. ①市… Ⅱ. ①王… Ⅲ. ①市场营销—营销策划—教材 Ⅳ. ①F713.50

中国版本图书馆 CIP 数据核字（2013）第 127447 号

市场营销策划与执行

王瑞丰　编著

出版发行　首都经济贸易大学出版社

地　　址　北京市朝阳区红庙（邮编 100026）

电　　话　（010）65976483　65065761　65071505（传真）

网　　址　http://www.sjmcb.com

E - mail　publish@cueb.edu.cn

经　　销　全国新华书店

照　　排　首都经济贸易大学出版社激光照排服务部

印　　刷　北京地泰德印刷有限责任公司

开　　本　710 毫米×1000 毫米　1/16

字　　数　458 千字

印　　张　26

版　　次　2013 年 8 月第 1 版第 1 次印刷

书　　号　ISBN 978 - 7 - 5638 - 2103 - 7/F・1200

定　　价　39.00 元

前　言

人类历史迈进了21世纪，市场经济的飞速发展需要大量营销专业人才。职场信息反馈表明，长久以来营销人才的社会需求量始终排在第一位。然而，我国高等院校营销人才的培养远不能满足社会的迫切需要，纵观我国高等院校市场营销专业课程教材，或秉承经典营销理论的研究成果；或沿袭国外营销实践的研究方法，但是相对缺乏独立、创新的研究视角，其适用层次不明显、知识结构不系统、技术能力不实用的问题比较突出。需要关注的是，《营销策划》是专门培养营销专业能力的教材，国内该类型教材的体例基本是《市场营销学》教材的“翻版”，内容空泛、缺乏实用价值。有鉴于此，我们在教学实践的基础上，总结以往课程的教学经验，探索课程教学规律，依据营销专业人才培养目标，应和营销职业岗位的要求，编写了《市场营销策划与执行》。本教材适用于营销专业的本科学生（专升本学生），也可作为经管学科相关专业的参考书籍。

本教材内容要点

本教材内容包括四个部分：第一部分，营销策划与执行的原理；第二部分，战略性营销策划与执行；第三部分，战术性营销策划与执行；第四部分，专项营销策划与执行。本书结构完整、内容实用，在凝练营销工作主题的基础上，将营销策划与执行分解为循序渐进的操作步骤，由此提升了营销策划的科学性和营销执行的规范性，对于掌握营销规律、解决营销实际问题有所裨益。

本教材特色及创新

1．目标导向明确。本教材建立在塑造“应用型人才”的教育理念基础之上，以应用型人才的社会需求为导向，从写作指导思想到内容筛选、编纂，从体例设计到每一章节构架，从撰写方式到表述方法，都以营销策划与执行的职业能力为出发点，着力撰写一部能够体现市场营销本科（专升本）特色的教材。

2．编纂内容实用。本教材从营销活动的实际出发，注重内容编排的层次性、系统性和实用性。一方面引用实例，根据不同的营销工作场景，提出营销策划要义、方案要领和执行规律；另一方面阐明不同营销工作的运营模式、关键环节和实施方法。同时，考虑到本科生的学习层次，本教材在建立完整的营销理论框架的基础上，尽可能减少营销理论背景、理论观点的派系差别、理论成果的比较分析等内容陈述，以突出本教材的实用价值。

3. 撰写形式新颖。本教材在写作体例方面做出探索与创新：每章开始设置“本章教学目标”；每章之后设置“本章内容小结”；每个章节之中根据陈述内容设置“营销策划与执行经典范例”，以丰富营销认知。每个章节根据内容安排“营销策划与执行练习项目”，包括训练课题、训练目的、训练内容和训练检测四个部分，以增强营销体验、提高营销能力。

本教材力图打造集讲、读、思、练于一体的“板块教材模式”，立意鲜明、结构清晰、能力本位、训练直接，能够切实满足市场营销本科（专升本）专业课程的需要。

目　　录

1 市场营销策划与执行原理

本章教学目标

■ 在理解策划寓意的基础上，了解策划的发展趋势
■ 明确营销策划的基本要素
■ 知晓营销策划的特征
■ 认识营销策划与执行效用
■ 把握营销策划与执行原则

1.1 营销策划释义

1.1.1 策划的历史沿革和发展趋势

“策划”一词，在我国古籍当中早有所述，如《后汉书·隗嚣传》中有“是以功各终申，策划复得”的论述；流传久远的“三思而后行”，“凡事预则立，不预则废”，“多算胜，少算不胜，而况于无算乎?”，“用兵之道，以计为首”，“先谋后事者昌，先事后谋者亡”，“运筹帷幄之中，决胜千里之外”，都具有典型的策划思想，而其中的“思”、“预”、“算”、“计”、“谋”、“运筹”则是策划寓意的直接表达。从中国传统的策划思想上看，“策划”与“计谋”、“计策”、“谋略”、“筹划”等具有近似之意，且在多数情况下是可以相互替代使用的，体现出中华民族思想的深邃和精湛。

追溯策划的历史沿革，可以探询其发展动向与变化规律。

1.1.1.1 策划萌芽阶段

人类的活动是一种有目的的实践活动，其古老的、朴素的策划思想源远流长。原始社会人们为了生存，在猎取动物之时，总要考虑捕猎的方法；在人类有意识、有目的地改造自然环境的活动中，生成了策划的萌芽，如中国的万里长城、古埃及的金字塔都蕴含着相当成熟的策划思想。春秋战国时期，由于当时各国争斗所需，产生了大量以“策划”为职业的谋士，伴随着社会演变的进程，中国历史上涌现出众多高瞻远瞩、足智多谋的思想家、政治家和军事家，他们在社会生活的各个领域演绎出许多策划方面的经典之作。

1.1.1.2 咨询策划并合发展阶段

纵观世界近代经济发展史，咨询与策划是共同兴起、并合迈进的。咨询始于19世纪90年代英国建筑家约翰·斯梅顿开创的“土木工程协会”的工程技术咨询。1895年，被誉为科学管理之父的泰罗在美国任生产效率顾问，随后，以管理咨询服务为职业的企业顾问大量涌现。20世纪40年代之前，咨询策划主要集中在企业生产现场的改善、作业研究、生产技术的合理化建议等方面，此后逐步扩展到企业的财务管理、人事管理及营销管理等领域。50年代以后，咨询策划从工商企业扩大到社会生活的各个层面，并逐渐出现了“智囊团”、“思想库”、“头脑企业”等专业咨询策划机构。

1.1.1.3 策划独立形式阶段

策划在经济领域以独立形式出现源于企业的形象设计。企业在营销实践中领悟到推销产品先推销企业的原理，对企业的文化理念、行为方式及视觉识别进行系统筹划、统一传播，以在社会公众心目中建立起个性鲜明的企业形象。1956年，美国IBM公司将“国际商用机器公司”的英文全称浓缩为“IBM”3个字母，然后选取蓝色调为标准色，以此象征IBM高精尖技术和开拓精神。IBM的形象设计推出之后，引起社会公众的强烈反响，使其在计算机行业中脱颖而出，成为“蓝色巨人”。在IBM的启示下，美国、西欧的一些大公司相继导入形象设计，重视并推崇企业形象的整体塑造，由此将策划推向新的发展阶段。

由此可见，营销策划成就于大经济、大市场、大流通的社会格局，服务于大组织、大集团、大公司的综合竞争。当历史进入21世纪，民主政治的推进，让人们拥有更多的参与策划的机会；文化的相互交织，为策划提供更多的思路和角度；经济的繁荣兴旺，为策划开辟更多的领域和途径；科学技术的进步，为人们创造出了丰富多彩的策划手段。今天，我们已经跨越到知识经济时代，新知识、新思想、新技术和新方法大量涌现，面对变幻莫测的世界，我们需要随时辨别、分析、整合各类信息，将其融入事业、生活中去，策划已在现代社会各个领域中占据重要位置。

（1）策划组织从个体走向群体。在相当长的历史时期，策划的组织形式大多是松散的，一般是以分散的献计献策为主。随着时代的发展，策划主体大都是多目标的，内容涉及政治、军事、经济、文教、外交、生态与环境等各个方面，需要多学科互相协作，群体策划组织的出现是历史的必然。

（2）策划内容从局部走向全面。传统策划主要是集中于政治、军事领域，现在策划涉及社会经济活动的方方面面，管理策划更具多样性，比如，产品策划、价格策划、渠道策划、促销策划、业态策划、广告策划和旅游策划等等。

（3）策划主体从人脑走向人机结合。从根本上来说，信息是策划的基础。在信息社会，信息的加工与传播的发展，使信息数量急剧增加。因此，光靠人脑储藏信息并进行信息加工是不可能的。现代信息工具可以帮助人们收集、分析大量的信息，通过综合归纳并运用各种技术手段可以模拟策划结果和实施策划的状况。

（4）策划战略从近期涉及未来。过去，人们的策划往往突出现实性、实用性，要求"短、平、快"，结果难免是获得了眼前利益而损害了长远利益，或者获得了经济效益而损害了人类整体的社会利益。现在，人们在追逐近期目标策划成功的同时，已经注意到长远的既得利益。在经济领域的各项策划中，人们不仅追求经济效益，更重要的是追求社会效益和生态效益，以获得人类的可持续发展。

（5）策划态度从热情走向理性。长期以来，人们大都是凭借满腔热情从事策划，因而绝大多数策划属于经验直观型策划，其策划过程不甚规范，往往是"灵机一动"或"眉头一皱，计上心来"，缺乏科学的理性推断。随着"专家管理"的出现，策划过程中的理性思维受到重视，特别是一些复杂的策划内容需要在科学理论的指导下，经历大量的市场调查与分析，运用严格的逻辑推理，建立执行模式，以提高策划的可行性与操作性。

纵观现状、放眼未来，策划具有科学化的发展趋势。一方面，第二次世界大战以后，系统论、控制论、信息论和未来学等新兴学科的兴起以及综合学科的出现为现代策划的研究奠定了成熟的科学理论基础；另一方面，电子计算机技术的兴起为策划提供了全新的研究手段，从而使策划走上科学化研究的进程。策划还具有程序化的发展趋势，现代策划摒弃对问题仅凭个人主观经验的随意性和偶然性判断，而是按照一定的步骤和程序进行逻辑推理，确定策划方案，从而使策划走上程序化执行的轨道；策划更具有专业化的发展趋势。随着人类社会活动的不断深入，策划更加复杂和精致，充分显示出创造性的思想魅力，是一种智力密集型的特殊职业，因而要求策划向专业操作的方向趋近。

1.1.2　营销策划的基本要素

营销策划是策划在经济领域的典型应用，即人们为达到一定的营销目标，在掌握相关信息的基础上，遵循一定的程序，对未来的营销活动进行系统、全面的构思，谋划制定、选择和完善营销方案的一种创造性的活动过程。

营销策划是营销管理的核心内容，引起众多营销学者的高度重视。他们遵循营销活动的规律，对营销策划的不同层面进行探讨。营销策划按其内容可分为营销战略策划和战术策划；按其结果可分为营销思路策划和营销措施策划；按其方法可分为定性营销策划和定量营销策划。然而，无论从哪个角度研究问题，都应当明确营销策划的基本要素。

1.1.2.1 目标——营销策划的起点

一定时期内企业营销活动的具体内容很多，未来营销活动要策划的项目也很多，要进行营销策划，首先必须确定策划目标。策划目标可以是单一目标，也可以是复合目标。单一目标是指策划营销活动中的某些具体策略问题，例如，企业名称、产品名称的策划，或企业新产品上市定价标准的策划。复合目标是指策划未来的营销方案涉及两个或两个以上的活动目标，如市场占有率、销售利润率，或同时对价格、渠道和促销等各项活动的预定目标进行策划。策划目标是有时间、空间、数量限定的常规性的营销活动，即企业能顺利进行和开展的营销业务不需要系统策划，策划的目标，一般是企业营销活动中的重点、难点问题，是影响企业营销全局，制约企业生存、发展的问题。这样确定的策划目标才有策划价值和实际意义。

1.1.2.2 主体——营销策划的人员

策划主体可以是个人，也可以是某一机构、组织。就企业营销策划而言，可以是企业内部人员，也可以是企业外部人员。由于策划是一种高智力、密集型的创造性活动，因而对策划主体有着特殊的知识、文化、能力素质的要求。现代营销策划主体多由专业性的咨询策划公司及有关科研机构担任，而且是由高级专业研究人员担任，企业在开展营销策划前，需要优化选择策划主体。

1.1.2.3 信息——营销策划的关键

营销策划作为一种筹算、谋划的过程，是一种分析、比较、研究的过程，也是连续思维的过程。要保证策划活动的顺利进行，必须占有大量的第一手资料，掌握足够的营销信息。应根据营销策划目标的要求，收集与策划目标有关的各种信息，包括本企业内部可控的信息，与此有关的市场环境信息、消费需求信息和竞争对手信息等。收集充分的信息，便于在策划过程中比较、选择，去伪存真，保证策划方案的正确、可行。

1.1.2.4 创意——营销策划的核心

创意，即创造性的意念，它是一切思维成果的最初萌芽和价值所在，是营销策划主体最宝贵的思想精华。创意为营销策划提出全新思路，凝结为营销策划最主要的内容。无数灵感交错碰撞产生创意，而创意的出现，将在整个营销策划方案中起到核心作用。

由此可见，营销策划是以“目标”为起点，以“信息”为素材，围绕“创意”核心展开的思维活动和实践活动。策划主体根据已经掌握的信息，判断事物的发展规律，分析亟待解决的问题，对营销方针、营销战略、营销策略、营销人员、营销成本、营销手段等作出构思与设计，并且形成系统、完整的方案，运用方法逐步实施，最终实现预定的目标。

1.1.3 营销策划的特征

1.1.3.1 超前性

营销策划是对未来营销环境的判断和对未来营销行为的安排，它具有超前性的特征。

营销策划是一种判断，这一判断借助于两个系统来实现：一是组织起来的形象系统；二是组织起来的逻辑系统。前者是凭借现实世界的各种资料，通过形象思维做出的未来预测；后者是凭借抽象世界间接化、概括化的资料，通过逻辑思维做出的未来预测。策划者通过这两个系统进行了解和判断，由此构成营销策划的前提，否则，营销策划就会无的放矢。

营销策划是一种安排，这种安排借助于两个系统来完成：一是组织起来的经验系统；二是组织起来的创造系统。前者是借助丰富的经验将各种营销要素进行组合，形成相对优化的效果模式，这种组合在实施过程中要进行时空的运筹，其运筹力同样建立在经验的基础之上，采用这种方法具有较大的安全性和保险系数，但是效用稍差；后者则是借助高超的创造力将各种营销要素进行前所未有的组合，从而形成优化效果模式，这种方法具有很大的风险性，但是可能产生显著的效用。

1.1.3.2 系统性

营销策划是一项系统工程。它的系统性首先表现为时间上的前后呼应，营销策划方案的每一环节总量脉脉相依，环环相扣。一项构想的完成意味着下一项创意的开始；其次表现为空间上的立体组合，企业的营销活动是多种营销要素的立体组合，通过策划使这种组合形成综合推力，推动企业成长与发展。

1.1.3.3 复杂性

营销策划是一种高难度的智力活动过程。首先要求大量的、直接的营销经验投入；其次需要间接营销知识的投入，即需要经济学、管理学、心理学、写作等方面知识的沉淀与积累；再次需要进行庞杂的信息处理，通过对信息的综合分析、比较研究，最终提炼出能够解决营销问题的创新思路。

1.1.3.4 变动性

任何事物都处于动态的环境之中，在复杂多变的市场环境中，营销策划倘若机械、刻板而缺乏相应的更改与调整，即不具备可行性。因此，面对动态的营销环境，策划思想、策划模式和策划方案需要不断做出适当调整，增强营销策划的滚动性和连续性；同时，策划程序、策划方法和策划手段也应当因地制宜、因时制宜、因物制宜，增强营销策划的灵活性和适应性。

1.1.3.5 主观性

营销策划是客体作用于主体之后形成的主观产物。无论策划的参数多么客观，策划的依据多么翔实，都要经过人脑的思维整合以后才能得出相应的结论，这一过程必然要打上主观的印记。具体表现为，不同的个体就同一信息的认识具有差别；不同的个体对同一信息的处理有着鲜明的差别；同一个体对同一信息的认识因时空不同而产生差异；同一个体对同一信息的处理结果表现出情景上的差异。因此，策划方案因策划主体的不同而具有明显的差别。

1.2 营销策划与执行效用

营销策划与执行是企业高级层次的活动。

营销策划是人类超前性、创造性思维发挥作用的归宿，而超前性、创造性思维是人类活动的高级形式，如果这样的思维处于潜在状态而不与具体实务相结合，就不能形成令人注目的成果，就不会显现其经济价值和社会价值。营销策划将超前性、创造性思维与企业具体的营销活动有机地结合起来，从而使人的潜在的思维能量得以释放。因此，营销策划应当是企业全部活动中的高层次执行，较之其他活动更需要智能上的集合力和行为上的爆发力。

营销策划与执行是企业创新行为的集中表现。

面对激烈的市场竞争，企业要想保持竞争中的领先地位就需要不断创新，营销策划的价值在于动态中的创意，发掘企业成员的智慧，同时借助“外脑”的力量，在全面分析企业资源优势的基础上，探索企业适应市场环境变化的整体方案；同时，一次策划活动完成之后又会出现新的问题，正是通过一次又一次有目的、有意识的策划执行，使企业不断克服和摆脱陈旧落后的营销模式，不断地开辟通向成功之门的营销途径，不断尝试切实可行的营销方法，从而保持企业的生机和活力。

营销策划与执行是探索营销规律的有效形式。

策划作为一种思维过程要不断对市场现象、市场信息进行横向比较和综合分析，准确地把握营销活动的发展态势，由此形成卓有成效的方案。进而营销策划方案在执行过程中接受实践检验，不断得到补充、修正和完善。所以，面对现状、发现规律、把握未来、提出对策正是营销策划与执行的哲学价值所在，这一过程能够提炼营销规律、丰富营销理论，使营销战略和策略更加有的放矢。

因此，营销策划与执行可以使营销活动有章可循、有据可依，增强营销的计划性，从而全面提升营销质量；可以成就营销者的创新素质，促使营销者摆脱陈旧、落后的营销模式，保持鲜活的生命力；可以使营销活动具有鲜明的指向性，促使企业短期利润和长期利润相结合、局部利润和全局利润相协调，有效地避免营销行为的分散性和盲目性，从而提高企业核心竞争能力；可以优化企业资源的配置，使企业针对市场机会合理调动资源，尽量降低成本费用，成功获得预期效益。

营销策划与执行的效用显现在如下方面。

1.2.1 凝练营销规律

营销策划最终要完成企业未来营销的行动方案。方案一经确定，就形成企业营销活动的计划，从而使企业营销在一段时期进入程序化操作，并且有章可循、有据可依。当营销执行到达一定程度之时，反过来对策划方案进行修改和订正，使其不断得到补充和完善，这一过程历经磨合，几经重复，使得营销策划中的创意、设想、计策、谋略日趋成熟，在长期营销实践中固化成形，提炼出营销规律，对营销具有普遍的指导作用。

1.2.2 优化资源配置，降低营销费用

营销策划与执行的显著效用在于能够对营销资源进行合理调配，按照营销目标，以尽可能少的资源投入带来尽可能多的营销产出，提高企业的经济效益。在制定、筛选营销策划方案之时，必须对企业未来营销活动的费用进行周密预算，并且对费用的支出进行合理安排；对企业资源投入及其产出效果进行比较分析，提高营销资源的利用率，避免盲目行为所造成的巨额浪费。据统计，系统进行营销策划的企业比没有进行策划的企业在营销费用上大约节约2/5～1/2。另外，营销策划与执行有时还可以产生倍增效益，当某种市场现象带来差别机会之时，如果营销策划与执行到位，就能够及时调配资源，准确投入成本，为企业带来超常规的收益。

1.2.3 强化企业目标，避免营销盲动

从管理心理学的角度看，目标对行为者有牵引力，行为者对目标有趋近力，两力合一就会减少迂回寻找目标所造成的无效劳动，加速行为者的进程。企业开展营销活动要设立总体目标，并将总体目标分解为各项子目标，营销策划依照总体目标进行计划和安排，从企业整体利益出发，使各项子目标协调一致，使营销活动中的每个环节的措施、每个步骤的方法都具有共同的指向性，始终如一围绕

企业总体目标开展执行。由此而言，营销策划与执行强化企业目标，能够有效地避免营销活动的分散性和盲目性。

1.2.4 降低市场风险，缓解营销危机

企业在市场营销中经常面临风险甚至陷入危机，表现在多个方面：①市场环境变化所导致的营销危机。市场环境是一个由经济、文化、政治、法律、自然和科技等诸多因素作用的复合系统，其中某一个或某几个因素的变化都会给企业带来某种危机。②竞争对手营销策略的变化，可引起市场占有率及市场需求投向的变化，给企业营销带来风险，使之陷入被动。③企业自身营销执行失误、事故发生，影响企业形象，给企业造成信誉危机。④企业的协作方或购、销方出现中断协议、合同，拖欠巨额债务等方面的问题，给企业营销带来困难。⑤其他市场因素变动引起的营销危机。

营销策划与执行一方面能够估测到企业营销的潜在危机，采取超前性应对措施，保证营销活动的正常进行；另一方面能够在企业营销面临险境时临危不乱，依照既定的营销方案按部就班地展开营销活动，并采取应急措施，保证企业营销行为的连续性。

1.2.5 树立品牌形象，扩大无形资产

营销策划与执行的重要内容是精心设计、潜心塑造企业品牌形象。完整的企业形象由理念识别、视觉识别和行为识别三大系统组合而成。营销策划能够围绕营销目标构建企业理念、企业文化和企业标志；营销执行的统一风格和鲜明特征能够树立企业品牌形象，提高企业在社会公众中的声望和信誉，由此使企业无形资产得到相应的增值。

1.2.6 提升企业核心竞争能力

在市场经济条件下，价值规律及其竞争规律在社会经济生活中起决定性的作用，从事市场营销的企业必须遵循优胜劣汰、适者生存的竞争法则。在社会商品总量过剩，市场供给充裕，形成买方市场格局的状况下，伴随着需求者消费理念、消费水平和消费结构的发展变化，企业之间的营销竞争愈演愈烈，已经显现出深度竞争的迹象，不仅是产品价格、市场份额之间的争夺，而且还是营销创意、营销谋略和营销行动的较量。中国已经加入世界经济的循环，要想在强手如林的国际市场竞争中脱颖而出，需要借助营销策划与执行的效力，提升企业核心竞争力。

1.3 营销策划与执行原则

1.3.1 创新原则

创新是人类发展的主要手段，没有创新就没有发展。美国学者阿瑞·提普曾说："单靠科学上的创造力是不能解决人类一切领域里的不幸和苦恼的，甚至可能会给世界上的生活增加潜在的危险。而在智慧上的不断创新却能够回答人与人之间的信任以及相互帮助而提出的问题"。"人无我有，人有我优，人优我新，人新我变"是企业营销的永恒规律。

营销策划与执行的创新意味着出奇制胜，策划主体无不推崇这一原则，旨在"出其不意，攻其不备"，意在达到突发效果，引起轰动效应。出奇制胜表现在三个方面：一是奇，即不同于一般，非同凡响；二是特，即有别于人，别开生面；三是独，即独一无二。奇、特、独为营销策划中最精彩的内容。

1.3.2 系统原则

系统原则也称为整体原则。在营销策划与执行的过程中，策划主体应用系统论的联系观、层次观、结构观和进化观分析事物，以求从整体上进行谋划，从而提供一套切实可行的全方位、多层次、宽领域的策划方案，实现企业营销整体最优。

依据系统原则，营销策划与执行应当注意四个问题：①将有利因素进行整合，以整体的形象一致对外，尽量减少内耗，集中优势力量，确保达到营销目标。②将部分与整体进行汇合，以局部服从全局，以全局带动局部，为了全局甚至不惜牺牲和舍弃局部利益。虽然局部蒙受了损失，但从全局着眼，局部的舍弃可以换来全局的利益。③将成长目标进行统合，把眼光瞄准长远目标，不被眼前利益所迷惑，注重营销策划的长期效应。④将内部要素与外部因素进行融合，前者包括企业功能、目标、结构、层次和元素等要素的融合，后者包括政治、经济、军事、文化和资本等外部因素的融合。

1.3.3 知情原则

营销策划与执行要知情，即掌握营销信息、了解营销动态，并且明确各项营销要素之间的制约关系。首先要全知，即获取的营销信息越完整越好，既了解自身的营销实力，又了解竞争对手的营销特点，同时还要了解营销环境和时局。其次要深知，即获取的营销信息越准确越好，不仅要了解现象，更要了解本质；不仅要知晓事物变动的结果，更要知晓事物变动的成因。其三要真知，即去粗取精、去伪存真，透过假象的掩饰，真正看到事物的本来面目。其四要早知，即在策划启动之前，深入调查研究，先行一步，掌握企业营销的各项信息。

对营销策划与执行而言，知情就要注意营销信息的整理、加工和利用。知识经济时代，信息成为企业的一项资源，信息数量急剧递增、信息交换速度加快，能否在信息爆炸时代慧眼识珠，明确企业营销现存问题，知晓其发展方向，是营销策划与执行成功的关键所在。

1.3.4 严谨原则

营销策划与执行的每一环节、每一部署、每一指标都要达到周到、严密、细致入微的标准。策划是一个结构复杂、分工细致的系统工程，由多项复杂要素构成，它或是策划突破的机会，稍有疏忽，机会稍纵即逝；或是策划的关键，一着不慎，满盘皆输；或是策划成功的基础，稍有大意，功败垂成。现实中许多营销策划的失败皆源于疏忽或不慎。然而，营销策划不可能百密而无一疏，要受到主客观因素的多种制约，策划主体的知识、胆略、思维方式各有长短；策划内容纷繁复杂、处于动态变化之中，不以人的意志为转移。因此，营销策划不可能绝对求全，但是执行可以求严；不可能绝对求准，但是执行可以求细。策划的执行须着力把握营销活动的关节点：一是抓住营销链条中最薄弱的环节，增强其竞争能力；二是从最有制胜机会的营销元素入手，再配合以整体营销战略，提高营销成功的概率。

1.3.5 时效原则

营销策划与执行一定要适时应机，顺应潮流，把握机遇。营销策划可以预测趋势甚至超越时代潮流，但却不能违背客观规律，逆转事物的发展方向，必须顺应市场经济发展的进程，遵循市场竞争规律，尊重消费模式和消费潮流，适应企业营销的演变趋势，才能促进和推动营销变革和进步。同时，营销策划的执行要善于抓住有利时机，引发策划方案的“轰动效应”，并且产生长期效用。市场环境的动态和消费需求的变迁决定营销策划与执行具有时效性，必须是当期规划、当期执行、当期见效，过期策划是事倍功半的策划，过期执行是徒劳的执行。

1.3.6 权变原则

营销环境总是处于变动之中的，企业在确定了可行的策划方案并开始执行以后，不能墨守教条，而应该审时而行，因时制宜。因此，营销策划与执行是无定式的，即策划模式、执行方案仅供参照、借鉴或者模仿，却不能照搬照抄，策划与执行的技术和方法也不是一成不变的，要留有余地、机动灵活；营销策划与执行是权变性的，随时跟踪策划方案进程，监测营销环境的变化，在科学判断的基础上，随机应变地调整策划目标，并修正策划方案，然而这种调整和修正并不是随意而为，而是有限度的，其限度可以从三个方面把握：一是看变化信息的可靠程度，以此决定策划方案调整的可行度；二是看变化的程度，即变化的范围和幅度，以此决定策划方案修正度；三是看调整、修正过后的效益度，即效益能见度，以此决定策划方案调整的可用度。

1.3.7 可行原则

营销策划方案须投入运行，才能够显现成效，因此，策划与执行必须做到主观意志与现实生活中的客观实际相结合，因人而异，因事而别。策划与执行主体的主观能动性必须符合客观事物的一般规律，必须做到顺应历史，与时俱进，把握并顺应消费者的需求心理，企业营销活动才能如期进行。

可行原则包括两项具体要求：①要进行可行性分析。通过可行性分析遴选出相对最优的策划方案，其中要做利弊分析、经济性分析、科学性分析与合法性分析。②要进行可行性试验。通过试验，证明策划执行的成功几率，证明策划方案具有有效性及可操作性。

1.3.8 经济原则

营销策划与执行的过程即运用各种方法最大限度地节省企业人力、物力和财力，以最小的投入谋求最大的效果。然而，策划方案运行意味着营销资源的消耗，因此，在保证实现营销目标的前提下，至简至易的策划方案是最可能被认同的方案；策划方案的执行需要以最佳的智谋投入换取最省的资源投入：一方面要多用智谋，以智代物。在现代营销竞争中，占据智谋优势比占据资源优势更为重要。因此，以智代物不仅是可能的，而且是必需的。营销策划通过设计出最佳的实用方案，在执行中巧借势、巧用时、巧使力，从而达到以智代物、以智制胜的目的。另一方面要巧用资源，以智用物。营销策划通过加入智谋因素，在方案执行的过程中，使每一份资源的投入都能够发挥最大效用，从而避免资源损失和浪费。

本章内容小结

本章系统阐述了策划的寓意、策划的历史沿革及其发展趋势；营销策划的概念及其要素；营销策划的特征；营销策划与执行的价值及效用；营销策划与执行的基本原则。

■ 营销策划即为达到一定的营销目标，在掌握相关信息的基础上，遵循一定的程序，对未来的营销活动进行系统、全面的构思，谋划制定、选择、完善营销方案的一种创造性的活动，是以“目标”为起点，以“信息”为基础素材，围绕“创意”核心展开的思维活动和实践活动过程。

■ 营销策划具有超前性、系统性、复杂性、变动性和主观性特征，因此，营销策划与执行必须遵循市场规律，把握创新原则、系统原则、知情原则、严谨原则、时效原则、权变原则、可行原则以及经济原则。

■ 营销策划与执行可以使企业营销活动有章可循、有据可依，增强营销的计划性，从而全面提升营销质量；可以提高企业的创新素质，保持企业鲜活的生命力，使营销活动具有鲜明的指向性；可以促成企业短期利润和长期利润相结合；局部利润和全局利润相协调，有效地避免营销行为的分散性和盲目性，从而提高企业核心竞争力。

2　市场营销策划与执行程序

本章教学目标

- 熟悉营销策划的思维流程
- 具备营销策划思维能力，能够提出营销策划方案的创新思维
- 熟悉营销策划的执行过程
- 具备营销策划执行能力，能够贯彻、执行策划方案的主旨、意图、目标。

2.1　营销策划的思维程序

2.1.1　营销策划的思维流程

营销策划主体的思维是一个演进过程，一般由六个环节组成：产生策划轮廓、挖掘策划概念、开发策划主题、运筹策划时空、斟酌策划方案、贯彻策划思想，每一环节的进展都相应地显示出策划主体的思维能力（见图2－1）。

2.1.1.1　第一阶段：产生策划轮廓

策划主体领悟到营销环境变迁形成的机遇或造成的威胁，在营销目标导向下，其思维向同一方向开始流动，借助于营销经验，在大脑的认知结构当中抽取多项认知元素，形成策划的系列前提，汇总之后生成策划轮廓。这一过程策划主体的思维洞察力起到关键作用，通过感观直觉到营销环境的压力，经过简单推理敏锐地捕捉到思维的着眼点，从而勾画出营销策划的框架。

2.1.1.2　第二阶段：挖掘策划概念

朦胧的策划轮廓经过分析和推敲，逐渐显现出明朗的痕迹，留下了初步的印象，这些印象在策划主体的大脑中进一步得到抽象的描述，便清晰为营销策划的概念。这一过程更需要策划主体的思维分析力，从逻辑思维的角度理解，概念是思维最基本的单元形式，是人对事物本质的认识。策划主体经过分析和判断，挖掘策划轮廓中的本质成分，建立起策划概念，从而明确营销策划对于特定的目标市场所具有的功效和作用，它是营销策划的立足点。

2.1.1.3　第三阶段：开发策划主题

如果策划主体试图把策划概念的信息送达到目标市场，就必须依据营销目

标、针对消费需求，将抽象、枯燥的策划概念演化为形象、生动的策划主题，突出信息的个性特征，以便为目标市场所接受。策划主题是策划主体为达到某种目的，需要向策划对象阐明的策划核心思想，它贯穿于整个策划过程，将策划创意、构想等要素有机地组合为一个完整的策划作品。从策划概念升华到策划主题，思维想象力产生重要的作用，在策划主体发散型的想象思维里，抽象的策划概念被赋予具体、生动的形式，一个具有感染力和刺激力的策划主题诞生了，它能够引起目标市场的极大兴趣，诱导消费者产生共鸣。

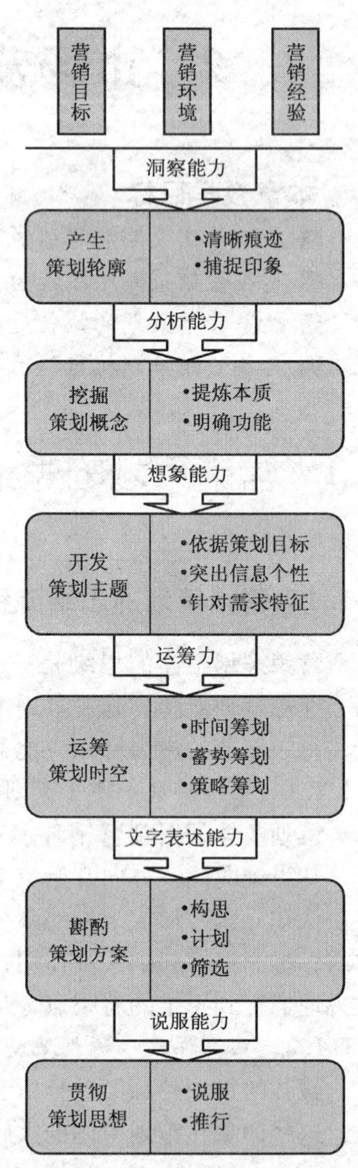

图 2-1 营销策划的思维流程

2.1.1.4 第四阶段：运筹策划时空

要把具有理性思维成分和想象思维成分的策划思想演变为具有可操作价值的策划方案，还需要在时间和空间两个方面对策划所需要的营销资源进行合理配置，根据市场供求态势系统安排营销能量释放的时机和方位以及营销策略进展的步骤和顺序。这一过程显示出策划主体思维上的运筹能力，使营销策划展开的时间顺序和空间状态与营销目标相符合、与营销环境相匹配，并且保证企业的相应收益。

2.1.1.5 第五阶段：斟酌策划方案

营销时间与空间的筹措使策划内容更加充实和丰满，策划主体需要把策划思想进一步组织整理，使之更加系统、规范，经过评比和筛选最终完善为切实可行的营销策划方案。这一过程文字表述力作用重大，它需要策划主体将成熟的策划思想运用精湛、准确的文字表达出来，以备后续的营销行为有据可依、有证可查。

2.1.1.6 第六阶段：贯彻策划思想

营销策划方案确定之后，应竭尽全力将其转化成营销行为，为此将其视为营销者的共同作业，广泛进行宣传和推广，全面贯彻策划思想，启发相关者积极主动参与这一活动。因此，沟通说服能力是营销策划善始善终的关键所在。

2.1.2 营销策划的创新思维

思维是人脑对现实世界能动的、概括的和间接的反映过程，它是在社会实践的基础上，通过对感性材料的由此及彼、由表及里、去粗取精、去伪存真的分析与综合过程完成的。思维通常可分为两种类型：常规思维和创新思维。常规思维是人们借助于日常生活、日常行为中的积累而展开思考，是人们在生活感受、实践体验以及传统习惯基础上所进行的思维活动。由于市场经济的多变性和竞争性，营销策划主体必须注意突破头脑中固有的思维定式，克服常规思维的习惯性和局限性，掌握创新思维方法。

2.1.2.1 菱形思维

菱形思维是一种先发散、后收敛的思维方式。发散性思维是菱形思维模式的第一阶段，主旨是先拓宽思路，其中包括四种思维方法：辐射思维方法，即假设某一个"轴"，将所涉及的人或物都思考到"轴"的周围，从而引发宽泛想法；侧向思维方法，即触类旁通，从其他领域中得到启示，从而产生广博的想法；关联思维方法，即借助于事物之间的内在联系，将思维迁移或扩展，从而分解出独特想法；立体思维方法，即跳出点、线、面的限制，从多维的角度思考问题，从而获取意料之外的想法。在此基础上，根据解决不同问题的需要及客观条件的限制，从可行性、优劣性、真伪性和相容性出发，对思维发散中所得到的大量想法进行对比评价，筛选出符合要求的少量想法，这一过程称为收敛性思维过程，是菱形思维模式的第二阶段，其主旨是将拓宽的思路向既定方向聚焦，最终对选取的思路、想法进行综合处理，得到创造性的观点、意见和方案。

在营销策划阶段，许多企业在产品研发过程中，其菱形思维的痕迹清晰可见。以海尔集团为例，固有的产品项目洗衣机 A，其用途为洗衣服；洗衣量为 5 kg；应用领域为家庭。海尔集团围绕着洗衣机的用途、洗衣量、应用领域三个轴，运用发散性思维策划出多项产品（见表 2－1）。

表 2－1 运用发散性思维策划的洗衣机产品

品种	用途	洗衣量		应用领域	
洗衣机 A_1	洗地瓜	洗衣机 A_4	3 kg	洗衣机 A_6	军营
洗衣机 A_2	打酥油	洗衣机 A_5	1.5 kg	洗衣机 A_7	工业
洗衣机 A_3	削土豆皮				

随后，根据市场容量及企业资源状况，海尔集团对上述产品项目进行对比和评价，以收敛性思维方式筛选出新的产品（见表2-2）。

表2-2 运用收敛性思维方式筛选的洗衣机产品

品种 项目	洗衣机 A_1	洗衣机 A_2	洗衣机 A_3	洗衣机 A_5	洗衣机 A_6
产品卖点	洗地瓜	打酥油	削土豆皮	容量1.5 kg	适用军营
上市品牌				小神童洗衣机	迷彩洗衣机

2.1.2.2 逆向思维

逆向思维是有意识地从常规思维的反方向思考问题的思维方式，是一种冲破常规、寻求变异的思维，也就是从反面进行思考。它改变了人们从正面探索问题的习惯，主动打破了常规思维的单向性、单一性，这种思维虽然不符合常规思维的逻辑，却可以产生超常的构思和创新的观念。常用的逆向思维主要包括两种：方向逆向，即从已知事物属性或者功能的相反方向设想，反其道而行之，从而开辟解决问题的新途径；方法逆向，即利用人们普遍认为最不可能的方法，出其不意地解决问题，从而能够得到始料不及的成果。

逆向思维的运用具有前提条件：首先，要求客观事物必须具备可逆性，而且前后两者的逆向关系互为因果关系，否则，强硬使用逆向思维将会导致违背规律的盲动；其次，要求策划者具有超常意志，否则，逆向思维往往被视为狂想或臆想，将其扼杀在萌芽状态，从而丧失获取创意的机会。

逆向思维在营销策划之时曾被广泛运用，例如，某水果经销商得知A地盛产一种皮薄如纸、甘甜如蜜的水晶桃，便与当地的供销社签订了数百吨的供销合同。待到水晶桃收获前，这位经销商才了解到该种水晶桃正是因为皮薄、肉厚、汁多才具有怕碰怕破、保存期短（一般3~5天），运输和储存非常不方便等致命缺陷。按照正常的销售方式，从采摘、收购、装箱、运输、批发到零售一系列环节，少于10天绝对不行。此时经销商面临着进退两难的困境：继续执行合同，定赔无疑；若废止合同，支付巨额赔偿金不说，多年来的商业信誉也会一扫而光。经过反复思考，该经销商开辟了“逛桃花山、游桃花河、吃桃花鱼、尝水晶桃”的特色旅游项目，以一种崭新的方式间接推销水晶桃，不仅化解了原来的风险，而且获取了较高的利润。显而易见，该水果经销商原有的营销执行所花费的时间远远大于水晶桃的保存期限，营销目标难以实现，经过逆向思维，改变营销角度，把“运出去卖”转换成“请进来买”，最终使矛盾得到解决。

2.1.2.3 共轭思维

共轭思维缘于拓扑学的共轭分析原理和共轭变换原理。从事物的物质性、系统性、动态性和对立性出发，认为任何事物都具有虚实、软硬、潜显、负正四对共轭部，而且事物的共轭部在一定条件下可以相互转化。共轭思维可以更加全面地了解事物的结构和组成，把握事物发展变化的规律，判断事物的优劣态势，并且利用共轭部之间的相互转化性开拓解决问题的新途径，采取相应措施达到预期目标。

在营销策划之时，共轭思维贯穿于营销竞争策划的始终，运用共轭思维方法不但可以全面准确地分析自身的营销长处与短处，而且能够清晰分辨竞争对手的营销优势和劣势，以己之长、克敌之短，从而赢得营销竞争的成功。例如，“劳特”泡泡糖是日本泡泡糖市场的霸主，要想与它争夺市场难度极大。江崎糖业公司展开营销竞争之时采取了一个不同寻常的策略，即成立一个专家小组专门研究“劳特”的短处。“挖短组”鸡蛋里挑骨头，终于发现了“劳特”的四个缺点，他们将缺点加以改进，很快推出了四种功能性泡泡糖。这种针对“劳特”的泡泡糖推向市场后获得了奇迹般的成功，当年销售额突破150亿日元，一举超过了“劳特”。江崎公司成功的关键就在于对事物进行了共轭分析，找到了对手产品的弱项，并根据共轭部间的可相互转化性，“取人之负，化为己正”。

2.1.2.4 传导思维

策划主体面对营销执行产生的矛盾，有时实施某一种变换手段不能直接解决问题，但是由此而生成的传导变换手段却可以使矛盾得以缓解，这种利用传导变换解决问题的思维方式称为传导思维。所谓传导变换是指对某一对象实施举措后而导致的另一对象所发生的变换，传导效应是传导变换所产生的效应。传导思维在营销策划中应用非常广泛，但是需要策划主体思维方面的连贯和完整，尤其是进行营销沟通策划之时，要特别关注企业所采用的传导变换手段能否引起二次传导变换，如果能够，还要考虑二次传导变换的效应。如果呈现负效应，就要慎重考虑能否采用这种手段，如果恰当采用，则要考虑相应的协调方案，以免产生不良的后果。例如，当进行促销策划时，可以采取降价、试用、附赠品等直接手段提高产品的销售量；也可以采取广告宣传或公关沟通等间接手段，但是这种手段不能直接提高产品的销售量，只能扩大产品的知名度、美誉度。产品知名度、美誉度的增加所产生的传导使更多的用户知晓和认同该企业的产品，从而提升销售量。这一思维过程即为传导思维。

2.2 营销策划的执行程序

2.2.1 营销策划的执行过程

营销策划的整体执行呈现程序化的过程：首先，界定问题；尔后整合信息产生营销策划的创意；其后提出策划方案、选定策划方案，随后控制策划的实施；最后，评价策划成果。每一环节的承接与延续都展示出策划主体的营销执行能力（见图2-2）。

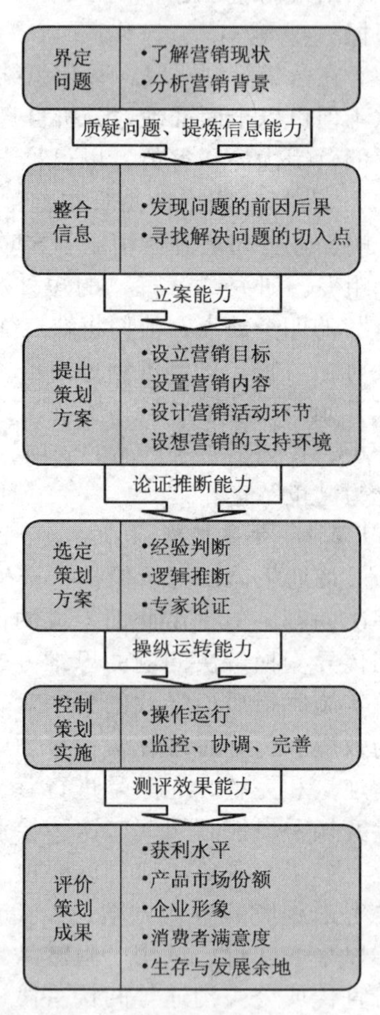

图2-2 营销策划的执行过程

2.2.1.1 第一阶段：界定问题

企业从事市场营销，经常面临市场环境中的威胁或机会，遭遇突发性问题，而且这些问题盘根错节、交叉出现，严重干扰企业营销的进程。策划主体要充分了解营销状态，潜心分析营销背景，在掌握营销活动规律的基础上，抓住主要矛盾，揭示营销黑洞，界定问题性质，归纳问题类型，预测问题的结果，探询问题牵制的相关领域，从而启动营销策划的良好开端。

2.2.1.2 第二阶段：整合信息

在界定营销问题之后，围绕问题收集信息、分析信息、利用信息。信息来源有两种途径：一是通过搜集资料，获取间接信息，从企业营销过程的原始记载、政府部门相关的统计资料、针对性较强的书籍及报刊中探询问题的缘由和走向；二是通过企业内外部调研获取直接信息，从市场需求、竞争态势、企业营销活动现状中发现解决问题的切入点，在此基础上整合信息内容，提炼信息本质，统筹吸收信息精髓，将其纳入策划主体的思维体系，与策划主体固有的知识和经验相结合，成为策划主体思维领域的有机组成部分，使之转化为策划创意的支撑点。

2.2.1.3　第三阶段：提出策划方案

在整合营销信息的基础上，策划主体提出解决营销主干问题和支脉问题的系列方案。完整的营销策划方案应包括四项基本内容。①营销目标：具体演化为特定目标市场上一定时期内的财务目标和销售目标，即销售收入增长率、利润增长率、市场占有份额和消费者认知度等。为了保证企业营销的高效运行，营销目标应数量明确、层次清晰、符合实际且相互之间协调一致。②营销战略和策略：是实现营销目标的具体方式，其中，营销战略涉及市场需求测量、市场细分、目标市场选择、市场定位、市场竞争等领域；营销策略泛指产品、定价、分销渠道和销售促进等内容。③营销环节：是营销执行的时间、空间安排，将整体方案转化为可操作的多项步骤，反映出营销活动的惯性特征，保证企业营销的连续性和规范性。④营销的支持条件：是贯彻执行营销战略与策略，实现营销目标的保障系统，尤以营销组织机构、营销资金储备、营销技术设施、营销关系网络最为重要，由此支持企业营销按照既定的策划路径前行。

2.2.1.4　第四阶段：选择策划方案

提出系列营销策划方案后，需要对其进行评估和论证，根据具体情况审时度势划定首选方案、次选方案和备选方案。评估和论证的主要方法有三种：经验判断，即依据自己的主观经验或借助他人的间接经验对系列方案进行分析和评价；逻辑推论，即运用逻辑学类比推论的方法，参照限定条件，以其他成功的方案推测目前方案的可行性；专家论证，即将营销策划的系列方案提交给具有专业知识和实践经验的营销专家，经过专家的反复研讨、论证，最终选取最优的操作方案。

2.2.1.5　第五阶段：控制策划实施

当营销策划方案经过评估选取之后就进入实施阶段，策划方案是营销运行的文本依据，应当按照既定的程序交替、交叉完成每一项工作步骤，保证策划方案的相对稳定性，从而有利于企业营销目标的整体实现。因此，在策划方案运转过程中要实施监控、协调和完善措施。监控，即监测和控制策划方案的操作质量和操作效率，使策划方案全面启动、正常运行；协调，即争取企业高层决策者的信任和支持，同时获得其他职能管理者的合作，使策划方案进展自如、顺利运行；完善，即对策划方案的运行现状及时做出信息反馈，适当调整和补充既定的策划内容，灵活改变策划实行步骤，使策划有的放矢、成功运行。

2.2.1.6　第六阶段：评价策划成果

营销策划方案贯彻实施之后，需要对其做出评价，以反映营销策划的运行效果，总结教训、借鉴经验，为后期营销活动提供指导建议；为后续的营销策划提供参照依据。评价包括定性评价和定量评价两种形式：定性评价即立足于营销目标，依据策划原则，从整体的角度对策划创意、策划预算、策划进度和策划效率进行概述和评判，尤其要对营销策划的运行成本和运行成效进行对比分析，以此阐明策划方案成功或失败的关键所在；定量评价即以企业获利水平、企业产品市场份额、企业形象和消费者满意度等具体指标衡量策划方案的价值所在，以此证明策划方案的效用或缺陷。

2.2.2 营销策划的执行能力

营销策划过程具有系统性、整体性和运转性特征，需要专业能力的操作才能顺利进行。营销执行是营销策划获取成效的环节，它源于营销意识的养成、营销理论的积累，它是营销经验的沉淀，是营销方法的实践过程。营销执行的核心能力体现在四个方面。

2.2.2.1 质疑问题

质疑问题是营销策划的关键执行能力。面对错综复杂的营销行为能够迅速理清头绪、辨别真伪，从千变万化的变量中找出主导变量，从纵横交错的限制因素中发现产生直接影响的要素，提纲挈领、切中主要矛盾；简洁明了、质疑关键问题，这一过程反映策划主体判定营销症结的经验与睿智。在现代市场环境中，企业营销竞争激烈，冲突迭起，矛盾不断，策划主体需要站在较高的层次，放远目光，调高视角，从全方位的视角质疑营销问题，运用A—B—C模式了解问题的前因、过程和后果，分析主干问题与支脉问题的关联度，推测问题的演变趋势和发展动向，由此抓住营销活动的要害，简化营销策划程序，节约营销策划成本，达到营销策划的目的。

2.2.2.2 提炼信息

提炼信息是营销策划的基本执行能力。企业营销是在一定的环境背景下展开的，其营销行为要受到内外部多项信息的牵制和影响，能够在信息爆炸时代从信息快速转换中收集、整理、加工营销的相关信息，使之在人的大脑中形成有序组合，从而产生营销策划的灵感和创意，这一过程体现出策划主体整合提炼信息的能量与速率。在现代市场经济中，营销信息时效性强、更新速度快且呈现双向流动的特征，营销策划得益于企业营销信息系统的支持。营销信息系统的基本框架一般由四个部分组成：内部报告系统、营销情报系统、营销调研系统和专家决策系统。策划主体需要从这些子系统中获得相应的信息，针对营销问题进行归类编辑，提取营销策划所需素材，由此奠定营销策划的基础。

2.2.2.3 策划立案

策划立案是营销策划的核心执行能力。切中要害的策划创意仅是策划主体头脑中的构想状态，能够将具有创造性的策划灵感扩充延展，设计成为严谨完整的

策划方案，并且以精湛流畅的文笔阐明策划总体目标、策划运行程序以及策划实施要求，这一过程反映出策划主体成就策划方案的系统思维和强劲笔力。实施现代营销策划方案，首先，需要顺应消费潮流，适当地调整消费偏好和习惯，能够对消费需求产生诱导性；同时在深入研究竞争对手的基础上，攻其弱点、示己强点。其次，需要系统与全面，要顾及企业长期收益，避免盲从与片面或仅关注企业的短期收益。其三，需要吸引力和震撼力，不可盲目仿效，否则消费者熟视无睹，甚至会产生反感。其四，需要细致入微，从大处着眼、从小处着手，注重策划的精细细节，以求策划的准确效果，由此完成策划执行的实质内容。

2.2.2.4 操纵运转

操纵运转是营销策划的重要执行能力。能够将静止的策划方案转化为动态的营销行为，操纵跨越每一个环节，按照既定的步骤顺次前行，为企业营销带来良好的效用。这一过程体现策划主体运转策划方案的意志和能力。现代营销策划，其执行者需要基本素质到位，尤其需要创造性地施展营销技能，否则，策划方案难以顺利贯彻；其执行的配套方案需要同时并行，尤其是中长期营销策划需要后续的支持条件，否则，策划方案难以持久进展；其执行过程需要整合传播与区域沟通相结合，策划单项活动效果与策划整体效果相协调，把握策划执行时机，争取策划执行时效，由此达到营销策划的预期目标。

本章内容小结

本章系统阐述营销策划的思维流程和执行过程，阐明营销策划过程中的基本思维方法，强调策划创新思维的重要性，同时阐明营销策划的执行能力，强调关键执行力的重要性。

■ 营销策划的思维流程包括六个环节：产生策划轮廓、挖掘策划概念、开发策划主题、运筹策划时空、斟酌策划方案、贯彻策划方案。完成策划进程要具备相应的思维能力，尤其要掌握创新思维方法。

■ 营销策划的执行过程包括六个环节：界定问题、整合信息、提出策划方案、选择策划方案、控制策划实施、评价策划成果。完成这一进程要具备相应的执行能力，尤其要掌握关键执行技术。

3　市场营销策划文案

本章教学目标

■ 了解营销策划文案的撰写程序及步骤

■ 掌握营销策划文案的表现形式与技法

■ 知晓营销策划书所包含的基本项目

■ 明确营销策划书的撰写要求

■ 熟悉营销策划书的通用模板

3.1　营销策划文案撰写步骤

3.1.1　构建营销策划书框架

构建营销策划书的框架就是要在书写营销策划书之前，先用因果关系图（也称树状图）将策划的有关概念和框架汇集于一张纸上。在一张纸上描述策划的整体构想，其目的在于将核心问题、内外环境因素，以及解决问题的思路清晰地展现出来。

3.1.2　整合资料

整合资料对于编写营销策划文案是十分重要的，初始之际，人们经常在收集了一些零散的资料之后就迫不及待地撰写文案。欲写出一份好的策划文案绝对不能心急，在撰写前应进行深思熟虑。在汇集资料时，应先对资料加以整理、分类，再按照营销策划文案的框架顺序列入，杜绝将无关紧要的资料硬塞进策划书中，影响策划文案的整体质量。

3.1.3　版面设计

营销策划文案的版面设计如果过于零散就不利于使用者理解、阅读，因此，应当统一营销策划文案中各部分所使用的符号，具体应注意如下事项：

（1）确定版面的大小。

（2）确定每页标题的位置。

（3）确定在版面中的哪个位置放置文本，哪个位置安放图片。

（4）确定页码的位置与设计。

（5）目录的设计排列不应一成不变，防止刻板俗套。

（6）多运用图片、插图、曲线图以及统计图表等，并注意辅之以文字说明，增加可读性。

（7）通过每一页的策划识别符号增加版面的美感。因此，不妨在标题前加上统一的识别符号或图案作为策划内容的视觉识别。

（8）自行设计的文字符号将会产生意想不到的效果，应适当加以应用。

（9）标题可以分为主标题、副标题、标题解说等，通过这种简练的文字，使策划文案的内容与层次一目了然。

3.2 营销策划书的基本项目

营销策划书是否应有固定结构，目前尚无统一的定论，然而，作为企业营销实施的"设计图"，营销策划书具有相对稳定的基本项目，依据实践经验，可将其归结为十个方面（见表3－1）。

表3－1 营销策划书基本项目及其内容

● 封面： 封面的构成要素应当包括呈报对象、文件种类、营销策划名称、副标题、策划者姓名、所属单位（委托方）、密级、呈报日期，编号及总页数。
● 目录： 除非策划书的页数很少，否则不能省略目录页的内容。因为通过目录可以让阅读者对策划书有概括的了解。目录中应有各项内容的主标题、副标题、附件或资料，以及页码。
● 前言： 当人们拿到营销策划书时，最先阅读的部分除目录外就是前言。如果在策划提案讨论会上无充分的解说时间，就必须在前言中清楚地表述所阐述的重点问题。具体内容包括策划的目的意义、策划书所展现的内容、希望达到的效果。
● 策划摘要： 策划摘要一般要阐明一份营销策划书所有内容的重点，如果策划书呈报的上级领导非常忙碌，页数最好控制在2～3页，用简捷的语句对每个项目进行说明，具体的构成要素大致为： · 动机 · 目标及策划的必要性

续表

· 情景分析
· 所需资源
· 相关的辅助信息
· 预期效益
· 风险评估
· 实施中的计划管理

按照上述内容撰写策划摘要，可以获得提示重点的效果。

● 策划的背景、动机：

这部分内容应根据策划书的特点，选取所需内容进行阐述。这些项目包括：企业基本情况简介、主要股东及持股比例、经营状况、主要产品、厂房设备与性能、主要产品销售方式、销售点及其分布、销售渠道及主要客户、财务状况及最近3年财务分析、研发能力实绩、研发部门组织状况、研发团队的专长说明、重要的研究设备、研发成果、获奖及专利情况、管理能力、营销能力、企业组织结构、各部门主管的学历和经历等。同时，阐述策划目的、动机等。

● 规划目标：

在策划书中，需要明示策划所要实现的目标或改善的重点，如新产品的销售计划是：1~3月实现销售×××台，或销售额达到××××万元的目标。

目标的选择必须满足“SMART”的要求，即重要性（Significant）、可度量性（Measurable）、可实现性（Achievement）、相关性（Relevant）以及时效性（Time）

● 情境分析：

在进行营销策划时，应当了解问题的环境特征，如内部环境的优势、弱点、机会、威胁（SWOT）等因素；了解国内市场、全球市场、行业内部的竞争情况等；如外部环境分析，应做好“STEP”分析，即社会文化因素（Society）、技术进步（Technology）、经济状况（Economy）、政治法规因素（Politics）等方面的分析。

● 方案内容及其说明：

营销策划书中的方案内容，即解决问题和实现目标的策略应当一目了然。同时，对方案的可行性、成本收益情况须进行详尽的评估，采用的评估步骤、方法既要科学合理，又要简单易行。

● 使用资源、预期收益及风险评估：

在营销策划书中，应对方案执行过程中所需的人力、物力、财力以及可能产生的有形、无形成本负担进行评估。同时，对方案何时产生收益、产生多少收益以及方案有效收益期的长短等进行评估。另外，内外部环境的变化不可避免地会对方案的执行带来一些不确定性，即风险因素。因此，当环境变化时，是否有应变措施，失败的几率有多大，造成的损失是否会危及企业的生存等，也要在策划书中加以说明。

续表

● 实施的日程计划： 对策划方案的各工作项目，按照实施时间的先后顺序排列，标示策划执行的时间表。这样，有利于策划方案实施中的检查。另外，人员的组织配备和相应的权、责应在这部分中加以说明，执行中的应变程序也应当在这部分通盘考虑

3.3 营销策划书的撰写要求

3.3.1 营销策划书要容易理解

营销策划书是一种说服性材料，应当考虑使用者的思维习惯和理解能力，其体系要井然有序，各个部分之间承上启下、顺理成章，局部内容也可采用通俗易懂的方法表达。

营销策划书所涉及的概念应深入浅出，使人领悟；策划书中标明的总费用和明细费用详尽明确，使人知晓；策划书显示的方案全貌使人一目了然。

3.3.2 营销策划书要有清晰的实施进度

营销策划方案的实施过程会受到诸多因素的干扰，其中“人”的影响因素很大，往往会打乱策划方案的执行进程。因此，策划书的执行进度与计划进度很难相符。过于刚性的计划进度不适应营销活动动态的背景环境；过于柔性的计划进度不利于控制营销活动的节奏，不便于规范营销操作质量。实践证明，在撰写营销策划书之时，应尽量使用具有较大弹性的计划方法，如甘特图（Gantt Chemt）法，表明营销策划的进度，以指导企业营销的进展。

3.3.3 营销策划书要擅长运用各种图表

在营销策划书中巧妙穿插各种图表可以显得生动活泼，增强穿透力和感染力。撰写策划书之前，可以在一张图表上反映出策划方案的全貌；撰写策划书的前言和摘要最好采用概括力较强的流程图或系统图将其清晰完整展现；在策划书描述营销策划的相关概念时，最理想的方法是将其以图形的方式进行示意，以加深理解。

3.3.4 营销策划书要有效果预测

营销策划书中应以足以信赖的资料对营销策划的预期效果进行预测，同时对可能产生的成本收益状况一并作出说明，从说服的角度来看，如果将该企业或近似企业成功范例作为实证的依据，将会增大策划书被接纳的可能性。另外，对策划过程中遇到的难点问题不应回避，在策划书中应阐明问题的实质，提出策划实施特别注意的事项，并将其做成备忘录，使其简洁地附在策划书中。

3.3.5 营销策划书要突出重点

当策划主体面对错综复杂的营销问题时往往产生很多想法，但不可能把这些想法全部纳入策划书中。策划方案中的构想创意太多，目标分散，不易形成策划焦点，也会分散使用者的注意力，使其不易聚合能量解决要害问题。因此，在撰写策划书时，要尽量浓缩精华，适当舍弃。

3.3.6 营销策划书要显示个性

优秀的策划主体所做出的营销策划书会充分表明其个性特征，他们将自己的信念、观点和看法融入策划方案之中，最终提出解决问题的系统方法。正是这种独特的思维方式和策划风格使之别具魅力，能够抓住策划方案的使用者，引起共鸣，获得信赖。

3.4 营销策划书的通用模板及范例

3.4.1 营销策划书的通用模板

3.4.1.1 封面

（1）策划书名称（×××公司××产品营销策划方案）

（2）市场营销策划书编号

（3）委托方

（4）策划者（部门或者人名）

（5）完成策划时间

（6）策划书使用期限

3.4.1.2 目录和前言

目录一般排列到二级标题。

前言是对策划内容的一般性说明，应当简明扼要。

3.4.1.3 营销背景分析

（1）行业发展现状

（2）产品总体需求现状

（3）产品总体供应现状

3.4.1.4 营销态势分析

（1）企业产品营销优势劣势分析

（2）企业产品营销机会威胁分析

（3）企业产品营销资源分析

3.4.1.5 营销策划方案

（1）方案目标

（2）营销战略和策略组合

（3）行动方案设计和实施细则

（4）费用预算

3.4.1.6 营销策划方案可行性分析

（略）

3.4.1.7 附件

（1）调查报告及其调研原始资料

（2）主要参考文献

（3）专家顾问情况

（4）其他材料（照片、录像带、录音带或实物等）

附：营销策划书范例

呈报对象×××

密　级：★★★

夏新手机营销策划方案

策划者姓名：

所属部门：

策划完成日：

策划适用时间：

页数：

目　录

前　言

夏新电子是一家具有雄厚科技创新实力的国际化电子企业，于 1981 年 5 月在中国厦门成立，目前主营消费类通讯、数字视音频及 IT 产品，已形成手机、家用系统、便携系统、电子装备、通信、IT 等六大事业部产品体系，逐渐完成从传统影音企业向 3C（Computer，Communication，Consumer Electronics）融合的综合电子企业的转型。六大事业部体系从开发、采购、生产到销售都已实现在同一网络平台下的专业化操作，通过 ERP 系统实现高效率和低成本的执行，研制生产出多种具有竞争力和市场潜力的时尚科技精品。

本方案是针对夏新手机的营销状况进行诊断、策划，对新项目的开发提出可行性的实施方案。通过对夏新手机的营销策划，能够提升夏新手机的品牌知名度；扩大其手机的市场占有率；加强夏新手机与消费者的亲和度，使夏新手机品牌深入人心。

一、策划背景分析

（一）手机市场的现状

1. 手机市场规模扩大

现在的手机产品无论是在质上还是在量上都比以前有了一个很大的飞跃，从以前的黑白手机发展到现在的彩屏手机、高像素拍照手机、智能手机、音乐手机、电视手机和3G手机等系列手机品种。另外，截至2012年8月底，中国移动手机用户达到了5.64亿户，其中3G用户达到1 341.9万户。可以预见，手机市场的容量还将有较大的扩展。

2. 手机品牌竞争集中度越来越高

手机品牌竞争的高度集中化，体现在洋品牌与国产品牌之间的竞争，以及其中各个品牌的竞争。我国的手机生产制造起步于1999年，当年国产品牌手机销量只占全国市场的2%左右，2000年达到8%，2001年达到15%，2002年突破30%，2003年前10个月就已超过60%。但之后由于洋品牌改变了营销策略的重点，从而使得国产手机的市场份额一度下降，而国产品牌中形成以波导、TCL、康佳、夏新和南方高科等为主要竞争的态势。在手机消费品牌忠诚度很高的情况下，如何打造自己的品牌，成为夏新手机的当务之急。

3. 市场竞争越来越激烈

有市场就有竞争，手机市场同样如此，可以说竞争更为激烈，趋于白热化。先是洋品牌垄断国内市场，后是国产品牌异军突起，其竞争的激烈程度不言而喻。据初步统计，拟新上手机生产项目的企业超过40家，各大品牌间正在围绕着市场与利润展开新一轮的激战。

4. 手机市场秩序有待规范

现有的手机市场还是相当不成熟的，秩序混乱，存在极大的不稳定性，国家为此推出了相关的政策法规，如《移动通信系统及终端投资项目核准的若干规定》、《关于加快移动通信产业发展的若干意见》等，对于诸多图谋手机市场高利润率的厂商来说，能否获得信息产业部颁发的手机牌照，是取得手机市场准入的先决条件。手机行业正朝着规范化的方向发展。

5. 手机发展的大致方向与趋势

按照手机行业的发展趋势，手机功能智能化、手机拍照的像素越来越高、更加注重外观设计、定制手机全面铺开、双模手机将进入市场。

（二）产品发展的现状

1. 企业本身的实力

夏新电子是一家股份制上市公司（股票代码为600057），目前主营手机、小灵通、家庭影院、传真机、MP3、笔记本电脑及汽车电子等消费类通讯、数字视听及IT等3C融合的产品。2003年，公司已实现销售收入68.17亿元，比2002年同期增长了51.94%；净利润6.14亿元，比2002年同期增长8.56%。公司是全国企业500强、中国电子百强之一，居中国科技100强榜首，2003年在深沪两市1 243家上市公司中竞争力排名第二。

2. 品牌知名度、美誉度

夏新品牌手机在国内市场有一定的知名度，但不是很高。相对于国外品牌而言，其知名度、美誉度远远不及诺基亚、三星、摩托罗拉等国外手机，但相对于国内品牌而言，夏新还是有一定知名度的，能与国内一流品牌如波导、TCL等相媲美，由于夏新手机相对还是一个新兴的品牌，在消费者心目中还未建立较高的美誉度，从而影响到品牌对消费者的亲和力和影响力。

（三）手机消费现状

1. 消费能力

有资料显示：2004年厦门城市居民人均消费支出5 763. 5元，比2003年同期增长6. 5%。比全国平均水平的6 510. 9元少747. 4元，低11. 5%，在全国31个省、市、区中排第15位。2004年厦门城市居民人均可支配收入为7 785. 0元，比上年同期增长6. 4%，与全国平均水平8 472. 2元相比少687. 2元，低8. 1%，在全国31个省、区、市中排第11位。由此可以看出，经济水平较低于全国水平，消费能力较低，但随着中国——东盟博览会的举办，厦门已使经济全面提速，消费能力将有所提高，为手机消费提供了一个良好的基础。

2. 消费偏好

在手机消费上，实用性成为消费者考虑的首要因素，多数消费者要求能接打电话就可以了，也就是较为低端的产品，当然这是三、四级市场的情况，一、二级市场的需求仍是以中高端产品为主。

3. 国产手机品牌竞争态势

我国的手机生产制造起步于1999年。当年国产品牌手机销量只占全国市场的2%左右，2000年达到8%，2001年达到15%，2002年突破30%，2003年前10个月就已创记录地超过60%。其中波导手机的销量约占国产品牌手机销量的

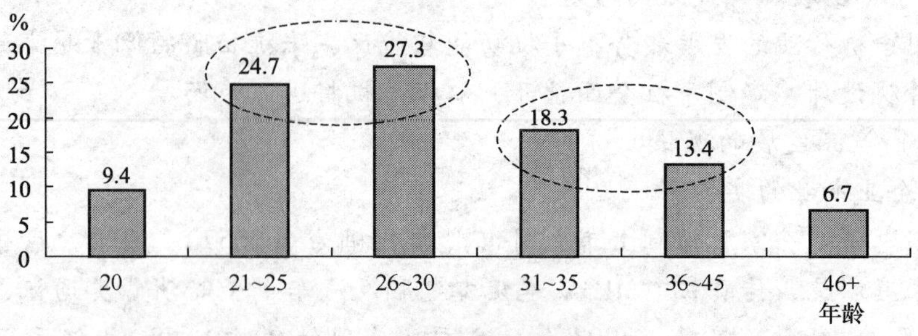

图3-1　移动电话年龄分布

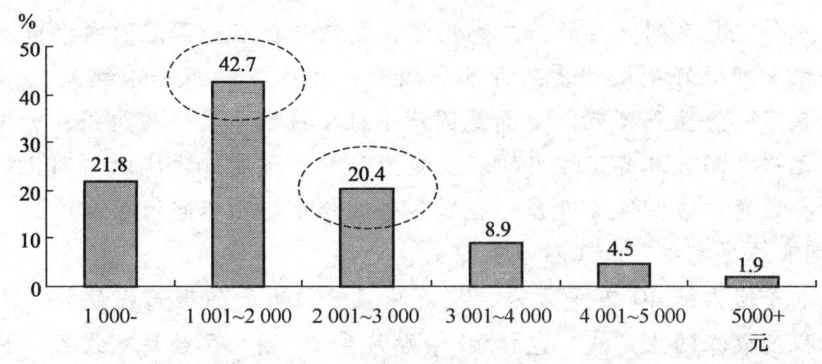

图3－2　移动电话用户收入分布（月薪）

1/4，成为国产品牌手机整体超越国际品牌的主力。但《手机监测报告》显示，2004年第一季度中国国产手机的市场份额从去年第一季度的41%滑落至34%，几乎只有2003年最高峰时的一半。第一季度市场占有率位列前10名的手机厂商中，国产手机阵营里除了夏新和迪比特的市场份额略有攀升外，波导、TCL以及康佳均出现了不同程度的下滑。尽管如此，波导、TCL、夏新、康佳和迪比特等品牌的手机还是占据了国内品牌手机市场的主要份额。

二、产品状态分析

（一）S：优势

1．品牌具有一定的知名度、美誉度

面对名牌手机，中国人的地域意识也会进行抗拒，厦门人爱厦门“机”，他们对夏新手机的钟爱与当地产品的自豪感有关，正是这样，它以厦门为依托，不断地向周边区域扩展，进入全国各地的专卖店，这无疑给厦门人带来自豪感与惊喜。目前，夏新开始集中力量向中高端手机冲刺。据厦门当地媒体称，夏新在国产手机中的营销实力仅次于TCL和波导名列第三，因此，夏新厂商只有充分利用其特有的知名度和美誉度在广告媒体宣传上下工夫，才能达到促销的目标。

2．外形时尚，经典设计

夏新手机的独特外观设计是夏新人不断创新的缩影，现代手机用户对其外形美观感的追求是购买手机所要考虑的一个重要因素，精美的外观设计是对消费者的一大诱导。

3．产品系列组合比较全面

夏新手机不管是直板还是翻盖设计，均外置弧形线式，双彩屏，整体外观采用时尚跑车流线设计。时尚、经典的外形加以较为齐全的功能配置，上网、下载、多媒体短信服务，处处彰显手机的时尚品质。

4. 广告支持力度较强

为了配合这些系列产品的推广和销售，夏新手机在全国范围内推出以“迎奥运夏新手机暑期送好礼”、“夏新百万手机摄影大赛”、“五一乐翻天”、“时尚行头轻松配套了”等主题活动。夏新是国产手机中技术掌控能力最强、加工程度最深的厂商之一，而且具备了相当的研发能力和加工深度，才能以系列化的产品布局和科学有效的广告宣传去迎合、告知各个细分市场的不同消费者。

5. 拥有工序完整、加工程度最深的生产线

夏新电子城占地40万平方米，拥有中国3C电子企业流程最长、工序最完整、加工程度最深的生产线，包括29条贴片生产线和95台注塑设备。目前，夏新已经拥有手机1 000万部和其他产品200万台的年生产能力。

6. 可靠的系统、完善的装置，尊贵的外形、豪华的配置（娱乐与沟通相结合）

夏新是国内手机厂商中技术实力最为突出的企业之一，一直将技术能力作为企业的核心竞争力来打造。在可靠的综合系统环境中和完善的装配条件下，不断创新成了夏新人追求的目标。支持蓝牙、T卡的扩展支持与USB OTG数据传输功能的运用，无不证明了夏新品牌意识的强烈追求。

7. 超前锁定3C产业，拓展海外市场

夏新已成为国内同行的主流，旗下包括3G手机、高端数字电视，采用最新迅驰技术的自主研发笔记本等，夏新公司在3C领域的全程布局和深度研发能力以及精致、时尚、动感的产品风格是其他同行所不能及的。

8. 价格相对较低，性价比较高

与洋品牌相比，夏新品牌手机在价格方面要比竞争对手低很多，如夏新的一款百万像素手机D86以1 680元的超低价格直接把国产百万像素手机的平均价格拉低了500元以上，对于洋品牌而言，其价格空间更是在千元以上，所以低价位、高性价比是夏新的一大优势。

9. 相对国产品牌手机，技术比较先进

夏新拥有国内较先进的蓝牙技术手机、百万像素高清晰手机等，相对于国内品牌手机而言，技术还是较为先进的，在国内品牌中具有相当竞争力。

10. 手机市场增长迅猛

2003～2004年手机市场研究年度报告显示，2003年中国手机市场实现销售量7 378.6万部，比2002年增长18.1%；市场销售额为1 189.3亿元，比2002年增长10.4%。据调查预测，2005年国内手机市场将增新手机用户6 000万～7 000万户，增长速度迅猛。因此，夏新的工作重点应放在如何把握市场，做好营销工作上。

11. 行业规范化

国家出台了一系列有关规范手机行业的法规，如《移动通信系统及终端投资项目核准的若干规定》、《关于加快移动通信产业发展的若干意见》等，这些法规的出台有利于手机行业走向规范化、合理化，加快手机行业的发展，避免不良竞争，对夏新而言是一个发展的机遇。

12. 渠道优势

(1) 渠道扁平化。扁平化的渠道将是未来手机渠道的发展方向，其优势不言而喻，比如，节省渠道费用，波导近期出现的下滑，渠道过于庞大是一个重要原因；另外，扁平化的渠道还有利于缩短产品流通时间等，夏新扁平化的渠道符合手机渠道发展的趋势。

(2) 渠道宽度大。夏新既有传统的渠道终端，又注重与新兴的国美、苏宁等全国连锁大卖场合作，保证了夏新产品最大化地覆盖市场、占领市场和提高销售。

(3) 加强与经销商合作。夏新注重与经销商之间的互利合作，表明了夏新有着客观与长远的目光。厂商之间本来就是一种互利合作的关系，具体表现在与商家联合促销、较高返利、指导商家销售工作等方面。

13. 差异化的定位

夏新将产品定位为中高档产品，这与国内诸多品牌，包括波导、TCL 等中低端产品的定位不同，有效地避免了与其直接的竞争与冲撞，也填补了本土品牌这一档次的空白，相对地减少了竞争风险。

14. 多元化的发展战略

2003 年，夏新确定以 3C（Communication：通讯，Consumer Electronics：消费电子，Computer：计算机）产业融合为核心的相关多元化战略，并初步完成 3C 产业布局，形成夏新移动、通信、家用系统、便携系统、IT、电子装备等六大事业部体系。多元化的发展战略，有利于企业降低经营风险，形成品牌优势。

15. 服务意识强

夏新在各大城市设有不同等级的服务站点，有 1 级、1.5 级、2 级、2.5 级的服务站点，根据具体情况设置不同等级的服务站，如南宁市东葛路就设有 2.5 级的服务站。另外，夏新还为夏新手机拍摄的照片免费打印以及购机电话跟踪服务等，无不体现出以人为本的服务理念。

(二) W：劣势

1. 消费者购买国产手机有一定的心理障碍

前期的国产手机因为处于起步阶段，其质量、技术、价格和款式等都存在较大缺陷，给消费者留下了不好的印象。夏新品牌亦受到同样的影响，消费者对购买夏新手机仍存在戒心，在一定程度上影响了销售。要解决这个心理障碍，首先就要有质量过硬的产品作保证；其次是做好宣传工作，加强服务，打造品牌。

2. 没有掌握核心技术

这也是国产品牌手机存在的一个通病，比如，芯片和操作系统等都是夏新等国内手机生产商没有或不够成熟的，而又是当前所不能及时解决的，如以“土地换技术”、“资金换技术”、“市场换技术”，以及“政府资源换技术”等都是解决问题的办法，像“西波联盟”就是典型的市场换技术。

3. 产品组合不全面

由于夏新的定位为中高端市场，所以产品多为中高端产品，因而忽略了较为低端的市场，而中国有将近70%的市场份额为中低端产品市场，这对夏新而言的确是一个损失。适当发展一些低端机型以抢占市场，也不失为一个提高市场占有率的方法。

4. 市场竞争过于激烈

洋品牌对市场强有力的冲击是竞争的主要因素，其中以诺基亚、三星、摩托罗拉等为代表的国外一线品牌有强大的竞争力，它们在消费者心中具有很高的认知度与品牌忠诚度，在很大程度上弱化了国产品牌的竞争力。再者就是国产品牌间的竞争，随着核准制的实行，如奥克斯、长虹等厂家将加入手机行业的竞争序列，近60家的手机生产商将竞争演化为白热化。

5. 新产品推出耗时长

由于国产手机厂商的整体实力与洋品牌还有较大差距，所以在新产品的研发上比对手慢，相应的新产品推出与更新速度也会较慢，这是根本性的问题。解决这一问题要治标更要治本，如何解决核心技术问题成为夏新及诸多国产手机面临的首要问题。

6. 广告宣传内容相对单一

虽然夏新每年在广告宣传方面投入的资金并不少，并夺得央视手机标王，但广告传播内容相对单一，注重于品牌建设及提高知名度、美誉度等方面的宣传，而对单一具体产品宣传较少，这样使消费者对“夏新”具体产品的功能、印象等了解较少；宣传途径相对单一，除央视外，很难找到“夏新”的广告。

7. 促销手段单一、落后

夏新的促销基本上集中于节假日的促销，而且手段较为单一，一般是与商家联手进行降价促销或送礼等，手段相对落后，促销效果不尽如人意。

8. 消费者购机趋于理性化

消费者购机的理性化集中体现于对质量、功能的要求重于对其他方面的要求，稳定与实用成为消费者追求的目标。再者，手机已不再是时尚的风向标，这告诉我们，国产手机及夏新手机不能再单靠卖外形来争夺市场，质量与功能和更为人性化的服务是消费者更关注的问题，所以，在消费者的消费更趋理性的今天，应当强调质量、功能与服务。

9. 市场品牌集中度高

由于国外品牌进入市场较早，加上过硬的质量、丰富的功能和良好的服务，在消费者心中建立了良好的品牌形象，品牌忠诚度集中于诺基亚、三星、摩托罗拉等，而国内一线品牌也拥有一定的品牌忠诚度，如波导、TCL 等，而夏新要在如此环境中获得成功的确难度不小。

10. 手机市场秩序有待规范

现阶段手机市场还处于较为原始的水平，还有许多不规范的地方，比如，贴牌手机的大肆横行，大量的水货机等都直接地冲击到夏新的市场地位；另一个问题就是手机行业的竞争有可能演化为像中国彩电的价格战，这无论是对夏新还是其他国产品牌来说都将是一场灾难。

11. 规模小，缺乏规模优势

夏新 2005 年产量为 600 万部，相对于波导、TCL 等国内一线品牌来说规模比较小，难以形成规模优势，即难以取得规模利润。

12. 定位过于狭隘

夏新的定位为中高端，虽然与其他竞争对手有差异性，避免了直接的竞争，但却忽略了低端市场，如此定位也决定了夏新的重点只能放在一、二级市场，而对三、四级市场，偏远山区、乡镇等市场重视不够。

13. 品牌认知度不高

夏新虽然是国内的一线品牌，但由于生产起步较晚，在消费者心中还未形成很明确的品牌形象，与此相应，消费者对其品牌认知度不高，品牌忠诚度也不高。

14. 小灵通等通讯产品冲击手机市场

随着小灵通网络的不断完善，在资费普遍比手机资费低的情况下，小灵通用户将有较大的增加，这将直接冲击到夏新手机的市场，增大竞争难度。

（三）O：机会

1. 国家加大了对国产手机的扶持力度

国家新近推出了如《移动通信系统及终端投资项目核准的若干规定》、《关于加快移动通信产业发展的若干意见》等规定，目的就是为了规范混乱的手机市场，再者就是为了加大对国产手机的扶持力度。一方面，国家提高了手机行业进入门槛；另一方面也增加了许多新进入企业，这对夏新来说，既是机遇更是挑战，夏新应以积极的姿态积极面对。

2. 手机消费者的消费心理日趋成熟

随着经济的发展，人们收入的增加，手机已不再是奢侈品，今后手机将更趋于大众化、平民化，消费者对手机知识的了解会越来越多，而消费者的消费心理也日趋成熟，今后手机消费会更趋向于理性化。

3. 消费者消费能力大幅提高

经过20多年的改革开放，国家综合经济实力有了很大提高，消费者收入水平提高，可支配收入增长，这无疑为手机市场提供了契机。调查显示，个人月收入在1 000元以下的用户占35%，1 001～2 000元者占42%，两者合计达77%，可见大多数消费者有消费能力。

（四）T：威胁

1. 洋品牌大举入侵

以诺基亚、三星、摩托罗拉等国外手机巨头为主的海外品牌军团，在经过2003年的低谷以后，改变了对中国手机市场的进攻战略，表现为"高端要利润、低端要市场"的基本指导方针，昔日国产手机的制胜法宝，现在优势已荡然无存，所以夏新今后将遭遇洋品牌更为强劲的冲击。

2. 主要竞争对手名单

洋品牌：诺基亚、摩托罗拉、三星电子、西门子、索尼、爱立信等。

国产品牌：波导、TCL、科健、联想、南方高科、康佳、迪比特等。

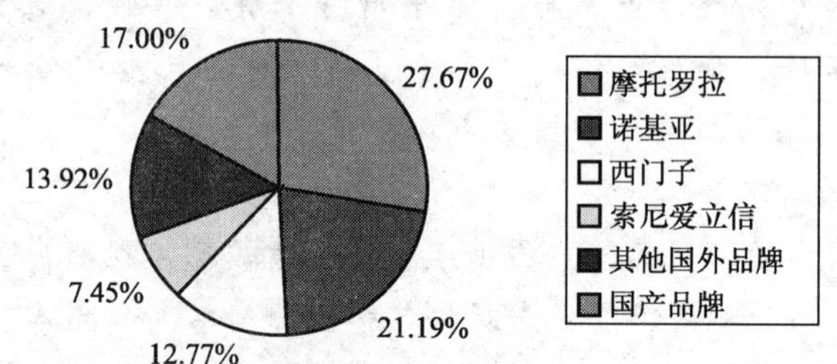

图3-3　国际品牌占据绝大部分的市场份额，75%的市场由四大品牌瓜分

3. 主要竞争对手的比较优势

相对于洋品牌来说，夏新的优势还在于传统的价格与渠道。同类产品比洋品牌的同档次产品价格相差1 000元左右，对消费者而言的确是个不小的诱惑；另外，作为国产品牌，夏新在渠道上还是有一定优势的，在一、二级市场普遍饱和，竞争趋于同质化的情况下，关键在于如何加强对三、四级市场的渠道覆盖。

对于国内品牌而言，由于差异化的定位避免了直接竞争，加之夏新增强了技术研发能力，在百万像素手机等较高端产品上具有相当的竞争力，如夏新精锐

F90 的推出，在摄影手机中成为国产手机的佼佼者，在成都的订货会上，8 000 台成交额近 2 000 万元，充分显示出夏新的强大竞争力。

4. 主要竞争对手的竞争实力

（1）波导——作为国产手机第一品牌，其总体竞争实力，或是其“中华第一网”的网络渠道，或是其国内手机出口量第一，无不显示出国内霸主的强势地位，在 2004 年度全球十大手机厂商排名中首次跻身 10 强。

（2）TCL——成功与阿尔卡特的合作使双方的合资公司“TTE”已经高调登场，通过资本执行，TCL 公司已经募集到大量资金用于“TTE”的业务拓展，对于新产品的推出和 3G 的实施都采取了稳扎稳打的做法，给人耳目一新的感觉。

表 3－2 SWOT 综合分析表

优势(Strength)：	劣势(Weak)：
1.品牌具有一定的知名度、美誉度 2.外形时尚，设计经典 3.产品系列组合比较全面 4.广告支持力度较强 5.拥有工序完整、加工程度最深的生产线 6.可靠的系统、完善的装置、尊贵的外形和豪华的配置(娱乐与沟通相结合) 7.超前锁定3C产业，拓展海外市场 8.价格相对较低，性价比较高 9.相对国产品牌手机技术比较先进 10.手机市场增长迅猛 11.行业规范化 12.渠道优势 13.差异化的定位 14.多元化的发展战略	1.消费者购买国产手机有一定的心理障碍 2.没有掌握核心技术 3.产品组合不全面 4.市场竞争过于激烈 5.新产品推出用时较长 6.广告宣传相对单一 7.促销手段单一、落后 8.消费者购机趋于理性化 9.市场品牌集中度高 10.手机市场秩序有待规范 11.规模小，没有规模优势 12.定位过于狭隘 13.品牌认知度不高 14.小灵通等通讯产品冲击手机市场
夏新手机营销状态	
机会(Opportunity)： 1.国家加大对国产手机的扶持力度 2.手机消费者的消费心理日趋成熟 3.消费者消费能力大幅提高	威胁(Threat)： 1.洋品牌大举入侵 2.几大行业品牌仍处于垄断地位 3.国内竞争对手实力强大 4.各个知名品牌推出新品

(3) 科健——主动开辟国外市场，先是在港澳地区获得成功，随后成功进入印度市场，很值得夏新和国产手机学习。

(4) 南方高科——南方高科的专家和研发人员曾成功研制出我国第一台有自主知识产权的GSM手机，并在国内首次携自主开发的手机前往国际权威机构独立完成FTA测试。随后，在进军2.5G和3G领域的核心技术上又取得新的突破，充分展现了其深厚的研发实力和技术优势。这是国产手机解决核心技术问题的根本办法。

(5) 康佳——重金邀请国际影星张曼玉出任形象代言人，与大多数国产手机返修率在6%以上相比，康佳手机返修率一直控制在2%以下，在消费群体中奠定了良好的口碑。

5. 主要竞争对手竞争态势的综合分析

国内厂商在面对国外产品咄咄逼人的竞争压力下，各出奇谋，纷纷从概念、功能、外观等硬件设施上努力缩短与国外产品的差距，尤其是各大国内厂商纷纷举出价格大旗，成为国内品牌手机面对国外竞争对手的共同武器，一方面要面对国外对手的技术压力和设计压力，另一方面还要应对国内厂商之间的你争我夺。2006年应当说还是国产手机的寒冬，如何凸显自己的品牌个性将是品牌制胜的法宝。

三、策划方案及说明：

(一) 策划目标

总体目标：提升夏新手机的品牌知名度
倡导夏新手机的品牌理念
扩大夏新手机的市场占有率
加强夏新手机的消费者亲和度

初期：

1. 就品牌而言，加强并扩大夏新的知名度和认知度。
2. 塑造企业形象，提升企业产品的市场占有率。
3. 告知大众，倡导“夏新让数码充满个性”的生活新主张。
4. 夏新产品的研发及产品信息。
5. 宣传品牌，同时推出产品广告宣传。

中期：

1. 就品牌而言，加强品牌介绍，全方位展示夏新手机品质、品牌特征及其内涵。
2. 利用各种活动宣传展示公司实力。
3. 就产品而言，宣传产品概念时，推动夏新品牌宣传力度，提高购买率。

4. 阐述各产品的鲜明个性及品质和功能等。

后期：

1. 进一步提升品牌认知度，加深企业形象，提高消费者的购买欲望（配合各期活动，产品宣传及销售）。

2. 就产品而言，强化各产品的优势及概念，促进销售。

3. 就品牌而言，传达企业理念及愿景和夏新的优良品质。

（二）方案内容

方案一：在当地开设“夏新手机专卖店”。

消费者可以拿起展示在货架上的任何一款真机试用，这样可以直观地感受手机的质感及其操作界面的灵活性。

专卖店布局设置：从方案目标出发，需要将专卖店布局为家居环境，既专卖店中要添置一般家居（客厅模式）用品，如电视、空调、桌椅、沙发等，让顾客有回到家的感觉。

方案说明：

(1) 开设专卖店。

首先，手机终端厂商通过专卖店加强消费者对于品牌产品，特别是高端产品的个性化体验，提升消费者的参与性和互动性。终端厂商希望通过这种方式展示技术实力，实现高端旗舰产品的市场导入，并提升品牌美誉度。

其次，这种模式不仅体现了手机技术的进步，更代表了一种新型的营销模式。手机厂商能够通过快速发展品牌零售店带动手机产品的销售，提升产品的服务；并且通过发展这种营销模式逐渐摆脱对于传统营销渠道的过分依赖。

另外，终端厂商投资大规模建设零售店不仅仅局限于对终端零部件产品的推广，品牌零售店的体验价值将在增值服务方面得到进一步的体现。当消费者形成在手机零售店体验增值服务的消费习惯后，终端厂商将在与运营商的博弈中获得一定的话语权，使厂商在以运营商定制为主要销售渠道的未来手机市场中赢得竞争优势。

(2)“家居感受”。专卖店按照家居环境设置，主要添置一些家电和家居用品、可供顾客休息的桌椅、沙发。其中，家电用品如电视、空调、音响、电脑等，主要可以让顾客体验“手机遥控”的真实感受；沙发、桌椅，既能让顾客在体验时得到休息，留住顾客，又可以让顾客有亲切感，增加夏新品牌的忠诚度和亲和度。

方案二：“红外遥控”手机设计让消费者具有“一机在手，掌控个人世界”的感觉。

“红外遥控”手机具有红外遥控设置。此款手机外形设计为直板机，手机侧面设置红外端口，通过红外启动电气的遥控功能，即通过“遥控手机”对电视、音响、空调等进行控制（红外控制需安装特定软件，Windows98 以上设置即插即用，软件、USB 数据线在产品中自带）。

“红外遥控”手机外观材料为抗刮擦钢化玻璃涂层（防刮晶钻屏），可装在衣袋中而无须担心硬币和其他物体刮擦或磨损 LCD 显示屏，坚硬的钢化玻璃涂层更耐刮擦。

“红外遥控”手机外观呈紫色幻彩，给消费者无限遐想的空间。

方案三：广告宣传创意

身，舒适安逸/心，温馨惬意

放松身心姿态/简单舒适生活

舒适、惬意幻想的世界……

另类，自我的世界/另类，温馨的理由

酝酿属于自己的美丽的家的梦想……

在下班回家之后，坐在舒适的沙发上，看着眼前的电视，抬头看着空调，懒得去拿遥控器，那么，拿出衣袋中的手机吧，只要一键，便能掌控您的个人世界，一机在手，轻松掌握我们自己的个性世界；“夏新手机简单生活，世界尽在掌握中”。

（三）方案的可行性分析

策划方案具有一定的可行性。我们预期营销前期会给企业带来一定的经济收益，但是用在专卖店的建设费用的回收需要一定时间。专卖店的建设具有长时间的收益性，即可以为企业带来长远的经济利益：首先，专卖店这种体验方式使夏新企业可以赢得消费者的亲和度；其次，专卖店就售后服务方面给消费者带来了一定的信任度。应当说，专卖店的投资是值得的。

就手机初期步入市场而言，尝试性的市场开发具有一定的风险性，但是由于该手机具有特色，根据调研结果，我们相信，手机推出后会有一定的销售收入，即这种创新符合当今时代人们的“简单生活方式”的需求。

表 3-3 盈亏平衡分析

销量	总成本			总收入
	变动成本	固定成本	总计	
0	120 000.00	300 000.00	420 000.00	—
10	138 000.00	300 000.00	438 000.00	600 000.00
20	156 000.00	300 000.00	456 000.00	1 200 000.00

续表

销量	总成本			总收入
	变动成本	固定成本	总计	
30	174 000.00	300 000.00	474 000.00	1 800 000.00
40	192 000.00	300 000.00	492 000.00	2 400 000.00
50	210 000.00	300 000.00	510 000.00	3 000 000.00
60	228 000.00	300 000.00	528 000.00	3 600 000.00
70	246 000.00	300 000.00	546 000.00	4 200 000.00
80	264 000.00	300 000.00	564 000.00	4 800 000.00
90	282 000.00	300 000.00	582 000.00	5 400 000.00
100	300 000.00	300 000.00	600 000.00	6 000 000.00

手机销售的前100台为高价策略，价格相对高一些，之后可以对价格进行适当调整，达到市场同类或相似产品的均衡价格，使企业能够扩大市场份额。

四、方案控制

1. 销售收入

（1）成本费用

初期投入：房租33万元，工资40万元，营业费用37.6万元，广告费用50万元。

（2）①利润 = 销售收入 - 成本　　②净利润 = 利润（1 - 所得税税率）

预计税后净利为96.18万元人民币（所得税税率为30%）。

资金来源：自有资本：100万元

投入资本：100万元

资金类型：银行存款150万元，现金50万元。

2. 未来两年的现金流量预测（见表3-4）

表3-4　未来两年的现金流量预测　　单位：万元

项目	第一年	第二年	累计
总投资	200.00	100.00	300.00
销售收入	320.00	440.00	560.00
税金	6.00	12.00	18.00

续表

项目	第一年	第二年	累计
利息	6.00	6.00	12.00
工资	40.00	40.00	80.00
房租	33.00	33.00	66.00
销售费用	37.60	63.92	192.60
广告费用	50.00	100.00	150.00
折旧	10.00	10.00	20.00
利润	137.4	175.08	126.82
设备投入	30.00		30.00
其他流动资金		100.00	100.00
现金净流量	117.40	85.08	426.82
税后利润		321.57	

五、方案实施进程

第一阶段：告知阶段（2006. 3～2007. 4）

广告宣传为消费者互相告知阶段，以大众作为诉求对象，广而告之。电视广告着力于品牌及产品形象宣传。

第二阶段：导入阶段（2007. 5～2007. 7）

消费者纷纷前来观望，体验手机的使用效果，有一部分人是手机的先行购买者。

第三阶段：推广阶段（2007. 8～2007 年底）

消费者数量激增，企业进行相应的服务营销活动。

六、附件

消费者调查问卷

亲爱的顾客：

您好！

非常感谢您能来光顾夏新手机专卖店！为了能够为您提供更周到、快捷、舒适的服务，我们专设此调查问卷。希望能得到您的配合与支持，请您详细、认真、如实地填写以下资料。如有涉及个人隐私，我们将保证您的切身利益。

性别________ 年龄________ 职业________

收入________家庭（工作）地址________联系电话________

（1）请问您购买手机的主要目的是（　　）

A. 接听电话　B. 听音乐　C. 玩游戏

D. 商务必要　E. 追求时尚　F. 其他

（2）您认为夏新手机在质量方面（　　）

A. 高质量保障　B. 合格　C. 差　D. 非常差

（3）您是怎样了解到夏新手机这个品牌产品的（　　）

A. 朋友介绍　B. 报纸广播　C. 宣传手册　D. 其他

（4）您觉得目前夏新手机最需要改进的方面（　　）

A. 质量　B. 外观设计　C. 功能　D. 售后服务

E. 其他方面

（5）您觉得夏新手机品牌知名度需要进行哪方面的调整？

____

（6）您认为夏新手机在促销方面应给予消费者哪些优惠（　　）

A. 三包方面　B. 打折优惠　C. 获赠礼品

D. 有资格参加夏新手机公司组织的各种活动

（7）您认为夏新手机的待机时间最好是（　　）分钟

A. 一天　B. 三天　C．一个星期　D. 更多

（8）您购买手机一般要求的价格是（　　）

A. 1 000 元以下　B. 1 000 ~1 500 元

C. 1 500 ~2000 元　D. 2 000 元以上

（9）您认为夏新手机在今后的发展中，要得到广大消费者的肯定，还需做哪些方面的改进？

非常感谢您对我们工作的支持，我们将以最大的努力改进我们的各方面不足。最后，祝您健康快乐，早日买到自己喜爱的手机！

夏新手机产品市场服务部

____年____月____日

本章内容小结

本章系统介绍市场营销策划文案的主要内容：分类、整合、提炼营销资料、构建营销策划书框架、设计营销策划文案版式与格式。同时，阐述营销策划书的常设项目；强调营销策划书的撰写要求；提出营销策划书的通用模板；列举范例说明策划书的撰写。

■ 营销策划书包括封面、目录、前言、策划摘要、策划背景、策划目标、策划情形分析、策划方案及其说明、策划执行的可行性及其风险评估、策划执行的进程安排、附录等十余个常设项目。

■ 营销策划书的撰写要求：内容言简意赅、通俗易懂、切中营销实际问题；擅长运用各种图表阐明策划的备择方案；策划书要有清晰的进度，有标准的测评方法，能够被企业所认同。

■ 营销策划书的通用模板以及范例为学习者提供一般性参照。

4　市场需求调研策划与执行

本章教学目标

■ 从产品营销的角度能够辨别需求状态、判断营销重心

■ 从企业营销的角度能够把握需求整体特征及其发展趋势

■ 熟悉市场需求调研程序及其关键环节

■ 掌握市场需求问卷调研、抽样调研、访谈调研、角色模拟调研策划与执行技术

4.1　市场需求概述

4.1.1　市场需求存在状态

所谓市场需求，是指以商品或劳务形式存在的对用品的欲望和要求。市场需求包含在人类一般需要之中。在市场经济时代，生产资料和生活资料（包括劳务）都作为商品进入流通领域，人们的生产需求和生活需求都依赖于交换活动而最终完成，由此市场需求区分为两大类型：产业用品市场需求和消费用品市场需求。产业用品需求量大，而购买者人数相对较少，且需求缺乏弹性；同时，产业用品需求是派生需求，其需求从消费用品需求当中派生出来，且需求波动较大。消费用品需求具有多样性，其交易数量大、购买人员多；同时，消费用品需求量大多受价格变动影响较大，具有较大程度的可诱导性。

马克思曾经指出，人类历史的第一个前提无疑是有生命的个体的存在。因此，第一个需要确定的具体事实就是这些个体的肉体组织，以及受他们肉体组织制约的他们与自然界的关系。人们为了能够创造历史，必须能够生活，为了生活，首先就需要衣、食、住及其他东西，因此，第一个历史活动就是生产满足这些需要的资料，即生产物质资料本身。这是“一切历史的基本条件”。马克思明确地告诉我们，人的肉体组织（有生命的个体）产生衣、食、住的需要，产生第一个历史活动，由此而言，个体需求是推动历史前进的原动力，满足个体消费用品需求是历史发展的基本条件。随着社会生产力的不断发展，供货商向市场提供的原料、材料、燃料、设备等产业用品逐渐复杂化；随着社会购买力的不断提

高，用户也会从商品的品种、规格和颜色等方面向市场提出更加多样化的消费用品需求。由此而言，调查研究市场需求非常重要，对于企业营销策划与执行具有现实意义。

市场需求千差万别，呈现出八种基本形态。

4.1.1.1 负需求

负需求是指绝大多数消费者对某项商品感到厌恶，尽力回避对其需求的状况。在负需求状态下，企业通过营销策划和执行，分析消费者抵制产品的原因，或调整营销策略，或重新设计产品，或降低价格，积极促销以改变市场需求态度，将负需求转变为正需求。

4.1.1.2 无需求

无需求是指目标市场消费者对商品漠不关心、毫无兴致的一种需求状况。此项商品或被认为是无价值的废品，或被认为是具有一般价值，但是在特定的市场上无使用价值的物品；或者是根本没有被消费者知晓熟悉的新产品。在无需求状态下，企业通过营销策划和执行，分析消费者拒绝商品的原因，努力使提供的商品符合目标市场的特征，刺激消费需求。

4.1.1.3 潜伏需求

潜伏需求是指相当一部分消费者对某项商品有强烈的需求，而现实的市场供应又无法使之满足的一种需求状况。在潜伏需求状态下，企业通过营销策划和执行，测定目标市场潜在需求的程度，开发有效商品，满足消费者愿望，将潜在需求变为现实需求。

4.1.1.4 下降需求

下降需求是指目标市场的消费者对商品所需呈现下降趋势的状况。在下降需求状态下，企业通过营销策划和执行，分析需求变动的原因或调整商品，进行市场渗透，或改进商品，开拓新的目标市场，以扭转需求下降的局面，提升需求水平。

4.1.1.5 不规则需求

不规则需求是指某些商品的需求特点在不同季节波动较大，变化呈现不规则周期的一种需求状况。在起伏波动需求状态下，企业通过营销策划和执行，探询需求时间规律，运用价格策略，调节供求矛盾，使商品供给与用户需求在时间上协调一致。

4.1.1.6 充分需求

充分需求是指商品目前的需求时间和需求水平与所预期的大致相同，供应商的生产经营能力最大限度得以发挥，目标市场的需求得以充分满足。在这种需求状态下，企业通过营销策划和执行，关注用户对商品的满意程度，维持用户的交易量，保持商品需求水平。

4.1.1.7 过量需求

过量需求是指目标市场对某项商品的渴望与欲求超过企业所愿供给或所能供给的一种需求状况。在这种需求状态下，企业通过营销策划和执行，一方面，合理分销商品，适当提价，缓解市场对微利商品的渴求心理；另一方面，整合资源，积累能量，扩大微利商品市场供应量，充分占据需求空间，提高获利水平。

4.1.1.8 有害需求

有害需求是指某些消费者对有害商品的需求状况。在这种需求状态下，企业通过营销策划和执行，公开表明态度，宣传有害需求的严重后果，运用营销策略诱导消费者放弃对不良需求的追求，树立企业形象。同时，坚决停止商品供应，抑制用户的有害需求。

对市场需求存在状态应制定出与其相对应的营销工作重心（见表4－1)。

表4－1 市场需求存在状态与营销工作重心

需求状态	表现形式	企业营销重心
负需求	多数人对产品感到厌恶	改变市场营销
无需求	对产品毫无兴趣、漠不关心	刺激市场营销
潜伏需求	现有产品无法满足需求	调动市场营销
下降需求	产品需求呈现下降趋势	重振市场营销
不规则需求	产品需求波动很大	协调市场营销
充分需求	预期需求量和时间与现状相符	维持市场营销
过量需求	需求超过企业所愿供给或所能供给	降低市场营销
有害需求	对有害商品的需求	反市场营销

4.1.2 市场需求特征及其发展趋势

4.1.2.1 市场需求的基本特征

市场需求不是固定不变的，现实中的需求丰富多彩、纷繁复杂，随着时代的发展、社会的变革，市场需求不断充实和完善。尽管消费用品需求和产业用品需求差异较大，但仍然具有一定的共性特征，其需求规律反映在下述四个方面。

（1）需求结构的多样性和差异性。不同的消费者由于心理特征的差异，其需求也是多种多样、千差万别的。多样性和差异性是市场需求最基本的特性，其中需求多样性表现在三个方面：其一是对同一类商品的多种需求。人们往往要求某一商品除了具备某种基本功能外，还要兼有其他的附属功能，比如，羽绒服首先是为了保暖，但人们对它的款式、颜色、面料的要求也越来越高。其二是对不同商品的多种需求。随着生活水平的提高和价值观念的变化，消费者需求的商品种类越来越多、层次越来越高，如电脑、手机等高科技产品已成为许多消费者的必备用品。其三，需求的多样性还表现在显现的需求和潜在的需求同时存在于同一消费者身上。由于潜在需求的不确定性和一定意义上的无限性，需求多样性的范围将进一步扩大。需求差异性则是由于需求的产生取决于消费者自身的主观状况和所处的消费环境两个因素。就个体消费者而言，不同的消费者在年龄、性别、民族传统、宗教信仰、生活方式、收入水平、个性特征以及所处地域的自然和社会环境等方面的条件千差万别，由此形成多种多样、形态各异的市场需求。每个消费者都会按照自身的需求选择、购买和评价商品。

（2）需求的目的性和可诱导性。市场需求是有所指向的，即指向能够满足其需求的具体目标。因此，消费者的需求总是和满足需求的目标紧密相连的。在商品社会中，这一联系具体表现为对某种商品或服务的需求，即表现为想要得到某种商品或开始某一消费活动的意念。例如，为了满足居住和出行的需求，希望购买住房和汽车等。住房和汽车这类商品随着需求强度的增加而转化为具体的购买目标，从而使市场需求带有明确的目的性。

对于消费个体来说，需求的目的性在很多情况下处于无意识或潜意识状态，这就需要对处于潜意识状态的需求加以诱导和激发。市场需求的可诱导性，为企业在市场竞争中通过营销活动激发某项需求的形成提供了可能性。

（3）需求的层次性和发展性。市场需求是有层次的。按照不同的划分方法，可以把需求划分为若干个高低不同的层次。例如，生存、安全属于较低层次的需求；受人尊重、实现自我属于较高层次的需求。人类的需求是不断发展、无止境的，当一种需求满足以后，另一种新的需求又会产生。需求的这种发展性特征体现出需求是社会的产物，它经历了从低级向高级、由简单到复杂的发展过程。但是，在一定的时期内，生产力水平的提高，社会产品的增加以及人们收入的增长总是有限的，市场需求的内容和层次受到这些因素的制约，在某些时期或某种情况下，如周期性的经济危机或经济政策失误之时，市场需求可能出现停滞甚至萎缩。因此，需求水平虽然随着经济发展和科技进步而不断提高，但是基本呈现出波浪式前进和螺旋式上升的运动过程，它的增长幅度是有限的。

（4）需求的伸缩性和周期性。需求的伸缩性又称需求弹性，是指消费者对某种商品的需求会因某些因素如支付能力、价格和储蓄利率等的影响而发生一定的变化。当客观条件制约需求满足之时，需求可以抑制、转化、降级；需求可以相对静止地停留在某种水平之上；也可以在较低数量上同时满足几种需求；还可以放弃其他需求而获得某一种需求相对充分的满足。

另外，需求的变化还具有周期性的特点。一些需求从购买行为中获得满足之后，一定时期内不再产生，但随着时间的推移还会重复出现，并且显示出明显的周期性变化规律。重新出现的需求不是原有需求的简单重复，而是在内容、形式上有所变化和更新，如季节性商品、节日礼品的需求就带有明显的周期性特征。消费用品需求都具有周期性重复出现的特点，只是循环的周期长短不同而已。

4.1.2.2 市场需求的表象特征

改革开放历经数十年，我们已经告别了短缺经济，市场供给出现过剩，买方市场已经形成，我们所面临的市场环境发生了一系列深刻的变化。就消费用品需求来看，随着我国城乡居民收入的增加，其购买力不断提高，需求模式转型，其表象特征反映在下述四个方面。

（1）需求个性化。随着人们购买力水平的提高，消费者面对越来越多的商品，开始讲究消费品位，推崇消费个性，期望将消费品的效用评价与消费者的个性特征融为一体。当个性特征一旦被模仿并呈现流行趋势时，消费者就会立即放弃原有的习惯性商品，而追逐能体现自身个性的新商品。这样的需求特点如此明显，致使商品生命周期大大缩短，加大了市场需求调研策划与执行的难度。

（2）需求品牌化。买方市场的形成使众多消费者面对更多商品的选择，公众消费不仅仅局限于购买到能够满足其物质需要的物品，而是希望购买到既能满足其实用需求，又能满足其精神需求的“品牌商品”。品牌的功能在于减少消费者选择商品时所花费的心力，对其而言，选择知名品牌无疑是一种省时、省力又能够降低购物风险的决策。需求品牌化表明了当今社会消费心理的特点。

（3）需求感性化。我国已经步入市场经济的运行轨道，市场需求满足的侧重点已从物质转向精神，消费者购物的目的在于获得商品实体，同时更加关注商品的附加利益，包括商品的美感价值，即消费商品以后获得的精神享受；商品的体感价值，即消费商品以后体力上得到放松和增强；商品的脑感价值，即消费商品以后大脑获取智力上的补充。在消费领域中，绿色需求、休闲需求、健身需求和友情需求特征非常突出。

（4）需求分散化。收入水平的提高和购买能力的增长使众多消费者手持货币在市场上不慌不忙地寻找适合自己的商品，即使暂时买不到理想商品也可以把钱用于股票、债券和房地产投资，或者购买具有更大生活价值的用品，致使需求相对集中的可能性越来越小，需求相对集聚的空间越来越小，对于某一行业供货商来讲，这无疑增大了营销的难度。

4.1.2.3 市场需求的发展趋势

2004 年，中国社会调查事务所曾对北京、上海等六地 4 000 人进行了问卷调查，其调查结果反映出市场需求的发展趋势。

（1）信贷消费已成时尚。29% 的被调查者接受信贷消费这种新的消费方式；13% 的被调查者表示会考虑向银行申请此类贷款，用于购买住房、汽车，以及子女教育等；48%的被调查者表示要等等看，然后再作决策；只有8%的被调查者觉得经济承受能力差，对此不予考虑。

（2）服务消费比重加大。近六成的被调查者已不满足于吃饱穿暖的基本生活需求，愿意把更多的钱花在服务性消费上。其中，教育消费占家庭年平均总收入的比重最大，其他依次为医疗保健、餐饮、旅游。而同期用于食品、服装、耐用消费品和日用杂品的支出均呈下降趋势。

（3）网上购物日益火爆。近八成的被调查者拥有或使用电脑，其中64%的被调查者曾经上网，31%的被调查者经常上网。资料表明，我国目前已建成了四个主干网（中国科学院管理的科学技术网，国家教育部管理的教育科研网，原邮电部管理的公用网和信息产业部管理的金桥信息网），并实现了互相连通，另外还建立了连通国外的高速光纤通道。

（4）租赁消费逐渐普及。61%的被调查者认为，对价格很高、使用频率很低的消费品没有必要购买，采用租赁的方式非常合适，只有13%的被调查者不主张采用租赁方式，他们觉得“租来的商品毕竟不是自己的，花钱买下来才放心”。然而，71%的被调查者指出，现在的租赁市场仍需进一步开发，扩大经营范围。

4.2 市场需求调研程序

从一般意义上讲，市场需求调研是市场营销调研的一个侧面。它以营销决策为目的，运用科学方法，对有关需求信息进行系统收集、整理、分析和报告的过程。典型的市场需求调研大致分为三个阶段：调研准备阶段、调研实施阶段、调研结果处理阶段。这三个阶段具体划分为六个环节（见图4－1）。

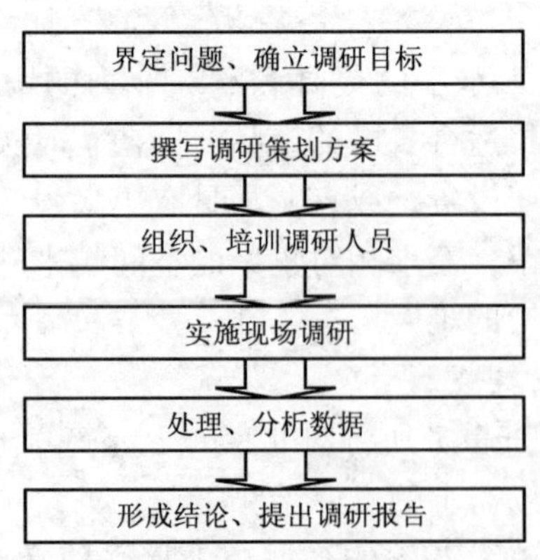

图4－1　市场需求调研程序

4.2.1　调研准备阶段

市场需求调研是一个复杂的过程，要耗费大量的人力、物力和财力。因此，要做好充分准备，以求调研有的放矢。

4.2.1.1　明确目标

在营销执行之时，企业总会面临着各式各样的问题，而解决问题的切入点是进行市场需求的调研。然而，要将调研问题限定在一定范围之内，抓住问题的关键点将信息采集量减至最低，防止调研过程中不必要的浪费。为此要进行初步调查，充分利用二手资料，通过企业内部讨论，运用排除法进一步集中调研问题，明确调研目标，从而简化正式调研的复杂程序。消费需求调研目标包括消费需求和动机调查；产品、品牌使用和态度调查；消费者购买行为调查；顾客满意度调查；广告效果调查等等。

4.2.1.2　制定调研方案

调研方案一般包括下列项目：调研内容、调研对象（来源）、调研范围、调研方法（涉及调研费用）、调研人员和费用以及调研时间。

（1）确定调研内容及其信息来源。市场需求调研内容主要包括需求模式、需求水平、需求结构和需求行为特征等方面的调研以及市场需求容量、产品品牌使用和态度和用户满意度的调研等。

上述相关信息一般通过两种途径获取：一是直接从调研对象那里获取信息；二是从他人处收集、整理，通常是从已经发表的文字材料中提炼出所需信息，如各种公开出版物、各类咨询单位、信息公司和网上数据库服务商提供的信息，企业营销信息系统内存储的各种数据等。具体而言，市场需求的信息内容来源于专业调查机构、大众传播媒体、行业协会、研究型的学者以及专家以及企业内部信息管理系统。

（2）确定调研对象及其抽样范围。依据市场需求调研所要获取的信息内容，确定相应的调研对象和抽样范围，在实施调研之前，对于被调查者的社会背景、资质、职业特征和收入状况进行估测，从而确定将谁作为调研对象，调研样本有多大，样本怎样选择。一般而言，抽取样本的方法有两种：随机抽样和非随机抽样。随机抽样包括单纯随机抽样、分层抽样、分群抽样和地区抽样等；非随机抽样包括任意抽样、判断抽样和配额抽样等。这些方法各有利弊，需要根据实际情况权衡之后选择使用。

（3）确定调研方法及其操作形式。市场需求调研方法主要包括三种：观察法、实验法和询问法。

观察法是最直观的一种调研方法，即通过调研人员直接到现场观察调查对象，收集信息；也可以借助摄像、录像等工具获取所需资料。观察法能够排除调查者和被调查者主观因素的影响，客观地得到某些场合下很难捕捉到的需求信息。但是，观察法不适合判断被调查者内心的需求动态，故不适合因果型需求调研，只适合描述性需求调研。

实验法是最科学的一种调研方法，即挑选被调查者组成若干相互对照的小组，给予不同的条件，同时对其他变量加以控制，然后观察不同条件下所得结果的差异是否具有统计学上的意义，以找出因果之间的逻辑关系。实验法适合因果型的需求调研，如研究包装、广告或价格对产品销售量的影响。但实验法操作具有一定难度，对外部环境中其他变量加以控制是一种耗费高且不易办到的事。

询问法是最常见的一种调查方式，介于观察法的探索性和实验法的严密性之间，即将所调研的项目用一定的提问方式向被调查者提出询问，从被调查者的答案中获取所需信息的一种方法。具体分为事实提问、意见提问和解释提问。提问法的操作方式有当面提问、邮寄提问、留置提问和电话提问等。随着互联网的发展，通过电子邮件向被调查者发送调查问卷成为一种时尚方式，它比向全国发送传统邮件快得多，反馈率相对较高。

（4）确定调研人员及其工作费用。运用不同的调研方法，适用不同的调研环境，从而能够达到获取信息的既定要求，然而调研方式的差异意味着调研人力资源的筹划和成本费用的核算。

观察法的调研人员，要具有较为丰富的营销经验，在充分了解整体消费动向、把握消费趋势的基础上，真实客观地反映消费现状，直接传递需求信息。然而，观察调研范围有限，虽成本费用相应较低，但调查实施时间较长。

实验法的调研人员要具备数理统计的专业知识，同时具有较强的逻辑推理能力，能够比较准确地判断市场环境中对调研项目构成影响的牵制性要素，同时有效控制那些非牵制性因素，从而发现调研项目变动的因果关系。实验调研的准备工作严谨规范，历时时间不长，但耗费精力和财力较多。

询问法的调研人员要具有较强的营销执行能力，尤其擅长人际沟通。首先是能够设计出实用的调查问卷；其次是寻找恰当的询问方式，最后是策划询问过程，尽量把“干扰事件”的几率降低到最小，提高信息反馈的速度和质量。

询问调研由于具体操作方式不同，所需时间及费用略有差别：借助电话或互联网的询问方式，调研覆盖面大，了解信息内容宽泛，所需时间短，耗费较低，但信息内容质量不高，邮寄询问方式和留置询问方式所需时间长，调研范围受到局限，信息回收率低，信息内容有一定的深度，耗费相对较小；当面询问方式历时时间较长，调研范围有限，信息内容质量较高，但耗费较大。

4.2.2 调研实施阶段

调研方案报上级主管部门批准以后，就要遵循调研目标，运用适宜的调研方法，在规定的时间内着手收集消费需求的信息。这一阶段的实际工作量很大，费用支出较多，且经常遇到突发性事件，为此，应当注意以下三个问题：

其一，调研人员。缺乏专业训练，对调研目标和问卷内容理解不当，致使调研结果与事实之间误差较大，不能作为决策依据为管理者提供建设性的意见。

其二，调研材料。收集过程过分夸大原始素材的作用，致使整个调研过程耗时长、费用大，在访问、洽谈、质询等环节上消耗大量的精力和财力；计算机汇集的信息内容庞杂、冗长，却难以从数据中得出有价值的结论。

其三，调研组织。不注意利用外部力量，过于相信自己，致使企业内部人员的主观因素直接干扰调研结果的真实性，在经验、精力不足的状态下，往往不能高质量、高效率地完成既定的调研任务。

4.2.3 调研结果处理阶段

市场需求信息是企业决策的重要依据，其原始资料及其相关数据经过缜密的分析和推理，撰写出研究性报告，其中的结论和建议阐明了市场需求的来源和动向，推断出市场需求的发展趋势，使企业营销模式更加符合于市场需求的变动规律。

4.2.3.1 分析资料

收集到的需求信息经过处理以后才能使用。这一阶段的具体工作如下：

（1）检查所需资料是否齐备，其中关键性素材是否需要“补调”。

（2）对资料进行编辑加工，去粗取精，修正误差，剔除前后矛盾之处。

（3）对资料进行汇总和分类、制图、列表，以便于归档、查找和使用。

（4）运用统计方法对现有的数据进行处理，建立数学模型，在看似无关的数据材料之间建立起内在联系，并以此推断出有价值的结论。

4.2.3.2 提交研究性报告

市场需求调研的本意决非生成大量的统计数字、图表以及数学公式，从而扰乱营销决策者的视听，而是要充分利用分析结果为营销决策者提供结论性的建议。为此，必须对企业所关注的市场需求议题提交研究性报告。报告的具体内容包括四项：

（1）引言。说明调研的目的、对象、范围、方法、时间和地点等。

（2）摘要。概括调研过程的结论，简要阐明指向性建议。

（3）正文。详细说明调研目标、调研过程、勘察结论和营销建议。

（4）附件。包括样本分配、数据图表、问卷附件、访谈记录和参考资料目录等。

4.3 市场需求调研策划与执行技术

4.3.1 问卷调研

（1）策划要义

问卷是市场需求调研的主要工具。完整的调研问卷通常由几个部分组成：应答者的基本情况、调研具体内容、问卷填表说明和编号等。问卷形式的选择、内容的设置、问题的排序直接涉及调研信息的质量，关系到调研成果的大小，因此，问卷设计是一项认真精细的工作，须谨慎筹划。问卷的形式可以从不同的角度划分为三种：

①开放式问卷，又称自由式问卷，即所提出的问题没有任何限制条件。应答者可以根据自己的情况自由回答问题。

②封闭式问卷，又称限定式问卷，即问题的答案事先由调研者拟定，应答者只需在这些答案中选择合适的一个或几个答案。封闭式问卷又有两项选择或多项选择两种形式。

③程度测量式问卷，即由调研者划分出等级表示调研对象的属性，问题答案的选项在问卷中作出了说明。程度测量式问卷又有无标签程度测量和有标签程度测量两种形式。

（2）策划方案

第一步：根据调研目的和调研主题涉及的方面，拟定调研内容提纲。

第二步：根据调研对象的特点，按照调研提纲的要求确定问卷的类型，开列调研项目清单、编号及问卷问题。

第三步：按照问卷构成各个部分的要求，将上述拟定好的调研项目、提问命题、指示说明等依次列入表格中，同时需要向应答者说明的要求、注意事项等内容一并列入表格之中，设计成为一张问卷。

第四步：将初步设计的问卷在小范围内进行试验性调研，请若干单位试填，以便在实际调研中发现问题，做出必要的修改后定稿，按需要份数打印。

（3）执行要求

①根据调研主题，从实际出发拟题，设问目的明确，重点突出，不可出现歧义。

②问卷当中问题的排列有一定的逻辑顺序：先易后难、先简后繁、由表及里、由此及彼，一般要符合应答者的思维习惯。

③问卷的设计一定要通俗易懂，使应答者一目了然。问卷语气亲切，尽量避免使用专业术语。对敏感问题采用一定的提问技巧，使问卷具有合理性和应答性。

④调研问卷便于汇总和统计，利用计算机进行信息处理。

⑤运用问卷调研，答题时间应控制在 30 分钟之内。

4.3.2 抽样调研

(1) 策划要义

市场需求调研一般采取普查和抽样调查两种形式。普查是对全体调研对象进行调查；抽样调查是按照概率统计学的法则从全体调研对象中选取部分进行调查。究竟采用普查形式还是抽样调查形式，需要考虑以下因素：

①调研经费。与抽样调查相比，普查需要投入较多的人力、物力和财力，使用调研经费相对较多。

②调研时间。市场需求调研有较严格的时间限定，实效性突出。普查需要较长时间才能够完成，无法满足特定时间的限制要求。

③调研对象的总体规模。当调研的总体规模较大时，采用普查形式在限定时间之内完成调研任务具有一定的难度。

然而，对抽样调研来讲，样本设计非常关键，样本设计合理与否，直接影响市场需求调研结果的质量。样本是市场需求调研的对象，样本设计即采用一定方法选取、确定调研对象，是调研策划中不可或缺的重要内容。因此，遵循样本设计规律、掌握抽样技术十分必要。

(2) 策划方案

第一步：确定调研对象的总体。总体是能够提供给调研者所需信息的对象集合，包括四个组成部分：要素、抽样单位、范围和时间。要素即能够提供与调研问题相关信息的对象；抽样单位即被抽样的总体中含有要素的基本单元；范围即调研对象的空间界限；时间即调研对象的时间界限。为了准确描述调研对象总体，需要对上述四个部分予以说明（某些情况下，要素与抽样单位相同），以某超市顾客需求调研为例，其调研对象的总体描述是：

要素：家庭中到超市购物的男主人或女主人

抽样单位：家庭

范围：市区

时间：2005 年

第二步：确定抽样框。抽样框即总体的数据目录或单位名单，从中可以抽出样本单位。简而言之，抽样框是总体所包含的要素代表，它能够显示出区分和识别总体的一系列特征。如电话簿、企业名录、城市指南、邮寄名单或地图都可以列入抽样框。在市场需求调研执行过程中，完整、准确、现成的抽样框难以获得，需要采用一定的技术（随机数表）确定抽样对象。

第三步：确定抽样方法。抽样方法可以分为两大类：随机抽样和非随机抽样。

随机抽样是指在总体中的每一个单位都具有同等的可能性被抽中。具体分为三种形式：简单随机抽样，又称单纯随机抽样，即在总体中不进行任何有目的的选择，而是按照随机的原则，以纯粹偶然的方式抽取样本；分层随机抽样，又称分类随机抽样，即把总体按其属性不同分为若干层次，然后在各层之中随机抽取样本；等距离随机抽样，又称系统随机抽样，即在总体中首先按一定标志顺序排列，并根据总体单位数和样本单位数计算抽样距离（相同的间隔），然后按相同的距离抽取样本单位。采用随机抽样方法进行市场需求调研，其工作范围适宜、工作量适度，排除了人为干扰因素，相对省时、省财、省力，能够较快地取得调研成果。

非随机抽样是指对总体中包含的个体不予以平等抽取的机会，而是按照带有主观色彩的选择标准抽取样本。具体分为三种形式：任意抽样，又称便利抽样，即调研人员寻求工作上的方便，随意抽选样本；判断抽样，又称目的抽样，即根据调研人员的经验或某些专家的见解选定样本；配额抽样即按照一定的标准，分配样本数额，然后在规定数额内由调研人员任意抽选样本。采用非随机抽样方法进行市场需求调研，按照一定的主观标准选取样本，可以充分利用已知材料，选取较为典型的样本，如果所选样本能够代表总体特征，不仅可以获得高质量的数据，同时缩小了抽样范围，相对节省了调研精力、时间和费用。

（3）执行要求

抽样技术的首要问题是对调研对象总体作出明确界定，否则易导致市场需求调研活动出现偏差，有时总体并不容易定夺，需要经过仔细推敲才能够确定。

抽样时，形成一个适当的抽样框是比较棘手的问题，在确定抽样框时很可能遗漏某些要素或者包含一部分多余的不相干的要素，从而造成调研结果的偏差。为此，在设计抽样框过程中要采取补救和修正措施。

采用随机抽样方法获得的调研结果，其质量取决于所抽样本对总体的代表程度，代表程度越高，则调研数据、信息质量就越高；反之，则相反。因此，掌握随机抽样技术需要具备统计学方面的专业知识，一般的调研人员难以胜任。

非随机抽样按照一定的主观标准抽选样本，选取样本的过程人为因素作用较大，当样本对总体的代表程度不高时，调研质量必然降低，据此得到结论的可信度也低。

［营销策划与执行范例1］ 上海市冷饮市场需求调研

前言：众所周知，上海是商家的必争之地，消费人口众多，冷饮市场竞争异常激烈。据统计，2001年上海冷饮市场的人均消费为4.48千克，远高于全球人均1.3千克的水平，目前上海冷饮市场为大企业、大品牌所主导：联合利华（和露雪、蔓登琳）、益明食品厂（光明）、伊利集团（伊利爱贝）和雀巢公司（雀巢和圣麦乐）等占据了大部分的市场份额。在激烈市场竞争的背后却隐藏着诸多不成熟、不健康的营销行为，错误地断定消费者的口味，由此导致商品库存积压，进而以次充好推销产品。

一、调研目的

评估上海市冷饮市场主要消费群体购买行为特征，研究影响其购买决策的关联因素。

二、调研目标

1. 青年群体对冷饮不同特征的反应。
2. 青年群体对冷饮的反应程度评估。
3. 确定哪些特征最可能促使青年群体对冷饮作出购买反应。

三、调研方法

1. 数据收集方式：采用电话访谈收集所有数据。
2. 质量控制：所有访谈由上海数据中心人员督导和监控。
3. 覆盖地区：上海市。
4. 合格的调查对象：上海市18~35岁青年群体。
5. 抽样：采用随机抽样法抽取样本。
6. 样本容量：400个完整的电话访谈。
7. 访谈者：有经验的调查人员主持访谈。

四、调研问卷

调研问卷分为两部分：第一部分为甄选样本部分，通过对这部分问题的回答可以选择出符合“上海市18~35岁青年群体”标准的调查对象，剔除不符合的样本；第二部分为主题部分，主要收集冷饮消费群体的年龄及性别倾向，消费者的消费动机，消费者购买冷饮的场所，消费者购买冷饮时主要考虑的因素以及消费者认为冷饮还不尽如人意的地方。由于本次调研采取的是电话访谈方式，因此问卷的时间不宜过长，控制在4分钟以内比较适宜。同时，问卷的表述应尽量清楚准确，以减少由于电话访谈方式易产生的理解误差，用词、语气也应适合青年群体的表达方式，有助于他们理解并接受调查。

五、调研人员

本次调研由明略市场策划（上海）有限公司的10名资深研究员主持，其间，由上海数据中心的人员进行督导和监控。

六、调研时间

本次调研从2002年7月26日上午9时开始，至7月30日晚9时结束。时间进度安排大致为：26~27日为电话访谈数据收集阶段；28~29日上午为数据分析整理阶段；29日下午~30日为做出结论及报告形成阶段。

七、调研预算

调研费用预算为人民币50 000元。

八、分析结果

1. 女性更钟爱冷饮，解渴和休闲是购买冷饮的两大动机。

如图4-2所示，在青年群体总体中，有53.80%的人表示喜欢吃冷饮，有46.20%的人表示无所谓或不怎么喜欢。从被访问者发现，女性中钟爱冷饮者明显高于男性，男性中只有两成表示喜欢吃，而女性中有近3/4的人表示喜欢吃冷饮。

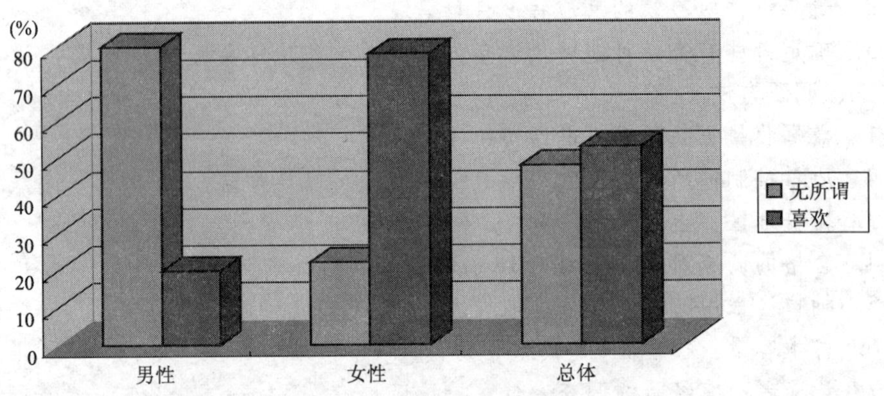

图4-2 男性和女性消费者对冷饮的喜爱程度

进一步分析发现，消费者购买冷饮有69.20%的人是为了解渴消暑，47.85%的人是出于娱乐休闲，另有11.33%的人是出于冷饮有一定的营养价值的认知（注：多选题合计大于100%）。

2. 超市是家庭购买的主要场所。

如图4-3所示，消费者一般喜欢在超市购买冷饮，占56.95%；其次是在冷饮批发点和路边小店购买，分别占38.53%和30.80%；其他所占比例较低（注：多选题合计大于100%）。

研究结果表明，近年来，随着大型超市的出现，市民的购买习惯有了很大的改变，购买较多数量的日用品都在超市一次性完成，夏天去超市购物自然少不了

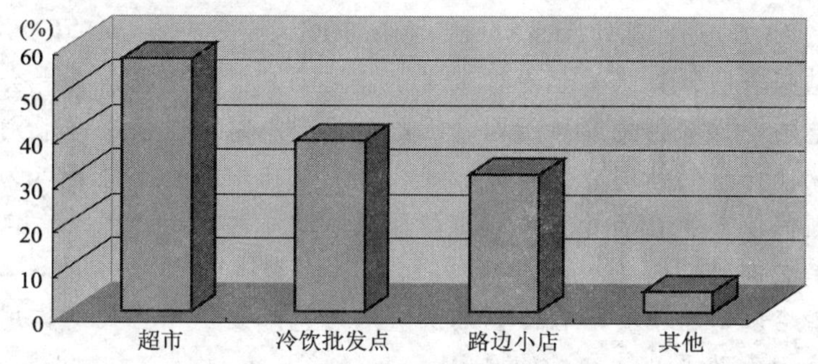

图 4-3 消费者购买冷饮的场所

顺便带一些自己喜爱的冷饮回家，一次购足储藏在冰箱里，可以供全家人享用，而且价格又便宜。因此，超市是消费者购买冷饮的主要场所。

在住所附近的冷饮批发点购买的消费者更注重购买地点的方便性和批发价格的优惠。

在路边小店购买的随意性较大，没有明显的规律可循，一般是消费者出行在外，为了解渴消暑和娱乐休闲而购买，因此，其个人购买行为特征比较明显。

3. 口味和品牌知名度是购买主要考虑的因素。

如图 4-4 所示，购买冷饮时，考虑口味的消费者占到 72.30%；考虑品牌知名度的占到 41.30%；因包装新奇而购买的占到 25.46%（注：多选题合计大于 100%）。

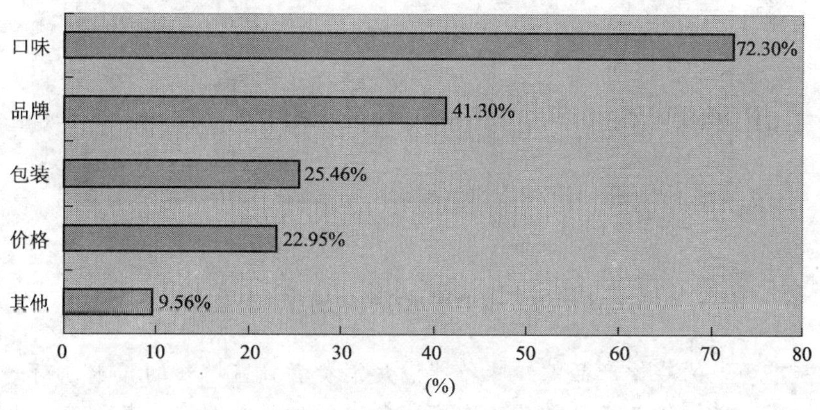

图 4-4 消费者购买冷饮主要考虑的因素

进一步探询消费者喜爱的冷饮口味发现，有 38.50% 的消费者喜欢巧克力口味；喜欢水果和奶油口味的均占23.10%；喜欢香草口味的占15.40%；喜欢花生口味的占13.50%；喜欢咖啡口味的占7.70%。

研究结果表明，口味对于冷饮来说至关重要，很难想象消费者会去购买自己觉得不好吃的冷饮。但是众口难调，因此，生产厂家可以根据一般消费者的饮食习惯和口味偏好研制新的冷饮口味，或在现有口味的基础上做好口味搭配。尽管有些冷饮新品依靠新奇的外包装和造型而获取了一时之宠，但没有口味这一基础也是难以持久的。

品牌知名度对于消费者在作出购买决定时也起到了相当大的作用，这也是很多知名厂家大力开展品牌宣传的原因。

各种冷饮产品的种类繁多，而新颖的外形和色彩丰富的外包装成为吸引消费者购买冷饮的一个亮点。

4. 口味口感不尽如人意，冷饮质量出现问题。

那么，市场上的冷饮有哪些不尽如人意的地方呢？如图4-5所示，消费者对目前冷饮产品觉得不满意地方的回答中，口味偏甜首当其冲，占37.42%；对口感不满意占33.35%；质量差，发现有假冒伪劣的占22.25%；对价格不满意的占15.50%；觉得品种不够丰富的占11.18%（注：多选题合计大于100%）。

研究结果表明，冷饮的口感偏甜——在减肥盛行的今天，冷饮消费又以女性居多，她们对糖分自然都比较敏感。

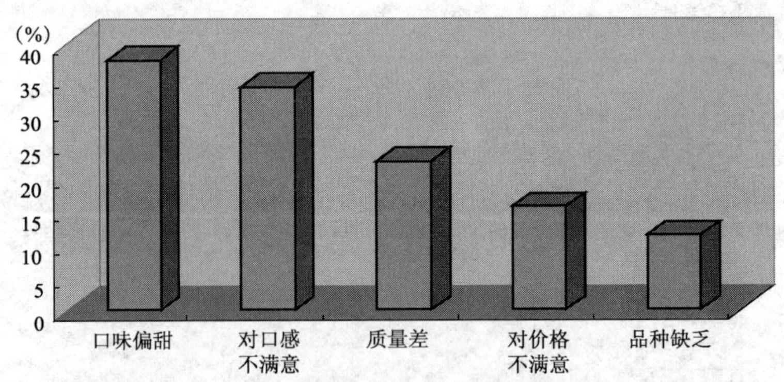

图4-5　消费者对冷饮不满意的因素

目前市场上的冷饮产品的口味不能满足消费者日益增长的需求，有一些厂家所开发的不同口味的新产品并不如它们想象中的如此受欢迎，甚至有一些厂家盲目降低成本使口感下降，从而令一些消费者颇感失望。

价格因素始终是消费用品市场上的一把“利剑”，由于冷饮产品的质量和口感让许多消费者不太满意，因此，许多消费者对于目前产品的价格也产生了不满。

值得一提的是，质量问题也占到一定比例。由于媒体的披露和消费者自我保护意识的增强，许多消费者已经发现和了解到市场上的假冒冷饮产品，这些伪劣产品无疑对消费者产生了较大的影响。

九、建议

1. 抓住酷暑契机，瞄准青年女性市场

2002 年入夏以来，上海的气温迅速上升，并已经出现了先后三次持续数天的热浪，而且高温天气还在持续，全球气候的转暖给冷饮产品的销售带来了契机，而经济的发展和消费能力的提高都会促动相关产品的消费。在冷饮市场上，年轻女性明显较男性更为钟爱。因此，应抓住女性的心理需求推出针对女性的冷饮产品。在减肥盛行的今天，她们对糖分自然比较敏感，如果冷饮口感偏甜，有些人有时即使想吃也不敢吃，毕竟体形更重要一些。因此，企业可以采取一些技术手段，多开发些含糖量低的或有甜味而不含糖分的产品，再配合消费者喜爱的口味，使这类产品成为爱美而又钟爱冷饮的女性消费者喜爱的食品。

2. 提高产品的口感，增强品牌营销意识

消费者购买冷饮时，口味是第一选择，品牌选择紧随其后。但事实上，市场上的冷饮口味和口感相对于消费者需求来说还远远未达到他们的标准，而市场上的冷饮品牌竞争却如火如荼。消费者对于市场上产品的主要不满意点集中于口味太甜和口感太差。因此，必须改进冷饮产品的口感，开发口感更纯、甜度相对较低的产品，同时增强品牌推广的力度，提高品牌营销能力，更切合消费者的需求，才能更好地占领市场。

3. 大举进军各大超市，辅之以批发点和路边小店加大铺货

消费者购买冷饮大多在超市，而平时的零散购买也占有一定比例。因此，建议以各大超市为主，辅之以批发点销售，同时在全市的各个零售点上加大铺货，并在各类销售点上展开营销宣传攻势，直面消费者，增强产品的出现频率和亲和力。

4. 注重冷饮新功能需求，开发休闲和营养产品

由于冷饮市场这几年迅速发展，新产品层出不穷，花样繁多，使冷饮的功能不再局限于解渴消暑，娱乐休闲功能正迅速崛起，大有赶超第一功能的趋势，在一些喜爱冷饮的女性群体中表现得尤为突出。现在冬天吃冷饮已经不是什么新鲜事情了，若企业在功能开发上突破传统，标新立异，则将来的冷饮肯定不仅仅属于夏天。

5. 跳出低价竞争，合理定价，突出产品性价比。

目前冷饮市场上 1 ~ 2 元的低档次产品占据了半壁江山，产品利润空间正在

逐步下降。事实上，冷饮产品的最主要原料之一砂糖的价格正在上涨，而偏偏今年的冷饮市场产品价格却一路下降，甚至出现了1元以下的甜筒等产品，这样的低价竞争势必造成产品质量的下降。而供应商唯利是图的理念和纷纷参与低价竞争的行为造成了冷饮市场上的低价竞争。企业应当勇于跳出低价竞争的"怪圈"，提高产品的质量和档次，合理定价。事实上，即使产品价格高于同类产品，只要消费者认为是物有所值的话，也不会计较高出的那点费用。

6. 树立品牌形象，制定长期营销策略

冷饮市场上鲜见"常青树"，可能前两年还火爆的品牌一转眼都不容易看到了，品牌形象尚未稳定，便由于种种原因而逐渐消亡，这也是企业缺乏品牌营销意识和品牌规划的表现。因此，在当今竞争白热化的市场上，企业必须紧贴市场，把握市场变化趋势；而盲目跟风、人云亦云，势必无法长久发展。必须树立起稳固的品牌形象，制定品牌长期发展规划，才能在市场上占据稳定位置。

（资料来源：于建原：《营销策划》，西南财经大学出版社，2005年版。）

4.3.3 访谈调研

（1）策划要义

访谈即为企业调研人员与用户面对面会谈，如登门访问、营业场所面询、召开消费者恳谈会等。它可以实现企业与用户之间信息的双方沟通，调研人员可以根据洽谈过程的具体情况随机应变、方式灵活地深入了解用户的潜在需求，把握消费变动规律。同时，针对用户的疑问和愿望介绍企业的营销意图、产品卖点，以增进用户对企业的理解，提高企业的知名度和美誉度。

访谈是消费需求调研的重要环节，是获取关键性信息的有效手段，由于访谈是一种面对面的工作，企业与用户之间的近距离接触具有相互刺激的作用。因此，在访谈过程中，访谈工作节奏、访谈内容和访谈者的语气表情等都会不同程度地影响需求调查的顺利进行，因此访谈调研要想取得成功，必须有一个相对完备的策划方案。

（2）策划方案

第一步：了解被访谈者的基本情况，并初步推测其心态状况。

第二步：明确调研访谈目的和预计达到的效果，对本期访谈充满信心。

第三步：充分准备访谈的内容，按主次顺序罗列问题，且问题言简意赅、通俗易懂。

第四步：考虑与被访谈者的接洽方式，并预约访谈的时间和地点（书信预约、电话预约或请中介人推荐）。

第五步：灵活运用访谈策略。

①寻找共同点策略。面见被访谈者时正确介绍自己，尽快进入角色，寻找到双方共同感兴趣的话题。

②观察策略。在访谈过程中，密切注意被访谈者的反应，揣度其需求心理。倘若被访谈者的资质较高且擅长语言表达，要平心静气聆听其陈述，使其畅所欲言，由此自然获取所需信息。倘若被访谈者的思维混乱且信口开河，其言语偏离调研主题，要能够控制洽谈节奏，掌握言语先机，引导被访谈者的表述回归到调研主题轨道。

③营造气氛策略。尽量缩小与被访谈者的意见分歧，遇到言词激烈的人，不能与之直面相争，注意维持融洽、和谐的谈话气氛。

④附加目标策略。在访谈调研遭遇重创几乎无法达到既定目标的情况下，应及时调整访谈调研的战略目标，因地制宜设计附加谈话内容，尽量有所收获。

第六步：真实记录访谈过程，以备分析、评估调研访谈的效果。

第七步：有效地结束访谈活动。

(3) 执行要求

(1) 辨别购买决策者，尽量与其进行调研访谈。

(2) 访谈内容言之有物，言之有据，对被访谈者的额外要求不要轻易承诺。

(3) 调研访谈人员仪态大方，语言流畅，始终保持饱满热情，以礼貌友好的态度感染对方，争取对方信任与合作。

(4) 调研访谈人员问话的语气、语调、措辞及其表达方式尽量符合被访谈者的资质水平，以缩短双方之间的情感距离。

(5) 遭到被访谈者的拒绝不要气馁。

(6) 掌握调研访谈的时间。

4.3.4 角色模拟调研

(1) 策划要义

在市场需求调研过程中，如果采用询问法仅涉及“是否喜欢?”“喜欢哪一种?”这类问题时，消费者一般都予以回答，然而涉及“为何喜欢?”这类问题时，消费者需要思索之后组织语言才能表述出来，对此，消费者或回避问题、保持沉默，致使调研过程中断；或避重就轻、敷衍了事，致使调研结果不准确，无法达到既定要求。语言联想式和绘图回答式的需求调研在了解消费者的需求动机方面卓有成效，是利用把自己的欲望、态度及习惯归属于自己以外的人物这样一种投影原理，在特定的场景中让消费者畅所欲言，运用言为心声的策略，知晓消费者需求情感、把握消费者的需求特征。

(2) 策划方案

方案一：语句联想式调研。首先由调查现场的组织者说出一串语句，被调查者听到之后，立即回答最初反映在自己脑海中与这些语句相关联的信息，调研人员当场记录答案，通过被调查者所描述的听到问句之时的自我想法，推测消费需求动机，从而了解企业过去忽视了哪些产品，目前市场上最需要哪种产品，未来应当开发哪些产品。

方案二：绘图回答式调研。

图示：

首先由调查现场的组织者将一幅图画给被调查者，描述该图内容，并解析图画旁边的附加问题。

①这两个人是什么阶层的人？收入水平如何？

②他们从哪家商店出来？

③他们正在交谈什么？（风衣的品牌、规格、颜色、款式、质地、价格）

④他们对风衣是否满意？

然后，请现场的各位被调查者在限定的时间内，根据这张图提示的问题，发挥自我想象编出一个小故事，待被调查者把这些规定了题目、限定了范围的小故事交到调研人员手中，其需求动机尽在其中。企业通过这种调研方式，明确消费者潜在需求的指向，有的放矢地调整营销策略。

（3）执行要求

①根据调研目标，选定来自不同方面的被调查者 30～40 人为一组。

②选择特定时间、特定情景。

③调研组织者 3 ~4 人，其中 1 人为主持人，其余 3 人为现场记录员和质询员。

④注意调研组织的严谨性、连贯性和趣味性。

⑤注意控制调研现场的时间和氛围，观察被调查者的心态，追踪质询其需求动机。

⑥绘图回答式调研，所示图画清晰，其画面能够准确地反映企业欲知的需求信息；其画面所提示问题不能超过 4 ~5 个，且没有逻辑错误。

[营销策划与执行范例 2]　北京三菱汽车有限公司市场需求调研

前言：日本第四大汽车生产厂家三菱汽车工业公司是日本三菱集团的成员之一。1970 年，三菱重工业公司和美国克莱斯勒公司共同出资成立了三菱汽车工业股份有限公司，属于汽车制造行业中较为年轻的公司。另一方面，三菱集团有着生产汽车的悠久历史，早在 1917 年就在日本首次推出了成批生产的"三菱 A 型"轿车，接着，于 1932 年又完成了 FUSO 汽车最初车型"B46 型客车"的生产。现生产的有华丽、扶桑、海市蜃楼、米尼卡、蓝鸟枪骑兵和枪骑兵等轿车。公司总部设在东京都，目前公司汽车年产量在 100 万辆以上，在日本国内有 10 个生产厂、两个轿车研究中心和一个载货车、客车研究中心，国外有 25 个生产厂，主要产品有微型轿车和载货汽车、小型轿车和载货车、中重型载货车、厢式车、客车、运动车、发动机和其他汽车零部件等。

三菱汽车公司不断研制出各种优质且富有个性的小轿车、商用汽车、卡车及客车。公司注意技术开发和新技术的采用，以提高产品的竞争力，并通过先进的技术和丰富的经验生产出各种汽车，在外观、性能和安全性方面均获得了各方的高度评价。此外，三菱汽车在国际上也荣获了多种权威性奖项，其产品的优良性能得到客户的一致好评。

中国汽车工业正迅猛发展，市场日益扩大。为了推进与中国企业的友好合作，向广大中国用户提供技术先进、性能优良的汽车产品，三菱汽车公司于 2006 年 10 月 1 日在北京成立了北京三菱汽车有限公司。公司以"为了宝贵的用户和社会，将不断提供尽善尽美的、具有驾驶乐趣及安全放心的汽车产品"为企业理念，从市场到售后服务都将本着顾客第一的原则，从根本上提高产品信誉，凭借过去的成功经验和拥有的先进技术，制造更先进的车辆并使其成为顾客的所爱。

一、调研过程

调研目标：进一步了解中国汽车市场的消费者对汽车的需求内容及其满意程度。

调研时间：2006 年 10 月 17 ~ 10 月 20 日。

调研地点：朝阳区国际贸易中心地下停车场。

调研对象：500 多位年龄范围在 25 ~ 45 岁的车主，最终选取 300 个有效样本。

调研方式：绘图回答式角色模拟调研；访谈调研。

图示：

问题：

1. 您的汽车是什么品牌？购买时的价位是多少？
2. 您的汽车外观及颜色是什么样式的？
3. 您购买这款汽车首要的目的是什么？
4. 对这辆车您还有哪些方面感到不满意？

二、原始资料分析

1. 所购汽车的品牌及购买时的价位。

表 4－2 价格百分比表

价格（万元）	10 以下	10～20	20～30	30～40	40～50	50～100	100 以上	总计
原始资料数量（份）	60	90	70	50	20	60	50	400
市场份额百分比（%）	15.0	22.5	17.5	12.5	5.0	15.0	12.5	100

由于国际贸易中心属于商务区，工作人员以白领居多，其收入水平比较高，所以他们所拥有的汽车以中档价位的为主；普通经济型与高档豪华轿车也分别占据了相当一部分比例。目前，我国汽车行业的整体利润率高于国际水平，随着产品价格的下降，极可能降低行业利润率，但在价格下降的同时，成本、费用也有较大下降空间，利润总额指标可能保持，甚至有可能提高。国家进一步降低一些税费，将为行业内大部分企业提供降价空间，如果产销规模能随降价得到有效扩大，规模效应将发挥出来，会使行业效益保持在较好水平上。同时，汽车零部件进口关税的下降，将使一些厂家进口成本有所下降，对采用进口部件较多的中高档汽车影响更加明显。我国汽车行业中的轿车工业发展最为迅速，不仅产量的增长高于整个汽车行业产品产量的增长，技术进步的步伐也大大加快。从全行业来看，轿车、汽车零部件及配件企业的盈利能力处于行业领先水平，具有更高的投资回报率（见表 4－3）。

表 4－3 品牌百分比表

品牌	大众	宝马	通用	保时捷	本田	沃尔沃	马自达
原始资料数量（份）	100	50	30	20	20	20	20
市场份额百分比（%）	25.0	12.5	7.5	5.0	5.0	5.0	5.0
品牌	奇瑞	戴姆勒·克莱斯勒	东风标致	丰田	三菱	起亚	现代
原始资料数量（份）	20	10	10	10	10	10	10

续表

品牌	大众	宝马	通用	保时捷	本田	沃尔沃	马自达
市场份额百分比（%）	5.0	2.5	2.5	2.5	2.5	2.5	2.5
品牌	尼桑	凯迪拉克	长春一汽	斯巴鲁	铃木	路虎	总计
原始资料数量（份）	10	10	10	10	10	10	400
市场份额百分比（%）	2.5	2.5	2.5	2.5	2.5	2.5	100

表 4-3 及相关数据表明，德国汽车在中国市场占据主导地位，如大众、宝马等在中国占有相当份额。2005 年，德国汽车出口再创新高，共出口轿车 367 万辆，增长了 1%，超过所有预期；商用车出口 27 万辆，增长了 7%，取得了历史上第二的佳绩。德国汽车对亚洲、东欧和美国的出口均呈增长之势，而对西欧的出口则出现下滑。另外，日本汽车以其排放量小、省油的特点位居第二，如丰田、本田、日产，作为日本最大的三家公司，其战略的共同之处在于除维持日本国内的生产能力外，同时将北美和中国定位为其业绩增长的支撑点，而日本国内将更加侧重于汽车的研究开发。

2. 所购汽车的外观及颜色。

通过表 4-4 可以看出，颜色和样式的选择表明现代人不仅将汽车当做普通的交通工具，而且是一种地位的象征。知名的品牌、流行的款式、豪华的内饰、鲜艳或沉稳的颜色都能给人带来精神上的享受和拥有体面身份的心理满足。

表 4-4 颜色百分比表

颜色	红色	黑色	宝石蓝	银灰	白色	黄色	绿色	总计
原始资料数量（份）	100	80	70	60	50	20	20	400
市场份额百分比（%）	25.0	20.0	17.5	15.0	12.5	5.0	5.0	100

3. 所购汽车的首要目的。

中国汽车工业的商用汽车开发能力具有一定的水平和经验，与世界先进水平有5~10年的差距。由表4-5可以看出，被调查者的汽车以家用居多，而商用车所占比重却很小。在产品系列化的基础上，中国汽车工业企业已经可以做到每年都推出大量的新产品。中国汽车工业企业已经能够进行某些轿车车身的开发设计，但尚不具有成熟的、较高水平的整体轿车开发能力。中国主要轿车生产企业在新产品开发中主要承担的是把跨国公司的车型本土化的工作，对某些产品具有了一定的升级改进能力，并且参加了某些联合设计。

表4-5 用途百分比表

用途	郊游	社交	旅游	通勤	商用	比赛	总计
原始资料数量（份）	160	90	70	40	30	10	400
市场份额百分比（%）	40.0	22.5	17.5	10.0	7.5	2.5	100

我国的商用车在中长期发展目标中提出计划，将成为全球三大商用车之一。在今后较长一段时期，我国汽车工业都将保持一个较快的增长速度。专家预测，到2007年国产汽车产销量将达到约600万辆，汽车保有量将达到3 500万辆。到2010年产销量将达到750万辆，汽车保有量将达到7 000万辆左右。但产品结构将发生一定的变化：轿车将成为汽车需求增长的主力，经济型家庭用车将成为市场的主导产品。载货汽车逐步向重型和轻、微型方向发展，重型车、各种专用汽车、矿用车需求将显著增长，中型车的总需求量有所下降，轻型车市场需求稳定增长。随着农村经济的快速发展，轻、微型客车尤其是微型客车的市场需求较大。中高档客车需求稳步增长，大中型客车仍将是中长途客运的主力车型，城市客车需求稳步增长。

4. 对所购汽车感到不满意的方面。

从表4-6可以看出，目前汽车的外观设计、耗油量及车的性能成为汽车消费的主要问题。汽车的设计、试验、制造和销售，以及所有的与汽车有关的过程都离不开计算机技术和信息技术，汽车产品本身已成为高新技术的载体。从汽车诞生那天起，汽车工业就面临环保、能源消耗和安全问题。现在国产汽车的平均油耗是10~15升，而发达国家是5~10升，平均油耗比发达国家高50%。要想从汽车大国发展为汽车强国，我国汽车工业必须跨越这三道关口，为消费者提供最节能、最环保的汽车，这也是未来汽车市场的发展趋势。

表4-6　消费者不满意因素百分比表

不满意因素	原始资料数量（份）	市场份额百分比（%）
空间小	20	4.3
内饰	40	8.7
性能	70	15.2
耗油量大	90	19.7
外观设计	100	21.7
质量	40	8.7
售后服务	70	15.2
价格	20	4.3
安全性	10	2.2
总计	460	100

三、公司营销战略与策略

1. 生产新款汽车

日本的三菱汽车将中国定位为核心市场，利用三菱在中国牢固、健康的品牌形象，扩大在华运营基础，除通过增加与本地公司资本联合，以扩大可提供的三菱品牌车型以外，公司同时也积极着力建立、扩大其销售网络。公司正在考虑利用其在华的发动机合资企业，使中国成为亚洲主要的发动机生产中心，并将在华建立研发设施，以便能及时对本地市场需求作出反应。

三菱汽车之所以重视中国市场，是与2003年中国市场的业绩密不可分的。就在北美和日本国内市场同时表现低迷时，三菱汽车在中国市场的销售却随着中国车市的井喷增长而呈现出快速增长的势头。根据三菱汽车提供的资料来看，2003年公司在中国市场（不含香港、台湾地区）的汽车销量（包括中国本地品牌）比上一年增长了206.1%，达到近15万辆，因此公司决定大幅增加在中国的业务。虽然三菱汽车公司调整海外战略，缩小在北美的事业规模，加大对以中国为中心的亚洲地区的投资和市场开拓，但中国汽车市场的竞争已经相当激烈，公司要同已经在中国市场得了先手之利的德国大众，美国通用、福特以及日本的本田、丰田公司进行长期竞争，其难度很大。所以，三菱汽车在今后的几年里将陆续推出44种新车型，其中在北美市场推出7款新车，欧洲10款，中国11款，日本16款。而北京三菱汽车有限公司宣布将于2007年1月在中国推出已在日本及美国市场获得一致好评的ON－ROAD SUV（公路运动型多功能车）“Outlander”，车型为“OUTLANDER－EX”。

该款“OUTLANDER－EX”与在北美市场销售的“Outlander”相同，搭载了新开发的高性能、低油耗、低排放的3.0L V6 MIVEC（可变气门正时结构）发动机，配之以加速性能、高速巡航性能，优异的新型6速AT变速器，并根据MITSUBISHI MOTORS的AWC（All Wheel Control）这一理念，使用可根据行驶情况，自由切换驱动方式的电子控制4WD系统。

此车与在日本、北美销售的车型同样采用了加强碰撞安全性及刚度的新一代平台和铝合金车顶，实现了低中心化，降低了转动惯性力矩，从而提高了驾驶性能，让驾车者享受舒适的驾乘乐趣。在功能方面，配备了上下开合式后备箱车门，便于放置行李，并且可以根据行李的重量及体积大小灵活分区使用。此外，“OUTLANDER－EX”为了迎合中国市场的需要，备用胎将选用标配轮胎，限载5人。

2. 建立汽车俱乐部

单件商品的利润趋薄似乎是一种无可阻挡的趋势。许多行业不得不开始寻求新的利润增长点。在国际汽车界，汽车整车销售利润在整个产业链利润构成中仅占20%，零部件供应占20%，而50%～60%的利润则是由服务环节产生的，包括维修、保养、检测和救援等（见图4－6）。

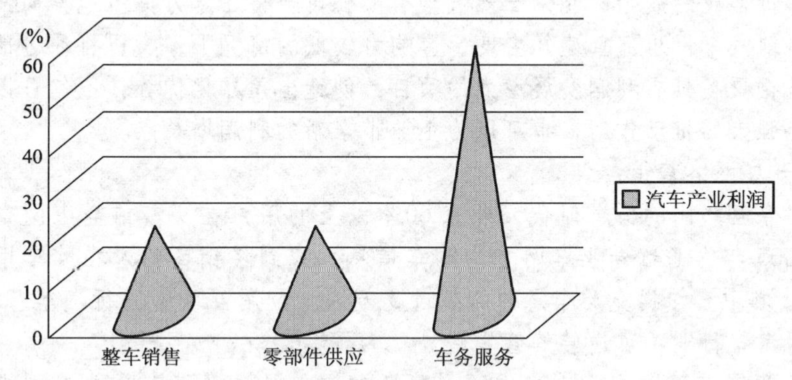

图4－6 国际汽车界汽车销售利润比例构成

在中国，经销商的汽车销售利润至少要占总利润的60%～80%。但是随着一轮接一轮的价格战，汽车销售的利润越来越低，汽车产业的价值链正向售后服务市场延伸，汽车俱乐部越来越成为人们关注的焦点。

中国消费者协会调查结果显示，消费者在购买轿车时，第一关注的是购买时的价格，其次则是使用中的服务。另一项调查结果显示，虽然消费者对汽车俱乐部的认识不多，但有意加入汽车俱乐部的人近4成，超过6成的人希望汽车俱乐部能提供完备的服务，解决汽车消费的后顾之忧（见图4－7）。

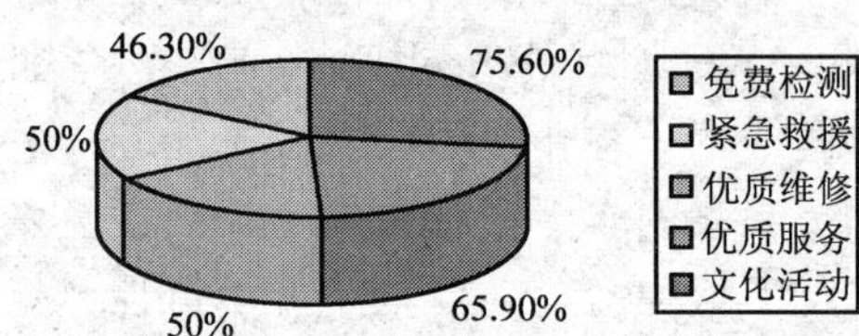

图4－7　车主对汽车俱乐部服务项目的期望

从国外汽车营销的发展趋势来看，汽车俱乐部的成功运行可以成为汽车业未来利润的一个增长点。目前国内汽车营销模式看，虽然大部分汽车经销商都组织了相关的汽车俱乐部，但大部分此类俱乐部的运行尚处于相当初级的阶段，所提供的服务内容单一，车主满意度很低。在汽车经销商看来，汽车俱乐部只是作为汽车销售的一种配套式服务，是一种可有可无的服务项目，而不是可以带来持续、高增长的利润。正是基于这种认识，汽车俱乐部在中国的发展非常缓慢，而且对汽车销售利润的贡献有限。

随着价格战的疲劳，北京三菱汽车有限公司会将注意力更多地投向汽车俱乐部，在目前汽车俱乐部普遍知名度、影响力较低的情况下，公司将通过品牌化的运行，发掘更多具有利润发展潜力的项目，创造出差异化优势，不仅可以对汽车销售产生强大的推动作用，也可以为企业带来新的利润增长点。

3. 开展网络营销

在当今互联网的信息时代，北京60%以上的用户在买车前会上网查询有关信息；2005年，通过专业车网查询购车信息、找到经销商的潜在购车用户超过15万人，其中直接提交购车意向的超过3万人。利用互联网进行汽车营销传播，已经成为汽车行业不可逆转的营销趋势。

汽车营销采用网络营销方式不是新话题，但是许多汽车企业对网络营销的理解与利用却仍停留在浅层次的阶段。通过分析网络营销的特点，三菱公司认为这是以最低成本实现最有效突破的方法，并决定采用以下几种网络营销方式：

（1）网页广告。这一方式目标明确、受众广泛，是目前汽车营销做得最多的一种。

（2）E-Mail 营销。数据库营销针对性强，通过有效登记的电邮地址，将汽车的相关信息发送给目标客户群。

（3）BBS。在目标客户群集中的网络论坛上，通过设置一些精心设计的话题，引起他们的讨论，为产品销售创造一些舆论话题。

（4）视频广告。利用视频技术，将汽车广告做成电视画面在网络上播放。

网络营销的多样化手段及相对低廉的投入，对于汽车厂商或经销商迅速打响自己的品牌或进行产品销售有巨大的推动作用。那些只依赖传统广告方式、只懂得花巨资做平面广告，然后坐等消费者上门的企业，必然会发现自己已被竞争对手远远抛在后面。对网络营销的深入利用与挖掘，不仅是产品销售的助推器，更是企业构建竞争优势的一种重要手段。

4. 拓宽分销渠道——新农村战略

建设社会主义新农村是政府长期实行的一项政策方针，更是许多企业关注的国家政策走向。宝洁、欧莱雅等外资企业已经随着建设社会主义新农村政策的出台及时制定了新的营销策略，出台了一系列开拓新农村市场的方针政策，旨在抢先一步占领市场空白。

而在汽车行业，一方面，国内诸多的汽车企业都在为富人、为城市人造车，但没有几个企业愿意把目光投向农村。中国是一个农业大国，人口中的绝大部分是农民，他们同样渴望拥有汽车；另一方面，大城市汽车的购买力经过几年的释放已渐趋饱和，而在广大的中小城市和农村，汽车消费市场还没有得到有效开发。随着国家新农村战略的深入开展，农村经济将会逐步提高，城乡之间距离将不断缩小，广大的农村群体中被压抑的购买力将得到巨大的释放，而这对于任何一家汽车厂商来说都具有极大的吸引力。同时，对于汽车生产企业来说，城市与农村之间信息不对称、消费者对品牌敏感度相对较低、对价格敏感度相对较高等消费特点都是可以利用的市场机会。企业可以通过加速汽车销售的节奏，方更完善的售后服务等方式，迅速切入新农村市场，提升自己的销售量。因此，北京三菱汽车有限公司应该将企业整个营销重心下移，通过扩大经销商网络、生产更有针对性的产品，迅速占领农村市场。

四、附件：调研原始资料（略）

本章内容小结

本章阐述市场需求的存在状态及其营销价值；市场需求特征及其发展趋势；市场需求调研程序及其重要环节，提出市场需求调研策划与执行的关键技术。

■ 市场需求即以商品或劳务形式存在的对用品的欲望和要求，就形式而言，市场需求呈现八种状态：负需求、无需求、潜伏需求、下降需求、不规则需求、充分需求、过量需求、有害需求。就特征而言，市场需求具有结构多样性和差异性、目的性和可诱导性、层次性和发展性、伸缩性和周期性等规律。

■ 市场需求调研程序包括七个步骤：界定问题，确立调研目标，撰写调研策划方案，组织、培训调研人员，现场实施调研，处理、分析数据，形成结论、提出调研报告。归结为三方面的工作内容：调研准备、调研实施、调研结果处理。

■ 市场需求调研策划与执行技术主要包括问卷调研、抽样调研、访谈调研、角色模拟调研，各调研方式均有其相应的策划要义与执行规律。

【本章研习：角色模拟市场需求调查技术】

研习目标：通过学习、训练，掌握角色模拟市场需求调查策划方法与执行规律。

研习内容：

■ 准备调研

以自愿的原则组成训练小组，运用角色模拟调查技术对大学生的手机市场需求进行调研。确定调查方式（语句联想式、询问访谈式）、调查时间、调查地点、调查对象以及最终选取的有效样本数；设计调查步骤与关键环节；策划调查内容；进行人员分工（组织者、记录者、质询者）；预算调查经费。

■ 实施调研

由调查小组的组织者进行演讲，吸引听众进入调查状态；由小组中另外调查人员当场记录调查结论；由小组中其他调查人员质询调查中的疑问。班级其他成员作为被调查者予以配合，同时评判调查的组织水平。

■ 提交调研报告

提交调研报告，阐明调研结论，附加调查原始资料。

■ 展示调研成果

以小组为单位陈述调查结论，提出调查过程中的经验与不足，回答同学质疑，最后由指导教师进行点评。

训练检测：满分 10 分

实地调研过程（5 分）；提交调研报告（3 分）；调研成果展示（2 分）。

5　市场机会策划与执行

本章教学目标

■ 掌握市场机会盈利评估与风险评估的方法

■ 了解市场机会价值综合评估、效用综合评估的原理

■ 把握市场机会的基本属性，发现获取市场机会的有效途径

■ 掌握市场机会策划与执行技术：判断机会、把握机会、创造机会

5.1　市场机会概述

5.1.1　市场机会的基本属性

如果我们仔细观察市场中从事营销活动的企业就会发现，有些企业的决策尽管没有经过深思熟虑，却由于特定的时期，在某个迅速增长的领域中推出了适宜的产品，短时期内利润激增，这些企业的成功归咎于市场机会的捕获；还有一些企业在进入市场之前，认真研究需求动向，把握消费潮流，谨慎选择产品项目，将产品有的放矢地投向市场，由此谋求获利空间，并且奠定了行业中的领先地位，这些企业的成功得益于市场机会的利用。

曾经，中国少年足球队教练李辉率领我国数名少年球员到巴西进行训练，他深有感触地说过，同龄组的中国球员与巴西球员相比较，在技术方面的差别并不大，真正的差距在于“球场机会意识”，即球场上技术的选择及其使用时机的把握。体育竞技是竞争最为激烈的形式，市场竞争同样存在着“机会意识”的问题：某些企业原本具有资源优势、实力雄厚，然而在机会选择之时却不会“抢点”和“走位”，失去了获利的有效时机；而另外一些企业虽然处于资本原始积累的阶段，却机敏善断、主动捕捉市场机会，从而顺利启动企业运营程序，保证企业良好发育与不断成长。竞技场上的球员倘若缺乏“机会意识”就会丧失进球的可能，甚至满盘皆输；商战中的企业倘若没有“机会意识”就会丧失获利的可能，必会失败。因此，看准机会、抓住机会甚至创造机会是企业开展营销活动的关键所在。

菲力普·科特勒曾在《市场营销管理》一书中阐明：“一个市场机会是指一

个具有需求的领域，公司在这里能够取得利润。”获取利润是企业生产经营的根本目的，有利可图的机会对企业才能构成吸引力，而且这种机会能够为企业所争取，而不是可望而不可即。菲力普·科特勒将市场机会定义为具有吸引力且具有成功可能的需求领域，因此可见，市场机会蕴含着吸引力和成功性两种基本属性。需要强调的是，企业首先要能够识别具有吸引力的需求领域。美国商界有一句谚语流传至今：“当你寻找到市场上那些尚未满足或尚未完全满足的需求的时候，你赚钱的机会就来了。”然而，即使企业凭借敏锐的洞察力已经发现市场中具有吸引力的潜在需求，也并不一定能够从中赚取利润，同时还要清醒地判断自身能量的适宜度，能否通过整合资源在具有吸引力的需求领域里成功赚取利润。因此，市场机会的存在有其内在的客观性，它不以企业现实能量为转移，相反，企业需要不断地调配资源、聚合能量，瞄准市场的潜在需求，才能抓住机会，提升获利水平。

一般而言，市场机会具有如下特征：

5.1.1.1 客观性

市场机会不是人为的刻意创造或发明，而是客观存在的，它存在于市场环境的发展变化之中，存在于企业生产经营执行过程之中，既不是像“专利”那样受到法律保护，也不是核心技术要受到企业监管；它面向每位需要者，公开亮相、平等以待，以其潜在商机吸引企业识别机会、开发新品。

5.1.1.2 相对性

市场机会表现为市场中的一种客观现象，它具有相对性：不同企业面对同样的市场现象，某一企业视其为机会，而另一企业可能视其为威胁；不同企业面对程度不同的市场现象，大企业将具有丰富商机且能够充分释放能量的现象视为市场机会；中小企业将具有一些商机，需要施展特定商务技能的现象视为市场机会。市场机会的复杂状态告诫企业要审时度势、变换角度看待机会的本质内容。

5.1.1.3 可变性

市场环境是动态的，人口爆炸式的持续增长，科学技术的日新月异，生态环境的严重失调以及政治经济关系的风云突变，使得企业行为千变万化，商务内容错综复杂，其中所蕴含的市场机会将伴随着空间的调整和时间的推移随时产生变形或转换；没有机会可能会出现机会，小机会可能演变为大机会，大机会可能转化成小机会，甚至已经成形的机会也可能瞬间消失。市场机会的游离状态告诫企业，把握住时机的意义所在。

5.1.2 市场机会的获取途径

美国的一位商界巨子在总结商战经验教训时说过：“失去信心、失去机会就等于失去一切。”市场机会意味着商机，意味着获利的范围和领域，对企业具有相当的吸引力，然而，有时它却隐藏住本质特征，回避公众。机会往往融于市场环境背景之中或深藏于商务活动的缝隙之内，需要企业去辨认、识别，方可有所收获。具体而言，市场机会的获取需要如下途径：

5.1.2.1 通过排查获取现已存在的市场机会

企业首先从选定的目标市场中仔细排查，发现那些疏忽、遗漏的未满足需求，进行市场渗透，待充分享用目标市场机会之后，再向其他未知市场涉足。这样，企业可以最大限度地利用目标市场资源，降低挖掘机会的成本，在已经探讨、摸索过的市场上精耕细作，不断调整产品、扩大市场供给、积蓄竞争能量，避免与竞争对手展开针锋相对的争夺，为开辟新的市场领域打下坚实的基础。然而，通过这一途径获取机会需要沉稳与耐性，营销执行的效果不明显，不能即刻扩充利润，缓解企业资金不足。

5.1.2.2 通过研发产品获取市场机会

企业关注科技动态，运用科技成果，不断将全新产品、换代产品、改进产品或新品牌产品推向市场，进入消费需求的空白领域抢占机会。这样，企业可以摆脱模仿或效法的被动状态，凭借产品优势在市场竞争中寻求到生存立足点，从而扮演行业主导者角色。然而，通过这种途径获取市场机会需要相当的竞争实力，产品研发过后，需要进行扩散与推广：激发潜在需要、驱动购买欲望，使之得到公众的认同，形成消费潮流。这一过程比较缓慢、冗长，极易将精疲力竭的企业拖垮，直至拖入资源匮乏的深渊。

5.1.2.3 通过创造性的营销活动获取市场机会

企业运用创新的营销方式和手段，如：市场需求测量、市场细分办法、市场定位策略、产品辅助功能的差别、产品价格组合的运用、产品分销渠道的铺设以及产品促销的合理配置等都可以扩大企业的获利途径，谋求到市场机会。这样，企业凭借经验娴熟施展营销动作，以其营销整体的核心竞争能力占领市场的制高点，而且具有长足的发展后劲，不易为其他企业所窃取、仿效。然而，通过这种途径获取市场机会需要严整的组织结构：精明强干的营销策划者能够准确判断市场态势，从而萌生解决市场问题的创意和构想，并提出开展营销活动的系统方案；经验丰富的营销执行者能够全面贯彻决策旨意，在实践中创造性地实施营销策略，从而使企业营销活动卓有成效。

5.1.2.4 通过适应和改变用户的偏好获取市场机会

企业在把握消费趋势和消费潮流的基础上，研究用户的消费个性与习惯，从适应用户的需求偏好过渡到引领用户的需求偏好，由此获取市场机会。有些学者曾提出所谓“显露偏好”的论点，认为消费者的偏好总是通过他们的货币投向显露的。事实上，用户经常会表现出超越现行消费潮流的需求倾向，对商品呈现出急切却易变的偏好态度，而机会往往就隐匿在这些未满足的偏好当中。企业需要通过用户的货币投向观察其需求动向，站在用户前列倡导消费理念、灌输消费模式，运用品牌营销争取用户的信任与偏好，从而建立稳固的消费基础。然而，通过这种途径获取市场机会需要深厚的行业资质和经验，不了解商品的需求规律，就无法把握商品的供给数量和供应节奏，也就不可能在供求矛盾中占据主动，赢得机会。

5.1.2.5 通过竞争对手获取市场机会

企业瞄准同业竞争对手所长和所短，了解其营销工作的本质，探索其营销活动规律，熟悉其营销的惯用手法，以此为突破口，调整自身行为，扩大获利范围。这样，企业就能够在竞争中扬长避短，准确地进行市场定位：企业产品不仅具有特性，而且具有适用性，为需求用户所认同；企业形象鲜明、个性突出，在公众当中具相当的知名度和可信度。然而，通过这种途径获取市场机会需要创新意识和创造行为，企业强调自身与竞争者之间的差别，另辟蹊径寻求适宜的营销举措，否则无法在市场竞争中以强势抢占先机、争取主动，自如地完成营销活动过程。

5.2 市场机会评估方法

市场机会包含着吸引力和成功性两种基本属性，而机会的评估即围绕这两项要素展开。然而，市场机会具有相对性，对企业而言，市场机会既有吸引力，也有排斥力，既有成功的概率，也有失败的可能。因此，审视市场机会，既要注意其吸引力，也要注意到排斥力；利用市场机会，既要看到其成功赢利的可能性，更要看到其亏损失败的可能性。市场机会的赢利性评估即对市场机会的赢利、赢利概率和期望盈利的估计；市场机会风险性评估即对市场机会亏损、亏损概率和期望风险的估计。机会的赢利性评估和风险性评估是机会的基本评估，但是基本评估还不能完全解决市场机会比较与选择的问题，在期望赢利相同的机会之间，企业自然会选择期望风险相对较小的机会；在期望风险相同的机会之间，企业自然会选择期望赢利相对较大的机会。然而，当企业面对期望赢利与期望风险同等程度的两种机会时，就需要对市场机会进行更高层次的评估，即价值综合评估或效用综合评估，以此选择适用的市场机会（见图 5 -1）。

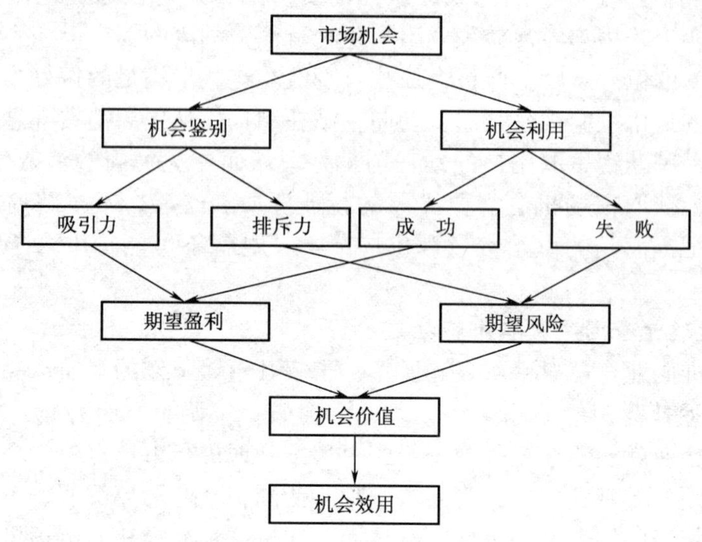

图5-1 市场机会评估系统

5.2.1 市场机会的赢利评估

赢利是企业的根本目的，尽管某一时期企业为了扩大市场份额而忽略单位商品的利润，但是从长期来看，占领市场的最终目的仍然是为了提升企业整体的盈利水平。实践证明，市场机会的获利程序受到一些相关变量的牵制，主要包括市场规模、市场需求、营销费用、购买者议价能力和供应商议价能力等，这五大变量对市场机会赢利构成直接的影响。

5.2.1.1 市场规模评估

市场规模即市场领域的宽窄、市场范围的大小，它制约着企业营销活动的规模，从而影响企业的赢利水平。市场规模是评估机会赢利性的基准指标：首先评价市场规模的适宜度，大企业应当进入规模较大的市场，以便获得规模效应，实现规模效益；中小企业应当占领规模适度的市场，以便节约资源、生产能量与市场规模相适应。其次估测市场规模的发展前景，通过市场调查与预测衡量企业主导产品未来市场规模的绝对值大小。

5.2.1.2 市场需求模式评估

市场需求模式即一段时期市场中的需求数量、需求水平、需求结构及需求行为特征的组合状态，市场需求大、需求水平高、需求结构复杂、需求行为特征显著，企业赢利的可能性较高；反之，企业赢利的可能性较低。市场需求模式是评估机会赢利性的核心指标：第一，市场需求量是特定市场上的特定商品在特定情况下的购买总量，它与购买时期、市场环境和营销努力具有相关性，市场需求量常用四个参数予以衡量：①市场需求潜量；②实际市场需求量；③企业在市场需求总量中占据的份额；④企业营销努力高于竞争对手，其市场需求量所能够达到的极限。第二，市场需求水平通过消费者的收入水平与支出结构反映出来，其中，消费者可任意支配的收入直接影响企业获利幅度，而消费者的支出投向则表明企业获利趋势与方向。第三，市场需求结构显示出企业开发相关商品和连带商品的契机，开辟企业的获利途径。第四，市场需求行为带动了企业涉足高新技术领域，提升了商品的技术附加值，提高企业的获利水平。

5.2.1.3　营销费用评估

营销费用即企业营销过程中为赚取利润必须付出的耗费代价，营销费用高，营销成本增加，企业赢利相对减少；反之，企业赢利相对增加。营销费用是评估机会赢利性的参考指标：第一，估计每一营销活动的费用大小；第二，根据市场销售额的目前估计或未来预测值，预算每一营销活动费用占整个销售额的比例，并将这些比例相加，得出总的营销费用比例；第三，将这些费用比例与历史或全行业的有关费用比例进行比较，评估利用机会的费用高低程度。

5.2.1.4　供应商议价能力评估

供应商议价能力即供应商与企业达成交易之时操作商品价格的能量大小，供应商议价能力高，势必增加商品原材料及其生产要素的价格，提高商品成本，相应降低企业赢利水平；反之，减少商品成本，相应扩大企业的收益。供应商议价能力是评估机会赢利性的重要指标：第一，供应商群体相对集中且达成一定的组织协议；第二，供应商产品差别明显且替代品较少；第三，供应商提供的产品是企业关键的生产要素；第四，本企业调换供应商的成本很高；第五，供应商实现前向一体化的供应模式。这些状况将使供应商的议价能力得以充分发挥，从而会抑制企业赢利。

5.2.1.5　购买者议价能力评估

购买者议价能力即购买者与企业达成交易时讨价还价的能力大小，购买者议价能力高，商品售价就要下降，势必引起同业竞争者的价格之战，致使企业利润受损；反之，商品售价上扬，企业利润得以扩充。购买者的议价能力是评估机会赢利性的关键指标：第一，购买者相对集中且达成一定的默契；第二，供货商的商品差别不明显且替代品较多；第三，购买者变更购买途径、转换购买方式的成本较低；第四，购买者消费水平有限，对商品价格十分敏感；第五，购买者实行后向一体化的消费模式。这些状况将使购买者的议价能力得以充分展现，从而抑制了企业赢利。

综上所述，企业获取市场机会通常是五大变量综合平衡的结果，其中市场规模、市场需求模式和购买者议价能力三个变量表明赢得机会的收益；营销费用和供应商议价能力两个变量表明利用机会的成本，收益与成本相抵即市场机会的期望赢利。用公式表示：

$$R = \Sigma m_i p_i \tag{5-1}$$

式中，R 为期望赢利（$R \geqslant 0$）；m_i 为第 i 个赢利量（$m_i \geqslant 0$）；p_i 为第 i 个赢利量的概率。

5.2.2 市场机会的风险评估

任何商务活动都具有一定的风险性，市场机会的风险即利用机会产生的亏损程度及其可能性。企业谋求到机会之后要进行大量投入，然而却担心机会利润低到零利润以下，为期望负利润盈望值，因此，企业十分关注机会利润偏离利润以下的期望差值，以防投入后的回报低于一般利润。为了准确衡量营销机会风险，可以用期望负利润综合表示机会风险的危害性和可能性，而且将期望负利润、期望亏损以及期望风险视为同一概念，均是衡量市场机会风险大小的同一变量。用公式表示：

$$C = \Sigma c_i p_i \tag{5-2}$$

式中，C 为期望风险（$C < 0$）；c_i 为第 i 个负利润（$c_i < 0$）；p_i 为第 i 个负利润的概率。

进行市场机会的风险评估，必须估计到各种负利润及其负利润发生概率的大小。由于影响机会风险的因素与影响机会赢利的因素相同，市场规模、市场需求模式、购买者议价能力、供应商议价能力和营销费用既是影响机会赢利大小及其可能性的要素，同样也是影响机会负利润大小及其可能性的要素，因此，评估机会风险仍然要依据上述五大变量，按照前文所述的步骤和方法进行，并且与分析和评价机会赢利同时操作，这样当企业面临期望赢利相同的市场机会时就可以参照机会的风险大小及其发生概率进行比较和鉴别，从而选择期望风险较小的市场机会。

5.2.3 市场机会的价值综合评估

所谓价值综合评估即将期望赢利和期望风险综合为一个指标评价市场机会，所得结果称为机会价值。用公式表示：

$$V = R/C \tag{5-3}$$

式中，V 为机会价值；R 为期望赢利；C 为期望风险

如果将（5-1）式和（5-2）式代入（5-3）式，机会价值又可以表示为：

$$V = \Sigma m_i p_i / \Sigma c_i p_i \tag{5-4}$$

由机会价值的表示式可见，机会价值的经济意义比较明确、全面，它表明企业利用某种市场机会时，在承担单位风险的基础上所能够获取的相应赢利，机会

价值越高，机会利用的可能性越大，机会价值不仅反映市场机会的赢利性，也反映了市场机会的风险性。

5.2.4 市场机会的效用综合评估

所谓效用综合评估即将期望赢利和期望风险对企业欲望或需要的满足进行主观综合评价，所得结果称为机会效用。

企业对市场机会的效用评估主要取决于企业对机会风险的态度，有向往风险、厌恶风险和对风险无所谓三种态度之分。一般而言，人们对待风险的态度是由人的货币边际效用倾向决定的，向往风险者的货币边际效用递增；厌恶风险者的货币边际效用递减；对风险无所谓者的货币边际效用为恒定值。市场机会效用评估，其一是效用的大小直接用损益值（赢利、亏损）的加权值计量，而不以概率的形式表示；其二是事先无须知道企业的类型（保守、冒险、中立)，以损益值为效用计量值，不仅经济意义明确，易于理解，而且符合人的思维逻辑：赢利产生正效用、亏损产生副效用，无赢利和不亏损不产生效用，赢利越大，效用越大，亏损越大，效用越小。只是不同类型的企业对同一机会期望损益给予不同的加权，从而得到不同的期望效用。具体而言，冒险者的权数小于1，保守者的权数大于1，中立者的权数等于1。市场机会效用综合评估方法如下；

以货币额 x 表示损益值的大小（$x>0$ 为赢利，$x<0$ 为亏损，$x=0$ 为无赢利也无亏损)，设各种类型企业的货币边际效用与货币额 x 的一次方程线性关系。用公式表示：

$$\frac{du(x)}{\frac{a}{2}}$$

$$dx = ax + b\ (b>0) \qquad (5-5)$$

$$u(x) = x^2 + bx + c \qquad (5-6)$$

式中，$u(x)$ 为 x 的效用，a，b 为常数。

根据上式，当期望赢利为零时，三种类型的企业机会效用均为零，即 $u(0)=c=0$，于是（5-6）式改为：

$$u(x) = x^2 + bx \qquad (5-7)$$

当期望赢利足够大到 x_m 之时，三种类型的企业给予机会效用的加权均为1，机会效用趋于一致值 x_m，即冒险者与保守者的效用值将向中立者的效用值 x_m 靠近，此时可得到下式：

$$u(x) = x_m^2 + bx_m = x_m\ (x_m>0) \qquad (5-8)$$

当期望赢利在0与 x_m 之间为某一确定值时，可得下式：

$$u(x_i) = \frac{a}{2}x_i^2 + bx_i\ (0<x_i<x_m) \qquad (5-9)$$

式中，x_i 为某一确定赢利。

由（5－8）式和（5－9）式联立可得如下方程组：

$$\begin{cases} \frac{a}{2}x_m^2 + bx_m = x_m \\ \frac{a}{2}x_i^2 + bx_i = u(x_i) \end{cases}$$

由此方程组求得：

$$\begin{cases} A = \frac{2(u(X_i) - X_i)}{x_i^2 X_m X_i} \\ B = 1 - \frac{a}{2}x_m \end{cases} \tag{5-10}$$

将（5－10）式代入（5－7）式，即可得到机会的效用函数，以此进行营销机会的效用综合评估。

在构造机会效用函数的过程中，同时可以断定企业的风险态度（见图 5－2），将 x_i 与 $u(x_i)$ 比较：

$$x_i = u(x_i)$$

效用曲线是与横轴相交 45 度角的直线：

权数$\frac{u(x_i)}{x_i}=1$为中立型企业；

$$x_i < u(x_i)$$

效用曲线是与横轴相交 45 度角的直线上方：

权数$\frac{u(x_i)}{x_i}<1$为保守型企业；

$$x_i > u(x_i)$$

效用曲线在与横轴相交 45 度角的直线下方：

权数$\frac{u(x_i)}{x_i}>1$为冒险型企业。

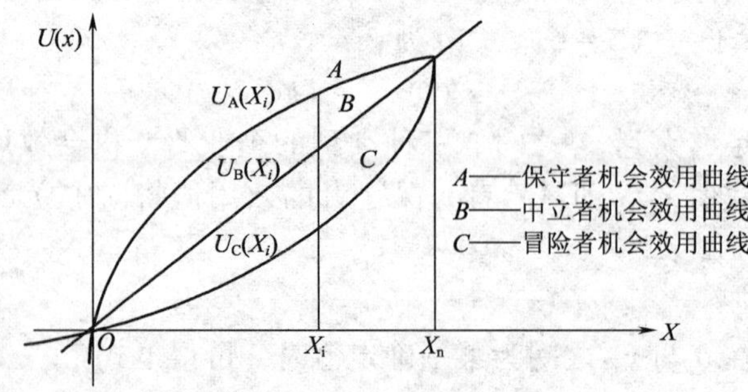

图 5－2　企业的市场风险态度

5.3 市场机会策划与执行技术

5.3.1 判断市场机会

(1) 策划要义

判断市场机会即企业能够在激烈竞争的市场环境中审时度势，运用多向思维发现营销空隙，准确判断获利机会。

①能够从环境机会中看到企业机会。市场环境牵制企业的营销方向与力度，其发展变化既能够给企业带来威胁，又能够为企业创造机遇。企业必须具有清醒的头脑，在环境转换之际，辨别与断定符合企业营销目标、适宜企业营销能力、展现企业营销优势的获利机会。

②能够从显性机会中看到隐性机会。市场中那些明显的、未被满足的需求易于识别、便于承接，然而这样的市场机会经常出现蜂拥竞争的现象，其获利空间并不宽泛、获利通道并不久远。对于企业而言，关键在于透过即时的消费潮流判断潜在需求的趋势，这样的市场机会获利几率较大、收益水平较高，是营销绩效的诉求点。

③能够从整体机会中看到局部机会。企业营销既受控于整体市场的一般因素，又受控于目标市场的特定因素。就此，企业即要考虑整体市场的机会动向，又需识别目标市场的机会属性，刚柔并济，从而断定利于企业安身定位的市场机会。

④能够从近期机会中看到未来机会。尽管现实的某些需求并不是充分需求，但是经过启发和诱导，可以在未来的某一时期迸发充分需求，从而形成消费倾向。就此，企业需要经过调查研究，从眼前的市场机会推断长远的市场机会，为企业谋求更广阔的发展空间。

(2) 策划方案

[**背景资料**] 霍英东原籍为广东省番禺县，1923 年 5 月 10 日出生于香港一个水上人家。祖父霍达潮曾拥有大风帆船，来往于省港澳之间，从事货运生意。但当霍英东来到这个世界上时，家境已相当困难，全靠父亲租船驳运货物维持生活，入息不多，生活艰辛，大约是在霍英东 7 岁那年，父亲患病不幸去世，年仅 40 多岁。因为父亲染病时间很长，天天用中草药治疗，把本来就很有限的一点钱都花光了，父亲死后只草草地埋在青衣岛上。父亲去世以后，霍英东一家生活更加艰难，那时他还有一个 9 岁的姐姐，一个 5 岁的妹妹，生活的重担全落在他

母亲身上。母亲是一位顽强、刻苦、勤奋的人，在那多灾多难的日子里，她没有被生活的重压折服，而是挺直腰杆，辛苦操劳，把丈夫遗留下来的驳运生意继续经营下去。在香港沦陷的日子，霍英东母亲和他人合伙购置的“兴和”小火轮被日军征用了，生活没着落，他也失学了，和当时许多人一样，初时靠变卖家里的衣服杂物度日。1942 年，母亲倾其所有，连金链也卖掉了，和其他 13 人合股，在湾仔鹅颈街开了间杂货店，取名叫“有如”。其实店名原为“有和”，但登记办证时写得太潦草，误写为“有如”，也就将错就错了。这家杂货店由霍英东管理，在这段日子里，霍英东起早贪黑，奔波劳碌，但“那是经营生意的好训练。”由于他细心精明的经营，杂货店的生意日渐兴隆。这段生活对霍英东是很好的磨炼，他从中获得了经营管理的良好训练，培养了坚强的意志和灵活的处事方法。

1945 年，香港光复，霍英东由此开始创业历程。在资本原始积累阶段，霍英东审时度势、匠心独运，化机遇为成果，三次登上事业的巅峰。

[方案内容]

第一步：当时的香港只有一种生意好做，那就是处理战后大量物资和沉船。他非常注意报刊上关于战后物资拍卖的消息，及时标购那些只需小修的小艇、廉价的舢板、海军的机器等，然后迅速转卖出去。由于他缺乏资金，难以放手大干。有一次，他看准一批海军机器，并且以 18 000 元中标。他兴高采烈地回家请母亲凑钱交款，想不到母亲断然拒绝。霍英东借贷无门，眼看到手的一笔大买卖落空了。人急智生，霍英东找到一位工厂老板，商量租借其仓库存放机器，老板看了机器，同意租仓；霍英东看老板对机器很欣赏，提出可以卖给老板，老板开口愿出 4 万元，霍英东求之不得，迅速成交，霍英东净赚 22 000 元。这是他在拍卖剩余物资的数年内赚到的一笔大钱。

第二步：香港光复时，人口才 50 万，以后陆续增加到 100 万。人口剧增，住房严重不足，加上工商业振兴，形成对土地和楼宇的庞大需求。霍英东审时度势，认定香港房地产业势必大有发展。早在 1953 年初，他已开始经营房产业，成立立信置业有限公司。那时，英国、美国、加拿大及香港地产商都是整幢房屋出售的，由一个公司拥有整幢地产楼宇，非有巨额资金，很难购买，因而房屋不易脱手。过去美国华侨喜欢在九龙深水湾一带购置物业，作为祖业传给子孙收租。从买地、规划、建楼，以至收租，资金周转期很长。霍英东当时是向银行贷款建楼的，要付一分多利息，如果建成了才卖，人家不买，利息承担不起，自己只好“跳楼”。他一改过去的做法，将房地产工业化，兴建住宅、写字楼、商场综合大厦，分层、分单元出售，预售“楼花”，并提倡分期付款。这分层预售“楼花”和分期付款的经营方式在当时是个大突破，此法大受买家欢迎。当时引导买主察看楼宇的人都是有名的“负气佬”，他们对卖主很不耐烦，因为反复带人上高层楼宇介绍房舍情况，一天不知上下多少次，又往往十居其九生意谈不成，徒劳往返。霍英东有鉴于此，编印了小册子，对楼宇情况以及有关出售楼宇新措施广为宣传，便于买家了解，这在当时也是创举，收到良好效果。霍英东精打细算，他算过一笔账：租楼要交顶手费，一般一个单元 7 000 元。一座楼如果以六层计，位置高，价钱可便宜些，一个单元才卖 1.4 万元，登广告预售，第一期交费 7 000 元，余下的 7 000 元，每月缴费不足 300 元，两年可还清，与租房无异。但买方却获得一个单元住房，是很合算的。所以广告一出，楼花很快便卖光了，其实楼房尚未开工。从建楼来说，若建筑费需 100 万元，首期预付 10%，只需先付 10 万元，以后在施工中分期付一定款数，楼房可卖二三百万元，净赚一二百万元，先收售价一半，建楼费用就解决了，资金周转很快，他收足定款后才动工，是万无一失的，但买方仍觉便宜，还是抢着买，因为认购之后，转手卖出，也有利可图。有人早上购个铺位，下午转手卖出便赚了钱。这说明，房地产业是很有吸引力的，可以把人们手上的钱都吸引到房地产业上来。他首先买入使馆大厦，卖出了 280 万元，赚了不少。以后陆续兴建的楼宇，他带头“卖楼花”，一时地产商纷纷效尤，成为香港房地产市场的一大经营特色。“卖楼花”加速楼宇的销售，加快资金回收，地产商易于筹措资金。那时，“卖楼花”一哄而起，许多人卷进了房地产业的旋风里。从 1955 年到 1965 年 10 年间，香港地产业蓬勃发展。香港楼房过去一般为四五层。1955 年香港政府修订建筑条例，准许建高层，房地产业发展更加迅速。当时香港政府一个星期拍卖 12 幅地，连续拍卖 3 年。在这期间，霍英东建起了全港第一座最高的 17 层大厦，随后几年，大厦遍布港九。他名下的 60 多家公司大都经营房地产生意。他担任香港地产建设商会会长，该会拥有会员 300 多名，经营香港七成以上的房地产生意，他的革新措施把香港房地产业推向巅峰时代。

第三步：香港房地产业的发展带动了建筑材料业的兴起，目光远大的霍英东早已放眼于海底淘沙。淘沙能填海造地，挖深海床，又能取得建筑业所需大量海沙，但淘沙费工多，沙价又贱，赢利少，当时很多人都不愿经营。挖海沙，初时干这一行的确相当艰苦，用手工操作，铲沙很吃力，费工又多，每逢煤炭船到港，挖沙的工人都运煤去了，找不到工人，于是实行每年招标，由几十只帆船承包，但也获利不多。霍英东试图改革，他花 7 000 元港币从海军船坞买来挖沙机器，实行机械操作，效率大大提高，随后又进一步改用机船淘沙。他派人到欧洲重金订购了一批先进的淘沙机船，以后又亲自到泰国，向泰国政府以港币 130 多万元购买了一艘大挖沙船，载重 2 890 吨，每 20 分钟就可挖取海沙 2 000 吨，并自动卸入船舱。由外，他还捷足先登，通过投标，承包海沙供应，由此，他经营的淘沙业迅速发展，开创了挖海沙的新局面。为了扩充设备，增强实力，他收购了美国人的太平岛船厂，这是全港最早由中国人收购外国公司的产业，他还收购了荷兰治港公司的大批工具，从事填海造地，承包国际性的招标工程。在承建了诸多工程后，霍英东还承包过上百个项目，做过填海工程，也建过码头、避风港，铺过海底煤气管道以及海底排污管道。雄心勃勃的霍英东还把填海开港的事业向东南亚各国开拓，他开办的“有荣公司”连续在不少港口城市兴业，与国际上 20 多家公司展开竞争。

(3) 执行要求

市场机会是企业的渴望与所求，是企业从小到大、由弱到强的关键要素，尤其是在企业资本原始积累阶段，机会使得企业资本快速聚合，最终能够在竞争中稳步胜出，成功谋取生存之地。然而，能够在错综复杂的市场环境中准确识别、判断机会需要相应的营销资质。

①超前的营销理念。营销理念即营销意识，是企业营销行为的出发点，它带有营销背景的深刻印记，反映出企业的营销水准，体现出企业的发展后劲。凭借着超前的营销理念，企业以全新的视角审视市场的竞争局面，才能发现机会、判断机会。

②丰富的营销经验。营销经验是宝贵的财富，凭借经验，企业能够在市场环境变化之际，看到适合自身实施营销技能的平台，找到牵引企业发展壮大的动力点，借此机会提高营销业绩。

③良好的营销悟性。营销悟性即营销的观察能力、理解能力和预测能力，能够断定市场机会的企业必然悟性甚优。凭借悟性，能够领会消费指向，发现竞争的缘由，从而预见潜在需求的发展趋势，预测未来市场的竞争格局。

④细腻的营销思维。严谨、缜密的思维是精细营销所必需的，凭借细腻的思维习惯，企业对市场机会进行定性分析，推断机会的适用性与可行性；进行定量分析，计算机会的吸引力大小和成功概率，评价市场机会的价值和效益，判断市场机会的风险与挫折。

5.3.2 把握市场机会

(1) 策划要义

把握市场机会即企业辨明、断定营销时机之后果断作出决策，抓住时运、利用机缘，迅速施展营销手段，采取营销行为。对市场机会，企业应当勇于把握、及时把握和善于把握。

①对于已经发现的市场机会，企业应当勇于把握，不可丧失良机。市场机会即消费需求指向，以此确定的营销目标更加有的放矢，即使现实的市场机会与企

业的整体目标和资源条件并不完全吻合，企业也应经过慎重考虑，拿出勇气修订目标，整合资源配置，以适应消费需求动态，抓住市场机会。

②对于已经看准的市场机会，企业应当及时把握。认真分析消费需求未被满足的程度，加速新产品研发过程，准确把握新产品问世时机。一方面考虑企业自身支撑条件所允许的最早时限；另一方面考虑竞争对手的干扰所允许的最迟时限，权衡利弊、寻找平衡，打开新产品投放市场的缺口。同时，需要关注社会经济发展的背景条件，充分利用国内外重大事件引发的热点，借机促成企业及其产品的轰动效应。

③对于已经面临的市场机会，企业应当善于把握。精心策划营销活动，准确进行市场定位，在筹划产品价格、布置分销渠道、设计促销方法时，企业要有效地排挤同业竞争对手，确立自身的优势地位，使市场机会充分为我所用。然而，面临机会之际，不能完全沉湎于营销策划之中，一味等待策划结果，盲目相信市场分析的结论，这样有可能在竞争中丧失机会。

从某种意义上讲，抓住时机即把握住企业攀升与发展的关键，其营销行为呈现两种倾向：一是抢占先机，即在他人彷徨犹豫、举棋不定之际，抢先一步把产品推向市场，在一段时间内形成“人无我有”的竞争格局。20 世纪 90 年代初期，中国市场疲软，诸多企业在市场转型之际寻找生机，北京某家制袜厂背负市场疲软的压力，产品积压、资金周转受阻，再生产难以为继，工人的月工资只有 7.5 元，只相当于当时北京地区人均月副食补贴的数额。此时，传来消息，某发达国家提供一条生产女士长筒丝袜的机械流水线，该设备技术先进，成本价格较高。正值数家制袜厂犹豫徘徊之际，其中一家企业年轻的厂长捷足先登，融通资金，果断引进了这条生产流水线，所生产的长筒丝袜备受女士青睐，一段时期其生产能力几乎囊括了北京地区全部的市场容量，是当时数家制袜厂中唯一存活至今的企业。二是填补空白，即瞄准市场的暂时空缺迅速挤入，以点带面逐步扩大市场占有份额，在竞争领域中抢占一席之地。我国某家地毯厂试图将产品打入德国市场，但是一直没有成功。20 世纪 80 年代爆发“两伊战争”，伊朗的许多地毯工人上前线应战，致使地毯的出口数量锐减，这家地毯厂抓住时机，仿造伊朗的“波斯地毯”提供给国际市场，立即接到了德国的订单，随即带动该厂的其他产品打入德国市场。由此而言，把握市场机会既需要决策的准确度，又需要方案的实用性，更需要行为的快节奏。

(2) 策划方案

[**涉及企业**] 邓肯工业（Dunken Industrial）

[**营销业务**] 平面型自动化升降机

[**背景资料**] 邓肯工业是一家生产平面型自动化升降机的加拿大厂商。邓肯

先生是一位设计工程师，曾在一家美国自动化升降机制造企业的加拿大分公司工作，在此期间，他花大量时间设计平面自动升降机，尽管邓肯先生非常热衷于升降机的独特方面——包括剪式托举装置和轮胎安装台，但公司领导却对此毫无兴趣。1986 年，邓肯离开那家公司开始自己创业，在以后的 3 年里，邓肯获得了风险基金公司的支持，在魁北克的拉凯开办了一家工厂，开始制造和销售自己设计的升降机，并命名为邓肯升降机。邓肯先生拥有升降机中的 4 项专利，包括剪式托举设计和安全锁定装置，为适应不同用户的需求，邓肯还开发了不同款式的产品，包括适应防尘、消音维修和一般机械维修需要的升降机。

升降机是一种广泛用于车库、维修站以及其他维修商店，将汽车举起以便提供维修或安装服务的设备。邓肯升降机已经在同业中建立了良好的信誉，被誉为升降机行业的凯迪拉克，凭借其独特的设计、生产质量、安全性能、便捷安装以及 3 年期的保证，邓肯产品优于竞争对手。邓肯工业的分销途径主要有公司自己的销售力量、加拿大分销商和美国汽车批发分销商。公司的销售力量由盖刚先生和 4 位推销人员组成，他们的主要任务是为大规模的“直接顾客”服务，包括通用、福特、克莱斯勒、火石和好年景等；加拿大分销商负责在加拿大境内的产品出售、安装和服务，这些分销商集中在一些小的连锁或独立的维修站及车库；在美国市场，邓肯升降机只是其批发商销售的五种不同升降机中的一种，尽管批发商为邓肯工业在美国进行了积极的分销，但邓肯产品仍只是批发商整条产品线中的一个次要产品。盖刚先生虽然还没有确切的数字，但他估计邓肯升降机在批发商升降机销售中不足 20%。在这种情形下，邓肯工业考虑进入极具潜力的欧洲市场，欧盟意味着巨大的市场机会。

[方案内容]

第一步：研究欧盟的市场潜力和投资潜力。欧盟（EU）的前身是 1957 年的《罗马条约》，法国、西班牙、意大利、联邦德国和卢森堡 5 个国家决定形成一个附合共同利益的内部市场。到 1996 年初，欧盟组成国已有 15 个（增加了奥地利、比利时、丹麦等国家），人口超过 3. 7 亿。4 个欧盟国家中约超过 2 000 万辆的汽车正在使用，德国拥有最大的汽车市场，约 4 200 万辆汽车，意大利次之，法国、英国随后，使用的汽车数量越多，意味着需要越多的维修和服务，即需要越多的升降机设施。由此，对欧洲国家的选择应当限于德国、法国、英国和意大利这四大工业化国家。根据对北美和欧洲的国际调研公司的调研结果，依据市场潜力和投资潜力两个指标将欧洲国家按规模从 1 到 100 进行排名，德国在市场潜力和投资潜力两方面都名列前茅，法国、英国和西班牙分别居于第二、第三、第四的位置。然而，意大利使用中的汽车数量很多，并拥有欧洲第四大人口规模，在汽车技术和生产上也居于领先地位。关于欧洲竞争者的信息获取量较少，只知道尚没有出现像北美那样的行业主导者，只有一家规模较大的德国公司生产剪式升降机，该公司的大部分产品仅限于在德国市场销售，意大利制造汽车升降机的企业有22家。

第二步：比较投资方案。邓肯工业拓展欧洲市场有三种方案可供选择：特许、合资和直接投资。

①特许方案。一家法国公司已经对生产邓肯升降机表示了极大的兴趣，使特许方案具有可能性。1996年6月，盖刚先生参加了在底特律举行的展销会，推销邓肯升降机。在那次展销会上，他遇到了菲利普·贝普乐，一位法国轮胎安装设备制造商——芭儿·梅斯公司的营销经理。这是一家坐落在法国切尔斯的公司，它们向整个欧洲市场出售多品种的轮胎安装设备，其中最畅销的产品是能够运用计算机系统安装轮胎的电子模块。在展销会上，盖刚先生和贝普乐先生相互谈起各自公司的产品，贝普乐先生询问是否有兴趣让梅斯公司在欧洲制造和销售邓肯升降机。他认为升降机能补充梅斯公司的产品线，而特许经营将对双方有利，盖刚先生答应进一步讨论这一提议。回国之后，盖刚先生致电几位同行询问他们是否了解梅斯公司。约有一半的人说没有听说过该公司，但他们对其产品却赞不绝口。一位有过欧洲经历的同事了解该公司，说其管理规范，是一个好的合作伙伴。1996年6月，盖刚先生给贝普乐先生发了一封信，表示邓肯公司有进一步商谈的兴趣，并附上了包括邓肯升降机价格和技术信息的公司小册子。1996年8月，贝普乐先生答复，梅斯公司愿意与邓肯公司签订3年的特许经营合同，在欧洲生产邓肯升降机。作为制造权的交换，梅斯公司准备每年将总销售额的5%支付特许费用。对于这一方案，盖刚先生尚未做出反应。

②建立合资企业方案。能够向梅斯公司提出建立合资企业的方案，将更有利于邓肯工业的发展，邓肯工业应当在合作中学习，了解更多的欧洲市场，获得更多的收益。盖刚先生曾设想双方平分投资和利润，即各投资50%，梅斯公司在邓肯工业的技术支持下，在他们的工厂里生产邓肯升降机，邓肯工业能够参与通过梅斯公司分销体系进行的升降机营销活动，即邓肯工业试图通过恰当的营销，使邓肯升降机在欧洲获得理想的市场份额，从而在合资中得到更大的回报。

③直接投资方案。由邓肯工业自己在欧洲建立升降机制造厂和营销管理队伍。盖刚先生与在德国有建厂经历的商界熟人联系，经过讨论，盖刚先生估计在欧洲建厂涉及的成本包括25万美元的资本设备（焊接机、起重机和其他设备）；20万美元的建厂附加成本；100万美元的存货成本和应收账款，实际租借厂房的成本视地理位置的选择而定。估计年租金包括热、电和保险等，预计会达到8万美元。这些只是估测，在实际成本中的比重可能不足20%。

第三步：需要质疑多重问题

①如果邓肯工业决定进入欧洲市场，盖刚先生会首先选择“直接投资”或“合资”的方案，尽管邓肯工业有足够的资金进行直接投资，但合资可以由两家公司分担风险。

②无论是特许合同还是合资形式，都能强化两家公司的优势。梅斯公司了解市场需求，而邓肯工业拥有产品技术。然而，这一看上去颇具协同效应的战略能否起作用？梅斯公司会不会企图控制一切？

③要最大限度地估计每一方案执行的现实困难。前两种方案依靠的是梅斯公司的努力，第三种方案则取决于盖刚先生的努力。

④邓肯工业已经在产品设计和制造方面建立起市场信誉，无论采取何种投资方式进入欧盟市场，公司的声誉必须能够保持。

⑤如果美国批发商愿意积极推动邓肯升降机的销售，邓肯工业在美国市场的销售可以进一步提高。另一种可能是，在纽约建立销售办事处覆盖东部各州，也能够有效提升销售量。

(3) 执行要求

把握市场机会即抓住机会、掌控机会，迅速将营销决策转化为营销行为，否则事过境迁、时不我待。然而，机会与风险共存，成功与失败同在，在市场竞争中要想把握住机会，切实的做法是边制订方案、边采取行动，逐步形成较为完善的营销策划与执行系统。

①积极进取、灵活多变。把握市场机会的确需要进行大量的分析判断，进而设计出系统的营销方案。然而，最初的分析与设计只是提出了假设，需要在营销执行过程中检验并予以修正。因此，善于利用机会的企业并不总是完全依照既定策划内容展开营销活动，他们能够及时发现设计方案的局限，意识到初期判断的不足，随着营销态势的变化调整甚至改变策划方案。

②关注直觉思维效果。根据不确定的资料和粗略的策划方案采取营销行为的企业并非冒险，其决策水平实质来自于一种非凡的直觉思维，这是基于渊博的知识、丰富的经验和敏锐的洞察力所形成的非理性的思考能力，这是依靠理性思维能力无法达到的境界，在营销策划方案不尽成熟的情况下，直觉思维能够促使企业提出创造性预见，推动策划方案的实施与执行，迅速将营销观点演化为行动。

③边做销售边做调研。利用机会从事营销活动不可能明确区分市场调查与产品销售的界限。搜集潜在客户与供应商的信息，寻求他们的支持，同时又销售产品的做法，或许不能构成统计学意义上的市场调查，但是在把握市场机会的初始阶段，企业受到时间、精力和资源的约束，能够得到精辟的见解和少量的支持，往往比获取大量的客观资料更具有现实意义。这种边进行销售、边实施调查的做法，能够充分利用时机、有效策划方案、快速启动行为。

5.3.3 创造市场机会

(1) 策划要义

创造市场机会即企业凭借自身的素质和能力缔造营销态势，成就营销的天时、地利、人和。就天时而言，具有三种释义：一是指自然变化的时序；二是指节气、气候，阴晴寒暑的变化；三是指天命、运气。《三国志·蜀制·诸葛亮传》："操遂能克绍，以弱为强者，非惟天时，抑亦人谋也。"就地利而言，具有两种释义：一是指土地生产的财富；二是指战略上的有利地势。《孙·九地》曰："不用乡导者，不能得地利。"朱熹在此批注："地利，险阻城池之固液。"就人和而言，即得人心。赵岐有注曰："得民心之所和乐也。"营销占尽天时，即明确市场环境变动态势，迅速调整人、财、物力，最大程度地发挥营销资源的效用，从而获得营销时运。营销占尽地利，即明确市场竞争态势，准确进行市场定位，施展竞争手段，从而获得竞争优势。营销占尽人和，即明确市场存活态势，运用宣传、沟通等手段，树立公众形象，建立公众信誉，从而获得良好的人际氛围。因此，企业创造市场机会演绎为企业谋求天时、地利、人和的营销态势。

关于"势"，人们从不同的角度对此有过精彩的描述。唐代李世民所倚重的大将李靖认为："用兵任势，如峻坡走丸，用力之微，而战功甚博也。"兵家鼻祖孙子曾深刻阐明："任势者，其战人也，如传木石，木石之性，安则静，危则动，方则止，圆则行。故善战人之势，如转圆石于千仞之山者，势也。"其意思是：善于运势之人指挥将士作战，好像转动木头和石头一样。木头和石头的特性在于放在平坦的地方比较稳定，圆形的就容易滚动。所以，高明的将帅指挥军队打仗时所造成的有利态势，就好像圆石从 8 000 尺高的山上向下滚落那样，不可阻挡。这即为军事上的"势"。现代物理学认为，事物一般具有两种能：一种是其本身的运动而具备的能，称之为动能；另一种是由事物所处的位置或弹性形变而具有的能，称之为势能。依理而论，营销也有"势"，"势"大或"势"小，如同高山推石或平地推石，前者用力甚微可收倍功，后者用力成倍可收微功。因此，营销一定要追求高势、强势和优势。

(2) 策划方案

[涉及企业] 美国帕玛·皮尔吉斯餐馆

[营销业务] 皮尔吉斯食品

[背景资料] 玛丽·保拉（Mary Poldruhi）是美国俄亥俄州克利夫兰最有名气的企业家。她出生于美国俄亥俄州克利夫兰的一个传统大家庭，是 8 个孩子中最小的一个。其父认为，女孩子不用上大学，只要当秘书，尔后结婚、生孩子就

可以了。保拉在贝尔电脑公司做过秘书，后来晋升为客户服务主管，并成为电话本黄页的广告顾问。她认为这些工作都不具备挑战性，便离开贝尔，获得了房地产执照，开始经营房地产。由于从事房地产行业的空闲时间较多，保拉梦想开一家波兰餐馆。她深知，美国是一个多民族的组合体，自己的餐馆应当成为这个国家中最热门的快餐连锁店之一，虽然短期不可能击败传统快餐，但是中欧食品的独特风味却可以填补细分以后的目标市场空白。然而，保拉的餐馆在启动阶段遇到了很大的障碍——资金短缺。

[**方案内容**] 玛丽·保拉在最初筹款过程中，试图从银行获取贷款，但是她联系过的银行，或直接拒绝她，或提出相当苛刻的条件。玛丽·保拉只得改弦易辙，谋求新的筹款途径。

第一步：借助媒体。她写信给当地一位电视名人，说明她的想法、计划和困境，以引起他们的兴趣，并且希望得到他们的公开支持。保拉充分显示出人际沟通方面的天赋，她的信急切、诚挚，言词恳切，极具说服力，终于打动了媒体，使其加入到她的事业开拓行列中。由此，保拉一直与媒体保持密切的接触，以吸引公众的关注和支持。

第二步：开始在电话本中查找有钱同时有兴趣的投资人，如医生、律师等，既然筹划的是一家具有民族风格的餐馆，那么寻找投资者最好的办法就是寻觅那些与波兰民族一脉相承、具有血缘关系的人，这些人的名字多以“斯基”结尾。当时保拉设想，如果有必要，我会给美国的每一位名字以“斯基”结尾的人打电话。她通过电话预约交谈，联系、说服投资人，经过不懈的努力，从民间投资者那里共筹集了 24 万美元。

第三步：将餐馆命名为帕玛·皮尔吉斯。帕玛是克利夫兰郊区的一个地名，保拉将帕玛寓意为“穿白色袜子的粉红色的火烈鸟”，这种火烈鸟在帕玛的农家庄园中随处可见。皮尔吉斯餐馆的菜单颇具民族特色，其中，包括用蒸或煎炸方法制成的、中间填满传统馅心的波兰方饺；还有马铃薯馅饼和水果馅甜点等一些传统的民族食品；还有波兰式的烟熏红肠。

第四步：皮尔吉斯餐馆价格适中，且突出健康特色。皮尔吉斯食品的碳水化合物含量高，而脂肪含量低，每一份套餐中只含有 1 克脂肪，与其他快餐相比，其所含的热量要少得多，就像菜单中倡导的那样：皮尔吉斯食品有益于您的健康。

帕玛·皮尔吉斯餐馆以它的中欧风格和健康理念塑造出不同于大多数快餐业的个性化特色。

（3）执行要求

美国玛丽·保拉在一无所有的情况下，成功启动了皮尔吉斯餐馆的运行，显示出创造营销机会的素质与能力。1992 年 8 月，在克利夫兰举行总统竞选活动中，克林顿总统和他的妻子希拉里以及戈尔夫妇在玛丽·保拉到刚建成不久的餐馆里共进午餐，进而她有幸被克林顿总统邀请参加一个名为“有希望的新面孔”的就职午餐会，这个午餐会是专门为了奖励那些敢于直面困难，并最终创造成功机会的普通公民。

创造机会即顺势而为、借势而用、造势而动，积累巨大的营销能量，构建企业战略层面上的优势。顺势是造势的前提，即跟进时代、分清时段、辨明时尚。以数字化和网络化为特征的现代信息技术革命引发经济全球化，加速了企业从本土营销过渡到全球营销的进程。企业要顺势而为，关注国际市场背景下的消费诉求倾向，了解国际市场竞争动态，遵循现代营销活动规律。借势是造势的铺垫，即借助变化、寻找缝隙和利用态势。企业注意借“星光”照亮途径，站在巨人的肩上观察适合自身的市场机会，穿越捷径达到营销目标，这是提升营销水平的快捷方式。造势是顺势和借势的结果，即借题发挥、造就声势、传播到位。

创造机会是一个从无到有的过程：

①从企业与环境的磨合中发现契机，创造性地选择营销的切入点。

②精心设计造势的环节与步骤，掌握酝酿市场机会的节奏。

③整合资源、调动能力，融入市场环境热点议题，推波助澜，制造市场机会的联动效果。

④潜心构筑“媒体通道”，长期维护与媒体之间的合作关系，互为所求、互相推动，共同营造“关心、关照、关注”的理想境界，由此成就市场机会。

本章内容小结

本章阐述了市场机会的基本属性及其营销价值；市场机会的获取途径；市场机会评估方法，提出了市场机会策划与执行的关键技术。

■ 市场机会即那些未满足或未被完全满足的需求领域，企业在那个领域可以赚取利润。市场机会包含着吸引力与成功性两种基本属性，对其可做出赢利评估、价值评估、价值综合评估和效用综合评估。

■ 市场机会可以通过排查现已存在的用户、研发新产品、创造性地开展营销活动、适应和改变用户的偏好、博得竞争对手之所长等方式获取。

■ 市场机会策划与执行包括判断市场机会、把握市场机会和创造市场机会，皆有其策划要义、要领可参照，有其执行要求、规律可遵循。

【本章研习1：捕捉信息、锁定商机技术】

研习目标：养成市场机会意识，具备挖掘市场机会的能力

研习内容：

■ 实地调研

以自愿原则组成训练小组，锁定某一生活领域，在市场中观察、了解朋友、家人、一般用户甚至自己消费商品过程中的不满足、不满意、不便利之处，提炼出3~4个消费诉求的问题。

■ 小组讨论

围绕问题展开小组讨论：分析问题成因，考察问题的营销意义，站在营销者的角度划分问题等级：争议问题、封存问题、解决问题。携带相对成熟的商机到相关企业征询意见，倾听企业就利用商机、开发产品的见解。

■ 提交分析、研究报告

提交研习报告，陈述捕捉信息、锁定商机的过程，提出利用商机、开发产品的方案。

■ 展示研习成果

以小组为单位交流研习成果，质疑同学问题，最后由指导教师进行点评。

研习检测：满分10分

实地调研过程（3分）；分析研究报告（4分）；研习成果展示（3分）。

【本章研习2：发现商机、市场拓展技术】

研习目标：通过学习、训练，了解企业产品从发现商机到占领市场的过程，掌握市场拓展思路，熟悉市场拓展方法。

研习内容：

■ 背景资料

我国北方某地毯厂，其产品历史悠久、质量上乘，性价比具有相当的优势。企业试图将产品打入德国市场，却一直未能如愿以偿，因为闻名于世的波斯地毯生产国伊朗出口地毯居世界首位，且主要销往德国。20世纪80年代初期爆发了两伊战争，伊朗的许多织毯工人纷纷上前线参战，使得伊朗地毯的出口数量锐减，我国这家地毯厂瞄准市场出现的空缺，迅速挤入、填补空缺的市场，尔后排挤竞争对手、占领市场。

■ 策划研习

针对地毯厂的营销状况，提出我国地毯开拓德国市场的整体思路，提出产品拓展、占领德国市场的策划方案。

方案提示：发现商机、确定产品楔入市场的突破口；拓宽分销渠道，整合营

销策略，产品落地生根；树立形象、排挤对手，确立产品的竞争优势。

■ 执行研习

设计地毯厂开拓德国市场的流程图，说明市场拓展过程中的关键问题及其风险规避。将所提供的备择方案进行比较，从方案的可行性与实效性两个角度进行评判、取舍。

研习检测：满分 10 分

市场拓展方案的可行性与时效性（4 分）；市场拓展流程图（3 分）；市场拓展过程中的关键问题及其风险规避（3 分）。

6 市场竞争策划与执行

本章教学目标

■ 了解市场竞争者类型，有效识别竞争对象
■ 判断市场竞争位置，明确企业所在的竞争状态
■ 熟悉市场竞争的驱使动机和惯用行为
■ 把握企业处于不同发展阶段的市场竞争战略
■ 掌握市场竞争策划与执行技术：低成本竞争、差异化竞争、集中性竞争

6.1 市场竞争概述

市场竞争是企业营销的伴生物，构成了企业生存与发展的压力与动力。市场竞争即同一行业的不同企业站在同一道线上接受市场需求的评判和检验，优胜劣汰。因此，市场竞争中胜出的企业需要“高人三头”，即高技术、高质量、高人才，敢于竞争，同时善于竞争。关注企业与市场环境的协调度，包括社会、经济、法律环境等诸多方面，关注企业所处的行业水平、行业状态以及行业结构，涉及竞争规则的确立以及竞争战略的抉择。

6.1.1 识别竞争者

美国哈佛商学院著名管理学家迈克尔·波特教授认为，行业中的企业竞争源于五种基本竞争者的作用力量，如图6-1所示。

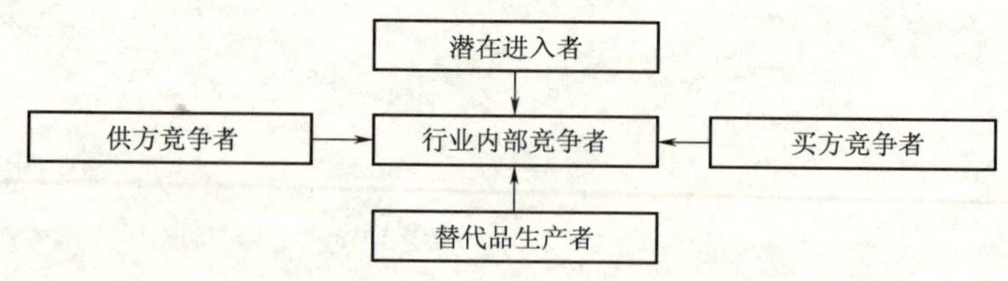

图6-1 市场竞争者的作用力

6.1.1.1 行业内部竞争者

行业内部企业之间的竞争无处不在，各企业为了自身利益，运用多种竞争方法

与手段，对其他企业造成不利的、甚至是威胁性的影响，在价格促销、广告宣传、分销渠道、产品技术以及消费者服务等方面的竞争尤为突出。企业间的竞争分为三种状态：与行业中最具实力的企业（主导企业）竞争；与行业中市场份额排名前三的企业竞争；与行业中市场份额排名近似的企业（同位企业）竞争。如果一个企业的竞争行动对其行业中其他企业造成巨大危害就会招致抵制和报复，从而引起行业内部循环竞争。行业中企业的竞争加剧一方面能够促进行业进步，优胜劣汰；另一方面对企业正常生产经营带来损害，从而影响市场管理秩序。在不同行业领域，企业间竞争的激烈程度源于行业关联因素的相互作用。

其一，行业发展状态。行业快速增长时，企业只要与行业同步增长即可获益，企业间的竞争也会相对缓和；行业缓慢增长时，企业为了寻求自身扩张，会竭尽全力争夺有限的市场份额，随即触发价格促销，从而使企业间的竞争愈演愈烈。

其二，行业集中程度。如果行业内部有诸多势均力敌的企业，其中部分企业为了更大的市场份额、获取更高的利润，会想方设法提高竞争能力，突破行业的约定俗成，采取打击、排斥其他企业的竞争行为。即使企业为数不多，然而由于规模与获取资源的途径相对均衡，企业间的竞争也会相对激烈。如果行业内部仅有少数几个实力极强的企业，与其他企业的竞争力量对比悬殊，这种行业就是非集中性竞争的行业，企业间的竞争相对缓和。

其三，库存水平。企业为了降低单位商品的库存成本，就会调动其生产能力，增加产量，通过价格竞争扩大产品销量，多销而薄利。当产品不易保存或库存成本很高时，多数企业采用降价方式，以尽快销售产品，伴随而来的是企业之间商品的降价促销。

其四，产品差异化。在产品项目差别明显的行业中，企业一般不会采用营销差别进行竞争，如计算机软件行业等，其营销组织和营销方式近似，凭借产品属性的特点换取市场份额，而不是通过产品价格、促销或者服务争取市场优势。在产品项目差别不大的行业中，目标顾客的选择不仅取决于产品属性，更取决于产品价格与服务及其他营销方式，由此导致行业中各企业间的激烈竞争。

其五，行业生产能力。行业总体生产规模的扩大和生产能力的提高，打破了行业的供求平衡，造成市场上行业产品供大于求的态势，行业中的企业面对周期性的生产能力过剩，就要降价销售，从而激化了企业之间的竞争。

其六，退出壁垒。企业退出某个行业要付出代价或遇到困难，涉及高度专业性的资产，其清算价值低或转换成本高，需要支付劳动合同费、职工安置费及设备配件费等。行业退出成本高、战略协同关系破裂、政府及社会的限制、感情障碍等因素，致使企业在收益甚微，甚至收益极低的情况下仍然在行业中存续经营，由此行业整体利润水平较低，企业间的竞争加剧。

6.1.1.2 潜在进入者

潜在进入者的竞争，一方面引发行业生产能力的扩大，从而引起现有企业争夺市场份额，导致行业产品市场价格下跌，单位利润下降；另一方面打破行业资源占有的均衡，对行业供应能力构成冲击，导致企业生产成本提升，利润率下跌。

潜在进入者的竞争威胁，主要取决于行业的进入壁垒和行业中固有企业的反击程度。所谓进入壁垒是指阻碍潜在进入者涉足行业领域的关联因素，包括以下各项：

其一，规模经济。规模经济是指在一定时期内，产品的单位成本随生产规模扩大、总产量的增加而降低。涉足新行业的企业要达到一定的规模效益。

其二，产品差异化优势。这一优势是指企业长期积淀的顾客关系、产品特色，或由于早期进入该行业所获得的商标信誉及品牌忠诚度的优势，致使新进入者难以比拟。

其三，转换成本。转换成本是指由一个行业转向另一个行业进行生产经营时所必须付出的代价。

其四，资金需求。新进入者要参与行业竞争，实现规模经济，需要重新投入大量的财力和精力。

其五，分销渠道。新进入者需要保证其产品的分销，就要花费财力和精力铺设分销渠道。

其六，与规模经济无关的成本优势。行业中的固有企业具有独立于规模经济之外的成本优势，如抢占市场空白，给后续进入行业的企业参与竞争带来压力。

其七，政府政策。国家通过制定相关的法规与政策，限制甚至封锁对某些行业的进入，从而形成某些行业的进入壁垒。

6.1.1.3 买方竞争者和供方竞争者

买方或供方的竞争主要体现在讨价还价能力。无论是买方还是供方，在交易过程中都尽力迫使对方在交易条件上做出让步，使自己获益，这种能力即为讨价还价能力。买方竞争者购买商品或服务时，尽量压低销售价格，同时要求提供高质量的产品和更多的优质服务，导致卖方企业间为扩大产品销量竞相压价，在产品成本价格不变的情况下，产品利润就要摊薄。供方竞争者通过抬高价格，或降低供应产品或服务的质量向买方企业施加压力，迫使企业生产成本上升。倘若产品成本价格的增长幅度大于销售价格的增长幅度，产品利润空间就会压缩。

买方和供方讨价还价的能力主要有以下三种制约因素：

其一，集中度和规模化。如果买方行业集中度相对较高，其规模经济程度则相对较高，其讨价还价的能力占据优势；如果供方行业的集中度高于买方行业的集中度，则供方可以实现规模效益，产品具有成本价格的优势，供方竞争者的讨价还价能力相对较高。

其二，产品交易量。当买方的产品交易量占产品出售量的比重较大时，买方愿意花费必要的资金、费用完成交易行为，则买方竞争者的讨价还价能力处于相对强势；反之，当买方的产品交易量占产品出售量的比重较小时，买方竞争者的讨价还价能力处于相对弱势。

其三，产品差异性和转换成本。产品的标准化程度越高，转换成本越低，买方竞争者的讨价还价能力相对较高；产品差异性大、标准化程度低时，供方竞争者的讨价还价能力相对较高。

6.1.1.4 替代品生产者

替代品是指那些在功能上部分或全部与企业产品相同或近似的其他产品，替代品生产者的出现，设置了固有企业获取利润的价格上限，限制了行业整体的潜在收益，将改变目标市场顾客满足需求的方式，对特定行业中的所有企业造成竞争威胁。替代品的销售价格越低，消费市场的限价作用就越明显，对行业中固有企业的竞争压力就越大。为了抵御和防范替代品生产者的威胁，行业中的固有企业可联手采取共同措施和行动抵御替代品的竞争威胁。

上述竞争者的作用力汇集成竞争压力，决定着行业的利润潜力，而行业内的企业利润水平伴随着多方竞争压力而发生根本性变化。上述竞争压力因行业差别而强度有所不同：竞争压力强度大的行业，如轮胎、造纸、钢铁等，完全自由竞争状态下的企业不易赚取超常利润；竞争压力强度相对缓和的行业，如服务设施、化妆品、卫生用品等，较易获取高额收益。因此，企业营销需要深入市场，识别竞争者，分析竞争压力的来源，根据行业状况适时调整竞争战略，以谋求相对竞争优势。

6.1.2 判断竞争位置

企业生产规模、营销能力及市场占有率不同，市场中的竞争位置就不同，行业领域中的竞争角色（市场领导者、市场挑战者、市场追随者、市场补缺者）也就不同。四种竞争角色在目标市场中所占有的市场份额一般为 40%，30%，20%，10%（参见表 6 -1 所示）。

表 6 -1 20 世纪 60 年代美国汽车行业企业的竞争角色

汽车生产企业	竞争角色	市场份额（%）	竞争战略
通用汽车公司	市场主导者	59	迫于政府压力维持现状
福特汽车公司	市场挑战者	26	与通用汽车公司争夺市场份额
克莱斯勒汽车公司	市场追随者	13	回避主战场，展开侧翼竞争
美国汽车公司	市场补缺者	2	向吉普车市场纵深拓展

6.1.2.1 市场领导者位置

所谓市场领导者，是指相关产品市场占有率最高的企业。一般来说，大多数行业都有一家企业被公认为市场领导者，它在价格调整、新产品开发、分销覆盖和促销力量等方面处于主导地位。它是市场竞争的导向者，也是竞争者挑战、效仿或回避的对象。

市场领导者的行业位置是在竞争中自然形成的，面临着竞争对手的挑战。因此，企业必须随时保持警惕并采取适当的措施 。一般而言，市场领导者为了维持自己的优势，保持自己的领导地位，通常采取三种竞争行为 ：扩大整个市场规模；保持现有的市场占有率；在市场规模保持不变的情况下进一步扩大市场占有率。

6.1.2.2 市场挑战者位置

在行业中名列第二、第三等次要地位的企业称为亚军公司或者追赶公司。这些亚军公司向市场领导者和其他竞争者发动进攻，以争取获得更大的市场占有率，即市场挑战者。市场挑战者要向市场领导者和其他竞争者挑战，首先必须确定自己的战略目标和挑战对象，然后再选择适当的竞争行为。

6.1.2.3 市场追随者位置

如果挑战者在价格、服务方面以优于领导者的方式进攻，则领导者会相应跟进，也降价或提高服务标准，结果很可能是两败俱伤，而市场领导者则可能保住强大持久的竞争优势，挑战者并不能得到好处。因此，企业还是保持对领导者的追随为好，这种追随在资本密集型同质产品的行业中多见，因为行业中的产品差异化和形象差异化不多，服务近似，价格敏感，同业内不宜形成激烈争斗，应稳定市场占有率。追随者要懂得保持现有顾客，并尽可能地争取新顾客，避免挑战者的攻击，同时保持低成本与优质的产品和服务。

6.1.2.4 市场补缺者位置

几乎每一行业都有一些小企业、小公司。它们主要经营大企业忽视或有意放弃的小市场上的业务，在这些小市场上通过专业化经营争取最大的收益，这种有利的市场位置就称为“基点”，而所谓市场补缺者，就是指占据这种“基点”位置的企业。

有利的市场位置（基点）不仅对小企业有意义，而且对某些大企业中的较小业务部门也有意义，他们也常设法寻找一个或多个既安全又有利的“基点”。一般来说，一个理想的“基点”具有五个特征：①有足够的市场潜力和购买力；②市场有发展潜力；③对主要竞争者不具有吸引力；④企业具备有效地为这一市场服务所必需的资源和能力；⑤企业已在顾客中建立起良好的信誉，足以对抗竞争者。

需要强调的是，成为补缺者的关键因素是专业化，无论是在市场、顾客、产品及营销组合等方面都要实现专业化。为规避风险，补缺“基点”可选择多个，而不仅仅维系于单一市场。

6.2 市场竞争模式

6.2.1 竞争驱使动机和惯用行为

6.2.1.1 竞争的动机

企业竞争动机源于利润驱使、市场份额驱使和形象声誉驱使，或兼而有之。

(1) 利润动机，这是在短时期内需要资本快速集聚的竞争者生成的竞争愿望。其动机机理是：为了获得尽可能多的利润就会努力提供功能效用好而且价格适中的产品吸引消费者，还会努力采用各种手段增加产品的供应量，这一切将对竞争对手构成排斥。如果竞争对手追求短期赢利又不重视声誉和道德的话，还会发生用非正当甚至非法的手段打击同行的行为，给企业营销造成威胁。

(2) 市场份额动机，竞争者不以近期利润为目标，而以占有市场份额争取远期利润目标，在实力允许的条件下，为了争取市场占有率，竞争者甚至不惜低利和亏损进行商品供应。其动机机理是：市场是利润的摇篮，失去市场就等于失去了获取利润的营地。企业面对这类竞争者必须着力保护市场份额，并努力开辟新的市场区域。

(3) 声誉动机，这是具有战略眼光的竞争者所追求的竞争目标。其动机机理是：竞争者通过自己的整体活动确立服务于消费者的良好形象，将企业的命运融入为消费者服务和社会的整体利益中，为企业营销创造良好的生存环境，甚至宁失利润而不损声誉。

6.2.1.2 竞争行为

企业竞争的惯用行为包括创新行为、抢先行为、差别行为、仿效行为、蜂拥行为和观望行为。

(1) 创新行为，是指竞争者能够捕捉市场机会、敢担风险、创造新产品和新的服务方式以开辟新的市场，争取新的客户，具有相对其他企业更好的声誉。创新行为实质上创造了一种新的市场需求，面对具有创新行为的竞争对手，只有“以新制新”，在营销环节上不断创新，与之抗衡，否则只能甘拜下风，进行目标市场的位移。

(2) 抢先行为，是指竞争者的产品和服务抢先进入市场，在其同业行动之前，其产品首先引起消费者注目的行为。一般而言，谁抢先进入市场，谁就能先达到营销的目标。抢先行为的成功与否，取决于竞争者对市场趋势的预测能力和如何满足这种需求的决策。

（3）差别行为，是指竞争者根据消费需求多样性的特点向市场提供不同于其他企业的商品或劳务的活动，从而获得该类商品和劳务供应的相对优势位置和占绝对优势的市场份额。要想与竞争对手的差别行为抗衡，需要巩固产品品牌地位，取得消费者长久的信任。

（4）仿效行为，是指竞争者模仿市场中名牌商品的营销模式，以增加营销强势，求得较好的商品销量和利润的行为，它既能节省商品开发费用又可以减少市场风险。实行仿效行为的企业必须注意三个前提条件：一是该类商品确实存在着较大的市场需求，而率先提供商品的企业既不能充分满足市场需求又不可能独占市场；二是在模仿中有所差别；三是务实合法，切忌侵犯商标权和专利权。面对仿效行为的竞争对手必须采取相应对策：产品设计需要具备使竞争对手难以仿效的特征；同时产品具有广阔的市场。若产品确是自己的独创，就要尽量申请专利和注册商标，运用法律手段维护自己的合法权益。

（5）蜂拥行为，是指当一种畅销的商品有较高的利润时会有众多的竞争者蜂拥而至，争相提供该种产品。蜂拥行为具有很大的盲目性，企业往往只见现实市场供不应求，利润率高而忽视众多投资者涉足之后，市场容量反而相对狭小的风险。实际上，蜂拥行为是市场经济条件下营销经验不足的表现。面对竞争者的蜂拥行为，应通过市场的显在需求观察和判断商品的潜在需求，具有避风势、插空档、激流转舵的勇气和能力。

（6）观望行为，是指竞争者对市场动态及变化趋势难以料定，尚未决策，构成了营销行为的相对静止状态。在市场竞争中，观望行为具有两种表现形式：一种是竞争者不为外在环境的表象所迷惑，放慢营销速度、调整营销节奏，冷静地观察市场发展态势，并积极地调整内部因素，以抓住营销机会，适时开创新的营销局面。另一种是竞争者因自己的营销悟性较低、观察能力不足，无法判断营销环境的变化方向和趋势，对企业内部的可控因素难以及时调整，不得不采取人云亦云的营销对策，最终走向仿效竞争。

6.2.2 市场竞争战略

6.2.2.1 新兴企业的竞争战略

新兴企业是新形成的或重新形成的企业，其形成原因是技术创新、相对成本的变化和新的消费需求出现，或其他经济和社会变化将某个新产品或服务提高到一种潜在可行的市场机会的水平。新兴企业在任何时候都会涌现出来，如 20 世纪 70 年代以来，在世界范围内形成的光导纤维、个人计算机、生物工程、激光技术及近年来的IT业等新兴企业。新兴企业的发展面临着诸多问题：一是缺乏获得原材料和零部件的能力；二是缺乏产品或技术标准；三是缺乏相应的基础；四是缺乏顾客信任；五是缺乏在金融界的信誉；六是缺乏政策的持续支持。

新兴企业竞争规则不确定、产业结构不确定、竞争对手不清晰，为企业竞争战略的选择带来难度，同时也给企业提供了竞争战略选择的自由度，新兴企业竞争战略的选择应当关注两个问题：

（1）规范业务结构。新兴企业在生产规划、产品策略、价格策略和促销策略等方面建立运行规则，通过行业内在运行规律，在资源限制范围内，通过某种方式寻求稳定的竞争规则，可以在一段时期内获得有利的竞争地位。

（2）选择进入时间。早期进入的新兴企业会遇到风险，进入壁垒相对较低，同时可获得较高收益；晚期进入的新兴企业，风险性相对降低，但进入壁垒较高，竞争激烈，收益缩小。在三种情况下新兴企业早期进入是必要的：企业可作为先驱者进入新兴行业，从而提高声望；企业也可以较早地开始学习过程，同时获得顾客忠诚；凭借早期对原材料供应和分销渠道等的承诺，企业能够获得营销利益。

6.2.2.2 成熟企业的竞争战略

企业发展经历了从高速增长到节制增长的时期进入成熟阶段，此时，企业的竞争环境发生了很大变化，应当关注如下方面的问题：

（1）合理调整产品结构。企业在成长期那种广泛开发产品系列和经常开发新产品的策略，在成熟期已不再适用，成本竞争和市场份额的竞争进入白热化，企业的营销资源和战略注意力也应当集中于那些具有明显竞争优势的产品项目或产品线，产品组合趋向合理化。

（2）正确定价。在企业成长期，通常是以平均成本定价或产品系列定价；在企业成熟期，必须对单个产品进行成本核算，应遵循份额为先原则，考虑总体利润。如果不维持单位产品的合理利润率，导致市场份额过多丢失，则会使企业陷入亏损。

（3）改革工艺流程。在成熟企业中，不断对工艺流程和产品设计进行改革创新，是企业发展的重要途径之一。通过工艺流程、产品生产设计和交货系统革新等，能使企业进一步降低成本，增强产品的竞争力，以获取利润。

（4）稳定顾客群。在成熟企业中，要想获得新的客户，就要与其他企业进行激烈的竞争，竞争的结果是付出一定的代价。此时，企业要扩大销售，不断获取收益，行之有效的方法是对原有顾客增加销售，可采用提供边缘设备和服务、提高产品等级和扩展产品系列等方法。这种战略可以使企业迈出原行业，进入到其他相关行业，所以稳定客户对于企业维护获利水平至关重要。

（5）购买廉价资产。在企业进入成熟期后，如果亏损企业退出，就会向市场出售自己的生产能力，即存在很多用低廉价格购买资产的机会。企业利用这种机会可以改善利润水平，并在技术因素影响不大的情况下，获得低成本竞争效益。

（6）参与国际市场竞争。在国内市场趋于饱和之时，成熟企业可把目光投向国际市场，到国际市场上参与竞争。因为有些企业在国内市场是成熟企业，而在另外的区域市场可能就是新兴企业，竞争者相对较少，发展空间相对较大，参与国际市场竞争，能够获取比较优势。

6.2.2.3 衰退企业的竞争战略

衰退企业是指在持续的一段时间内，产品的销售量呈现持续下降的趋势。造成企业衰退的原因，或是技术革新创造了替代产品；或是产品的成本与质量发生变化，产生了替代品；或是客户的需求和偏好发生变化，从而对产品的需求下降。企业衰退的特点是市场销售量下降、产品种类减少、研发费用及广告宣传费用降低、竞争对手减少等。此时，企业多是采用“收割”竞争战略，即取消投资并最大限度地兑现资金，同时也可以考虑选择其他竞争战略（见表6－2）

表6－2 衰退企业采用的四种竞争战略

竞争战略	领导战略	局部领导战略	收割战略	快速退出战略
竞争内容	在市场份额方面争取领导地位	创造或坚守在某一特定市场中的优势地位	有控制地撤出投资，从中获利	尽快、尽早清算投资

（1）领导战略，即发挥自身优势，成为产业中仅有的可数企业之一，或唯一者。这样，企业有潜力获取超出平均水平的利润，形成一定的优势地位。一旦目标达到，企业就可以保持自己的竞争位置或实施“收割”战略。

（2）局部领导战略，即辨别衰退中那些保持稳定的需求或需求下降缓慢，且能获取高收益的细分市场，随后企业投资于此细分市场，在这一市场中建立起领导地位。

（3）收割战略，即力图取消或大幅度削减新的投资，削减广告费用和产品研发费用，在后续销售中，从任何所留优势上谋取利润，提高价格或从过去的商誉中获利。

（4）快速退出战略，即放弃战略，是企业在衰退早期所选择的一种战略，以最高卖价出售无赢利项目，以期降低退出成本、获得较高利益。无赢利项目出售越早，资本市场需求不饱和的可能性越大，售价水平、收益水平越高；出售越晚，买方处于讨价还价的优势，企业就会失去主动权，收益水平越低。

6.3 市场竞争策划与执行技术

6.3.1 低成本竞争夺取市场份额

(1) 策划要义

低成本竞争即企业的全部成本低于竞争对手，在行业中赢得总成本领先。企业需要拥有有效规模的生产设施，在经验积累的基础上全力以赴降低成本，控制成本与管理费用，最大限度地减少研发、服务、推销和广告等方面的成本费用，以低价商品快速占领市场。

低成本竞争依托企业的规模效益（单位商品成本随生产规模增大而下降）和经验效益（单位商品成本随累积产量增加而下降），企业产量达不到一定规模，成本难以下降，商品即没有低价优势争夺市场份额。低成本竞争能够给企业带来高额收益，应当将其收益再投资于现代生产装备和设施，以此形成低成本、高市场占有率、高收益和更新装备的良性循环（如图 6－2 所示）。

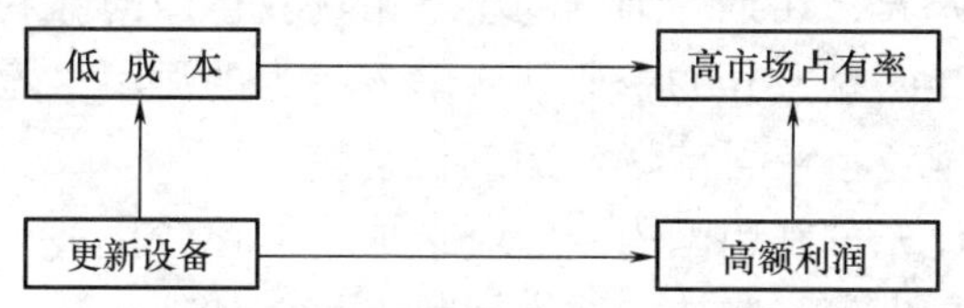

图 6－2 低成本竞争的良性循环

(2) 策划方案

[**涉及企业**] 广东格兰仕集团有限公司

[**营销业务**] 微波炉

[**背景资料**] 广东格兰仕集团有限公司是一家全球化家电生产企业，其前身是一家乡镇羽绒制品厂。1992 年，带着让中国的微波炉工业在市场上占有一席之地、让中国品牌在微波炉行业扬眉吐气、让微波炉成为中国家庭的普及用品的雄心壮志，格兰仕进入家电行业。多年来，格兰仕实现了经济效益的连年持续增长，从 1993 年格兰仕试产微波炉 1 万台，到 2001 年产销量达到 1 200 万台，让消费者全面领略到“高档高质不高价”的微波炉魅力。2000 年初，格兰仕的无形资产已高达 101 亿元，占有全国约 70% 的市场份额，2003 年格兰仕已经连续 9 年蝉联中国微波炉市场销量及占有率第一的双项桂冠，在行业中处于绝对领先地位。广东格兰仕集团有限公司的发展轨迹显现出低成本竞争战略的特征。

［方案内容］

第一步：使总成本绝对领先于竞争者。格兰仕先后卖掉年赢利上千万元的金牛型产业——羽绒厂、毛纺厂，把资金全部集中到微波炉上，反映出格兰仕决策者的高瞻远瞩。中国的微波炉业起步于20世纪90年代初，在格兰仕进入微波炉行业的1993年，微波炉市场容量仅为20多万台，此时行业龙头老大“蚬华”内销规模为12万台，且大半市场集中在上海，许多城市的居民还不知微波炉为何物，更不习惯于用微波炉烹饪，此时的微波炉行业未充分发育，竞争对手也很羸弱，只要倾全力投入，就很容易在规模上把对手甩在后面，单机成本亦会随之远低于竞争对手。准确的市场判断，使格兰仕迅速崛起：1993年销量为1万台，1994年10万台，1995年销量达25万台，市场占有率为25.1%，超过“蚬华”成为全国第一（蚬华为24.8%）；1996年销量为60万台，市场占有率达34.7%；1997年125万台，市场占有率达49.6%；1998年总产量315万台，内销213万台，市场占有率为61.43%，而原来的行业老大“蚬华”内销规模已不足15万台。

第二步：格兰仕微波炉生产规模每上一个台阶，就大幅度下调市场价格。格兰仕降价的目的是消灭市场上的散兵游勇。此时，格兰仕还有利润，而生产规模低于行业平均价格水平的企业，多生产一台就多亏一台，除非竞争对手的产品具有明显的品质技术差异，在某一细分的小基市场获得微薄赢利，否则，生产规模较小，且商品技术无明显差异的企业就会陷入亏本的泥潭，无法追赶格兰仕的生产规模，丧失低成本竞争获得市场份额的机会。

第三步：格兰仕充分利用国内企业制造成本的比较优势。中国企业在国际产业链中主要具备的是生产、制造的成本优势，格兰仕抓住这一特征，整合国际资源，做国际价值链的生产车间，引用定点生产（OEM）形式进行贴牌生产，把许多海外知名厂商的先进生产线搬到国内，生产规模迅速扩大。格兰仕有这样一笔账：引进的生产线在欧、美、日企业的每周开工时间一般为24～30小时，而在格兰仕，工人三班倒，每周开工时间可以达到156小时，产能利用率达到90%以上。通过这一项，单位产品的固定生产成本就下降了5～8倍。

第四步：格兰仕投身国际市场的竞争。在不确定性的市场环境中，竞争战略的关键是有效地防止对手的学习、模仿和改变游戏规则，与时俱进地持续提升竞争优势。格兰仕自1998年成为世界第一大微波炉制造商后，通过为跨国公司做贴牌生产，利用跨国公司在技术、品牌及分销网络等方面的优势，进一步提升自己的制造能力，通过与跨国公司由竞争走向竞合，结合自身在专业化、超大规模化生产等方面的比较优势，整合了全球一流的生产线、装备、技术和管理经验，将企业的竞争战略由过去的“生产橄榄型”转变成现在的“营销串糖葫芦型”，即制造、技术研发、工艺改造和客户服务等多个环节并重，不断提升企业的综合实力，果断把握机会，参与国际市场竞争。

（3）执行要求

格兰仕集团公司在微波炉及其他小家电市场上采取了低成本竞争战略，而且自入行以来“咬定青山不放松”，从未改变这一竞争战略。

（1）低成本竞争依托于巨大生产规模及其生产成本的优势。企业需要抓住时机奠定生产规模的基础，不断扩大生产能量，成就规模效益和经验效益，为商品低价市场竞争奠定基础。企业已经建立的生产规模，对欲将加入该行业的新近竞争者形成了进入壁垒，他企业只能望其项背。

（2）低成本竞争呈现商品低价策略。成本优势可以使企业在市场商品价格的竞争中保护自己，使竞争对手无利可图，而本企业利益相对稳定。在商品技术附加值不高、品质尚无明显差异的情况下，低价具有足够的市场吸引力，要获得消费者的青睐，企业需要不断加大投入，扩大生产规模，连续降低商品价格，以此争夺市场份额。

（3）低成本竞争需要带动企业营销理念和赢利模式的转换。在动态竞争环境中防止竞争对手学习、模仿，甚至改变市场竞争游戏规则。低成本竞争的企业在成熟阶段要果断把握市场机会，及时转换竞争角度，生产制造、技术研发、工艺改造和客户服务等多个环节并举，从生产型企业转型到销售型企业，进而转型到资本运营型企业，与时俱进跨入多项领域、进入多地市场，以其营销创新性和独特性使消费者领略商品“高档高质不高价”的魅力，这样才能够战胜竞争对手，持续保持竞争优势。

6.3.2 差异化竞争赢得品牌效应

（1）策划要义

差异化竞争即企业向顾客提供的产品或服务及其营销方式独具特色，与同行企业有所区别，使顾客建立起对商品品牌的忠诚与偏好。差异化竞争从不同方向展开：产品技术、外观造型、包装容量、客户服务、分销网络、付款方式和售后服务等，企业可以在多个营销层面标新立异、与众不同。

差异化竞争建立在科学的市场细分基础上，而市场细分源自市场需求差异的辨析。差异化竞争要求企业有足够的影响力，同时以更娴熟的营销技术调节市场需求，从行业特点出发，针对消费者特别关注的商品属性，通过传播手段，让用户知晓、了解商品特征，从而在市场上确立品牌差异化形象，赢得声望，增加利润，获得经济效益。

（2）策划方案

［**涉及企业**］浙江贝因美科工贸股份有限公司

[营销业务] 婴幼儿食品

[背景资料] 贝因美公司创立于1992年，从起步开始，公司就专心致力于婴幼儿食品，从婴儿营养米粉、磨牙饼干、奶伴葡萄糖到婴儿奶粉，贝因美运用差异化竞争不断做强做大，已经成为浙江省国产婴儿奶粉的第一品牌，与多美滋、惠氏等外资品牌并驾齐驱，销售额年均增长速度近100%，总营业额已近3亿元。

[方案内容]

第一步：目标顾客差异化。贝因美奶粉的目标顾客具有“两低一高”（学历和社会地位较低，收入相对较高）的特征，而外资企业高端奶粉的目标顾客具有“三高”（学历高、社会地位高、收入高）特征，两者目标顾客特征具有明显差异，避免了目标顾客群针锋相对争夺所导致的资源消耗。

第二步：产品及品牌定位差异化。产品定位于国产高档精品奶粉。高档婴儿奶粉似乎是外资企业的专署产品，国产婴儿奶粉给人的感觉是大众化，档次不高，市场上几乎没有高端定位的国产婴儿奶粉，存在市场空白。“贝因美婴幼儿专用奶粉，中国宝宝第二餐”是贝因美的广告口号，也是贝因美奶粉的品牌诉求点。贝因美生产婴儿奶粉系列，推出“贝因美婴儿专用奶粉”的品牌定位，抓住了目标顾客相信专家、崇尚专业的消费心理，巧妙占据消费认知的制高点，将“贝因美”与“婴儿专用奶粉”紧密联系，这种因品牌认知的不同打造产品差异，显现出企业的核心竞争能力。

第三步：产品成分及包装差异化。贝因美率先在国产婴幼儿奶粉中添加“DHA + AA”营养成分，与普通配方奶粉相比，构成明显的产品品质差异化。“DHA + AA”的合理配比，更加促进宝宝智力和视力的发育，是驱动目标顾客购买奶粉的关键因素。同时，贝因美在奶粉包装上寻求新的突破，将有封口拉链的立袋作为袋装奶粉的包装，因为封口拉链包装卫生、安全，还能防潮；并且，立袋正面面积大，有利于销售终端陈列展示，使产品醒目，市场上无一例精品奶粉用立袋包装，从而显示出与同类产品的差别。

第四步：销售区域差异化。贝因美将重点销售区域锁定在二、三线城市和乡镇。一方面，这些区域地方偏远，被外资品牌所忽视；另一方面，这些区域正是贝因美大量“两低一高”目标顾客的聚集地。

第五步：市场推广策略差异化。在终端促销方面，贝因美公司系统运用保健品行业盛行的导购策略。同时，开展育婴讲座和爱婴工程，赞助全国多胞胎家庭和儿童福利院，争取新闻媒体的大量报道，潜移默化塑造品牌形象，提升品牌美誉度和知名度。

（3）执行要求

在差异化竞争战略的引领下，贝因美公司凭借目标顾客差异化，品牌定位差异化及婴幼儿专用奶粉供应专业化，产品成分及包装差异化、销售区域差异化和市场推广策略差异化，使商品销量一路攀升，在激烈的市场竞争中获得品牌效应。

（1）差异化竞争成就企业产品或服务的特色，使消费者对其品牌产生偏爱，甚至依赖，而对商品价格的灵敏度有所降低。由此，企业就能够借助顾客对品牌的忠诚，在市场上构筑坚固的竞争壁垒，在行业同类产品的价格竞争中开辟出一条相对安全的隔离带。然而，差异化竞争逐渐加大了消费者的购买成本，减少了用户的选择余地，其独特的商品属性及其营销方式相对缩小了目标市场的范围。

（2）差异化竞争是市场非价格竞争的利器，能够直接转换为抵御替代品的优势。然而，企业过度寻求差异化的竞争形式，必然驱动营销成本的上升，在商品功能、属性研发、分销渠道拓展和促销方式创新方面不断提出更高要求，以满足消费者的个性化需求，相对于无差别营销模式而言，势必增大投入，增加营销费用，提高销售成本。

（3）差异化竞争呈现出企业的核心竞争能力，在相当长的一段时期能够具有相对稳定的存在空间。然而，企业过分追求市场差异化的竞争形式，忽视整个商品供应链流程的管理和创新，会造成重大失误，如过分迎合市场需求表象，把商品质量与需求的别具一格混为一谈，认为商品凭借独特的时尚元素，而非质量即可获得市场认同，长此以往，就会导致企业陷入“市场营销近视”的盲从，而逐渐偏离市场需求的本质属性。

6.3.3 集中性竞争开拓市场领域

（1）策划要义

集中性竞争是指企业将目标集中于某一特定目标子市场中的顾客群体，在行业内相对的市场区域内建立起独特的竞争优势。采用集中性竞争战略的企业具有超过行业平均收益水平的能力，意味着对新市场的目标对象或者处于低成本优势，或者具有差别化优势，或者兼而有之。

企业生存与发展的基点即市场，企业间竞争的焦点在于争夺市场，集中占领新的市场领域是营销竞争的关键所在。新市场是指企业尚未进入的、适合资源优化配置，在技术、产品、服务等方面具有明显增长优势的市场。企业拓展市场领域主要有两种形式：①区域拓展，即努力提升企业商品（或服务）市场整体的覆盖面，扩大商品的销售半径；②需求拓展，即增加新的需求内容，产品、技术、服务均属此列。

（2）策划方案

［**涉及企业**］中国海尔集团公司

［**营销业务**］家用电器

[**方案内容**] 海尔集团成立于1984年，是在海内外享有较高声誉的大型国际化企业集团。海尔的产品从1984年的单一冰箱发展到拥有白色家电、黑色家电、米色家电在内的96大门类、15 100多个规格的产品群，并出口到世界160多个国家和地区。

海尔集团在国内家电行业的竞争位置趋于稳定，海尔冰箱、冷柜、空调、洗衣机四大主导产品的市场份额已经达到30%左右，产品市场需求逐渐饱和。从2000年开始，海尔集团集中精力推进国际化战略，开拓国外市场，与国际著名企业从专项竞争向多边合作关系发展，2002年1月8日和2月20日分别与日本三洋公司和台湾声宝集团建立合作关系，从而实现优势互补、资源共享、双赢发展。2002年3月4日，海尔在美国纽约百老汇购买了原格林尼治银行大厦这座标志性的建筑，作为其在北美的总部，已经在美国树立起本土化的名牌形象。2003年8月20日，海尔霓虹灯广告在日本东京银座的四丁目黄金地段点亮，这是中国企业第一个在东京银座竖起的广告牌，成为中国企业海外影响力的标志。

海尔集团坚持拓展国际市场，建立起具有国际竞争力的全球设计网络、产品制造网络和营销与服务网络：设计中心18个，工业园10个，海外工厂及制造基地22个，营销网点58 800个。海尔产品已经涉足国际市场终端，进入欧洲的12家大型连锁店和美国的10家大型连锁店，在美国、欧洲初步实现了设计、生产、销售“三位一体”的本土化目标，在国外建立工厂，且投入全线运营阶段。

海尔集团在集中开拓国际市场的同时，以市场为纽带对其业务流程进行再造，以订单信息流为中心带动物流、资金流的运动，加快了与用户零距离、产品零库存和营运零成本“三个零”目标的实现。目前，海尔继续集中开拓新的市场领域，其物流、商流和制造系统等已经在全球范围内进行社会化运作，并在家居、通信、软件和金融等领域大显身手。同时海尔获准主持制定四项国家标准，这标志着海尔已经将企业间的竞争由技术竞争、专利竞争转向标准化竞争。

(3) 执行要求

①集中性竞争与差异化竞争和低成本竞争并行使用。就市场整体而言，企业的集中性竞争不寻求在行业领域内实现低成本或差异化，而寻求在特定的市场领域中获得低成本或差异化的竞争效益。为此，企业或较好地满足特定目标市场的需求而进行差异化竞争；或为某一特定目标市场服务进行低成本营销；或两者兼而有之。它要求企业具备综合性的市场竞争能力，具有相对丰富的市场竞争经验，能够在不同的市场环境中娴熟地驾驭竞争技术，灵活运用竞争手段。

②集中性竞争需要审视企业成长状态。处于成熟阶段的企业通过建立战略联盟，实现集中性市场拓展。战略联盟即两家或两家以上公司为了达到某些共同的战略目标而缔结的一种暂时性合作关系，联盟成员各自发挥自己的竞争优势，相

互合作、风险共担、利益均沾。在完成共同的战略目标之后联盟即解散，其后，为了新的战略目标，公司又可能与新的合作者结为新的联盟。战略联盟是适应市场环境变化的新型竞争方式，在企业集中开拓市场之际成效显著，通过与竞争者建立双方的信任关系，实现优势互补，借助对方优势加强自己的竞争实力，在相互合作的基础上展开竞争，从而提升竞争效率。

③集中性竞争尤其适用于国际市场拓展。21 世纪经济全球化加速发展，我国企业走国际化发展之路，参与国际竞争已成必然。我国加入世界贸易组织后，企业迈向国际市场的步伐必然加快，开拓国际市场，实现国际化经营成为诸多企业未来竞争战略的选择。集中性竞争有助于企业在开拓国际市场进程中扩大销售、获取资源、发挥比较优势，实现多元化经营，增强企业实力，获得更大的生存与发展空间。

[营销策划与执行范例 3]　优衣库以 SPA 营销模式提升企业核心竞争力

前言：优衣库即 UNIQUE CLOTHING WAREHOUSE，它的内在含义即通过摒弃不必要装潢装饰的仓库型店铺，采用超市型的自助购物方式，以合理可信的价格提供顾客希望的商品。2011 年 9 月 14 日，日本迅销公司公布了针对优衣库的大规模扩张计划，公司计划在日本以外地区每年新开店铺 200 ~ 300 个，其中大部分位于亚洲市场。在中国计划每年开设新店 100 个，在北京、天津、杭州、上海、济南和广州等内地重要城市布点，目前在北京已经拥有 10 家门店。

优衣库在我国和东南亚、欧洲等多个地区都设有加工点，其中我国的各种加工企业多达数百家，商品的 90% 在我国生产。优衣库的成衣生产地点不仅设立在我国，也逐步扩展到其他亚洲国家。在完成生产据点分散化、多国化的同时，优衣库实施确保商品品质的管理体制，向大约 70 家合作工厂派遣技术人员，为其提供积极的技术支持。技术人员，是由在日本国内有着超过 30 年纺织行业从业经验的能工巧匠组成的技术者集团，他们向工厂传授从纤维、编织、纺织、染色、缝制、成品到供应的一整套工厂管理技能。此外，总计 170 名优衣库生产管理者常驻上海事务所、深圳事务所，每周奔赴位于各地的工厂，定期实施质量检测等工作。

SPA 是企业营销模式 Speciality Retailer of Private Label Apparel 的缩写，译为自有品牌服装专业零售商，这是一种从服装的设计制造开始，到销售贩卖完全由自己的企业执行，供应链高度垂直统一的营销模式。SPA 营销模式首先由美国大型服装零售业企业的唐纳德·菲舍尔于 1986 年创建，这一模式能够有效地将顾客和供应商紧密联系起来，以满足消费者需求为首要目标，通过革新供货方法和供应链流程，实现对市场的快速响应。为了加快市场反应速度，尽可能地减少中间环节，即缩短供应链长度，这一模式致力于打破企业间的壁垒，建立战略合作伙伴关系。SPA 营销模式与传统营销模式的最大区别在于：通过与最终消费者直接交易，实时掌握市场需求信息。计算机信息系统是 SPA 营销模式运行必不可少的技术支撑。

SPA 营销模式尤其适用于多品种小批量生产、流行性强的服装行业。优衣库在全球化市场竞争中借鉴、引用 SPA 营销模式，在国际市场竞争中脱颖而出，其业绩在中国市场尤其突出，迅速在服装业界崛起，甚至改变了市场竞争格局。

一、优衣库 SPA 营销模式现状分析

随着经济全球化进程的加快，资讯传播愈加广泛，产品流行也变得同质化，意味着后端的运营模式，如到货速度，提供最新产品的能力，对顾客喜欢的产品追加，以及对市场的快速响应成为营销竞争的关键。

优衣库选择 SPA 营销模式，不存在中间环节，不需要支付中间环节的佣金，对市场信息能够及时把控。因所有零售店铺都由优衣库直接参与管理，可以及时获取店铺销售信息，调整产品结构及改善服务质量，避免了传统营销模式中委托店铺销售，而终端销售不畅的问题。

优衣库拥有自有品牌，从设计、生产、零售贯彻一体化运营。它借鉴了美国校园仓储式销售 CD 的模式，犹如服装的百货仓库，大卖场分摊了租金的压力，款式多样，颜色丰富，倡导百搭风尚，使服装的目标顾客最大化。以时尚设计、优质平价、快速流通为特征，实现同一款式、不同面料及多种颜色的创新，并且达到规模效益。

（一）优衣库现行 SPA 营销模式的特点：

1. 直接掌握消费者信息，能够及时收集来店顾客的资料。

2. 简化供应链环节，大幅度压缩物流费用和时间。

3. 最大限度降低需求预测的风险，实现快速反应供货。

4. 独特、新颖的商品策划，快速实现资金回笼。

（二）优衣库现行 SPA 营销模式存在的主要问题

1. 由于从设计研发到销售完全是由企业自行经营管理，而且摒弃了代理商、经销商等多个中间环节，所以经营风险相对较大。

2. 店员从顾客那里了解到消费偏好等信息，传递给公司，再到商品的设计、生产、销售，需要一定的时间。

3. 从工厂管理到店铺管理都需要在企业内部大量普及相应的知识，会产生很高的管理费用。

4. 因实现买断方式，库存风险完全由公司承担。为此，优衣库经营多为基本款的休闲服装。这类服装和那些时装性较强的商品相比，营业额的变化较小，使生产安排和库存量趋于均衡，以此减少风险。

5. 优衣库运用自己的评价体系，评定各店应获得的奖金额度，但是由于中国城市之间收入水平差异很大，各店利润相差最多的能达到两倍以上，很容易造成店员的流失，使公司产生很高的管理费用。

二、优衣库中国市场竞争态势分析

（一）优势

1. 拥有独立品牌，具有较高的知名度。优衣库是全球十大休闲服饰品牌，也是SPA零售模式的代表性企业之一。优衣库与淘宝网的战略合作，表明越来越多的国际企业已经认识到电子商务在中国市场的重要性。优衣库作为日本市场占有率最高的休闲服饰品牌，已有20多年的运营经验。2002年进入中国市场，其实体店的品牌体验功能已经确立了一定的品牌形象和消费者忠诚度。同时，优衣库有近10年的网络销售经验，拥有日本服装类网络销售量最高的电子商务网站，奠定了优衣库进一步开拓中国市场的基础。

从2005年开始，优衣库开始调整中国市场的竞争策略，从原来强调销售所有人都能穿的服装产品转换为侧重产品的"百搭"。这一定位有效地吸引了中国新兴的中产阶级，也符合金融危机下消费者回归注重性价比的消费模式。快速而海量的设计也是优衣库高性价比背后的支撑力，比如，每年夏天仅推出的印花T恤系列就有几百款，还各有主题，消费者总能找到自己喜欢的款式，这正是时尚品牌必备的营销素质之一。

除了在淘宝开设旗舰店以外，优衣库与淘宝合作在自己的官方网站上开设了购物平台，这个平台的支付系统和维护也是与淘宝合作的，这不仅整合了淘宝资源进行互联网营销，也更好地保持了优衣库在全球统一的品牌形象。

2. SPA信息快速转换。优衣库能够进行全过程统一的调整和控制各个环节，企业内部能够进行切实的信息交换，同时可以完全按照当时的消费信息及市场需求转换信息，不会造成库存过多，也不会导致营销机会流失。

3. 商品价格较低，易被消费者接受。优衣库的服装单价并不昂贵，而卖场大多设立在繁华的商业中心，价格不高，面对的就是中产阶层，使之能够与H&M和Zara更好地竞争；价位宽泛，能够更好地吸引那些从高价品牌转到中档价品牌的消费者。

4. 商品质量高。从质量上说，H&M只是销售时装，而优衣库不同，它提供高品质的服装。其营销理念是一件衬衫、夹克或毛衣，只是一个人表达他们个性的配件。这就是优衣库寻求出售款式一般但质量很高的服装的原因。

5. 积极与网络联手打造自有品牌。优衣库和其他竞争对手一样都有直销的实体店，此外，优衣库还率先与淘宝网合作，采用"贴近消费者"战略，其快速、低廉的分销送货渠道将货物尽快送到顾客手里。淘宝利用自己的技术、资源和经验优势，为优衣库搭建一个独立域名的外部零售网站，两个站点相互依存、齐头并进，实现数据同步共享。

（二）劣势

1. 市场竞争激烈。中国作为最大的服装生产加工地，越来越多的企业选择在中国市场建立生产加工线以及销售站点，致使市场竞争日益激烈，像 Zara 和 H&M 依旧如日中天，而异军突起的凡客依靠没有实体店的网络销售优势成为优衣库的主要竞争对手。佐丹奴同样也采用 SPA 经营管理模式，他们威胁着优衣库在中国市场的地位。

2. SPA 营销模式的风险较大。传统营销模式的各阶段多由不同企业承担，能够发挥它们的专业性，同时也能分散库存风险。而优衣库的 SPA 营销模式从设计到销售全由自己负责，摒弃了代理商、经销商等多个中间环节，所以经营风险相对较大。

3. 有些商品与其他品牌过于近似。由于优衣库服装的风格侧重于“百搭”，T 恤系列就有几百款，虽然消费者可以找到自己喜欢的款式，但是这些商品与其他品牌商品就会有类似的情况。例如，凡客设计的 T 恤系列不是由专门的设计师精心设计，而是由一些设计爱好者发挥自己的想象设计出来的，而且很像优衣库的设计风格，两者放到一起对比，很难分辨出是哪个品牌。

4. 商品更新速度慢。优衣库秉承着在每一个营业期间不进行减价，不处理存货，尽量将商品的数量维持在 200 种左右，并且还要不断增加同款商品的不同颜色和不同尺码，以满足消费者的不同需求。看似避免了消费者对优衣库产品价格的不信任感，但是其产品库存积压，商品的更新速度比同业竞争对手慢很多。

（三）机会

1. 经济环境良好。经历金融危机后，全球经济开始复苏，中国经济保持了平稳较快的增长势头，国内需求强劲。2011 年，宏观经济政策重在“控物价”，使得优衣库的低价策略很好地发挥作用，在价格方面给竞争对手带来重创。

2. 休闲服装零售业发展前景乐观。一是休闲服装符合现代社会的生活节奏，不管是外观形式还是内在品质，彰显其在满足舒适的同时，有着简约而时尚的风格，能够使人们在繁忙的工作中放松心情；二是休闲服装具有完善的品质保证，属于时尚商品范畴，能够满足潮流人士对时尚的不断追求，引起消费者对时尚潮流的关注度；三是休闲服装销售方法属于“无人跟随式”，消费者在购物时可以充分体验自由购买、随心所欲挑选自己中意的衣服，与常规的服装店相比更为适应中国消费者的购买心理，也是新一代消费者所推崇的购买方式。这三方面的特点表明，休闲服装在未来服装领域具有发展潜力，能够在服装市场上成为主流消费商品。

3. 消费者购买力水平大幅提高。随着经济的快速发展，居民生活水平大幅度提高，多元化消费趋势表现得更加明显。消费者对于服装有了新的要求，不仅要求得体、舒适，而且追求商品的时尚性和美观度，并且希望拥有一个较为舒适的购买环境以及愉悦的购买过程。

（四）威胁

1. 面料供应。生产制造出好服装，需要采购适合衣服设计的面料。目前优衣库在中国采购的成衣和布料比例大约是4:1。考虑到成本问题，还需要增加在中国面料的采购。中国生产面料工厂的生产水平逐渐提高，因此，每年在中国采购的面料比例都在提升。

2. 其他大品牌的发展，如H&M、Zara、凡客等。H&M和Zara的定位趋向时尚潮流的高端，其商品时尚度与定价要比优衣库略高一些；凡客与优衣库相比，无论是商品种类还是价格都很相似。

3. 上游、下游产业的发展。服装产业链由核心的服装企业、上游的面辅料供应商、下游的服装分销商组成。目前服装产业链上游发展滞后、下游较为混乱，有待整合。

4. 各个知名品牌陆续推出新品及优惠政策。服装行业有营销跟风习惯，当竞争对手的促销降价把目标顾客吸引过去以后，为了再把顾客吸引回来，需要用同样甚至更加让利的价格进行商品促销。

三、策划方案

（一）策划目标

1. 定量目标。根据此策划方案，优衣库在3年内销售利润应达到60万元。

2. 定性目标。

（1）总体目标：①2020年成为全球最大成衣品牌。②倡导SPA营销模式新理念。③提升优衣库自有品牌的知名度。④通过SPA营销模式提高销售量收入，占领市场。

（2）初期目标：①加强优衣库的品牌认知度。②塑造企业形象，提升企业市场占有率。③优衣库将持续推出与名牌设计师的合作系列。④加大产品广告宣传。

（3）中期目标：①加强品牌介绍。②利用各种活动宣传展示公司实力。③宣传产品概念，提高购买率。④阐述产品的鲜明个性及品质、功能。

（4）后期目标：①进一步提升品牌的知名度，提升企业形象，促进消费者购买行为的完成。②强化产品优势概念，促进销售。③传达企业营销理念及未来愿景。

（二）方案内容及其说明

方案一：扩大基本款的休闲服装营销

优衣库实行的买断营销方式，库存风险完全由公司自己承担。为此，优衣库应当扩大基本款的休闲服装营销。这类服装和那些时装性服装相比，营业额的变化较小，易使生产量和库存量趋于均衡，以此减少风险。

方案二：推出新的附属品牌与 H&M、凡客等竞争

如果优衣库不断为满足消费者对产品附加价值的需求，一方面新材料、新功能等的开发成本势必会提升，另一方面产品的种类也会增加，这些都将提高商品的整体售价水平，其用低价格创建的市场份额将会被新的以低价进入的企业所瓜分，最终丧失其竞争优势。所以，优衣库应当拿出以更低价位实现更加多样化服务的营销对策。作为竞争对手的凡客诚品公司能以相同（甚至更低）的价位提供更多样化的产品，而这正是优衣库在服务内容上所缺乏的。

方案三：可以建立更完备的网络营销系统

借助互联网进行电子商务能够有效地降低企业成本。网络购物越来越深入人们的生活，服装是网上购买人数最多、金额最高的商品。在国际金融危机的影响下，网络成为消费者最为青睐的廉价购物渠道。淘宝现在拥有 9 000 万的注册用户群，每天 2 000 万的登录人数，而且这部分人群主要是 22 ~ 35 岁之间的年轻人，具有其他网站人群无可比拟的购买力。

优衣库自 2002 年进入中国市场，困扰其发展的主要问题就是实体门店数量扩张缓慢。优衣库门店主要集中在上海及其周边市场，大片的空白市场有待开发，优衣库与淘宝商城合作的 B2C 模式恰好弥补了这一不足。优衣库淘宝网上旗舰店销售火爆，但并没有影响实体门店的收入，上海、北京的实体店销售继续高速增长，与网络销售齐头并进，淘宝旗舰店的数据监控显示，有 2/3 的销售来自优衣库没有开店的地区。凭借淘宝的优势资源，优衣库摆脱了许多常规方式的限制，通过淘宝商城 B2C 平台迅速扩大了中国市场的份额，既实现了网络销售，又有助于网络品牌形象的确立。

优衣库与淘宝合作的 B2C 模式所带来的价值毋庸置疑，但是基于品牌长远发展的考虑，这一模式所存在的问题也必须正视。从形式上看，优衣库与淘宝合作的 B2C 平台虽然秉承其一贯的 SPA 营销模式，但实质上与现有的线下实体直营店的 SPA 模式有很大区别。淘宝作为一个现有的电子商务平台，所有权不属于优衣库，使用权也不只属于优衣库，淘宝网推出“大淘宝战略”，其目标就是成为新型的垄断性渠道商和零售商，这一点与传统渠道商一样，在一定程度上会增加优衣库的运营成本，削弱企业品牌的掌控力。而淘宝再强大也不可能完全覆盖所有的细分市场，所以，企业不能完全依靠淘宝这样的平台进行商品推广。

与此同时，来自凡客诚品们的威胁也不容忽视。凡客诚品与淘宝最大的区别在于，它是自有品牌，自建渠道，虽然费用昂贵，但品牌的运营完全掌握在自己

手中。所以，从长远来看，优衣库如果要深入发展，也可以尝试自行建立更加完善的网络营销系统，以达到更好的运营效果。

（三）方案可行性分析

方案一提到优衣库应当大力发展自主研发的休闲服饰。过去优衣库曾经研发过自主品牌的服装，上市以后受到消费者的一致好评。优衣库服装价格便宜，质量又好，在自主制作过程中，优衣库把质量放在了首位，做到薄利多销，从而吸引更多的消费者光顾。

方案二说明研发附属产品品牌，这个方案可以适当实行。因为优衣库将主要精力、人力、物力、财力都集中在服装品牌上，其他附属品牌很难有获利增长点。比如，腰带、袜子、帽子等在优衣库的店里可以看到，但绝对不是优衣库的主打商品，只是为了能衬托出服装更好的效果而搭配销售。所以优衣库可以考虑自己的附属产品，但绝对不是主要的改良措施。

方案三提到建立更完备的网络销售系统，如今网络的发展速度大家有目共睹，在网络上销售可以有效地拓展其他市场，并且可以提升销售量，为消费者提供方便，让消费者在家中试穿优衣库的衣服，在网上购买优衣库的衣服。这方案值得优衣库借鉴，并且把它做到更好。

四、方案控制

（一）制定损益平衡表

损益平衡表见表 6－3。

表 6－3 损益平衡表

第一年	金额（元）
长期销售收入	1 000 000
短期和促销销售收入	400 000
减：房屋租金	300 000
减：人员工资	400 000
减：市场费用及销售提成	200 000
减：日常办公及水电费用	50 000
减：税收	50 000
销售毛利润	400 000

续表

第一年	金额（元）
减：第一年投资	350 000
第一年收回投资并略有赢利	50 000
第二年	
销售收入	1 850 000
减：第二年销售、工资和市场支出加折扣	1 400 000
第二年利润	450 000
第三年	
销售收入	2 100 000
减：第三年销售、工资和市场支出加折扣	1 600 000
第三年利润	600 000

（二）方案执行过程中的预期障碍

这一方案在实施中可能遇到来自三个方面的阻碍和困难。

首先来自优衣库竞争对手的威胁。竞争对手可以仿效优衣库的营销模式，如果优衣库营销策略能够赢利，他们会对这些策略进行详细研究，并且加以运用，与优衣库抗衡，这样会影响到优衣库的市场效益。所以，优衣库应当针对竞争对手的威胁制定后续方案来化解危机，如方案中提出的网络营销模式。

其次是消费者是否适应优衣库提出的新方案，对这些新方案能否采取支持的态度，如方案中提到的推出优衣库的附属商品品牌，消费者是否会认同，在价格方面是否会让消费者感到实惠。在网络营销的模式下，消费者是否习惯这样的购买方式，能否给消费者提供优惠便捷的购物通道，从而足不出户就能买到称心如意的服装、服饰。

最后是优衣库自身能否适应新的方案和措施的实行。如果将这些方案的优势发挥到最大程度，优衣库自身必须做好各部门之间的相互配合和协调，各级领导者在方案执行中的正确领导都会影响到方案的实施。在网上开创营销模式，优衣库要设立专门的网络营销的组织机构，还要分配职员和经理进行管理，这无疑会给优衣库带来成本支出增长和部门之间协调的麻烦，但是如果处理好这些矛盾，优衣库在竞争激烈的服装市场上抢占先机，一定会比其他竞争对手先一步在市场中奠定基础。

五、方案实施进程表（简化）

方案实施的进程如表6-4所示。

表6-4 方案实施进程表

工作步骤	工作内容	地点	时间	参与人员	投入资源	预期结果
1	告知阶段	面向几个城市目标市场	2012年1月~2012年5月	公关部	开发新产品	优衣库自有品牌家喻户晓
2	导入阶段	面向全国的目标市场	2012年6月~2013年1月	公关部 营销部	大量资金投入 广告宣传	消费者到优衣库专卖店购买
3	推广阶段	面向全国 整体市场	2013年2月~2013年12月	营销部	放缓资金投入	优衣库品牌占领休闲服装市场的主导位置

本章内容小结

本章列举了市场竞争者的类型和不同竞争者的市场位置；阐述市场竞争的驱使动机和惯用行为，论述企业发展不同阶段的竞争战略；提出市场竞争策划与执行的关键技术。

■ 市场竞争是企业营销的伴生物，构成了企业生存与发展的压力与动力。市场竞争即同一行业的不同企业站在同一道线上接受市场需求的评判和检验，优胜劣汰，因此，市场竞争中胜出的企业需要“高人三头”，即高技术、高质量、高人才，敢于竞争，同时善于竞争。

■ 市场竞争为企业提高利润水平动机、占有市场份额动机、获得社会声誉动机所驱使，企业经常以创新行为、抢先行为、差别行为、仿效行为和蜂拥行为等争夺市场。

■ 市场竞争策划与执行包括低成本竞争夺取市场份额、差异化竞争赢得品牌效应、集中性竞争拓展市场领域，皆有其策划要义、要领可参照，有其执行要求、规律可借鉴。

【本章研习：差异化市场竞争技术】

研习目标：通过学习、训练，掌握品牌差异化竞争技术。

研习内容：

■ 背景资料

日本泡泡糖市场年销售额约为740亿美元，可谓市场消费空间宽泛，但是绝大部分被“劳特”品牌所垄断。日本的江崎糖业公司对此并不畏惧，成立市场开发部门，专门研究霸主“劳特”产品的不足与短处，从而找到市场缝隙，确立竞争位置。经过观察研究终于发现“劳特”泡泡糖的四点不足：

其一，以成年人为对象的泡泡糖市场正在扩大，而“劳特”依旧把营销重心放在儿童泡泡糖市场上。

其二，“劳特”的产品主要是果味型泡泡糖，而现代市场需求趋于多元化。

其三，“劳特”多年来一直生产单调的条状泡泡糖，缺乏新型式样。

其四，“劳特”产品的价格是110日元，顾客购买之时需要多掏10日元的硬币，往往感到不便。

■ 小组讨论

归纳、提炼“劳特”泡泡糖的营销缺陷，在需求调查的基础上，提出江崎糖业公司的差异化竞争策划方案。

■ 提交产品需求调查报告；提交差异化竞争策划方案

以小组为单位提交报告，阐述江崎糖业公司的目标市场，并提出相应的市场竞争战略。

■ 展示研习成果

以小组为单位交流研习成果。一部分学生为“江崎”品牌的代言人，阐明获取泡泡糖市场份额的竞争战略；另一部分为“劳特”品牌代言人，阐明维护泡泡糖市场份额的竞争战略。

研习检测：满分10分

分析泡泡糖市场的需求状况和竞争态势（4分）；提出泡泡糖品牌差异化竞争方法和途径（3分）；展开讨论、交换研习体会（3分）。

7　市场选择策划与执行

本章教学目标

■ 了解市场细分的营销价值，熟悉市场细分的参数体系，能够选择细分变量

■ 掌握市场细分策划与执行技术

■ 了解目标市场的营销价值及其限定条件，熟悉影响目标市场选择的关联因素，熟悉目标市场运营模式

■ 掌握弱势企业和强势企业目标市场策划与执行技术

■ 了解市场定位的营销价值，熟悉市场定位运营模式

■ 掌握制造企业、零售企业市场定位策划与执行技术

7.1　市场细分策划与执行

7.1.1　市场细分的营销价值

市场细分原理是20世纪50年代由美国市场营销专家温德尔·斯密提出的。它顺应了第二次世界大战后美国卖方市场转化为买方市场这一新的市场态势，是企业贯彻以消费需求为导向的营销理念的产物，它促使营销执行手段更加成熟，尤其是在企业遭遇危机、陷入困境之际被广泛应用于营销策划之中。

所谓市场细分，就是把一个庞大的无所不包的市场整体根据消费需求的不同特点，由粗到细地划分为许多不同类型的消费者群体组成的子市场，在各个不同的子市场之间，消费需求存在着比较明显的区别；在每个子市场的内部，消费需求的差别比较细微。市场细分的基础是消费需求的多样性。从消费需求的角度考察，市场可以分为两大类：一类称为同质市场，即用户对某一产品的需求、欲望、购买行为以及对企业营销策略的反应等具有基本相同或极为相似的一致性。只有极少数的初级产品的市场属于同质市场，例如，普通食盐的市场就是同质市场，显然，同质市场无须细分。另一类称为异质市场，即用户对某类产品的理化属性、品质待征的需求与欲望是有差异的，或者在购买习惯、

购买行为等方面存在着差异，正是这些差异使市场细分成为必要。随着社会生活的变迁，同质市场有的渐变为异质市场；反之，异质市场有时也在向同质市场转化。市场细分实际上是在一个异质市场上辨别具有不同欲望和需求的消费者群，并将其划分为若干相对的同质市场的过程，它有利于企业资源的集中调配，使其充分发挥效用。

从某种意义上讲，市场是商品潜在需求的同义词，即我们把市场看作潜在买主对某一种商品的整体需求，然而任何一个企业无论资金多么充足、实力多么雄厚，尽管赢利的愿望促使它们竭尽全力，却不可能满足潜在买方对商品差异性的整体需求。因此，许多企业提出："用自己有限的营销条件从事最轰轰烈烈的营销活动。"要达到这一要求，企业必须对所面临的营销环境进行分析，对市场消费需求加以测量，依据求大同存小异的原则将消费群体分类，这样不仅明确为什么样的需求服务，更加明确为谁的需求服务，从而找到企业生存与发展的空间。因此，市场细分对于企业具有现实意义。

7.1.1.1 有利于企业人、财、物力的集中使用

市场细分有利于企业在相当一段时期内集中使用人、财、物力开展营销活动，使之更加有的放矢。市场细分一方面提升企业的营销能力，尤其是分析、研究能力和反馈、应变能力；另一方面能够使企业集合能量，重拳出击，尤其是在营销过程中遭遇干扰或阻力时能够显现出竞争实力。

7.1.1.2 有利于企业资源的配置

市场细分有利于大型企业合理配置资源，开拓市场领域，扩大销售范围，在竞争中保持主导地位。大企业具有明显的营销优势，但是船大难调头，当市场环境变化给行业的发展带来相应的压力时，大企业比小企业面临更凶猛的冲击，产品结构的复杂、分销渠道的纷争、企业组织的庞大、营销决策的滞后使企业难以摆脱市场变迁所导致的窘境。通过市场细分，大企业能够辨明消费需求的动向，发现新的目标市场，以此为起点重新设计营销方案，执行营销活动，凭借营销实力博取竞争优势。

7.1.1.3 有利于小企业的生存与发展

市场细分有利于小企业稳定生产规模，根据自身的能力避实就虚进行营销竞争，挖掘新的市场机会，制定适宜的营销战略与策略。尽管小企业在市场竞争中处于劣势，但是船小好调头，在行业业绩滑坡之际，小企业一方面要面对市场环境变化带来的冲击；另一方面还要面临消费需求位移之后，同业对手之间争夺销售份额造成的市场挤压。应用市场细分的方法，小企业能够缓解行业压力，同时避开大企业争夺市场的锋芒，寻找市场缝隙，获得生存与发展的

机会。

7.1.2 市场细分的参数体系

7.1.2.1 消费用品市场细分的参数体系

消费用品市场细分的参数体系包括五个类型的变量。

（1）人口统计变量，包括人口年龄、性别、职业、受教育程度、收入水平、支出结构，人口的国籍、民族、宗教、社会阶层以及人的家庭生命周期等。人口统计变量引发出消费者价值观和审美观的区别，由此而产生了消费习惯、消费方式和消费投向方面的差异。

（2）地理区域变量，包括国家、地区、城市、乡村、气候、地形地貌和人口密度等。地理区域变量说明地域差异变化引发人们消费习惯和消费偏好的不同。受到居住地环境的影响，人们对同一产品的消费反应存在明显差别。

（3）消费心理变量，包括价值取向、消费兴趣和个性自我设计、消费见解和倾向等。消费心理变量引发消费者购买动机差异，并且说明消费行为内心动力的本质区别。

（4）消费行为变量，包括消费时机、场合、产品（服务）、使用状况、使用频率、品牌忠诚度等。消费行为变量引发消费在时间、空间上的距离，并且说明消费态度的区别以及消费深度和广度的差异。

（5）消费受益变量，由于消费者在购买商品之时要寻求商品卖点，而获得某种实实在在的益处，因此可以依据产品（服务）能够为用户提供的效用或者为用户带来的某种利益进行市场细分。

7.1.2.2 产业用品市场细分的参数体系

产业用品市场细分的参数体系包括四个类型的变量。

（1）行业变量。行业是产业用品市场细分最通用的变量，不同行业的用户对同一种产品的规格、型号、品质和功能要求不同，追求的利益也不同，据此进行市场细分，便于企业开发差异化的产品，设计不同的营销组合方案。

（2）规模变量。规模（购买大量、中量、少量）是产业用品市场细分的重要依据，规模不同，企业的营销手段不同：对于大用户，需要直接联系、直接供应，且在价格、服务和信用保障等方面予以优惠；对于小用户，需要产品进入分销渠道，由中间商组织供货。

（3）地域变量。需求的差异源于地域的差异，产业用品市场同样如此，由于自然条件、气候条件、社会环境和历史继承等方面的原因，会形成不同的产业区域。由于产业用品的相关性和连续性，产业用品市场比消费用品市场更为集中。以地域为变量进行市场细分，企业能够找到相对准确稳定的目标市场。

（4）行为变量。与消费用品相比较，产业用品的购买行为特征显著，主要包括新购、直接重构和修正重构，购买行为的差异影响到购买数量、购买方式和购买频率的变化。行为变量往往是企业进行二次市场细分的依据，通过数次分割，企业能够将复杂的市场整体细化为若干个子市场。

7.1.3 市场细分策划与执行技术

7.1.3.1 选择市场细分变量技术

(1) 策划要义

市场细分变量也称为细分依据，即牵制、影响市场消费需求的单项或多项因素。企业进行市场细分，难点在于确定细分变量。细分变量的确定需要营销灵感的捕捉，更需要营销经验的积累。市场细分变量恰当、巧妙，一方面能够反映出市场供求态势，从而准确推断自身营销症结所在；另一方面节省企业市场选择的时间和精力，同时节约企业市场细分投入的财力。市场细分源自于市场需求的差异，千差万别的市场需求又受到诸多因素的影响，细分变量即从牵制市场需求的诸多因素当中选取（见图7-1）。

(2) 策划方案

[**涉及企业**] 日本东狮服装公司

[**营销业务**] 服装

[**背景资料**] 20世纪70~80年代，日本服装、服饰欧化现象十分严重，东京等各大城市身穿西装的人比比皆是，服装行业中的制造商见风使舵，纷纷效法西装的制作方法满足现实需求。东狮服装公司当时在日本服装行业里属于中型企业，一方面企业面临着消费需求转向的冲击，另一方面要应对国内外同行的竞争，该企业当即决定对服装市场进行细分。

[**方案内容**]

第一步：公司经过慎重选择，最终把“着装场合”作为细分服装市场的变量，即把人们在不同的活动场所和与之相应的着装进行对照，列出市场细分表（见表7-1）。

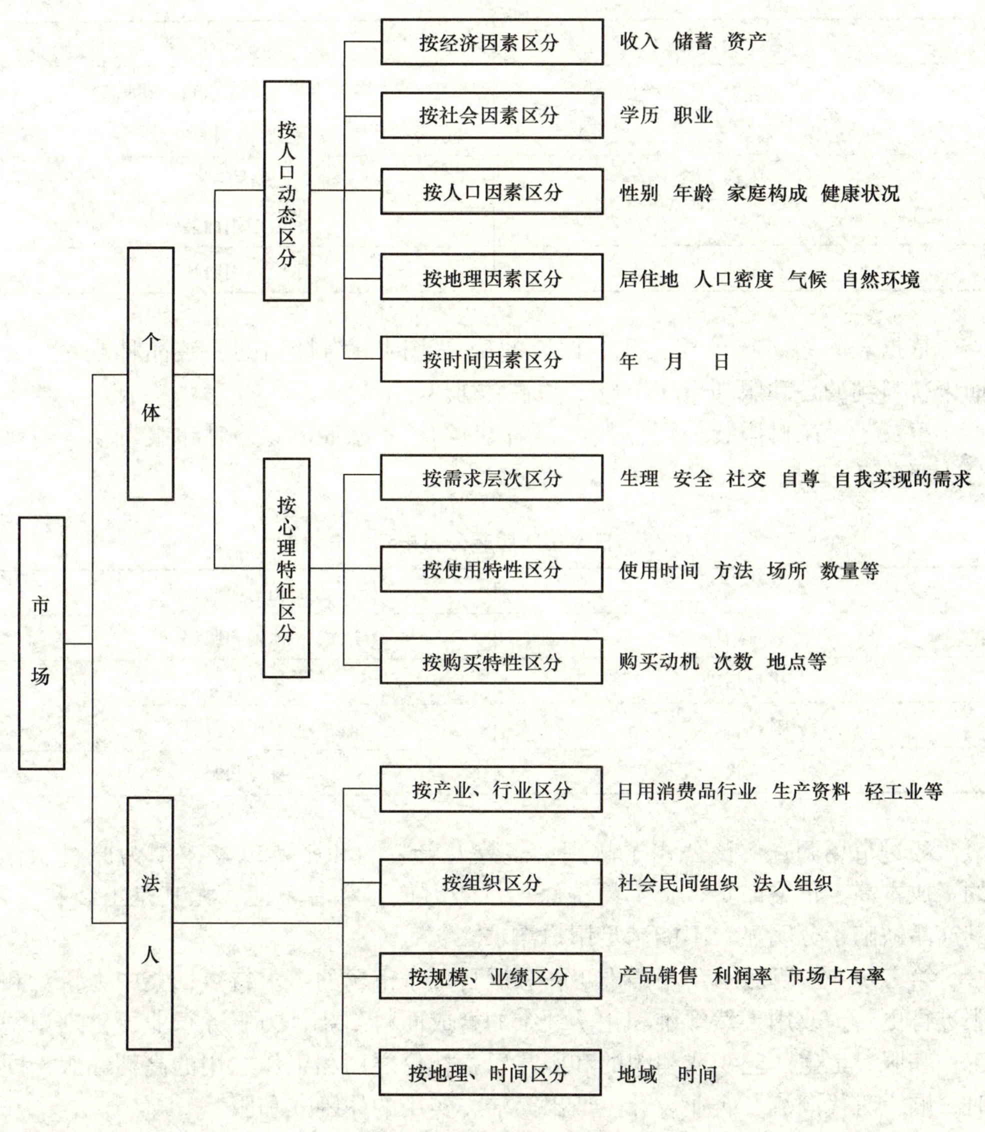

图7－1 市场细分变量

表7－1 日本东狮服装公司市场细分（1）

着装场合	人们相对应的着装
睡觉	睡衣
上学	校服、学生装

续表

着装场合	人们相对应的着装
上班	男士西装、女士西装、和服
做家务	家庭内用装
吃饭	家庭内用装
买东西	家庭内用西装
在家休息	家庭内用西装

依据表7－1，该公司发现，西装的确是当时最为畅销的服装品种之一，然而未曾料到的是和服却也在上班工作服之列。

第二步：东狮服装公司再次以“着装场合”为细分变量对和服市场进行细分（见表7－2）。

表7－2　日本东狮服装公司市场细分（2）

着装场合	人们相对应的和服
节假日	休闲和服
庆典活动	礼仪和服
高级饭店、宾馆	工作和服
出生、成人、入葬	身份和服

经过市场调查，该公司了解到：多数人着装的和服是以丝或绢为原料制作的，成本高、价格昂贵，且不易洗涤，抗皱力低，穿着不便。尤其是工装和服，其产品缺陷十分明显，不能满足用户需求。

第三步：东狮服装公司瞄准工作和服目标子市场的需求特点，集中力量对和服进行更新，改用天然纤维和化学纤维的合成面料制装，为服务行业提供理想的工作和服，也生产丝织或绢织的和服，以备礼仪之用和工作之用的高档和服；同时，顺应时代潮流，企业设计生产出简洁、实用的休闲式和服。

“着装场合”这一细分变量的确定，使东狮服装公司在复杂的市场环境中顺利完成市场细分的过程，准确地发现目标市场，确定了本企业的主导产品，找到企业生存的立足点，并以此逐步扩大“势力范围”，占据日本服装市场的一席之地。

（3）执行要求

在进行市场细分时需确定细分变量。

第一，需要借助于营销经验：在以往成功的营销模式中寻找到细化用户群体的依据。

第二，需要遵循营销活动规律，以单一变量进行市场细分，发现企业资源能量的“切入点”之后，运用细分变量进行二次市场细分，以求目标市场更加明确；以多个变量进行市场细分，应根据营销活动的实际需要，充分考虑企业的资源状况，从而决定细分变量的数目。

第三，选择细分变量多，企业投入精力多，投资数额大，市场细分图表的内容详尽，目标市场相对精确；反之，市场细分图表内容简略，目标市场相对模糊。

7.1.3.2 细分市场技术

（1）策划要义

企业细分市场首先选择一种产品的市场销售范围加以研究；其次选择相应的细分方法；再次挑选具体的细分变量将市场细化为若干子市场。随后，分析、斟酌每一个子市场的规模和性质，从中确定一个或数个目标市场。因此，细分市场必须掌握细分方法。一般而言，细分市场有三种方法：单一变量法、综合变量法和系列变量法。

单一变量法，即根据影响消费需求的某一种因素，即以一个变量进行市场细分。如，不同年龄的儿童需要的玩具不同，可以把儿童玩具市场按照儿童的年龄划分为1~3岁、3~5岁、5~7岁、7~12岁和12岁以上诸多子市场。

综合变量法，即根据影响消费需求的两种以上因素，即以2~3个变量进行市场细分。如，服装市场以消费者的年龄、性别和购买力水平作为变量细分市场（见图7-2）。

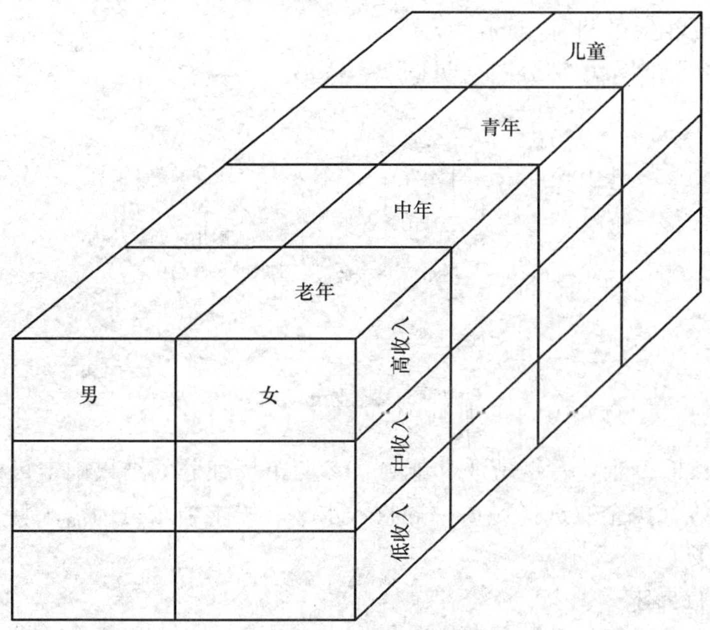

图7-2 市场细分综合变量法

系列变量法，即根据营销活动的实际情况，按照影响消费需求的诸多因素，即以多个变量由粗到细进行市场细分。使用此种方法虽然要耗费一定的精力和财力，但细化市场的结果比较具体、明确。

(2) 策划方案

[**涉及企业**] 我国北方某皮鞋制造商

[**营销业务**] 制鞋业

[**背景资料**] 企业长期以来把海员鞋（女船鞋）作为主导产品，此产品20世纪30年代在上海曾经十分流行，一直被尊奉为高档鞋；60年代女船鞋被当作“封、资、修”的产物打入冷宫，消费数量十分有限；80年代的改革开放给消费品市场注入新的活力，女船鞋作为皮鞋家族的宠物，备受消费者的喜爱，也给企业带来丰厚的利润。然而，近年来鞋业市场竞争加剧，诸多中小型制鞋企业仿造能力强、产品转型快，迅速抢占市场份额；而且人们的消费观念发生转变，追求时尚，讲求舒适，贪图方便，鞋的品种丰富且更新换代很快，旅游鞋、时装鞋、休闲鞋充斥市场，与皮鞋争夺用户。因此，该企业生产的女船鞋销售量下滑，市场份额萎缩，大量产品积压在流通领域的各个环节，资金周围缓慢给企业再生产带来严重的困难。要扭转被动局面，企业必须对鞋业市场进行细分，并根据目标子市场的需求特征，有的放矢地改进产品。

[**方案内容**]

第一步：企业选用地域、性别、年龄、收入水平和购买动机五个变量进行市场细分，推断相应的目标市场。

第二步：绘制市场细分图（见图7-3）。

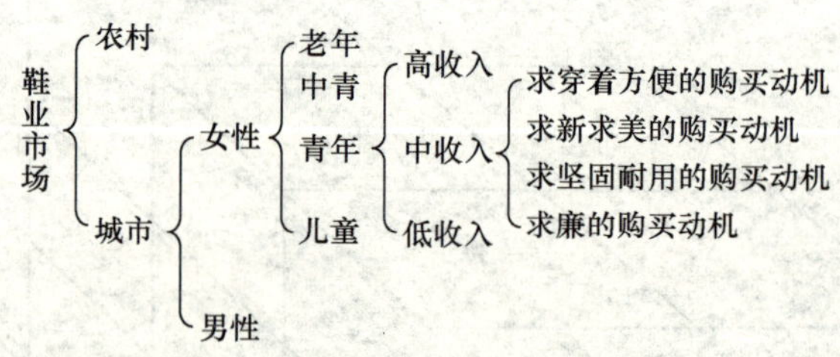

图7-3 鞋业市场细分

第三步：依据企业营销资质和能力，参照市场细分的结果确定目标市场（如图7-3所示）。该企业选择城市中等收入水平、以求新求美为需求特征的女青年作为目标市场。

(3) 执行要求

以系列变量法进行市场细分，一般用“推断表”的形式绘制出市场细分图，在确定细分变量之后，尽力使变量的内容排列穷尽；随后召开专家恳谈会或凭借营销经验，经过对比分析，排除其他内容，选择其中之一结论，再推断下一个细分变量，直至终结。以“推断表”的形式展示的市场细分图可以直接观察到企业的目标市场；同时，企业参照细分变量可以设计产品理化属性，策划产品卖点。

就营销理论而言，任何市场都可以运用系列变量法，依据不同的细分变量逐层细化，这样势必增大营销成本。就营销执行而言，考虑到企业的规模效益，不应当将市场过于细化，一旦发现市场划分过细带来的负面影响，需要实施“反细分化策略”，减少细分市场的数目，降低营销成本。

细分市场并不是灵丹妙药，能够解决企业营销中存在的各种问题。细分以后的市场能够整合企业资源，调动企业产品供应能力，塑造出产品特点，满足多元化的需求，然而，每一大类产品品种增多，批量减少，企业的规模效益相对缩小。因此，细分市场应当控制在适当的程度，确保细化以后的子市场能够带来显著的利益。

7.2 目标市场策划与执行

7.2.1 目标市场的营销价值

7.2.1.1 目标市场的战略选择

在市场细分的基础上，有针对性地选择一定的消费者群，并对此投入资源（人、财、物），开展营销活动，这一消费群体称为目标市场。目标市场的选择是营销战略过程的关键环节，是营销战略的出发点。对企业而言，市场细分之后，并非所有的子市场都具有同等的吸引力，各子市场在需求潜力、市场容量以及获利效果等方面存在着差异；同时，企业资源有限，需要合理配置，将营销活动局限在一定范围的子市场之内，所以要做出目标市场的选择。

7.2.1.2 目标市场的限定条件

成功的目标市场应具有三项标志：

（1）具有绝对的市场容量和相对的市场份额。市场容量，是指在一定时期内、一定的价格水平下商品可能的销售量。企业在选择目标市场时，必须考虑目标市场上用户数量及其购买能力和产品的使用频率，同时推断出本企业产品与其他同类产品相比在目标市场中所占的比例，以产品销售的深度和广度保证企业生产能力得以最大限度的发挥。

（2）具有相应的竞争位置，企业力所能及是可以占领的。目标市场应当是营销通达的市场，它为企业提供恰当的竞争位置，相对固化企业的营销形象，使其能够对市场环境产生作用和影响。企业凭借资源条件和竞争实力进行宣传和推广，把经营意图准确传达给用户，其产品通过一定的分销渠道快速抵达用户手中，圆满执行营销战略与策略策划方案。

（3）能够在短时期内为企业带来丰厚的利润。目标市场不仅能够保证企业产品的销售量，而且应当在一定时期内为企业提供预期的收益，成就企业短时期资本集聚的愿望，因此，目标市场应当是广博的、殷实的，拥有足够的潜在购买者，且具有充分的货币支付能力。凭借营销实力，企业可以补偿生产与销售成本，从目标市场上获取相应的利润。

上述三项标准构成目标市场的限定条件，当企业所选择的目标市场满足以上三项标准时，就会在其中找到自己生存与发展的空间。

7.2.1.3 目标市场覆盖模式

目标市场的覆盖模式可参见图 7－4。

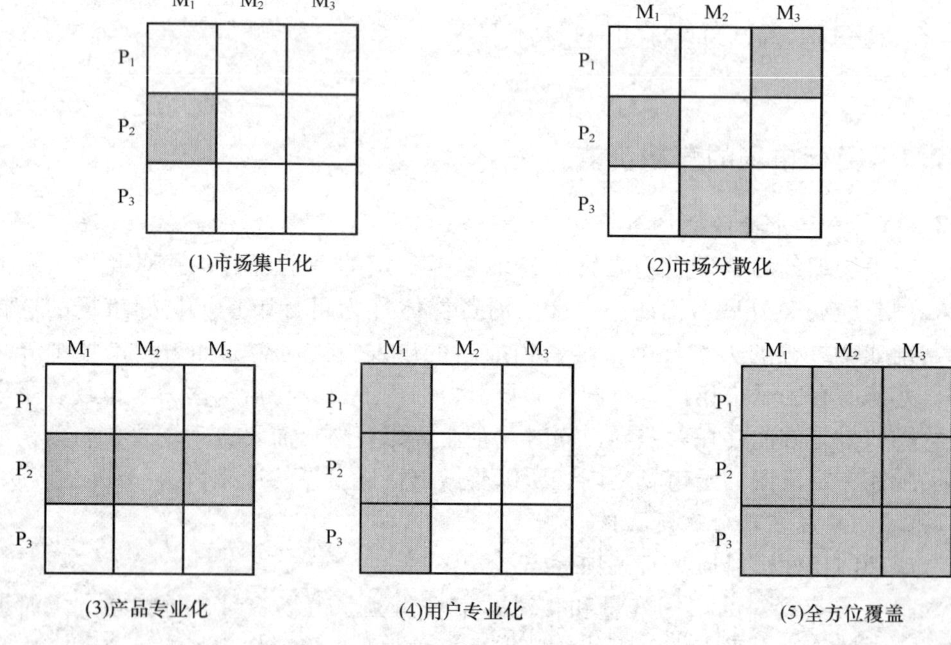

图 7－4 目标市场覆盖模式

图 7－4 的说明：

（1）市场绝对集中化模式，即企业仅选取一个目标子市场，只生产一类产品，供应某一类型的用户群体，采用集中营销战略。作出市场集中化选择的企业由于资金有限，暂时在一个目标子市场上进行营销活动，积累专业化的营销经验，以此作为出发点，逐步向更多的目标市场拓展。

（2）市场相对分散化模式，即企业选取若干具有良好赢利潜力和吸引力，且符合企业营销目标和资源条件的子市场作为目标市场。采用这样模式的企业具有较强的营销实力，且资源丰富、配置合理，能够有效地规避市场风险。

（3）产品专业化模式，即企业集中生产一种产品，同时向各类用户销售产品。由于面对各种各样的用户群，产品在质量、规格及款式等方面有所不同，作出产品专业化选择的企业能够专注于某一类产品的营销，有利于形成生产技术和用户管理上的优势，企业形象鲜明、突出。

（4）用户专业化模式，即企业专门生产经营能够满足某一用户所需的各种产品。采用这种模式的企业推出的产品品种较多，能够有效地分散营销风险。当用户需求下降时，企业势必遭遇收益下降的危险。

（5）全方位覆盖模式，即企业生产多种产品，以满足各种用户群体的需求。一般而言，实力雄厚的大企业选择目标市场全方位覆盖的模式，以占据市场的主导位置。

7.2.2 目标市场选择的关联因素

7.2.2.1 企业资源

如果企业实力雄厚，管理水平较高，根据产品的不同特性可考虑采用差异性或无差异性市场策略；资源有限，无力顾及整体市场或多个细分市场的企业，则宜于选择集中性目标市场策略。

7.2.2.2 产品性质

产品性质是指产品是否同质，能否改型变异。有些产品，主要是某些初级产品，诸如大米、小麦、钢坯和煤炭等，尽管这些产品自身可能会有某些品质差别，但顾客一般并不太重视或不加区别，它们适应消费的能力较强，竞争主要集中在价格和服务方面，因而这类产品适宜实行无差异营销；许多加工制造产品，诸如汽车、机械设备、家用电器、服装和食品等，不仅本身可以开发出不同规格型号、不同花色品种的产品，而且不同品种的产品还会带来品质、性能等方面的较大差别，消费者或用户对这类产品的需求也是多样化的，选择性很强。因此，经营这类产品的企业适宜采用差异性或集中性的市场策略。

7.2.2.3 市场需求差异

如果顾客的需求、购买行为基本相同，对营销方案的反应也基本一样，亦即市场是同质的，在此情况下可实行无差异营销；反之，则应实行差异性营销或集中性营销。

7.2.2.4 产品生命周期

处于投入期（介绍期）和成长前期的新产品，竞争者少，品种比较单一，适宜采用无差异目标市场策略，以便探测市场需求和潜在顾客。产品一旦进入成长后期或已处于成熟期，市场竞争加剧，应改行差异性营销，以利于开拓新的市场，尽可能扩大销售；或者实行集中性营销，以设法保持原有市场，延长产品生命周期。

7.2.2.5 竞争对手的目标市场策略

假如竞争对手采用无差异营销策略，企业就应采用差异性营销策略，以提高产品的竞争力；假如竞争对手采用差异性营销策略，企业就应进一步细分市场，实行更有效的差异性营销或集中性营销，但若竞争对手力量较弱，也可考虑反其道而行之，即采用无差异营销。

一般来说，企业选择目标市场策略时应综合考虑上述诸因素，权衡利弊，再作出抉择。目标市场策略应当相对稳定，但当市场形势或企业实力发生重大变化时也要及时调整。竞争对手之间没有完全相同的目标市场策略，企业本身也没有一成不变的目标市场策略。

7.2.3 目标市场运营策略

目标市场运营策略有三种：无差别目标市场策略、差异性目标市场策略、集中性目标市场策略。

7.2.3.1 无差别目标市场策略

无差别目标市场策略即把市场看成一个整体，认为所有的消费者对商品有着共同的需求，仅推出一种产品，并采用单一的营销策略。其优点在于：①不需要进行市场细分，节省市场调研时间和费用，产品以低价进入市场，打开销路；②大批量生产、储存，使单位产品成本较低，产生规模效益；③可以集中全部力量发展某一产品，使其在市场有声望，扩大企业的影响。其缺点在于：①忽视消费需求的多样性，失去一部分市场机会；②企业只涉足一个产品系列或一个产品项目，竞争风险相对集中；③产品分销渠道系统良好运行、效率较高才能使目标市场策略卓有成效。

7.2.3.2 差异性目标市场策略

差异性目标市场策略即把庞大的市场划分为若干子市场，同时，在诸多子市场上分别进行营销活动，推出多种规格、型号和款式的产品，以适应不同的消费需求。其优点在于：①最大限度地利用一切资源进行生产和经营，扩大企业的利润来源；②可以同时满足多个目标子市场的需求，提高企业的竞争实力，增强消费者对企业的信任感。其缺点在于：①产品品类、品种扩大，势必要求拓宽分销渠道、转换销售方式，从而增加生产成本和流通费用；②要求企业资源条件（人、财、物、信息系统）相对完备。许多企业在选择无差别目标市场策略与差异性目标市场策略时试图寻求捷径，既希望生产少量品类、品种，又设想能够满足市场上众多消费者的需求；既简化生产经营过程、降低成本费用，又最大限度地扩大销售范围，保证目标利润的实现。因此，集中性目标市场策略应运而生。

7.2.3.3 集中性目标市场策略

集中性目标市场策略即不是把力量分散到广大的市场上，而是向一个或几个子市场推广产品，以求重点突破。企业所追求的不是在较大的市场上占有较小的份额，而是在较小的市场上拥有较大的占有率。其优点在于：①同时占据数个目标子市场精耕细作，实施专业化分工与协作，相对节省生产、流通费用；②营销对象比较集中，更加深入了解、分析目标子市场的需求状态，产品就会有的放矢。其缺点在于：①由于企业获利范围较大，而获利途径狭窄，在目标子市场上容易成为众矢之的，而竞争的回旋余地不大。②一旦市场环境变化，如，消费偏好转移、产品价格下跌或强有力竞争对手的排挤等，会使企业的整体效益下滑而陷入困境。因此，采用集中性目标市场策略的企业要具备相当的应急措施、待机成长：或牢固获利根基；或拓宽获利途径。

7.2.4 目标市场策划与执行技术

7.2.4.1 强势企业目标市场选择技术

（1）策划要义

强势企业在同行业中的利润和市场份额居于领先地位，其营销优势体现在三个方面：消费者对品牌的忠诚度较高；分销网络规划完善且高效运行；营销决策者经验丰富。当营销环境发生变化、市场容量不足、消费倾向偏移时，由于主导企业生产规模大，分销渠道触点多且分布宽泛，其产品供应量的调整速度滞后于市场需求量的下降速度，此时就会出现库存商品急剧增加，资金周转不畅，甚至出现商品资金占压过多，货币资金回笼过慢，企业再生产陷入困境的局面。此时，营销策划的首要任务是进行市场调查，了解商品滞销的原因，运用市场细分的手段和方法，分析当前需求状况，研究未来需求的变动趋势，在此基础之上重新审定目标市场，从而合理配置资源，调整生产能力，寻找到产品的销售领域，使企业在竞争中仍然保持强势状态。

（2）策划方案

[涉及企业] 日本某大米经销商

[营销业务] 大米

[背景资料] 众所周知，日本人对稻米十分青睐，其主食结构中大米所占比

重很大。然而，20 世纪 60 年代，日本大米市场出现疲软，供过于求的现象十分明显，日本众多大米经销商都面临危机，产品销售量明显下降，库存积压日趋严重。当时该企业在日本大米经销行业中居于主导地位，是名声显赫的大公司之一，却不无例外地陷入困境。

[方案内容]

第一步：进行市场调查，探究大米市场疲软的原因。

①日本的中年人（战后派）由于生存环境所致，饮食习惯西洋化。这些人大多是各大公司中的骨干分子，同时也是家庭中的核心人物，他们在社会生活中具有不可低估的号召力和影响力。

②第二次世界大战以后，日本经济发展很快，10 年间人们的消费水平普遍提高，饮食结构中蛋白质、脂肪所占的比重越来越大，而碳水化合物所占的比重越来越小。

③当代日本青年十分注重健美，尤其关注饮食内容。他们认为，多吃米饭就会少吃蛋白质，甚至认为，多吃米饭会降低自己的身高。在这种思想指导下，他们尽可能少吃大米或不吃大米。

基于上述主要原因，日本大米普遍出现滞销现象。

第二步：以大米的就餐时间和就餐场所为变量对大米市场的消费者群进行细分，绘制大米市场细分表（见表 7－3）。

表 7－3　日本大米市场细分表

		大米就餐时间区分				大米就餐场所区分			
		早餐	中餐	晚餐	夜餐	家庭	工作地点	快餐店	学校
户主	中高年		●				●		
	战后派								
	其他								
主妇	年老主妇		●			●			
	年轻主妇		●			●			
	其他								
单身者	未婚男性			●			●	或 ●	
	未婚女性			●			●	或 ●	
	其他								

续表

		大米就餐时间区分				大米就餐场所区分			
		早餐	中餐	晚餐	夜餐	家庭	工作地点	快餐店	学校
学生	大学生		●	或 ●				●	
	高校生		●	或 ●				●	
	中小学生		●						●
	其他								
儿童	托儿所								
	幼儿								
	其他								

第三步：目标市场决策。手持市场细分表，参照相关系数，该企业经过反复讨论，权衡利弊，最后达成一致意见：近期把中小学生作为大米的主要承接对象，以降低库存、回笼货币。

①中小学生处于成长阶段，各种消费习惯尚未形成，如果从现在起培养他们吃大米的饮食习惯，近期对企业的收益具有效用，远期对企业发展具有战略意义。

②中小学生的午餐多为集体伙食，目标市场相对稳定，企业能够集中人、财、物力重点突破，打开市场缺口，节约推销时间和费用。

③中小学生中午在学校就餐，企业能够运用一系列的优惠手段向学校推销大米，这样的市场渗透范围广、见效快。

④借助于为学校服务，维护企业声誉，扩大企业影响。

与此同时，该企业加紧研制大米的快餐食品，与诸多快餐店建立大米快餐分销联营，尽快向大米销售终端涉足。

（3）执行要求

①在市场环境发生变化、消费需求转向的情况下，必须进行市场调查，探究致使企业陷入被动局面的关联因素，找到产品滞销的直接原因。

②确定市场细分的变量，绘制出市场细分图表，选择适合本企业的目标市场，分析目标市场上用户需求的独特性，制定相应的营销战略与策略。

③强势企业依据自身的资源条件和营销实力，在选择目标子市场时可以策划近期策略和远期策略。近期的目标子市场相对集中，易于突破，产品送达成本费用较低，回笼货币迅速，见效快；远期的目标子市场引领企业参与到新兴的朝阳行业，站在消费潮流的前列，满足时尚的消费需求，能够使企业在供应链中处于最佳位

置，迅速完成资金、商品、信息的转换，保证企业营销优势能量的充分发挥。

7.2.4.2 弱势企业目标市场选择技术

（1）策划要义

弱势企业在同行业中利润总额不大，市场占有率不高，处于追随或者补缺的竞争地位，其营销优势体现在三个方面：实施跟从战略，使企业的营销风险系数降低；产品实施专业化营销，能够给用户带来某些特殊的利益；擅长与用户进行沟通，拥有相对稳定的供求关系，能够维持市场共生的局面。

当营销环境发生变化、市场机会消失时，由于抗拒风险的能力不及强势企业，市场容量下降，在短时期内会直接导致生产能力的丧失，从而引发企业的生存危机。此时，企业必须抓紧时机进行市场调查，将消费需求细分化，观察其变动结果、辨别其发展方向，根据自身的资源条件，避实就虚挖掘新的市场机会，稳定生产规模，在竞争中保存发展空间。

（2）策划方案

[涉及企业] 我国南方某印染厂

[营销业务] 棉印花布

[背景资料] 20世纪80年代中期，我国实行改革开放，从计划经济向市场经济过渡，原有的商品流转模式已经打破，然而新型的商品进销渠道并没有完全确立，此时我国遭遇了自然灾害的侵袭，粮棉产量锐减，优质皮棉的收购量严重不足，为此国家强化了宏观经济的调控力度，调整部分产品的零售价格：纯棉布普遍提价，化纤普遍降价。变动的价格指数引领我国众多消费者在选购面料时抢购尚未充分体验过的化纤面料，而放弃早已习惯的纯棉布料，致使当时许多棉印花布产品出现滞销状态，库存积压，资金周转不畅。该企业是位于长江以南的小型印染厂，所生产的棉印花布品种不多，但是图案、颜色独特且做工精致、质量上乘。然而，面对市场环境的威胁，企业同样陷入了困境。

[方案内容]

第一步：进行棉印花布市场需求测量，以“地域”为变量细分棉印花布市场（见图7－5）。

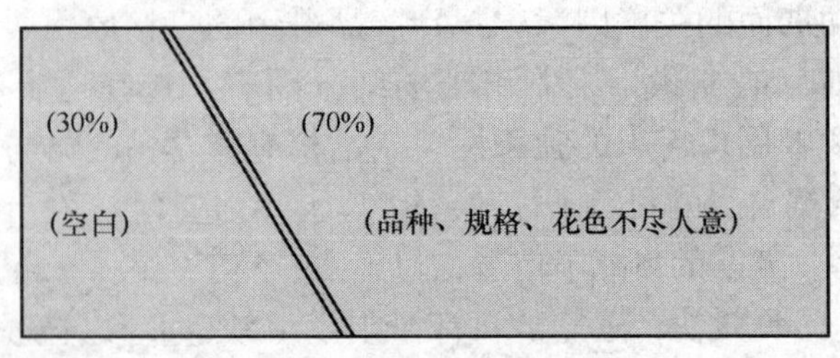

图7－5 棉印花布市场细分

企业了解到：在江南和北方发达地区约占70%的市场上，棉印花布需求基本处于饱和状态，只是产品在花色、品种、规格等方面不尽如人意；在东北齐齐哈尔和西北甘肃的部分地区约占30%的市场上，棉印花布需求并没有满足，处于不饱和状态。

第二步：目标市场决策——或以联营的形式（与销售地企业联营/与运输部门联营）；或以聘请代理的形式；或与销售地特产供货商交换物品的形式，把库存商品投放到30%的“空白”市场，迅速将商品资金转化为货币资金；与此同时，积极筹资、融资，利用小企业转型快的特点，调整产品规格，进行产品深加工，制成以棉印花布为原料的各种成品，实施小批量、多品种的营销模式，抓住70%市场中的用户，为企业开辟生存与发展的立足之地。

（3）执行要求

①弱势企业面临营销环境的冲击，不要轻易关、停、并、转，放弃已经得到的市场位置，应当抓紧时机进行市场调查，将消费需求细化。

②弱势企业在选择目标市场时，要认真分析细分市场之后的需求状态，同时考虑自身资源的局限，在共同遭遇丧失市场机会的状况下，力争绕开与强势企业直面相争的势头，避实就虚寻找市场缝隙，集中全部力量占据强势企业力不从心或无暇顾及的营销领域。

③弱势企业力争做到精细营销，满足目标子市场的特殊需求，从而获得一份稳定的、相对丰厚的收益，再以此为基点，逐步扩大“势力范围”。

7.3 市场定位策划与执行

7.3.1 市场定位的营销价值

定位，是20世纪70年代美国学者阿尔·列斯和杰克·特罗提出的重要营销思想。1972年，阿尔·列斯和杰克·特罗发表了题为《定位时代》的系列文章，引起了强烈的反响，并流传开来，得到众多营销学者的普遍认同和推崇。作为市场营销战略谋取成功的有效手段，定位的实质内容不断得到补充和完善，它不仅用于广告定位，还用于产品定位，并发展成为企业市场定位。

企业市场定位，即对本企业的竞争方法乃至产品项目、服务手段、价格水平、渠道配置以及广告对象的整体筹划，使这一切营销活动独具特色，并以其鲜明的个性特征在目标市场的顾客心目中留下深刻的印象、占据相应的位置，因此，市场定位是企业营销战略体系中的重要组成部分，是企业市场营销战略的核心。

7.3.1.1 市场定位是心灵的沟通

定位是基于目标用户对企业及其产品（服务）比较、衡量之后的一种评价和判断，企业要使目标用户的心智向自己倾斜，就要善于实现双向的信息沟通，以促成其对自己的高度认知进而转化到高度偏爱。所以站在企业的角度来看，定位即是在目标用户心智上所采取的攻心战略，正如J. 特劳特和S. 瑞维金所言："营销的终极战场是消费者的心灵，你知道他的越多，定位战略就越有成效。"

7.3.1.2 市场定位是竞争的差别

定位就是在市场竞争中凭借自身的个性特征以示与竞争对手之间的区别，从而赢得目标用户的青睐。在现代社会中，企业为顾客提供了诸多功能、质量趋同的商品（服务），而最终被目标用户所采纳的往往是其潜意识中构成第一印象且印象最为深刻的商品（服务）。所以，定位即是针对目标用户的心灵需求塑造鲜明的个性特征，突出自己与众不同的差别，使目标用户能够有效地识别和区分本企业的产品（服务），并作出正确的评价和判断，从而排斥、舍弃近似的产品（服务）。

7.3.1.3 市场定位是利益的驱使

定位的出发点和终极目标均是寻求和造就差别优势，以赢得市场竞争，然而，这一切所为都是利益使然。有效的定位不仅向目标用户传递具有鲜明个性的企业及其产品（服务）的形象，而且提供了购买该企业产品（服务）的充足理由。所以，定位是把企业及其产品（服务）特色转化为目标用户的价值利益，同时，企业自身的价值利益也得以实现。

7.3.1.4 市场定位是灵活的调整

定位是依据市场竞争态势和消费需求状况而完成的，当市场环境变化导致定位丧失其作用时，应酌情调整定位。所以，定位尽管具有相当的稳定性，但是必须通过突出的业绩和不断的沟通来维持这一定位；必须密切监控并且随着时间的推移来修正这一定位，以适应消费需求和竞争态势的变化。

7.3.1.5 市场定位是战略行为

定位是经过周密策划以后的战略行为过程，企业要在市场中树立鲜明的个性特征，并且得到目标顾客的高度认同决非一日之功，需要时间和精力去筹划、塑造且坚持不懈、贯彻始终，才能最终完成。所以，定位即是企业精心构筑的具有防御性和可持续性特征的立足之地，为其自身的生存与发展提供了保护屏障。

统观中外学者关于市场定位的陈述，常把市场定位、产品定位及竞争定位三个概念混为一谈，而且交叉使用。尽管市场定位要求企业在用户的评价中寻觅到相应的形象位置，但产品定位是从产品属性角度而言的，是指本企业的产品与同类型企业相比较处于何种位置；竞争定位是从竞争策略的角度而言的，是指本企业的竞争手段与同类型企业相比较处于何种层次水平；企业市场定位是从企业整体角度而言的，是指本企业与同类型企业相比较在目标市场顾客心目中的排列序位。

企业市场定位的实质在于必须寻求自身的经营特色、塑造自身的个性特征。经营特色将企业与其他同类企业区别开来，它表明企业是何等的卓尔不群，与其他竞争对手相比较是何等的出类拔萃，并且还须通过有效的手段把这种经营特色所造就的差别准确地传递给目标用户和社会公众。伴随着经营特色的传播和推动，一种新型的消费理念得到灌输和推广，这样企业才能在市场中占据有利的地位，所换取的是用户对企业的认同、满意和忠诚。

企业经过市场定位以后所表现出来的经营特色具有如下特征：

（1）重要性，即能够向目标用户提供高价值的利益。

（2）优势性，即目标用户无法通过其他方式获得同等利益。

（3）独特性，即以一种与众不同且能够被目标用户所接受的方式提供特色产品或服务。

（4）感知性，即目标用户能够切实感知到经营特色的存在并根植于心中。

（5）占先性，即相同类型的企业无法轻易地复制此种经营特色。

（6）承担性，即目标用户具有相应的支付能力，能够承受这一经营特色。

（7）赢利性，即有利可图，能够将这一经营特色引入市场竞争机制。

7.3.2 市场定位模式

7.3.2.1 定位程序

市场定位的关键问题是企业在目标市场中设法通过自己的产品寻找到比竞争对手更多的优势，因此，定位过程围绕着竞争优势展开，由下列环节所构成（见图7-6）：

（1）确认本企业的竞争优势。需要运用调研手段，分析、研究三个方面的问题：①目标市场中用户的需求欲望、需求水平、需求结构和需求行为的特征怎样？满足状态如何？② 竞争对手产品定位如何？③面对目标市场的潜在需求和竞争者的定位战略，企业应当做什么？能够做什么？

阐明上述三个问题，企业可以确定自身的营销优势。

（2）确认企业相对的竞争优势。企业胜过竞争者的能力，是企业与竞争对手在各项实力方面较量的过程。通常做法是企业与竞争者在下列六个方面做出比

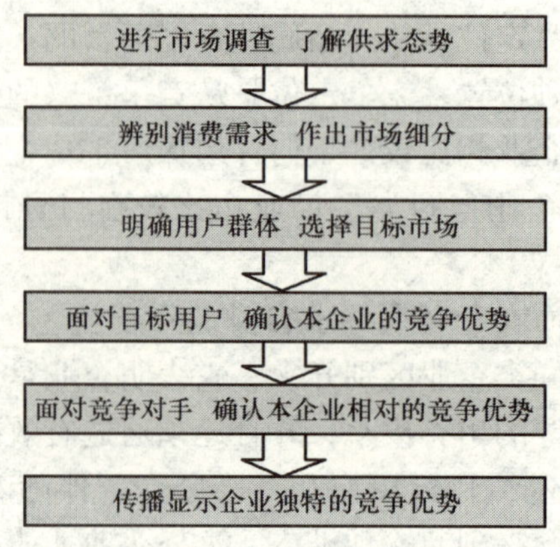

图7-6 市场定位程序

较：①管理方面：领导者营销经验及其决策水平、计划能力和组织能力。②技术开发方面：技术资料的占有，技术手段、技术人员素质及其能力，技术开发资金。③采购方面：采购方法、储运系统、供货商合作成效和采购人员工作能力。④生产方面：生产能力、技术装备、生产过程控制和生产人员素质。⑤销售方面：市场研究、分销网络和促销能力。⑥理财方面：财务管理制度、长期资金和短期资金的来源及资金成本、现金流量和货币支付能力。

（3）传播竞争优势。企业通过一系列的宣传推广活动，将其独特的竞争优势传递给目标用户，在其心目中留下深刻印象：①使目标用户了解企业市场定位的主导思想，熟悉、认同企业及其产品品牌形象。②通过与目标用户的感情沟通，强化、巩固企业及其产品的品牌形象。③矫正由于用户理解上的偏差对企业及其品牌产生的误解，保证品牌形象在用户心目中的准确位置。

7.3.2.2 定位方法

（1）平面定位法，即利用平面二维坐标图对品牌识别、品牌认知等状态进行直观的比较，以解决有关产品品牌的定位问题。如图7-7中，其坐标轴表示啤酒品牌的特征因子，横纵坐标交叉位置表示用户对品牌在各项特征因子方面的评价（见图7-7）。

图7-7的横坐标表示啤酒口味苦、甜的程度；纵坐标表示啤酒口味浓、淡的程度，图中各点的位置反映了用户对啤酒口味的评价：百威品牌被认为味道较甜、口味较浓；菲斯达品牌被认为味道偏苦、口味较淡。平面定位法是最常用的定位方法，所含的因子量少，使图形最大限度地简化，具有高度的直观效果。平面定位图能够表现出两种因子的相互关系，因此，各品牌之间的关联程度比较清晰。

（2）排比定位法，即将表示产品品牌的特征因子排列出来，在每个因子上

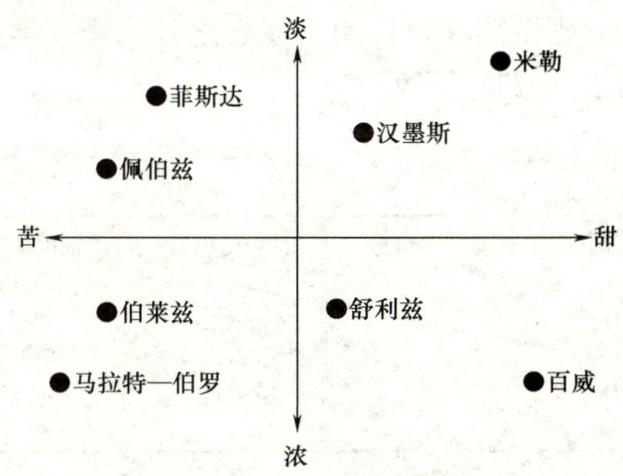

图7-7 啤酒品牌特征因子平面定位图

分别比较各品牌的竞争状态，在此基础上进行产品的市场定位。今天，消费需求的差异越来越大，产品之间的同质性越来越高，作为定位基础的特征因子也越来越多，使得选择特征因子的难度加大。特征因子的产生应当以用户需求为导向，应是影响目标用户消费决策的关键要素。五个产品品牌的排比定位见图7-8。

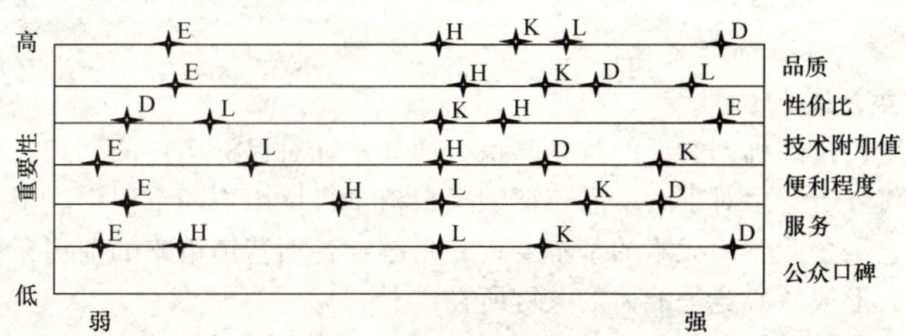

图7-8 五个产品品牌的排比定位示意图

图7-8中，纵向排列的要素是产品的特征因子，其重要程度由上而下递减，图中各点表示竞争的五个品牌（D，E，H，K，L）对应的每一个特征因子所表现的相对状态，在横线上由强到弱逐一排列。如对应"品质"这一因子，D品牌相对最佳，是公认的优质品牌，排列最右边，L，K，H品牌则品质相近，顺次排列，E品牌的品质最差，排在最左边。在定位过程中，排比定位法用于品牌的多因素分析，有助于从繁杂的因子中发现自身品牌的竞争地位，然而，排比定位中的多个因子是平行排列的，对各竞争品牌之间的关系表示得不够清晰，因此，排比定位法更加适用于从单一因子出发，确定多个品牌的定位。

（3）配比定位法，即将竞争品牌的优缺点列在左边，将目标用户对产品的各项要求列在右边，经过左右配比，定位成功的品牌能够直击某一类用户的需求，定位不成功的品牌则游离在目标用户视野之外。哪一类目标用户遭遇冷落，哪就是潜在的市场需求（见图7-9）。

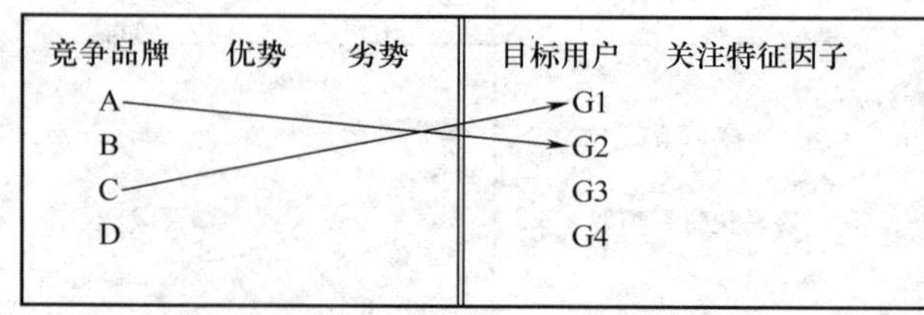

图7-9 配比定位法示意图

配比定位是在市场细分、选择目标市场之后采用的定位方法，需要在明确目标用户的前提下，对其所关注的特征因子作出进一步的分析，才能推断品牌的具体市场位置。

7.3.3 市场定位策划与执行技术

7.3.3.1 零售企业市场定位技术

(1) 策划要义

市场定位是一种创造性的策划与执行活动，针对目标用户的心理，采取相应的策略，将异于竞争对手的产品特征因子根植于目标用户的意识中。市场定位至关重要，它是企业营销战略的基本要素，是制定各项营销策略的前提，更是企业调配资源、形成核心竞争能力的关键所在。

零售企业的市场定位分为两个环节：其一，分析需求特征、规划商圈立地，在不同零售业态竞争中确定自身存在的地位；其二，寻找本企业与竞争对手之间的差别，在商圈内相同零售业态的竞争中确定自身发展的势位。势位即目标子市场内在同类供应商序列中，各零售企业源于自身的能量和实力的差异在消费者心目中处于不同的位置。

(2) 策划方案

[**背景资料**] 20世纪90年代以来，零售业国际化持续增长的势头已经引起人们的广泛关注，尤其中国加入世界贸易组织之后，以欧美等国为代表的大型跨国零售集团加大了对中国市场注入商业资本的力度，其中以法国的家乐福表现得尤为活跃。家乐福零售集团是欧洲第一、世界第二大国际化零售商，拥有近40多万名员工，年销售额已突破了800亿美元，资产总额达到400多亿美元。截至

2003 年 3 月，家乐福在国内外共有 9 774 家连锁店（其中国内 3 445 家，国外 6 329家），分别为特级市场、超级市场、折扣店、便利店、现金购物取货店五种业态形式。1995 年 12 月，家乐福凭借其在我国台湾地区积累的诸多营销经验，步入中国内地市场，以合资的形式在北京开办了首家家乐福大型超市，到 2001 年年底，家乐福已经在中国的 15 个城市开设了 28 家分店，并在上海和香港设有两个全球采购中心。在中国内地的销售额已达到 60 亿元，在短短 7～8 年的时间里，家乐福迅速完成了在中国市场的整体布局，一跃成为中国最大的外资零售企业。

[**方案内容**]

零售市场是一个投资风险较大的市场，在经济全球化的进程中，跨国零售企业在世界各地开店是惯用的操作手法，然而，海外零售市场的运营稍有不慎就会失去扩张的机会。就生活形态而言，各个国家、各个民族之间差异极大，在法国超市到处可见的奶酪，在中国很难找到用户；在台湾地区十分热销的槟榔，可能在上海一个都卖不出去。因此，国际市场当中固有的、成熟的营销模式对于一个国家或地区具体商店来说实际意义并不大。家乐福深知，要想在异邦参与竞争，实施投石问路的风险扩张战略，必须进行卓有成效的市场定位。为此，家乐福对中国内地进行详细的考察：观察零售市场、研究消费需求。

第一步：规划商圈范围，确定店铺的地理位置。

①测算商圈内人口的基本状况。由于中国目前并没有现成的资料（GIS 人口地理系统）可以利用，家乐福只得借助于市场调研公司收集这方面的数据。具体做法是：以某个原点出发，测算 5 分钟的步行会到达什么地方？10 分钟的步行会到达什么地方？15 分钟的步行距离有多远？会到哪里？根据中国特色，还需要测算自行车行驶的小片、中片、大片的半径，最后以车行速度测算小片、中片和大片各覆盖到哪些区域，以此界定商圈范围的大小。同时，家乐福测定商圈内人口数量和人口密度、人口的年龄构成、文化水平、职业类型和人均可支配收入等，根据商圈内人口的基本状况划分重要销售区域和普通销售区域。

②测算商圈内交通运输状况。如果店址周围有许多公交车，或者道路宽广、交通方便，那么商圈半径就可以相应放大，销售辐射到商圈的周边区域；如果店址周围公交线路不多，则租用公交车开辟交通线路，定时、定点在一些成熟小区间穿行，以方便商圈边缘的居民一次性购齐必备的生活用品。

③测算商圈内不同零售业态的竞争状况。一方面，家乐福计算商圈内不同零售业态所有竞争者的利润水平、商品经营结构以及单位营业面积销售量等，将这些估计数量从总的销售潜力中减去，进而推测本店未来的销售潜力；另一方面，家乐福考虑到本店地处商圈之内，将会受到来自于竞争对手的挤压，因此必须摸清对手的“软肋”，例如，购物环境是否整洁，哪类商品售价相对较高等。以打

分的形式罗列同行的不足之处，有的放矢地实施营销策略。

第二步：辨明竞争态势，确定店铺的市场竞争位置。

分析需求、策划商圈的结果使家乐福在多种零售业态中率先选择大型超市的主力业态——大卖场登陆中国大陆市场，并且突出食品的经营特色，这种以天天低价为特征的廉价量贩店非常符合中国内地的购买能力和购物习惯。家乐福认为，食品，尤其是生鲜食品的消费反映出各国的需求惯性和特点，具有吸引商圈内顾客定期光临卖场的最大可能性。因此，家乐福在商品结构中突出食品经营的重要地位，食品与非食品占总销售额的比例为55∶45，在传统的节假日期间可达64∶36。正如家乐福总裁贝纳尔所言："本企业的基本理念就是重视食品经营的本土化。"这体现出家乐福独具特色的营销观念，也正是家乐福区别于其他同业态零售企业的所在之处。

纵观中国内地的家乐福大卖场，其营销特征主要有如下三个方面：

①以消费需求为中心组织商业。家乐福组织商品结构侧重于两条原则：一是限制并慎重选择商品。因为太多的选择机会给顾客购物带来混乱和不便，同时使卖场失去畅销商品的"走货"机会，因此这是一项"双赢"的营销策略；二是将目标锁定在高回转单品上。高回转单品即销售量高的商品，认定这一原则能够享受优惠商品采购条件，获取较高的现金回转率，简化库存难点，缩短库存时间，保证商品新鲜度。最能够显示家乐福独具匠心的营销手段是：其卖场完全依据商圈内目标顾客的需求信息调整经营内容，从而使商店之间各有差异、尽显特色：上海的虹桥店因为商圈内高收入群体和外国侨民较多，占其目标顾客的40%，因此虹桥店内国外进口商品较多，如各类葡萄酒、泥肠、奶酪、橄榄油等，以满足特殊需求；上海的南方店，因为周围的居民小区比较分散，因此转换成为超级购物中心（Shopping Mall）的营销模式，在店内开设电影院和麦当劳，以增强远足进店购物的吸引力度；青鸟的家乐福因为销售区域内有15%的目标顾客是韩国人，因此店内干脆挂起了韩文招牌。

②以消费习惯为中心安排卖场布局。一是关注卖场的行走路线，在主通道沿线设计和主副通道的搭配上下工夫，使顾客巡行所到之处，凸显商品的色、香、味，有大量的存放和不断显示的"特价"品等，给人以强烈的视觉、味觉、嗅觉等多方面的冲击。二是努力提高卖场商品摆放的透视度，而且生鲜食品的加工、切割、分装等操作过程公开化，保质保量。由于家乐福兼有百货与超市两种业态，有货架又有柜台，为防止两者并存造成的空间阻隔，在卖场内每隔一段距离就设置一处较短的货架。

③以便利顾客为中心探索卖场陈列技巧。家乐福依据销售量决定每类商品的陈列面。一是有效利用陈列空间，一切以方便顾客为原则，不同的商品摆放高度

不同，一切以方便顾客为原则，如家电的最佳位置为12.5～16.5米，这样顾客选看方便，而货架的下层多用于放包装箱。二是商品陈列具有量感，家乐福信奉“库存尽量放在卖场”的原则，堆头、端头、货架顶层均可安放货品。三是致力于打破商品陈列的单调感，卖场内货架高度参差不齐，有时还用吊钩、吊篮调剂商品的陈列样式。

家乐福的食品敲开了中国内地市场的大门，量贩式大卖场立足商圈，找到了存活的位置，并且寻求到竞争的势位，由此，家乐福迅速完成在中国内地市场的战略布局，成功步入良性循环。

(3) 执行要求

零售企业定位宗旨得以全面贯彻，定位策略得以有效展开，需要企业完善的保障体系予以相应的支撑，包括连锁系统、技术系统、管理系统和传播系统，各子系统之间相互作用、相互制约、相互影响、相互依存，构成一个有机的整体。

①实行连锁经营机制，通过调整地位和格局，可以实现资源的最佳配置，实现成本领先，相应提高获利水平，增加规模效益；通过店名、店貌、商品服务的标准化、经营决策专业化、管理规范统一化以及商品品种结构多样化，使其经营颇具特色，形成自身差异化的经营模式，为企业完成市场定位创造条件。

②现代咨询技术的运用可以提高商品进货与销售的决策水平，加速商品资金的周转，为商店创造巨大的经济效益；提高管理水平，增强竞争的综合素质，为企业实现市场定位奠定基础。

③零售业是劳动密集型产业，需要建立完善的管理系统。牢固树立“以人为本”的管理思想，从企业的实际出发，制定出人力资源开发和利用的战略目标；在坚持现代企业管理制度的同时，以人为中心，实现刚性管理和柔性管理相结合，培育良好的企业文化氛围。唯此，保证市场定位的宗旨得以贯彻，市场定位策略得以全面实施，市场定位所产生的效果得以展现。

④零售企业需要借鉴整合传播的营销经验，在传播过程中加强消费心理的研究，实行接触性的管理。为此，要关注各阶层的消费动向，每个经营环节都要与顾客进行沟通，及时准确地整合各种信息，使送达信息正好与顾客头脑中所储存的信息相吻合，从而强化目标顾客的印象。传播活动必须由决策管理层主持和把握，从上到下地展开，以利于排除传播过程中的障碍，实现高质量的传播计划，唯此，市场定位的竞争战略才能最终完成。

7.3.3.2 制造企业市场定位技术

(1) 策划要义

市场定位是企业通过为自身创立鲜明的特色或个性，从而塑造出独特的市场形象来实现的。其特色与个性既从企业的产品整体上表现出来，又从消费者的心理上反映出来。企业在进行市场定位时，一方面要了解目标子市场中竞争对手的产品特征；另一方面要研究目标用户对所需产品各项属性重视程度的排列顺序，据此判断企业的竞争优势，确定市场定位的依据和策略。

企业市场定位的依据包括：

①以产品的基本属性定位，即在目标市场中强调自身产品具有区别于竞争者的不同属性，能够满足目标用户的即时需求和发展需求。

②以产品质量定位，即在目标子市场中，强调自身产品质量优良，并以此为卖点吸引目标用户的需求。在诸多行业领域中，居于市场竞争主导地位的企业大多以其产品的质量上乘显示自身的与众不同，引领需求、创造需求，从而博得目标用户的信赖。

③以产品价格定位，即强调新产品价格贴近大众的购买能力，以其产品的性价比为特色与目标子市场的同类产品相区别，在目标用户心目中树立形象，建立信誉。

④以服务功能定位，即在目标市场中强调企业服务系统的完备性，并以此获取目标用户的青睐。

⑤以用户类型定位，即在目标子市场上明确自身产品适合的消费群体，相对固化产品的销售对象，以此稳定利润来源，树立品牌形象。

⑥以使用场合或使用方式定位，即强调自身产品特定的使用场合和使用方法，以区别于目标市场中的其他同类产品。

面对目标市场的竞争态势，企业惯用的定位策略包括：

①避强定位，即避开强有力的竞争对手的市场定位。这种定位策略能够在目标市场上站稳脚跟，并且在目标用户中树立形象。

②迎头定位，即与在目标子市场中竞争对手采取“对着干”的市场定位。这种定位策略必须知己知彼，不一定试图压垮对方，只要能够力争上游，或平分秋色就已经是巨大的成功。

③寻隙定位，即寻找多数目标用户所重视且竞争对手尚未涉及的市场空隙，从而发现适合自身的市场领域，提供特色产品的市场定位。这种定位策略有利于企业在某一领域从事专业化的精细营销。

④首席定位，即争取目标子市场第一名的市场定位。这种定位策略可以是规模第一，也可以是产品的某种属性、价值第一，而依托产品的重要属性和利益可以找到产品品牌的竞争位置。

⑤行列定位，即如果一个企业不能取得目标子市场的主导地位，却可以宣称自己占有最高层次的市场位置。采用这种定位策略的企业经常言明自己是三大企

业或八大企业之一，将自身归入目标子市场中最优者行列的一员。

（2）方案要领

［涉及企业］ 菲力普·莫里斯公司

［营销业务］ 啤酒

［背景资料］ 菲力普·莫里斯公司曾经享受到成功营销的喜悦：20 世纪 50 年代推出的万宝路香烟风靡世界，凭借着崭新的产品形象和准确无误的市场定位，使万宝路香烟每年的销售量约达 3 000 亿支，世界上每 4 支香烟中就有一支是万宝路，堪称烟草行业世界第一品牌。1970 年，菲力普·莫里斯公司买下密尔瓦基的米勒啤酒公司，当时的米勒公司业绩平平，在全美啤酒行业中排名第七，啤酒的市场占有率仅为 4%。菲力普·莫里斯公司决定借鉴万宝路成功营销的经验，对米勒啤酒重新进行市场细分、市场定位。

［策划方案］

第一步：进行市场调查。菲力普·莫里斯公司对啤酒市场作出深入细致的研究，他们发现，根据啤酒饮用程度的不同，啤酒用户分为两类：一类是轻度啤酒的饮用者；另一类是重度啤酒的饮用者，而且其饮用量是轻度饮用者的 8 倍。

第二步：改变形象、重新定位。菲力普·莫里斯公司意识到，他们应当面对这样一群目标用户：多数为蓝领阶层，年龄在 30 岁左右，爱好体育运动。然而，公司已有的产品在消费者心目中是“质高价优的精品啤酒”形象，为此公司果断决定对“海雷夫”品牌啤酒重新定位，改变品牌形象，将其目标用户从妇女以及高收入者转向了“真正爱喝啤酒”的中低收入者。

第三步：树立形象、传播定位。产品重新定位的结果势必要求公司将定位思路通过媒体传递给市场，从而确立品牌在目标用户心目中的地位，为此应当更新广告宣传的内容，面向那些喜好运动的蓝领阶层，重新设计出具有活力的、动感的广告画面：年轻人骑着摩托车冲下陡坡；消防队员紧张地灭火；船员在狂风巨浪中驾船航行等，甚至还应当邀请篮球明星作为品牌形象代言人，以引导市场需求。

第四步：调整产品组合，完善定位。为使市场定位更加完整，公司一方面调整产品容量，扩大了产品品种，推出了一种容量较小的瓶装“海雷夫”啤酒，这种产品是满足那些轻度饮用者少量饮酒的需求；另一方面开发莱特品牌的“低热度啤酒”，在广告宣传中反复强调该品牌的特点：低热度，不会引起腹胀，口感与“海雷夫”一样好。同时，公司对莱特品牌啤酒进行重新包装，在广告画面设计上给人以耀眼夺目的男子汉气概的感觉。

（3）执行要求

菲力普·莫里斯公司对米勒公司啤酒的重新定位，使其成功地占据了低档啤酒和低热度啤酒两个目标市场，树立了品牌形象，确立了竞争地位，为进入啤酒领域的其他目标子市场奠定了基础。菲力普·莫里斯公司早期的万宝路香烟的市场定位及当期的米勒啤酒的市场定位过程，使我们领略到市场定位的执行规律。

营销实践表明，目标市场上同类型供货商竞争的排位顺序经常变动，因此，企业市场定位执行时“错位”、“倒位”的现象时有发生，具体表现为如下四种：

①盲目定位，即企业由于对目标市场中竞争对手的实力估计不足，其结果或对自己的产品定位过高，品牌“出道”时气壮如牛，品牌塑造时却偃旗息鼓、毫无生气；或对自己的产品定位过低，初期没有显示出品牌特征，后期没有给目标用户留下深刻印象。

②模糊定位，即企业营销笼统粗放，不够精细。不进行市场选择、不开展市场定位，试图满足市场中所有用户的需求，就此产品没有个性、促销无的放矢。

③狭窄定位，即企业过分强调产品在某一领域内的某一方面特征，局限了消费需求的相关性和连带性，抑制了目标用户对产品其他方面属性全面了解的兴趣。

④静止定位，即企业的市场定位缺乏创新意识，尤其是在初次定位失利的情况下，面对市场的竞争态势丧失了重新定位的勇气，因而错过企业振兴的最佳时机，陷入被竞争者“淘汰出局”的境地。

上述定位过失使企业缺乏竞争根基，犹如浮萍一样伴随着市场风浪的冲击随波而动，遭遇风险。因此，企业在目标市场中需要经常修正定位方向，进行二次定位，旨在摆脱营销困境，重新获得增长与活力。

[营销策划文案范例4]　铃木武士牌汽车市场定位

前言：1985 年，日本铃木公司决定向美国市场推出一种型号为 SJ413 的汽车，将其命名为铃木武士牌汽车。该车包括两种样式：一种是可折叠篷车；一种是固定硬篷车，零售价格均为 5 995 美元。公司在招聘经销商之前，需要明确汽车的市场定位。

一、市场调研结果分析

从已有的调查资料、媒体资料和公司原有资料中可以了解潜在消费者的需求特征及其对武士牌汽车和其他汽车品牌的认知与评价。从美国佛罗里达州一家销售铃木 SJ410 型（SJ413 型的前身）的经销点所做的问卷调查中发现：56% 的购买者为 18 ~ 30 岁不等的年轻人，1/3 的购买者为女子，这些女子中约有 2/3 的人是专为 SJ413 汽车而来的，约有 1/3 的人是来选购其他品牌汽车的潜在购买者。

在加利福尼亚州抽取一组25～35岁的女子，抽取一组18～24岁的男子进行焦点式调查。被调查者都处在积极地选购跑车、超小型轿车或进口卡车的过程中，都曾在调查之前的两个月中至少光顾过一个汽车经销点。被调查者对铃木武士牌汽车的外观评价很高，他们用“漂亮”、“优雅”、“有趣”来描述武士牌汽车，有些人说武士牌汽车正是他们需要的那种车，象征着他们对独立、实际的追求。两组中的大多数被调查者都知道“铃木”这一品牌，且非常了解美国市场销售的各种汽车的价格，他们期望铃木武士牌汽车价格从8 000美元到12 000美元不等，显著高于5 995美元的实际价格。当被告知武士牌汽车的实际价格时，大多数被调查者表示惊讶与高兴，但也有少数人因此对武士牌汽车的质量产生怀疑。

二、目标市场

市场调研结果显示：铃木武士牌汽车的购买者是那些活泼好动的年轻人，排除年龄因素，消费者的性格更能够影响人们对这一汽车的兴趣。

三、定位方案

公司按照传统惯例对铃木武士牌汽车进行市场定位。

第一种定位方案：将铃木武士牌汽车定位于跑车。因为从汽车的外形看，该车就像一辆小型吉普车，显然可以将其列为跑车系列，其大小与价格明显区别于市场中现实销售的其他跑车。

第二种定位方案：将铃木武士牌汽车定位于小型卡车。日本卡车在美国市场的销路一直很好，就此武士牌汽车在美国的市场占有份额将扩大1.5倍。

第三种定位方案：将铃木武士牌汽车定位于超小型轿车。该车具有省油、低价及用途多样化的特点，足以吸引那些购买经济型小轿车的消费者。

第四种定位方案：应避免将铃木武士牌汽车限定为跑车、小型卡车或超小型轿车，因为任何考虑购买跑车、卡车或小型轿车的年轻人（包括心理上年轻的人）都是武士牌汽车的潜在购买者，因此不可“过细界定”武士牌汽车的市场定位，否则，势必排除大量的潜在购买者。在不同人的眼里，武士牌汽车具有不同的产品特征，其定位应当足以吸引广大消费者的广泛诉求，允许各类用户以其自己的方式定义武士牌汽车，从而做出购买决策。

四、定位结果

根据调查结论，考虑产品的目标市场，参照定位方案的结论，将铃木武士牌汽车定位为“传统交通工具的克星”，而不是跑车、小型卡车或超小型轿车。因此，招聘经销商的广告标题是：“单调的结束，铃木的开始。”

（资料来源：张昊民：《营销策划》，电子工业出版社，2005年版，第197页。）

本章内容小结

本章从营销战略管理的角度系统阐述市场细分、目标市场选择、市场定位的营销价值；强调选择细分变量的重要性，提出市场细分策划与执行技术；强调目标市场的限定条件及其覆盖方式，说明目标市场运营策略，提出目标市场策划与执行技术；强调市场定位模式，提出市场定位策划与执行技术。

■ 市场细分实际上是在一个异质市场上辨别具有不同欲望和需求的消费者群，并将其划分为若干相对的同质市场的过程，它有利于企业资源的集中调配，使其充分发挥效用。市场细分策划与执行主要说明如何寻找到合适的细分变量，运用其细化市场。

■ 在市场细分的基础上，有针对性地选择一定的消费者群，并对此投入资源（人、财、物）开展营销活动，这一消费群体称为目标市场。目标市场策划与执行集中体现强势企业和弱势企业在目标市场选择方面的差别。

■ 市场定位即企业在目标市场中设法通过自己的产品寻找到比竞争对手更多的优势，从而确定竞争位置。市场定位策划与执行集中体现在零售企业与制造企业在市场定位方面的不同。

【本章研习：市场细分与目标市场选择技术】

研习目标：通过学习、训练，能够找到相对准确的变量，细化市场，由此选择产品目标市场。

研习内容：在牙膏、香烟、自行车三类产品中任选其一，在市场调查的基础上确定4～6个变量，运用系列变数法进行市场细分，对比分析之后推断出目标市场。

研习检测：满分10分

市场调查，寻找细分变量（4分）；运用系列变数法设计市场细分图（3分）；确定目标市场且陈述成因（3分）。

【本章研习：市场定位技术】

研习目标：通过学习、训练，理解市场定位的现实作用，掌握市场定位的原理与方法，提高市场定位策划与执行技术。

研习内容：

（1）市场调查。以 5 ~6 人为一个训练小组，选择两种碳酸饮料（或两种方便面）作为研究对象，开展市场定位的调查。建议采用直接调查和间接调查相结合的形式：直接调查采取定点访问的方式，选择 20 个碳酸饮料的销售点，在每个点相隔适当的距离散布排列访问人员，每个访问员至少访问 10 个样本，应当保证直接调查样本数 400 个。间接调查即通过各种传播媒介的介绍、报道收集企业相关资料；通过企业广告宣传收集产品相关资料；通过网络收集对产品的舆论看法。调查结果由教师指定的专门人员进行信息处理，将信息统计结果反馈给学生，供学生研究之用。

市场调查内容提示：两种碳酸饮料的企业背景；产品品质特征；产品销售状况（用户满意度）；产品目标市场；产品市场定位过程；产品市场定位方法和策略。

（2）小组讨论。以小组为单位讨论调查结果，站在企业角度研究两种碳酸饮料市场定位是否显示出独特的竞争优势；站在消费者角度研究两种碳酸饮料的市场定位成功之处与不足之处。

（3）提交研究报告。报告内容提示：产品及其企业简介；产品市场定位过程，所采用的方法与策略；产品市场定位成功之处与不足之处；产品市场定位策划与执行的建设性意见。

（4）交流研习成果。陈述市场调查过程，展示研习成果，分析比较两种碳酸饮料的竞争手段。

研习检测：满分 10 分

两种碳酸饮料市场定位调查（4 分）；两种碳酸饮料市场定位研究报告（4 分）；对比分析两种碳酸饮料的竞争手段（2 分）。

8　产品策划与执行

本章教学目标

■ 深刻理解产品整体概念，熟悉产品营销分类方法，掌握产品组合原理

■ 熟悉产品运营模式，掌握产品生命周期各阶段的运营策略

■ 深刻理解企业研究产品生命周期的营销价值

■ 掌握产品品牌、产品包装、产品仿效、新产品研发、推广策划与执行技术

8.1　产品概述

8.1.1　产品整体

依据现代营销观点，产品即一切能够满足消费者某种利益和欲望的物质产品和非物质形态的服务。简言之，产品 = 有形物品 + 无形服务。有形物品包括产品实体及其品质、特色（如色泽、味道等）、款式、品牌和包装；无形服务即可以为消费者带来附加利益和心理上的满足感及信任感的售中及售后服务、保证、产品形象和销售者声誉等，这即是“产品整体概念”。

产品整体由三个基本层次组成。

8.1.1.1　核心产品

核心产品即产品整体概念中最基本和最实质的层次，是指产品为顾客提供的基本效用和利益，是顾客需求的中心内容。用户购买某种产品并不是为了得到产品实体本身，而是为了满足某种特定的需求，如，人们购买电冰箱，并不是为了得到内有压缩机和冷冻、冷藏室的大铁箱，而是为了通过冰箱的制冷功能使食物储藏保鲜，方便日常生活。用户之所以愿意支付一定的货币购买产品，首先就在于产品的基本效用，拥有它能够从中获得某种利益或满足某种欲望。

8.1.1.2　形式产品

形式产品即核心产品所展示的全部外部特征，是指呈现在市场上的产品的具体形态或外在表现形式，主要包括产品的款式、质量、特色、品牌和包装等。具有相同效用的产品，其表现形态可能有较大的差别，用户购买某种产品，除了要

求该产品具备某些基本功能，能提供某种核心利益外，还要考虑产品的品质、造型、款式、颜色以及品牌声誉等多种因素。因此，不同的产品形式能够满足同类用户的不同要求，企业进行产品设计时，除了要重视用户所追求的核心利益外，也要重视如何以独特形式将这种利益呈现给目标用户。

8.1.1.3 延伸产品

延伸产品即用户因购买产品所得到的全部附加服务与利益，包括保证、咨询、送货、安装和维修等，这是产品的延伸或附加，它能够为用户带来更多的利益和更大的满足。随着科学技术的进步以及企业生产和管理水平的提高，不同企业提供的同类产品在实质和形式层次上越来越接近，而延伸产品在企业市场营销中的重要性日益突出，逐渐成为决定企业竞争能力高低的关键因素。

产品整体的三个基本层次中，每一层都包含着具体内容，这些内容构成产品整体的要素。尽管不同用户对产品的具体要求不同，但企业向市场提供的产品同样包括下列要素：

（1）性能。主要是指产品的功能和效率。性能的差异是构成产品差异的基础，是满足消费者需求的首要因素。

（2）质量。质量水平是衡量产品使用价值大小的主要标志，其内容包括易损坏程度和使用寿命等。衡量产品质量没有绝对标准，一般与价格联系起来考虑，低价格产品就达不到高价格产品的质量标准。

（3）体积和重量。产品的体积和重量各异，其目的是便于用户使用、保管和携带。

（4）标准。标准是指产品生产的技术指标。现行的产品标准分为企业标准、部门标准、国家标准和国际标准四种类型。

（5）容差。容差是指工业品容许的差度。容差的大小由产品的性质和目标用户的要求确定。

（6）测量单位。衡量产品的质量、面积、体积、重量或长度等要有一定的单位，过去用的主要是公制、市制和英美制，现在国家规定统一使用国际单位。

（7）式样、色彩、口味。受地理环境、生活习惯和传统文化的影响，不同国家地区的消费者对产品的式样、色彩、口味等有不同的爱好，在产品设计时必须考虑这些因素。

（8）商标。商标是区别于不同生产者和经营者的产品特性的标志，设计时要考虑到便于识别。

（9）包装与装潢，即对商品的实体具有保存和屏障作用。应根据目标用户的要求设计，以满足消费需求。

（10）使用说明和保证。产品使用说明书主要向用户介绍产品的性能、结构、使用方法、养护知识、出厂日期、保质日期和注意事项，因而必须全面、清楚、易懂。保证是企业对用户购买产品时的许诺，如“三包”、“三保”等，它能增强顾客的安全感和信任感。

（11）服务。服务主要是指售后服务，如运送、安装和维修等。企业在策划产品时，应充分考虑用户对产品要素的具体要求，满足用户需求。

随着市场经济的发展，还有一些要素更加重要，如企业信誉、交货期限和结算方式等。

8.1.2 产品类型

8.1.2.1 根据产品之间销售关系进行产品分类

如果站在供应商的角度看待产品，则根据产品之间的销售关系，可以将产品划分为四类。

（1）独立品：是指一种产品的销售状况不受其他产品销售变化的影响，即产品之间不存在任何因果关系。

（2）互补品：是指两种产品的销售互为补充品，即一种产品的销售量的增加，必然会引起另一种产品销售量的增加，反之亦然。在经济学中对互补品的判断通常是根据交叉弹性系数的正负号进行的。交叉弹性表示一种产品的需求量对另一种产品价格变化的反应程度。一般来讲，当交叉弹性系数为负值，即一种产品价格的降低（销售量增加）会引起另一种产品需求量（亦即销售量）的增加（如汽车和汽油），两种产品之间是互补关系。

（3）条件品：是指一种产品的购买以另一种产品的前期购买为条件。在这种情况下，只有那些曾购买过某种产品的购买者才会成为另一种相关产品的潜在购买者。如某人要想购买计算机软件，他必须先前购买了计算机硬件。在这里，两种产品之间存在单向因果关系。

（4）替代品：是指两种产品之间存在相互竞争的销售关系，即一种产品销售量的增加会减少另一种产品的潜在销售量，反之亦然。替代品与互补品是相互对立的概念。对替代品的判断也可以根据交叉弹性系数的正负号进行。当交叉弹性系数为正值时，即一种产品价格的提高（销售量减少）会引起另一种产品需求量的增加，这时两种产品是替代品。

8.1.2.2 根据消费产品过程的形态和方式进行产品分类

如果站在需求者的角度看待产品，则首先辨别需求的市场背景，再区分产品类型。

首先根据消费产品过程的形态和方式分类，消费用品划分为三类。

（1）耐用品：属于有形产品，是消费者需要通过较长时间或多次使用与消费才能实现全部产品利益的有形产品部分。如电冰箱、电脑、服装、机床和住宅等。经营耐用品通常要注重考虑其长时间或多次使用的特点，较多地采用人员推销和服务的形式。如提供产品使用方法及维护知识，提供可信的维护服务与品质担保等，从而使消费者的全部产品利益得以完整实现。

（2）非耐用品：也称易耗品，是有形产品中消费者通过一次或多次使用或消费即可实现全部产品利益的部分，如牙膏、调味品和化妆品等。由于这类产品使用时间短，购买频率高，因此，营销人员在设计制造上应注重一次性或短期内使用效果，不需要过多考虑产品的耐用问题；在销售上注重消费购买的便利性，在尽量多的消费者经常光顾的地点提供此类产品；大力开展广告宣传活动，以引导消费者优先购买和使用本企业的产品。

（3）服务：是无形产品，它本是指为满足消费者的某种欲望或需求而出售的活动、利益或满足，如理发、修理或旅游等。服务这种产品是无形的、不可分的、易变的，具有时间性的。因此，一般来说，它需要营销人员提供更多的质量控制、信誉以及适用性。

8.1.2.3 根据消费者购买习惯进行产品分类

根据消费者的购买习惯，将消费用品划分为四类。

（1）便利品：是指顾客经常购买或即刻购买，且希望花费最少的时间和精力获得的消费品，如香烟、杂志、报纸等。便利品都是非耐用品，且多为消费者日常生活必需品，因而经营便利品的零售商店一般都分散设置在居民住宅区、街头巷尾、车站、码头、工作地点和公路两旁，以便消费者随时随地购买。一般来说，消费者在购买便利品前，对其品牌、价格、质量和出售地点等都很熟悉，因此，大多数便利品只用较少时间和精力去购买。

（2）选购品：是指消费者在购买过程中，对产品的适用性、质量、价格及式样等方面作有针对性比较和选择的产品，如家具、保健器具和服装等。由于选购品挑选性强，所以消费者有必要和可能花费较多的时间和精力选择合适的物品。

选购品可以划分为同质品和异质品。同质选购品的质量相似，但价格却明显不同，因此必须“价”比三家以作选择；在选择异质产品时，其特色和价格更重要，要“货”比三家，以作最佳选择。

（3）特殊品：是指具有独特性和品牌标记的产品。一般来说，绝大多数购买者习惯上愿意为购买到这类产品而付出更多的时间和精力。这类产品通常包括特殊品牌和造型的奢侈品、供收藏的特殊邮票和钱币、名牌男装、高保真元器件和摄影器件等。通常，消费者在购买前对特殊品的特点、品牌等均有充分的认识，且他们只愿购买特定品牌的某种特殊品，而对其他品牌不感兴趣。

（4）非渴求品：是指消费者未曾听说过或即使知道也无意购买的产品。非渴求品的特性决定了企业必须加强广告、推销工作，使消费者对这些产品有所了解并产生兴趣，千方百计吸引潜在用户，扩大销售。

8.1.2.4 根据产业用品进入生产过程形式进行产品分类

根据产业用品进入生产过程的形式及其与生产成本之间关系，产品划分为三类。

（1）材料和部件：是指完全要转化为制造商所生产的成品的那类产品，细化成两大类型：原材料、半制成品和部件。

原材料包括两大系列：农产品，如小麦、棉花、家畜、水果和蔬菜；天然产品，如鱼、木材、原油和铁矿砂。这两大系列产品的销售方式有近似之处。

农产品由许多小的生产者提供，他们将这些产品卖给销售中间商，这些中间商对农产品进行集中、分级、储存、运输和销售服务。农产品具有易腐性、季节性，短期内产量不易扩大，只能在长时期内有所扩大。对于农产品需要采用特殊的营销措施，它只需较少的广告宣传和促销活动，促进人们对它的消费，有些生产商还给其产品标上专有品牌名称，如盘锦大米、大兴西瓜等。

天然产品的供应是非常有限的。这些产品一般体积大、单位价值低，并且需要通过大量的运输过程，把它们从生产者手中转移到使用者手中。少数规模较大的生产商希望把天然产品直接售给工业用户。因为这些用户依赖于天然产品，所以它们与供应商之间普遍采用长期合同制。天然产品的同质性意味着价格因素和交货可靠性是影响人们选择供应商的主要因素。

半制成品和部件可以用构成材料（如铁、棉纱、水泥、金属线材）与构成部件（如小马达、车胎、铸件）加以说明。

构成材料通常需要进一步加工。例如，把生铁加工成钢材，把棉纱织成布。构成材料标准化的性质，意味着价格和供应商的可信度是最重要的购买因素。构成部件往往无法加工，而直接成为最终产品的一部分，如小马达可直接装入真空吸尘器，车胎可直接安装到汽车上。大部分半制成品和部件是直接售给工业用户的，一般提前一年或在更早些时候即开始预订。对材料和部件的营销主要考虑的因素是价格和服务，品牌和广告即不那么重要了。

（2）资本项目：是指部分地进入成品中的商品，包括装备和附属设备两个部分。

装备包括建筑物（如厂房和办公室）与固定设备（如发电机、钻床、计算机、电梯）。装备属于主要购置物，用户通常直接从制造商那里购买此类产品。该产品的销售特点是，售前需要经过长时期的谈判，制造商需使用一流的销售队伍，其中常常包括销售工程师。制造商不得不设计各种规格的产品和提供售后服务。对装备的营销，广告是需要的，但远不如人员推销那样重要。

附属设备包括轻型制造设备和工具（如手用工具、起重卡车）以及办公设备（如打字机、办公桌）。这种设备不会成为最终产品的组成部分，它们在生产过程中仅仅起辅助作用。它们比装备的使用寿命短，但是比作业用品的使用寿命长。尽管有些生产附属设备的厂家将产品直接销售给用户，但是大部分厂家还需利用中间商，这是因为市场的地理位置分散，用户众多，订购数量少。质量、特色、价格和服务是用户选择中间商时所要考虑的主要因素。对附属设备的营销，虽然可以有效地利用广告，但是人员推销比广告重要得多。

（3）供应品和业务服务：是指短寿命的商品和服务项目，它们促进最终产品的开发和管理。

供应品可以分为两类：操作用品（如润滑油、煤、打字纸、铅笔）和维修用品（油漆、钉子、扫帚）。供应品相当于工业领域内的方便品，一般来说，购买这些物品十分容易，直接采购即可。由于用户人数众多，区域分散，且这些产品的单价低，所以一般都是通过中间商销售。由于供应品是十足的标准品，用户对它无强烈的品牌偏好，因此价格因素和服务是要考虑的重要因素。

业务服务包括维修或修理服务（如清洗门窗、修理打字机）和商业咨询服务（如法律咨询、管理咨询、做广告）。维修或修理服务通常以订立合同的形式提供。维修服务一般由小型单位提供，而修理服务一般由生产该设备的制造商提供，工业用户根据供应商的声誉和人员素质来选择业务服务项目。

8.1.3　产品组合

一个企业生产经营的产品往往不止一种，这些产品作为企业利益的物质承担者，在市场上相对地位各异、重要程度不同。企业需要根据自身实力和市场需求选择生产经营的产品品类和品种，明确各项产品的组合关系。

8.1.3.1　产品组合及其关联范畴

产品组合，是指企业生产或经营的全部产品的有机构成方式，或者说是企业生产经营的全部产品的结构。产品组合一般是由若干条产品线组成的，每条产品线又是由若干个产品项目构成的。

产品线即产品品类，是指密切相关的满足同类需求的一组产品。

产品项目即产品品种，是指因性能、规格、商标及款式等不同而区别于企业其他产品的任何产品，也就是在企业产品目录上列出的每一个产品单项。例如，某摄影公司经营照相机、摄影器材和冲洗药品等，其中，照相机是一条产品线或一个产品品类，在这个品类中，佳能 DF 相机便是产品项目。

产品组合一般通过产品的宽度、长度、深度和密度（关联度）得以体现。

宽度、长度、深度和密度堪称产品组合的四要素，也称为产品组合的四“度”理论。产品组合的宽度，是指企业所拥有的产品线的数量；产品组合的长度，是指企业各条产品线所包含的产品项目的总数；产品组合的深度，是指产品线中每种产品品牌有多少花色品种和规格；产品组合的密度，也称为产品组合的关联度，是指各产品线的产品在生产条件、最终用途、分销渠道或其他方面相互关联的紧密程度。

产品组合四要素对于营销策划具有重要意义：增加产品组合的宽度，可以充分利用企业各项资源优势，扩大经营范围，提高获利程度，分散企业的投资风险；增加产品组合的长度，可以使产品线的内容更加丰富充裕，并且赋予产品项目之间调整补充的机会；增加产品组合的深度，可以使每项产品尽其特色，满足不同的消费需求，最大限度地占领市场；增加产品组合的密度，可以固化企业在目标市场的竞争位置，成就企业的营销信誉。

8.1.3.2 产品组合方式

产品组合是企业营销决策的基础，一旦产品组合确定，企业产、供、销等各方面的工作基本就绪。产品组合并不是越宽、越深越好。产品组合宽且深要求企业必须拥有足够的资金储备；具有生产、技术和管理方面的人才；具有丰富的营销经验和营销管理水平。否则，企业产品品类、品种居多，生产成本上升，若不善经营管理，效益反而下降。因此，企业要在洞察市场需求、判断竞争态势、分析外部环境、结合自身实力和瞄准经营目标的基础，确定产品的组合方式。

（1）全面化组合，即企业着眼于向消费者提供所需要的一切产品，尽可能地增加产品组合的宽度和深度。企业可以根据自身内部条件，考虑产品组合的关联性，如美国奇异电气公司产品线很多，其产品都与电气有关；企业也可以不受产品之间关联性的约束，如某钢铁公司不仅生产钢铁，还生产耐火材料和工艺品等。

（2）市场专门化组合，即企业以某个专门市场为服务对象，为该市场提供所需的各类产品，不考虑产品组合的关联度，如某企业专门向妇女提供其所需的服装、饰品、化妆品和保健品等。

（3）产品专门化组合，即企业只生产某一大类产品，满足不同消费者的需求。该组合方式具有行业化的特点。产品组合的长度和宽度各异，但是产品的关联度比较高，如服装厂和食品厂的产品专门化组合。

（4）有限产品组合，即企业只生产某一类产品中的一部分产品，以满足有限的市场需求。这类组合的宽度有限，有利于企业发挥自身的营销优势，树立企业及其产品形象，提高产品在某一特定领域内的市场占有率，如某制药企业只生产经营某几种常用药品。

（5）特殊专业性产品组合，即企业凭借所拥有的特殊技术和生产条件，提供满足某些特殊需求的产品，如某厂专门生产和提供残疾人使用的假肢、轮椅和康复器械等产品。

（6）单一产品组合，即企业只生产一种或为数有限的几种产品，适应和满足单一的市场需求。这种组合产品线简化，生产过程简单，能大批量生产，劳动生产效率较高，产品技术易于精益求精，产品质量比较稳定，且产品成本较低，销售费用相对节省。

8.1.3.3 产品组合策略

产品组合策略，即企业根据自身条件和市场需求在产品组合的宽度、长度、深度和密度方面进行调整的方法与手段。

（1）产品组合扩展策略。扩展产品组合通常包括扩大产品组合的宽度和延展产品组合的长度，即在原有产品组合的基础上增加新的产品线和产品项目。一般来说，企业扩展产品组合有两种途径。

①增加产品线长度。有三种方法可供选择：

一是向下扩充，即企业突破专营高档产品的范围，增加一些低档次的产品项目。该方法的适用背景：其一，企业原有的高档产品在市场中遭遇竞争威胁，销售增长率下降；其二，企业原有的高档产品已在市场上树立质量形象，建立品牌信誉，试图以中低档产品吸引用户，占领空白市场，扩大市场份额。该方法的使用有其局限性，即可能损害高档产品的质量形象，使原有高档品的市场占有份额相对缩小；引起竞争者反击，并遭到经销商拒绝。

二是向上扩充，即企业跳出专营低档产品的范畴，增加高档产品供应，跨入高档品的消费领域。该方法的适用背景：其一，企业试图以高档产品重塑企业形象，提高产品的单位利润水平；其二，企业试图使产品的品种和品类更加齐全，能够满足不同档次的消费需求，占据市场竞争的有利位置。该方法的使用有其局限性，即可能引起竞争者借此机会抢占低档产品市场，从而发起竞争反击；用户习惯于企业产品的市场，从而怀疑企业的生产能力，原有经销商缺乏推广高档品的经验，在分销产品时合作不力。

三是双向扩充，即企业跳出生产经营中档产品的范围，同时向高档产品和低档产品领域涉足。这种方法可以使企业最大限度地调配资源，充分发挥生产经营的潜力，同时巩固竞争位置，成为该类产品的市场主导者。然而，这种方法是否可行，必须从企业的实际情况出发，否则，生产经营“战线”过长，会导致多而不精、大而不强的营销局面。

②产品线填充，即企业在现有的产品线范围内增加一些产品项目。该方法的适用背景：其一，增加获利途径；其二，充分运用过剩的生产经营能力；其三，

增强竞争实力，调整因产品线内容不足而与中间商合作过程中的被动局面；其四，填充市场空隙，尽可能地满足各种消费需求；其五，试图以产品线完整的产品项目为依托而取得该产品的市场供给的主动权。该方法的使用有其局限性，即产品线中的产品项目过多会造成新旧产品项目之间的不协调，用户选购产品之时感觉不到其间的明显差异，难以作出购买决策，因此，企业过度填充产品项目会导致产品品种、品目为争取用户而相互抵消。

（2）产品组合缩减策略，即在原有产品组合的基础上收缩产品线，减少产品项目。该方法的适用背景：其一，市场萧条、前景暗淡、需求低迷之时，或行业危机、原材料供应紧张之时，缩减产品组合反而使总利润水平上升；其二，伴随着产品组合的扩展，企业各项营销费用支出增加，倘若营销管理过程中成本费用控制不到位，最终将抵消收益。此时，须对产品组合的扩大和填充进行遏制，放弃那些得不偿失的产品，缩减产品线，减少产品项目，以便企业集中资源，开发获利多的产品品类和品种。

（3）产品组合创新策略，即将现代科学技术运用到产品线扩大和产品项目填充的过程中，对现有的产品品类和品种实施创新。该方法的适用背景：有时企业产品组合的宽度和长度都比较合适，但是产品的技术性能和营销执行方式已明显落后于消费趋势，简陋的功能和残缺的外观使产品在市场上缺乏竞争实力，在用户面前魅力殆尽。因此，企业必须尽快更新产品线及其产品项目，实现产品组合的现代化，以赶上市场的前进步伐，掌握科学技术的发展规律，把握消费变动趋势，引领需求、创造需求。

（4）产品组合卖点策略，即在每条产品线中推出数个具有特色的产品项目，引起轰动效应，吸引消费，满足特殊需求。企业一般以价格为卖点策划产品特色，以低档廉价品招徕用户，以高档名牌产品建立声誉。该方法的适用背景：当同类企业的产品组合基本相同、市场竞争异常激烈之时，具有独特卖点的产品能够脱颖而出，显示与其他产品的区别，迅速打开市场局面，主动获取竞争位置。

8.2 产品运营模式

8.2.1 产品生命周期的一般形式与特例

产品生命周期是指产品从完成试制到投放市场开始，最后被淘汰退出市场为止所运营的全过程。这一过程用一条曲线表示，即产品生命周期曲线（见图8-1），称之为产品生命周期一般形式。

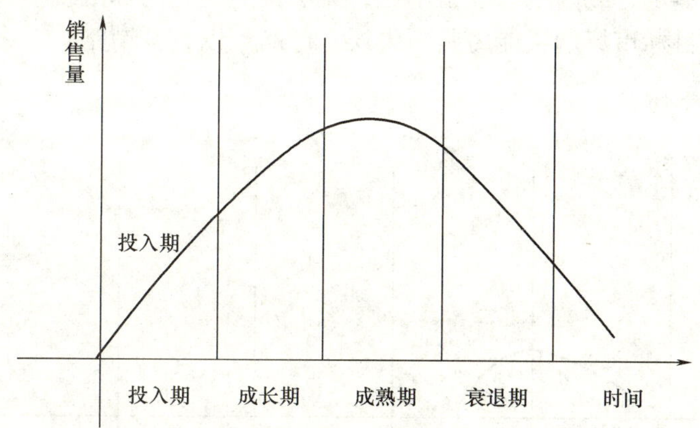

图 8－1 产品生命周期一般形式

典型的产品生命周期包括四个阶段：投入期、成长期、成熟期和衰退期。将试制成功的新产品投放市场就形成了产品生命周期的起始阶段——投入期。这一阶段，企业大多是在较小的范围内确定销售对象，产品的销售量很小，生产相同产品的竞争企业也相对较少。产品在起始阶段的试销取得成功之后，就进入生命周期的第二阶段——成长期。这一阶段，产品销售量激增，销售范围扩大到投入期阶段用户周围的所有领域；企业由于批量生产，产品成本逐步降低，利润迅速增长，竞争者看到有利可图，纷纷向这一领域注入资本，生产相同或类似产品的企业迅速增加，使产品市场价格下降，供应商之间的竞争加剧。由于诸多企业的蜂拥而至，市场需求出现相对饱和状态，产品进入生命周期的第三阶段——成熟期。这一阶段，企业产品销售量达到顶峰，虽然有所增长，但是速度及为缓慢；利润总额虽高，但其增长率逐渐降低；实力相当的企业瓜分市场份额，其间竞争十分激烈。竞争的结果使诸多产品遭遇市场淘汰，产品进入更新换代阶段——衰退期。这一阶段，产品的销售量和利润急剧下降，企业的生产能力日趋过剩，企业间的竞争主要表现为产品价格之争；新型产品进入市场，逐渐替代已有产品的市场位置。

然而，并不是每一种产品都能够完整、顺利地走过生命周期的四个阶段，产品在实际执行过程中，受到外部环境和内部条件的影响，常常不能按照一般的演变程序规范行进，而出现“变异”现象，称之为产品生命周期的特例。

特例一，夭折。产品进入市场不久，无法跨越投入期的障碍，被迫停产退出市场，成为短命产品（见图 8－2）。据有关专家统计，80%～95%的产品在投入阶段遭遇夭折的命运。造成产品夭折的原因，或是由于产品设计的结构或造型有重大缺陷，其产品性能不能满足用户的需求；或是生产过程的组织失效，没有经过严格的技术鉴定；或因工艺准备不足，无法按照既定的标准规模生产；或因产品定价过高，目标市场购买能力判断失误，产品难以打开销路。

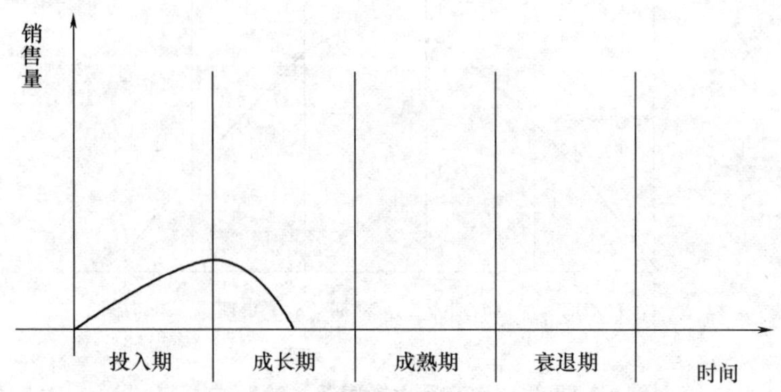

图 8-2　产品生命周期的夭折形式

特例二，难产。产品在投入阶段销售量高低起伏、徘徊不定，迟迟未出现大幅度上升的迹象，几经波折，在经过漫长的投入期之后，缓慢过渡到成长阶段（见图 8-3）。造成产品难产的原因，或是由于产品在投入阶段就遭遇到强有力的竞争对手；或是由于产品基本功能方面有违市场需求，需要不断改进与调整；或是由于产品宣传推广不到位，致使消费者对产品缺乏认同度，没有形成消费潮流。

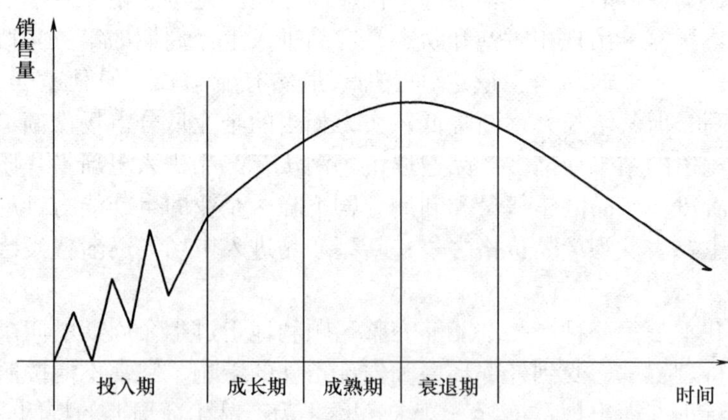

图 8-3　产品生命周期的难产形式

特例三，未老先衰。产品顺利通过投入阶段进入成长期，但是没有足够长的成熟阶段立即进入了衰退（见图 8-4）。造成产品未老先衰的原因，或是由于成长期产品品牌的塑造与养护力度不够，从而在成熟阶段出现品牌竞争的“软肋”；或是成熟期的市场竞争异常残酷激烈；或是成熟阶段产品促销策略不利。

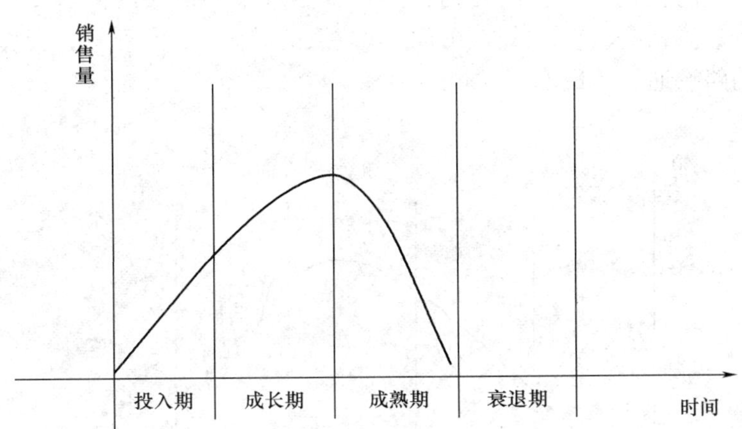

图 8－4 产品生命周期的未老先衰形式

特例四，苟延残喘。产品进入衰退阶段，其销售收入减少，利润急剧下降，甚至出现亏损。然而，企业产品的更新换代滞后，已经研发的新产品还未步入商品化进程，企业迫不得已继续生产已过时的衰退产品，满足市场上残存的消费需求，期待新产品的迅速成长（见图 8－5）。

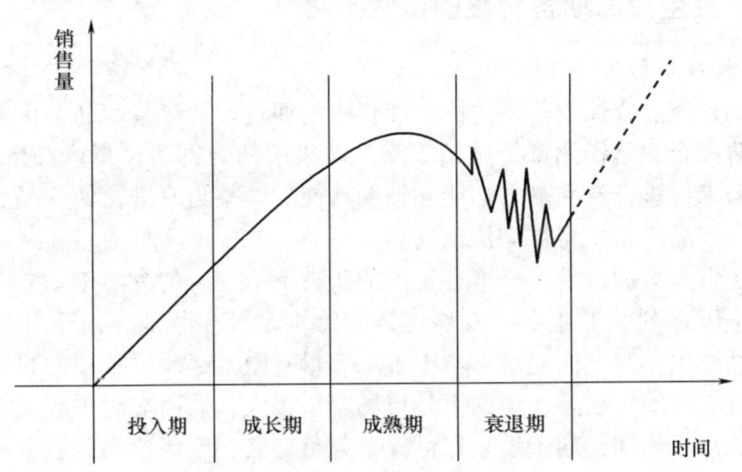

图 8－5 产品生命周期的苟延残喘形式

特例五，起死回生。绝大多数产品的销售量达到顶峰以后，进入衰退阶段，其销量迅速下滑、利润急剧萎缩。然而，一些产品的销售量却出现回升，重新增长，呈现出成长时期的销售特征（见图8-6）。造成产品销量回升的原因，或是由于市场环境的变化，不可抗力的自然因素导致某些产品的需求数量短时间激增，而供货数量相应短缺；或是由于宏观政策的导向，致使某些产品重新确立目标市场，销路畅通、销量飙升。

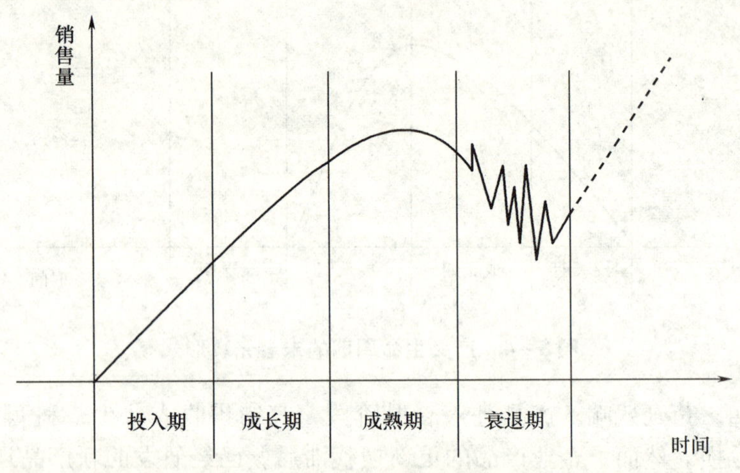

图8-6 产品生命周期的起死回生形式

8.2.2 产品生命周期各阶段的运营策略

8.2.2.1 投入期的试销策略

投入期是产品成长的关键阶段，能否顺利通过，意味着产品的市场前景的好坏。这一阶段企业营销侧重于试销策略，即集中精力密切注意产品的销售动向，直面市场需求，进行产品基本功能和辅助功能的调整与改进，使产品更加适销对路。否则，产品夭折，将被淘汰出局。

第二次世界大战以后，日本在美国的扶持下从战争的废墟中站立起来，步入世界经济强国之列，工业生产发展迅速，特别是钟表行业，由于开创了石英科技，新产品层出不穷。然而日本本土市场容量有限，必须寻找新的目标市场。经过市场调查，日本人获悉，美国手表市场容量很大，然而瑞士手表是美国市场的主要货源。众所周知，瑞士手表在世界上久负盛名，质优价高，经久不衰；日本以微型电池驱动的石英表与瑞士机械表在美国市场上进行抗衡，其结果难以料定。恰逢此时，日本经济情报中心得到一份美国手表市场消费状况的资料（见表8-1）。

表 8-1 美国手表市场消费状况

消费者占比＼消费需求	质量需求	价格需求	外观需求
23% 消费者	计时基本准确，耐用	价格便宜	一般
46% 消费者	计时基本准确，耐用	价格适中	美观
31% 消费者	要求计时精确	价格从略	精致豪华

参照其他途径得到的信息，日本人发现，瑞士手表业的制造商和美国手表业的中间商惯于把产品聚焦于 30% 的消费者，重点经营单位利润较高的名牌优质手表，由此，近 70% 的消费者只是“跟从消费”，被动适应高消费的潮流，其需求动机并没有真正得到满足。当这一结论明确之后，日本人断定美国手表市场有营销机会，于是见缝插针，以寿命更长、精确度更高的石英手表进军美国市场。然而，第一代石英表并没有急于问鼎美国市场，而是在东南亚市场广泛试销，待获取消费信息反馈之后，对产品进行改进和修正，寻找适当时机将石英表打入美国市场，其得到年轻人的认同，进而风靡整个世界。

8.2.2.2 成长期的质优策略

成长期市场需求量快速增长，企业需要集聚生产能量，不断提升产品销售量，以应对膨胀的消费欲望和需求。这一阶段企业营销侧重于保持产品质量的连续性，坚持质量管理和质量监督，以质量成就产品品牌，从而奠定品牌竞争的基础。这是市场需求处于不饱和状态下产品销量得以稳步上升的根本保证，也是企业赢利率得以持续增长的决定性因素。否则，产品无法在成熟阶段进行强有力的品牌竞争。

曾几何时，数名从服装学院毕业不久的年轻人成立了一家服装公司，取名半日时装公司，前店后厂专门生产经营女士裙装。凭借着扎实的专业功底和宽泛的视野，他们准确把握了消费趋势和消费潮流；凭借年轻的胆识和敏感的悟性，他们抓住了裙装的需求心理与行为特征。正值夏季，产品一经投放市场，立即引起轰动效应，人们为产品时尚的款式所吸引，为其合理的性价比所折服，为其花样翻新的品种所惊叹，争相抢购，形成消费热潮，产品顺利进入成长阶段。然而，这家服装公司的生产能力有限，其生产能量的积聚滞后于消费需求的激发，市场供应持续断档，产品脱销，利益的驱动使公司急于应对旺盛的需求，一方面督促生产车间加班加点赶制产品；另一方面采取委托加工的办法，请其他生产厂家赶制产品，但忽视了产品质量的监督和管理，错过了品牌塑造的有利时机，产品设计风格被竞争对手所吸纳、模仿；营销理念和方法被同行借鉴、采用，至此，该公司仍然没有意识到强化产品质量、维护产品形象、控制营销节奏的重要性，销售终端退换货现象时有发生，在竞争角逐的挤压下，半日时装还没有进入成熟阶段就退出了市场，可谓轰轰烈烈地兴起，悄然无息地衰败。

8.2.2.3 成熟期的差别策略

在成熟期，生产同类产品的企业之间展开激烈的竞争，各自拥有成功产品品牌，占据相对稳定的市场位置，把持相应的市场份额。这一阶段企业营销侧重于产品基本功能，尤其是辅助功能的改进和完善、产品品种的调整与补充，与同类产品相区别，进一步吸引消费需求，运用促销策略展开产品的宣传与推广，实现产品的市场渗透。否则，企业处于营销劣势，在同业竞争对手的挤压下，产品会提前进入衰退阶段。

香港一家小型制酒企业看到市场上啤酒十分走俏，立即上马两条啤酒生产线：瓶装啤酒生产线的产品有600毫升、450毫升和350毫升三个品种；罐装啤酒生产线的产品有400毫升、300毫升和250毫升三个品种。产品一经投放市场，其销售量一直处于上升状态，收益十分可观。然而好景不长，产品到达成熟期以后，其销售范围越来越小，销售量呈现持平状态且有下降趋势。究其原因，经过市场调查，他们了解到：其一，个体消费者主要购买瓶装啤酒，尤其是在举行小型家宴时偏爱于瓶装大容量、简包装的啤酒，饭店、餐馆则倾向于购买罐装小容量、精包装的啤酒。而该企业的两条啤酒生产线却是罐装啤酒容量大、瓶装啤酒容量小，显然与消费需求不相符，而且两种产品皆由于包装容器选择不当，增加了产品成本，降低了产品价格竞争的能力。其二，随着生活质量的提高，人们对啤酒的保鲜度愈加关注，啤酒装在封闭的罐子里，顾客购买之时往往对其质量持有疑问，尤其是光顾饭店、餐馆的顾客挑选罐装啤酒倾向于大企业的品牌而忽视小企业的品牌。显而易见，大企业的啤酒依托其相对较高的信誉度和美誉度易被顾客接受，具有稳定的市场份额；小企业的啤酒品牌吸引力不足，易被顾客拒绝。其三，人们的饮食结构逐渐变化，就青年人而言，进食西餐是一种时尚，西餐需要洋酒佐餐，因此，市场上高档洋酒的需求量越来越大。而该企业只有两条啤酒生产线，且产品品种单一，目标市场相对狭小，竞争风险系数较大。几经论证，该企业重新做出决策：调整产品组合、扩充产品项目，适应市场需求的变化，增加果味啤酒的产品线，代理经营中高档洋酒品牌，使产品品种趋于多样化，由此增强企业的竞争实力。同时，该企业以啤酒的保鲜度为突破口，强调自我产品的卖点，他们采取了相应的措施，把瓶装啤酒改成大容量包装，把罐装啤酒改成小容量包装；在瓶装啤酒包装上面打上生产日期，在罐装啤酒包装上面放一张化学试剂条，请购买者开启啤酒罐之后，利用试剂条自行检验啤酒的保鲜程度，如发现问题，假一罚十，以此表明与同类产品的区别。

8.2.2.4 衰退期的退守策略

多数产品进入衰退期逐渐被消费者遗忘，市场上仅能保存住个别品牌，即便如此，也终将被新产品所替代。衰退期是产品走向消亡的时期，也是产品更新换代的时期。然而，多种因素所致，某些企业产品更新速度缓慢，产品生命周期结构失衡，诸多产品项目集聚衰退阶段，新产品仍然滞留在研发过程，没有完成商品化的蜕变。此时，企业要想摆脱全线崩溃的困境，非但不能撤换已经衰退的产品，还要坚守住市场份额，努力延长老产品的寿命，同时加速新产品的市场化进程，“退、守”兼备，这是企业所有主导产品全部衰退，而新产品不到位的情况下无计可施的权宜之计。

香港某家化妆品公司实力雄厚，资金充裕，技术先进，其产品在市场上一直采用声望价格，企业在行业竞争中长期居于主导者位置。然而，成功的喜悦使企业的决策者疏于营销执行，在激烈的市场竞争中忽视了对产品生命周期的统筹策划，使原来很有前途的企业一度陷入困境，甚至面临再生产断档的危险。从该企业 1991 ~ 1995 年产品生命周期曲线图中可以看到，主导产品 A，B，C 基本都处于衰退阶段，只是各自衰退的程度不同而已。其中，尤以 A 产品衰退的程度最为严重，其次为 B 产品和 C 产品，只有 D 产品处于成熟阶段，支撑着经营局面。此时该企业的新产品尚在创意过程中，短期内不可能全部投放市场、获得效益（见图 8 – 7）。

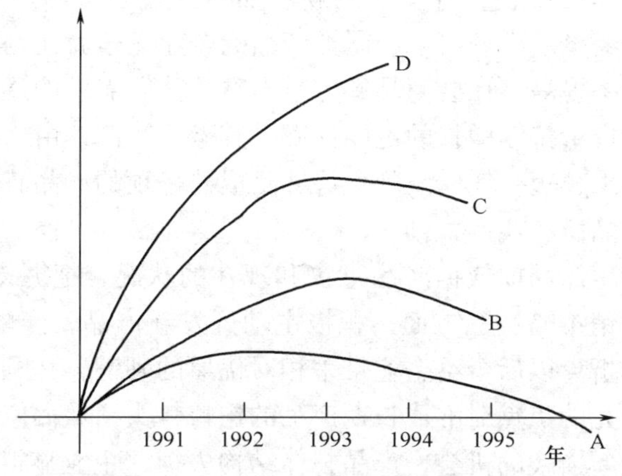

图 8 – 7 化妆品公司主导产品生命周期

倘若不久的将来，D 产品也进入衰退阶段，该公司将失去赢利的物质承担者，陷入营销危机。这家公司被迫作出决策：其一，立即将 A 产品撤离市场，以维护企业的品牌形象。其二，改变 D 产品的包装容器，尽力延长 D 产品在成长期限，以担当企业的赢利重任，并且考虑 D 产品和新产品 E 或 F 的捆绑式销售，以进一步加强 D 产品的促销，同时获得新产品的信息反馈。其三，B 产品和 C 产品采取“借船出海”的策略，与行业中居于劣势竞争地位的企业合作，借用其品牌销售产品，在风险共担、利益分成的前提下抓紧时机降低库存，回笼货币。这样，一方面能够维护产品固有的声望；另一方面尽力将商品资金转化为货币资金，为新产品研发提供财力支撑。而合作企业通过“出租品牌”，在与该公司的合作中体验到品牌营销、品牌管理的经验。如果该公司在A产品刚进入衰退阶段即全力加速新产品E和F的研发与试销，就不至于陷入如此被动的局面。

8.2.3 产品生命周期规律的营销价值

8.2.3.1 产品生命周期反映出产品的运营状态

企业运用产品生命周期图表对现有的产品、市场进行分析和评价，从而确定了现有的产品是否从现有的市场上退出、维持或者扩大；是否在现有的市场上开发新产品；是否开发现有产品的新市场；是否用新产品开发新市场，以达到企业产品组合的统筹规划。

8.2.3.2 产品生命周期呈现产品的运营规律

相对以往，当今产品的市场历程有以下特点：第一，由于企业刻意设置产品的竞争屏障，增加产品的技术附加值，客观上延长了产品开发期；第二，资讯技术发展，信息传递速度加快，各企业的新产品研发过程极易成为公开的商业秘密，因此，产品一经投放市场，生产同类产品的企业竞争就尤为激烈；第三，科技进步、劳动生产率提高，社会商品供应量丰富，消费需求的逐新追异，使企业产品在成长阶段销售量持续增长的可能性微乎其微；第四，由于市场竞争的严酷使产品成熟期限越来越短，凭借品牌优势驻足成熟峰顶的产品犹如昙花一现，很快就会被新兴的产品所替代。

企业研究产品生命周期依据产品过去和现在的状况，把握未来的发展趋势，从而制定相应的营销策略：一方面，积极主动开发新产品，谨防产品供应断档。产品经过成长期转折点以后会给企业带来相对优厚的利润，获利的欲望与动机往往使企业惯于把目光的焦点对准成长期产品的销售势头，从而忽视新产品开发和研制，错过产品更新换代的机会，产品整体结构失衡，企业显得后劲不足；另一方面，积极主动淘汰衰退产品，保证企业的整体形象。随着科学技术的进步，市场上新产品日趋增多，可替代品大量涌现，使同类产品之间竞争异常激烈，企业在产品生命周期的过程中要审视产品的竞争态势，注意撤换衰退的旧品，维护品牌声誉，保持企业活力。

8.2.3.3 以产品生命周期说明产品决策的效应

在正常情况下，企业的各项主导产品应均匀分布在产品生命周期的各个阶段，同时坚持不懈地开发新产品，扩充产品线，填充产品项目，以求再生产过程连续不断地进行。若企业的主导产品均匀分布在成长阶段和成熟阶段，说明该企业目前利率水平较高，但是缺乏后劲；若企业的主导产品均处于投入阶段和成长阶段，说明该企业目前收益状况不十分理想，但是很有发展前途；若企业的主导产品全部位于成熟阶段甚至衰退阶段，说明该企业生产经营已进入险境，需要即刻提出策划方案，调整产品生命周期的进程。

8.3 产品策划与执行技术

8.3.1 产品品牌

(1) 策划要义

产品品牌即企业为自己的产品规定的商品名称，通常以文字、标记、符号、图案和颜色等要素组合而成，用做企业或企业集团的标志，以便同竞争者的产品有所区别。品牌是一个集合的概念，包括品牌名称、品牌标志和品牌商标三个组成部分。

品牌名称是指品牌中可以用语言称谓表达的部分，如可口可乐、皮尔卡丹、耐克等。

品牌标志是指品牌可以被识别、认识，但不能用语言称谓表达的部分，如独特的符号、图案、色彩或字体造型等。

品牌商标是指产品品牌经过政府有关部门的审核，获准注册登记成为商标。商标实行法律管理，企业因此拥有该品牌的专用权，其名称标记均受法律保护，其他任何企业不得仿效使用。

一般而言，展示在公众面前的产品品牌具有丰富的内容。品牌集六项寓意（属性、利益、价值、文化、个性、用户）于一身，其中最持久的当属价值、文化和个性，它们构成了产品品牌的内涵。

品牌是企业的无形资产，在现代市场竞争中发挥着重要的作用。

一是识别作用。产品品牌作为一种识别标志，明确划分出同类产品供应商的优劣，对于维护企业形象、抵御伪劣产品的冒牌行为、保护企业营销的正当合法权益具有重要作用。

二是装饰作用。产品品牌可以美化和修饰产品，在货真价实、功能齐全、造型新颖的产品上冠以精心设计的品牌，可以相对放大产品特色，有效地刺激用户的购买欲望。

三是促销作用。当产品品牌具有知名度以后，产品在市场上就会引起轰动效应，其品牌得到广泛传播，诱导人们竞相购买甚至产生大量盲目购买行为，达到认牌不认物的程度。

四是增值作用。产品品牌一旦在用户心目中建立起良好的形象和信誉，就会相应提高产品的附加价值，甚至品牌的价值会超越产品自身的价值，企业由此获得超额利润。

（2）策划方案

［涉及企业］ 耐克（Nike）公司、锐步（Reebok）公司、阿迪达斯（Adidas）公司

［营销业务］ 运动用品

［背景资料］ 众所周知，耐克、锐步、阿迪达斯三大品牌的产品行销全球，无论哪个国家的“新新人类”都以拥有耐克服饰为荣耀；无论哪项体育赛事、田径场上的“飞人”都无法抗拒锐步跑鞋的诱惑；我国的年轻人惯于把阿迪达斯称为“阿迪”，就如同呼唤一个可以拍肩搭背的兄弟。作为体育运动用品的顶级品牌，耐克、锐步、阿迪达斯闻名于世、深入人心。

耐克品牌创建于1964年，最初由菲利浦·奈特（Phil Knigkt）和比尔·鲍尔曼（Bill Bouerman）各投资500美元成立名为蓝镲带（Blue Ribben Sports）公司，主要从美国的运动鞋市场获取利润。1972年，公司首次在奥林匹克运动会上使用耐克商标；1979年，公司在全球范围内营销耐克品牌的各类体育用品；1980年，公司集资200万美元上市，成立耐克股份有限公司；至20世纪90年代，耐克公司的整体营销已经成熟，总收入达到48亿美元，此后，耐克一直保持着平稳的发展趋势，并逐渐成为世界最知名的品牌之一。

耐克产品在技术上不断创新。1979年，“整套气垫”首次装置于耐克运动鞋中，它是利用一个酯氨酸的密封囊放在鞋底脚掌位置的中后部，作用是改变地面对脚的压力，从而达到减震的效果。2001年，耐克推出了气垫系列的最新产品Butter慢跑鞋。耐克产品主要通过专业商店出售，如授权的专业体育用品商店、品种繁多的大型体育用品商店、专门推广产品最新款式的百货公司、主要从事折扣业务的专业批发商店、主要出售残次品及清仓品的直销批发店和耐克的直销专营店——Nike Town。其中，Nike Town是耐克品牌最主要的营销方式，它几乎包括耐克品牌的所有产品，主要销售耐克品牌最新款式的产品，不仅出售产品，而且介绍耐克的历史、成功的经验以及典型事迹等。在这里，用户可以看到耐克品牌的成长过程，感受耐克与时俱进的精神与活力。

锐步品牌的历史要追溯到1895年，福斯特（J. W. Forster）和他的儿子们利用金属钉设计出世界上第一双专业跑鞋。1958年，福斯特的孙子正式以锐步冠名公司的产品，直至20世纪80年代，锐步产品开始大量向海外市场渗透。

1992 年，锐步从生产休闲用品转变为生产休闲体育用品，设计出专门用于足球、棒球、跑步及其他运动项目的服饰，通过独立销售网和专业分销商行销全球 140 多个国家和地区。锐步品牌经过 40 多年的整合与发展已经取得了显著的成就，借助于科技创新和媒体推动，锐步品牌以休闲、运动用品的鲜明形象尽显风采。

锐步产品拥有多项技术革新成果，其中，DMX2000 系列是锐步近年的杰作，它是关于空气流动技术的革命，由相互连通的 10 个气孔组成，可以调整锐步运动鞋中空气的流动；3D Wtralite 技术使运动鞋的中脚掌和前脚掌相互协调，加强鞋制品的柔韧性，同时减轻重量；Hexalite 是轻便的蜂窝状缓冲器材料，它被放置于鞋受震最为强烈的地方，以起到减震的作用。锐步产品在专业体育用品商店出售，概念商店是锐步品牌极具特色的营销方式，它展示锐步品类繁多的产品，及时推出近期的新产品，甚至出售还未上市的最新产品。

在体育用品市场上，阿迪达斯产品同样拥有多项技术发明和技术创造：把 Traxion 装置放在运动鞋中，可以最大限度地增强地面的摩擦力，而且平衡脚部所承受的压力；Adiprene 是一种新型的防震材料，将它置于运动鞋的后部，可以在伤害性震动发生时对脚掌提供额外的保护。阿迪达斯产品供应范围非常广泛，利用所有的流通渠道出售产品，不仅包括体育用品的专营商店，还包括百货公司和普通商场，以满足中低层消费者的需求，从而占据较大的市场份额。

阿迪达斯品牌于 1928 年在奥运会上首次亮相。此间，阿迪达斯商标被广泛使用；此后，阿迪达斯将颇具特色的彩条加入其中，共同组成了阿迪达斯今天的标志，从那时起，阿迪达斯进入高速发展的时期。作为世界第二大运动器械、运动服装和运动鞋的制造商，阿迪达斯品牌一直具有较高的市场占有率，并且保持着在足球用品市场中的最大份额。

［**方案内容**］纵观耐克、锐步、阿迪达斯三大品牌，其经营过程各具特色。

第一，耐克精耕细作的品牌根植。耐克每年投资上亿美元从事品牌广告宣传活动，其广告遍布电视、电影、专业体育杂志以及网络等传播媒体，宣传费用居行业之首。为了提高品牌的知名度，耐克耗资 520 万美元聘请篮球巨星乔丹（Michael Jordan）出任其形象代言人，借助名人效应在欧洲直至全世界推广产品；为了扩大品牌的影响力，耐克积极出资赞助奥林匹克运动会等大型体育赛事，同时赞助项目从篮球扩展到足球，开展全球性的 NIKEFOOT－BALL 在线游戏活动。耐克足球公司落户北京，为球迷提供了精彩的活动内容，为青少年实现足球梦想提供一切所需条件；为了树立品牌形象，耐克始终支持儿童公益事业和捐助教育事业，其口号“just doit”脍炙人口，广为流传，逐步成为现代人生活方式的准则。耐克运用组合手段全方位进行品牌宣传，将品牌形象根植于人们的心中。在 2000 年全球最有价值的品牌排行中，耐克名列第 30 位，其商标价值已达到 80 亿美元，位居行业之首。

第二，锐步有的放矢的品牌推广。琼斯（Jones）等知名度较高的运动员为其品牌形象的代言人。同时，很多跑步俱乐部以锐步冠名，使锐步的品牌推广日渐深入。在激烈的市场竞争中，锐步经历了进军青少年市场挫折之后，将其品牌推广的重点转向那些受时尚因素影响较小的中老年人用户，在其年度报告中反复强调："对于我们最大的挑战就是明确锐步作为一个品牌到底意味着什么。"2001年，锐步将其广告费支出提高近33%，这一品牌竞争的举措卓有成效，2001年三季度，锐步产品销售额与上年同期相比增长13.1%，达到7.148亿美元。

第三，阿迪达斯百折不挠的品牌维护。阿迪达斯的产品大多定位在中、低价位，相对于耐克和锐步而言比较便宜，在中层消费者中形成独特的品牌优势。然而，受时尚因素的影响，体育用品更新换代速度快，产品的技术创新接近峰值，技术突破相当困难，行业内部沉重的竞争压力使阿迪达斯一度处于消沉的阶段。经过一段时间的调整，阿迪达斯决心塑造最好的品牌形象，其品牌特征反映出当代体育运动的精神——诚实、向上、公正、奉献。阿迪达斯同样热衷于体育赛事，邀请网球明星辛吉斯（Martina Hingis）、篮球明星布莱恩特（Koke Byrant）、游泳明星帕默（Paul Palmer）等出任其产品的形象代言人；然而，阿迪达斯又是与足球联系最紧密的品牌之一，在足球领域拥有最大的市场份额。2000年，阿迪达斯作为正式赞助商赞助欧洲足球锦标赛，并获得官方许可，将比赛的会标、吉祥物等印制在自己的产品上。2002年世界杯足球锦标赛，阿迪达斯作为官方指定的供应商，除了供应比赛用球外，还为东道主韩国和日本2 500名官员、工作人员和志愿者提供特别设计的装备，总共约有3万人穿着印有三条纹标志的阿迪达斯服装出现在世界杯赛场，这其中包括首次参与赛事的中国球员。阿迪达斯凭借其执著的追求，凭借对足球运动的激情投入，在维护品牌形象的过程中取得骄人的成绩。2000年，阿迪达斯在全球品牌排名中位居53位，其商标价值达到38亿美元。

（3）执行要求

就耐克、锐步、阿迪达斯而言，其品牌营销是不断超越自我的过程：三大品牌具有明确的营销价值过硬的技术质量；不断进行品牌创新，巩固品牌的市场地位；保证品牌的承诺，树立品牌信誉。

体育运动用品市场上耐克拥有至尊的品牌优势；锐步拥有鲜明的品牌优势；阿迪达斯拥有广泛的品牌优势。然而，三者作为顶级运动用品，其品牌塑造过程显现出共性规律。

①品牌意识。品牌是企业最重要的无形资产，是企业综合实力的集中体现，也是衡量企业业绩的主要指标。耐克、锐步、阿迪达斯具有强烈的品牌意识，它

们在各自的发展进程中，其关注的焦点是产品的市场容量和市场占有率，因此必须凭借品牌形象在竞争中显现优势，达到开拓市场的目的。

②品牌定位。品牌定位即企业为自己的品牌在市场上树立明确的、有别于竞争对手的、符合消费需求的形象，以此在潜在消费者心目中占据有利的地位。品牌定位为企业拓展市场、占领市场起到导向作用，纵观耐克、锐步、阿迪达斯的品牌营销，尽管三者皆为名牌体育运动用品，然而耐克品牌在全球青少年心目中至高无上；锐步品牌曾是体育用品的象征，今天，其跑鞋已是专业运动员的首选；阿迪达斯品牌流行广泛，近年已得到足球业内人士的普遍青睐。

③品牌传播。品牌传播是品牌营销过程中的重要环节。通过有效的品牌传播，可以使品牌为广大公众所认知，使品牌获得增值；同时还可以实现品牌与用户的对接，为品牌占领目标市场创造条件。透视耐克、锐步、阿迪达斯的品牌传播过程，其共性特征表现为：充分利用高科技手段，在互联网上宣传品牌优势；借助公众喜闻乐见的形式展示品牌效果；热衷于赞助体现时代精神的体育运动项目；持之以恒，加大投资。

④品牌巩固。品牌巩固是品牌营销过程中的阶段性调整，其实质是对品牌重新审定、补充能量。品牌的内涵不是一成不变的，应当根据市场需求的变化注入新的活力。否则，品牌就会老化，甚至出现短命的现象。

[营销策划与执行范例5]　台新银行“玫瑰卡”的品牌塑造

前言：台新银行“玫瑰卡”在上市的短短一年半时间里突破了10万张的发卡量，并以独特的诉求建立了其“女性的、认真的”品牌个性，一跃成为中国台湾地区女性信用卡的领导品牌。

长久以来，玫瑰即代表女性对爱情浪漫的憧憬，尤其是在女人最重要的日子“情人节”中，玫瑰花更代表爱情永恒的誓言。“玫瑰”好听、好记，是日常生活中经常购买的花种，除了颇受女性喜爱之外，男性也非常喜欢。因此，台新银行将产品命名为“玫瑰卡”，为其品牌个性的建立预埋了“管线”。

一、市场分析

在台新银行加入发卡行列之前，台湾地区的信用卡市场几乎是花旗银行与中信银行的天下，它们以雄厚的财力为后盾，具有很高的知名度，并迅速占领了大部分市场。然而，所有的发卡银行都将市场视为整体进行营销活动。

有资料显示，女性持卡人拥有较好的信用记录，她们工作稳定，发生呆账的情形少；女性消费者较容易被感性诉求打动，进而产生认同；加之女性消费能力的不断提升，台新银行预测女性的信用卡市场将有很大的发展空间，因此细分出女性信用卡市场，并作为台新银行信用卡主要的目标市场。

二、品牌定位

玫瑰卡第一阶段的定位是"最女人的信用卡"，以此清晰地表达玫瑰卡的属性。

广告宣传以展现玫瑰卡的气质并且塑造玫瑰卡独特的个性获取目标群的认同，让目标消费群接触到广告时就被诉求所感动，相信自己便是那一位拥有玫瑰卡的独特女人。电视以首创普通卡附加400万元旅游平安险为主题，接一段5秒的玫瑰花绽放的画面，传达出新卡上市及"最女人的信用卡"的信息。通过报纸，传达都市女性对现代爱情、生活、两性关系的看法，建立玫瑰卡为都市女性代言人的形象。杂志以女人第一次收到玫瑰花的心情，传达台新银行玫瑰卡的浪漫特质，并建立玫瑰卡为女性爱情代言人的形象。在公共汽车上制作车厢内大型海报，贴满车厢一侧，只要搭乘台北市的公共汽车，便会被台新银行玫瑰卡灿烂的花海所包围。

玫瑰卡第二阶段对"最女人的信用卡"给予升华，以"认真的女人最美丽"为个性写真。因为"认真"是一种生活态度；消费主张"美丽"则是女人的热衷追求；喜爱被赞美是女人的心理。台新银行推出了"认真的女人最美丽"系列广告。"女医师篇"以女医师的专业与自信，展现出属于女人的美丽；"天山农场篇"以女主角钱怡伶在天山农场认真逐梦的真实故事，传达认真女人的美丽；"女摄影师篇"则以植物生态摄影师陈月霞对工作的执著，传达出属于女人的认真美丽。主题篇"三个认真的女人"以三个都市女子为中心，带出女人认真生活、认真工作的一面。首创信用卡电视广告有主题歌曲，即由高慧君演唱的《认真的女人最美丽》。

三、品牌策划方案

方案一：建立产品优势

第一代玫瑰卡，发卡初期为VISA ONLY，因VISA卡的市场接受程度较万事达卡要高。

第二代玫瑰卡，重新规划玫瑰卡卡面设计，发行玫瑰花万事达卡，以区别第一代玫瑰卡；增加持卡权益，设置旅游平安险、金卡免费道路救援服务、全球购物保障和代缴电费、电话费及交通罚款等。

方案二：直效行销

直接针对目标女性现场办卡。通过业务员在人员集中的百货公司、电影院等门前摆摊位，直接与目标对象接触，缩短她们的犹豫期，办卡的成功率非常高。"七夕"节当天，银行业务员在百货公司门口设置摊位，由各地业务人员针对玫瑰卡目标对象送出红玫瑰及玫瑰卡申请书。

方案三：品牌推广有的放矢。

台新银行针对不同的女性进行了一系列有针对性的推广活动，如针对应届毕业的大专女学生寄发DM（直邮）单，可以年费6.6折优惠申请，并获得免费的SPA试用组；针对女性杂志订户寄发DM，可以年费6.6折优惠申请，并获得免费的纪梵希（Givenchy）保养组；针对获取的外界名单寄发DM，可享终身免年费优惠，并获得免费赫莲娜保养组。台新银行玫瑰卡成为第一家推出“终身免年费”的知名信用卡，轰动了信用卡市场。针对50 000名高使用率的玫瑰卡会员，鼓励她们推荐自己的亲朋好友申请台新银行信用卡。

方案四：与女性杂志结合

参与《美丽佳人》杂志三周年庆，由《美丽佳人》引进法国巴黎名模，展现当季流行秀，并举办《美丽佳人》杂志音乐会；后又由《美丽佳人》杂志邀请岛内知名音乐家举办演奏会，邀请玫瑰卡会员欣赏。在由《ELLE》杂志举办的女性电影展上，选择多部知名女性电影，邀请玫瑰卡会员免费欣赏。

方案五：创造持续的情人节活动

辅以成功的事件营销执行，与女人最喜爱的情人节紧密结合，在每年西洋情人节及“七夕”(阴历七月七日)，举办大型现场办卡活动，以女人喜爱又与玫瑰卡相关联的玫瑰花、巧克力及玫瑰花茶做赠品。

1995年的“七夕”情人节，推出“10 000朵玫瑰只送给女人”活动。1996年的西洋情人节，推出“15 000份ALWAYS巧克力只送给女人”活动；“七夕”情人节，又推出“15 000瓶玫瑰花茶只送给认真的女人”活动，情人节当天在百货公司门口设置摊位，由各地业务人员针对玫瑰卡目标对象送出15 000瓶曼宁玫瑰花茶，并配合ICRT及“台北之音”的现场CALL IN活动。1997年2月14日的情人节当天，在百货公司门口设置摊位，由各地业务人员针对玫瑰卡目标对象送出6 000张健康美容CD及真锅咖啡贵宾卡；“七夕”情人节当天，在百货公司门口可领取“玫瑰情话券”贴在“鹊桥”上，并可获得“玫瑰芬芳礼”。1998年，推出“玫瑰、真情、拍立得”活动，在全省新光三越百货设点，免费为情侣拍照，留下情人节的见证。2000年又推出“玫瑰‘七夕’，‘瓶’传爱意”活动。情人节已成为玫瑰卡的节日。

方案六：借不同版本玫瑰卡上市之机，展开独特的公关活动

1996年8月，第二版玫瑰卡上市，以11朵玫瑰花及粉红色调设计，为吸引年轻女性申请，在10～11月，推出“寻找第100 000个认真的女人”活动，谁成为第100 000个认真的女人，可获得免费刷卡金，申请核准可获得克兰丝晶钻迷你唇膏及粉霜试用卡。1997年4月15日～7月15日，推出“办玫瑰卡送钻石”活动，只要申请核准就送一颗UBEX0.1克拉南非天然优质美钻。1997年8月1日～9月15日，星座版玫瑰卡上市，配合星座版玫瑰卡上市，只要申请核准

就送星座玫瑰表一只。1997 年 11 月 ~ 12 月，推出“认真的女人要学会宠爱自己”活动，玫瑰卡会员可以在全省 UBEX 特约商店，优惠选购一只纯 HVS 级 0.3 克拉 UBEX 南非天然美钻。

四、方案实施进程表

1994/12：市场测试，决定发行 Lady's Card。

1995/03：开始命名。

1995/07：玫瑰卡上市。

1995/08：“七夕”情人节事件营销——10 000 朵玫瑰花只送给女人。

1996/02：西洋情人节事件营销——15 000 颗巧克力只送给女人。

1996/04：提出“认真的女人最美丽”。

1996/04：推出主题广告一：“女医师篇”。

1996/08：第二代玫瑰卡上市。

1996/08：“七夕”情人节事件营销——15 000 瓶玫瑰花茶只送给女人。

1996/08：推出主题广告二：“天山农场篇”。

1996/08：发卡突破 80 000 张。

1996/10：推出“寻找第 100 000 个认真的女人”活动。

1996/11：发卡突破 100 000 张。

1996/12：与“台北市政府”合作举办“跨年许愿晚会”。

1997/02：西洋情人节送出 6 000 张健康美容 CD 及真锅咖啡贵宾卡。

1997/08：推出“最动情的情人节/玫瑰鹊桥传情意”活动。

1997/07：推出主题广告三：“女摄影师篇”。

1997/08：星座版玫瑰卡上市。

1997/11：推出“认真的女人要学会宠爱自己”活动。

1998/05：推出主题广告四：“三个认真的女子”。

1998/09：成为第一家推出“终身免年费”的名牌信用卡。

1998/12：累计有效卡为 550 000 张。

1999：玫瑰卡电视广告主题曲的主唱者高慧君推出《认真的女人最美丽》专辑唱片。

2000：推出“玫瑰‘七夕’，‘瓶’传爱意”活动。

（资料来源：于建原：《营销策划》，西南财经大学出版社，2005 年版，第 276 页。）

8.3.2 产品包装

(1) 策划要义

现代经济生活领域，包装具有多重含义，既指盛装产品的容器，又指把产品装入包装物的行为，还指对产品的包装物进行设计的管理活动。国家标准GB4122—83《包装通用术语》表明：包装即为在流通过程中保护产品、方便运输、促进销售，按一定技术而采用的容器、材料及辅助物等，以及为达到上述目的而采用的一些技术措施的总称。依据市场营销的观点，包装是反映产品外在表现的外观特征，是刺激人们购物情绪的外观因素。作为产品整体的组成部分，包装的意义远不止作为容器保护产品，其作用更在于树立品牌形象，促进产品销售，提升产品的附加价值。企业产品执行过程中惯用的包装策略如下：

（1）统一包装策略。企业将其生产的各种、各类产品，在包装外形上采用相同的图案、近似的色彩、共同的特征，使用户易于辨认，目的在于强化产品印象。

（2）配套包装策略。企业将数种有关联的产品放在同一包装中，方便用户的购买和使用，也有利于产品推销。

（3）等级包装策略。企业将产品按质量分成若干等级，使产品的包装价值与质量相称，使不同购买能力的用户按需选购。

（4）复用包装策略。产品使用完毕之后，其包装物并未作废，可以用做它途。这样的包装具有双重用途，既可以刺激用户的购买欲望，同时，带有企业标记的包装物在使用过程中又具有延伸广告宣传的作用。

（5）附赠品包装策略。企业在包装内放入赠品或赠券，目的在于吸引用户购买。

（6）变更包装策略。企业根据市场的变化，不断对包装进行调整和改进，在包装材料、外包装、印刷等方面，采用现代包装技术、采用新型材料，以增加产品的吸引力。

（2）策划方案

［营销业务］罗林洛克啤酒

［背景资料］20世纪80年代，随着消费模式的不断调整，啤酒需求量日益增多，啤酒供应商不断涌现，美国啤酒行业的竞争异常激烈，以安豪斯·布希啤酒和米勒啤酒为代表的行业巨头占据了越来越大的市场份额，逐渐把一些地区性的、小的啤酒商排挤出市场。80年代末期，出产于宾夕法尼亚州西部小镇的罗林洛克啤酒为了摆脱被挤压的营销困境，勇敢地进行了反击。

［方案内容］

第一步：重新确立罗林洛克啤酒的形象。为了克服广告预算的不足，让产品包装变成广告宣传的媒介物，发挥包装促销的作用。

第二步：为罗林洛克啤酒重新设计包装容器。将罗林洛克啤酒装在绿色长颈瓶中，并且在瓶子表面漆上耀眼的艺术装饰，近似于手绘漆瓶的效果，尽显罗林洛克啤酒的魅力，在诸多品牌啤酒中很是引人注目。人们愿意把啤酒瓶作为饰品摆在桌上，相信装在这种瓶子里的啤酒会好喝。

第三步：为罗林洛克啤酒重新设计包装箱。为了凸显罗林洛克啤酒使用山区泉水酿制的事实，包装箱上印有放在山谷中的绿色长颈的啤酒瓶，照片质量一定要好，色彩鲜艳、图像清晰，人们一眼望去，即刻辨认出罗林洛克啤酒的特征。消费者能够感觉到罗林洛克啤酒的高贵品质，并非大众化品牌。

（3）执行要求

罗林洛克啤酒运用包装技术赋予啤酒与众不同的外在形象，使消费者感到品牌独特且有趣，有效地传递产品信息，成功地引导购买行为，罗林洛克啤酒凭借产品包装上的优势在市场竞争的角逐中胜出。然而，企业产品营销中确有一些不合理包装的现象：一是夸大包装，即包装虚有其表，用夸大的包装装饰吸引消费者；二是过分包装，即采用昂贵的包装材料，与所包装的产品不相匹配，盲目追求“高档化”和“名贵感”的包装设计，致使产品成本与包装成本的比例严重失调，造成资源浪费，增加了消费者的负担；三是欠缺包装，即包装不到位，对产品的用途及其分销环节不甚了解，造成产品缺失必要的包装，进而造成产品本身的损坏和遗失；四是弱化包装，即包装不能充分体现产品整体的价值，包装功能没有得到很好的发挥，降低了产品价值，影响了产品的市场销售量。因此，企业需要认真研究产品的包装技术。包装设计应符合下列要求：

（1）包装的规格应适于产品的运输、储存、陈列，应符合消费者的认知水平。

（2）包装的结构造型不仅要新颖、美观，具有一定的艺术感染效果，而且要便于消费者携带、使用和储存。

（3）包装应与产品的价值水平或质量等级相匹配，体现产品特点，尽显产品风格。

（4）包装装潢的图案、色彩等要符合目标用户的心理需求，尤其不能与其民族习惯、宗教信仰相抵触。

（5）包装上的文字说明必须符合产品的理化属性，能够增强产品的可信度，且能够指导消费。

（6）包装材料的使用应减少污染，避免资源浪费，保护生态环境。

8.3.3 产品仿效

（1）策划要义

从哲学的角度看，仿效即通过对他事物内在本质或外在表象的研究和利用，进而创造本事物的过程，它最终体现出他事物与本事物的相似性。我国著名的经典著作《黄帝内经》认为，“智者求同，愚者求异，智者有余而愚者不足”，意为智者善于从他事物中找出一般机理，从而理解并创造千变万化的事物。老子一贯追求“道生一，一生二，二生三，三生万物”之“道”；荀子坚持“千变万化，其理一也”。均说明仿效的基础所在——物质的相似性。

仿效的过程是对知识的吸收与推广过程。它有赖于对被仿事物的正确认识，背离此道的简单仿效只能是空中楼阁，充其量也只能是所谓的“赝品”，发展空间有限。

市场营销意义上的产品仿效行为即模仿制作市场上的一些成功品，以获取突出的销售业绩，增强竞争实力。这样，既能够节省产品研发推广费用，又可以降低市场风险。但是，实施产品仿效要特别注意以下问题：

①被仿效的产品品种确实存在着较大的市场需求，而率先提供产品的企业既不能充分满足市场需求，又不可能独占市场。

②把握仿效的真谛——创造性仿效。以积极的、创新的基本精神对被仿效产品的改良或重组，在模仿中充分强调自身产品的特色，努力寻找突破即有产品的机会，务求与被仿产品有所差别。

③企业即使仿效也仅就产品的个别项目而言，而且这一仿效应为企业产品组合策划中的一个重要环节。企业在规划产品线、产品项目过程中仍然要注重发展自我产品的个性特征。

④产品仿效务求合法，切忌侵犯被仿产品的商标权和专利权。

(2) 策划方案

[涉及企业] 日本松下电器公司、东芝电器公司、日立电器公司

[营销业务] 家用电器

[背景资料] 松下、东芝、日立三大电器公司堪称日本家电行业三巨头。松下公司是这一行业的前辈，其产品优良，名扬世界，在消费者心目中的形象根深蒂固；东芝公司和日立公司属于该领域的后起之秀，聚集着一大批年轻有为的电子专家，在激烈的市场竞争中，东芝公司总是保持着昂扬的斗志、百折不挠地开发新产品，“以新取胜”；日立公司再三强调产品质量是企业生死存亡的关键，试图“以优取胜”。虽然东芝、日立的产品销售势头锐不可当，但是与松下公司相比较，其营销策略仍略逊一筹。导致这种结局的因素很多，特别是松下公司在产品生命循序渐进的过程中所实施的仿效手段值得借鉴。

[方案内容]

第一步：面对东芝公司的“以新制胜”和日立公司的“以优制胜”，松下公司老谋深算，对东芝、日立公司的挑战采取“守株待兔”的对策，伺机捕捉东芝、日立公司经过千辛万苦试制出来的新产品，待新产品在市场上刚刚露面，在

仔细观察其试销的状况，倾听顾客的意见之后，松下公司把产品买回去，组织一部分科技力量对产品进行解剖，针对市场目前的需求状态和这一产品的缺陷，研究本企业产品在基本功能上的改进，然后以最快的速度推向市场，产品越过投入期的试销阶段，直接进入成长期。

第二步：由于吸取了东芝、日立产品的经验教训，松下产品能够很快被用户接受，销路大开。待到三家公司的电器产品并驾齐驱同时进入成熟期阶段，松下公司利用节省下来的新产品试制费用又一次组织科技力量攻关，研究本公司产品与东芝、日立产品的差别，进一步完善产品，以延长自己产品的生命周期。

第三步：为了巩固企业在行业中的主导地位，保持企业的创新素质，维护产品的品牌形象，松下公司组织科技力量坚持不懈研发新产品，以高新技术产品问鼎市场、导向需求，显示出公司的创新水平、研究能力和研发成果。

由此，松下产品总是处于市场竞争的有利位置，既节省研发费用，又能够有的放矢，堪称“出奇制胜”。松下公司产品仿效的成功得益于其营销策划的睿智与成熟，其仿效过程体现出“稳”、“准”、“快”、“廉”的特点。在东芝、日立竭尽全力开发新产品之际，松下公司却积聚力量，伺机捕捉经过市场检验、卓有成效的“榜样标本”，真可谓“稳”；把他人的成果买回去进行解剖，针对消费者的信息反馈，对产品的缺陷进行功能上的改进，以改头换面的新产品投放市场、完全适销对路，真可谓“准”；经过最佳途径将新产品推向市场，与东芝、日立公司的产品并驾齐驱地活跃在成长期阶段，但销售数量的增长速度却高于其他同类型产品，真可谓“快”；待到产品进入成熟期阶段，松下公司利用积蓄下来的产品试制费用全力以赴在产品的辅助功能方面施展技术力量，显示出产品独特的优势，与东芝、日立的家电产品相比较略胜一筹，然而产品的总成本却丝毫没有增加，真可谓“廉”。

（3）执行要求

松下、东芝、日立三家电器公司在资金力量、生产技术水平、产品开发等方面势均力敌、旗鼓相当，然而东芝、日立公司却在产品生命周期各阶段营销策略的节奏上略慢半拍，但就是这一点点差距使得松下公司成功施展仿效技术，长期占据日本家电行业的头把交椅。

①实施仿效，企业固有的产品品牌应在市场上具有良好的信誉，具有相当的知名度和美誉度。

②实施仿效，企业固有的产品分销渠道宽泛、深远、周密，产品推向市场的速度很快。

③实施仿效，企业营销经验丰富，营销节奏恰当，营销效率较高。

④实施产品仿效需要与产品创新并举，通过仿效抢占市场份额，提高销售收

入，回笼货币；通过产品创新，成就品牌竞争优势，提升企业的核心竞争能力。

8.3.4 新产品研发与推广

(1) 策划要义

依据市场营销的观点，只要产品在功能或形态上发生改变，与原来的产品产生差异，甚至原有的产品进入新的市场，给消费者以新的效用或新的利益，都可以视其为新产品。市场营销意义上的新产品分为下列几种类型：

①完全新品，即由于科学技术的进步，采取新原理、新技术、新材料、新工艺等制造的，为满足一种崭新的消费需求而发明的产品。这类新产品一般需要经历相当长的时间才会出现，它改变了用户的生产方式和生活方式，然而对这类新产品的接受和普及却是一个较为缓慢的过程。

②换代新品，即利用科技的新成果，在现有产品的基础上进行较大的革新后而制造的产品。这类新产品能给用户带来新的消费利益，其接受和普及的程度相对较快一些。

③改进新品，即在现有产品的基础上，只对其品质、特征、款式或包装等进行一定改变的产品。这类新产品与原有产品差别不大，进入市场以后易被用户所接受。然而，其竞争屏障较低，易于仿效。

④品牌新品，即对现有的产品只做很少改变或根本不做改变，仅使用一个新的品牌的产品。这类新产品比较容易被用户接受，然而市场竞争更为激烈。

新产品的开发程序见图 8-8。

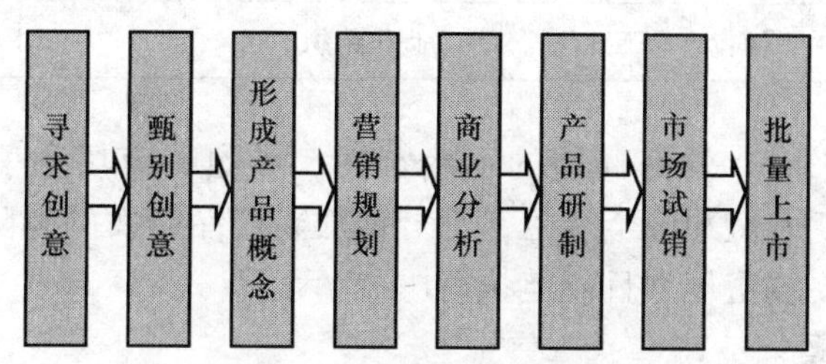

图 8-8 新产品研发流程

在现实生活中，由于社会因素、经济因素及心理因素的影响和制约，尽管人们对新产品的反映各异，但新产品的被认知和接受的过程仍然有规律可循。

就消费个体而言，接受新产品的过程划分为五个阶段：

知晓➡ 兴趣➡ 评价➡ 试用➡认同

就消费群体而言，不同类型的消费者接受新产品的时间顺序为：

先锋者（逐新者）➡ 早期采用者➡ 中期采用者➡ 晚期采用者➡ 落

伍者（迟用者）

由此而言，上市的新产品开始仅有少数消费者接纳，逐步被多数消费者认同，最终还能够被落伍消费者采用，显示“正态分布曲线”，与产品生命周期近似，即为新产品市场扩散规律。

菲利浦·科特勒说过：“营销计划工作面临的主要挑战之一是发展新产品的各种观念和成功地把它们付诸实施。”企业研发新型产品是增强竞争实力所需，也是充分发挥生产和经营能量所需，更是适应市场环境的变化与企业的发展所需。然而，产品研发是一项风险性很大的活动。对于完全新品而言，由于投资大、时间长、变化因素较多，风险更加突出，各种主观和客观因素都将对企业的产品研发产生冲击。

从主观方面来看，新产品研发失利有多种原因（见表8－2）。

表8－2　新产品研发失利的原因

序号	新产品失利因素	比重（%）
1	市场分析不当	32
2	产品基本属性不符合市场或消费需求	23
3	超过预期值	14
4	市场投放时机把握不当	10
5	竞争阻碍	8
6	销售力量不到位，分销、促销组织不当	13

从客观方面来看，外部环境的不确定性、激烈的市场竞争、较高的资金投入、产品生命周期缩短和资金匮乏，都会增加新产品研发的风险。因此，新产品的研发和推广需要缜密规划且规范执行。

（2）策划方案

[涉及企业] 美国家庭通用清洁剂公司（Home Products Universal）

[营销业务] DB—14 漂白洗衣粉

[背景资料] 家庭通用清洁剂公司位于美国中部的印第安纳州，是个创建于1911年的中型企业。公司生产17种家用清洁剂，市场占有率为5%～25%。公司董事长雷德·克努森是公司创始人的外孙，倾向于按部就班地维持公司现有市场，无意于大力开拓。该公司与本行业大企业竞争市场份额的策略主要有三项：放手推销；保证质量；尽量压低仓储、运输和生产等项的费用。公司成立至今，始终要求其产品必须做到“等于或超过同行”的水平，标准之一是实验室测试

数据；标准之二是随意抽查的顾客喜爱程度达到50%以上。为此，公司设有产品研究与开发部，主要职能是严密监测与检验每项产品的使用参数，并与同行业企业的同类产品进行比较，每半年进行一次大范围的竞争性评估工作。

公司的产品研究开发工作是防卫性的，只是追随竞争对手，跟在市场变化后面固守已有的阵地。阿伦·斯卡拉担任产品研究与开发部主任之后，他一方面肯定了本部门对公司维持现有市场的巨大作用，但另一方面也深知本部门的职能不应只局限于“了解别人，监督自己”。公司成立70余年来，从未独立开发过一种产品，始终是等待别人有所发明创新并且获得消费者认可后，才在自己实验室里试制同等效力的产品或改进别人的产品。斯卡拉明白，产品研究与开发部并不是在仿冒或简单复制，他们也有所创新，但未能推出全新产品的原因在于部门负责人的经营方针缺乏开拓精神。他认为这样继续下去势必产生三种不利情况。

首先，在现行的传统经营方针指导下绝无可能产生全新产品，公司发展前途面临潜在威胁。尽管开发全新产品风险大，但潜在销售额的增长和利润生成的机会也相当可观。只要公司决策人员善于审时度势，充分调动产品开发力量，推出新产品，打开新局面便势在必行。

其次，现行方针指导下的产品销售，只能局限于公司所在地区。在吞并之风日盛、竞争日趋激烈的市场环境中，产品销售必须走向全国乃至国际市场才能保证立于不败之地，而达到这一目标最简单、也最有效的手段即为开发全新产品。新产品推出后，可通过公司原有销售渠道扩展业务，也可通过代理商打开市场，走向全国。也就是说，只需花费少量的额外努力，便可获得大量的市场份额，同时还可以实现企业继续发展的目标。

再次，在现行方针指导下，公司很难吸引具有开创意识的人才。公司总部设在印第安纳州一个小城里，名声本来就不大，市场又多限于当地，而产品研制工作带来的激励、个人获取名誉以及巨大经济利益的机会，又无一不是与新产品研发联系在一起的。如果公司不在这方面为极具潜力的雇员提供施展才能的机会，不但吸引不到有为之士，现有科技人员也有流失的危险。

[方案内容]

第一步：新产品开发前的协调工作。斯卡拉作为产品研究与开发部的主任，通过身兼副总经理的销售经理彭萨才能调动销售研究方面的力量，对自己部门研制的新产品进行市场调查和评估，而新产品能否投入批量生产，还得经过身兼副总经理的生产经理卡拉韦勒才能着手试制、改进、定型和生产。因此，在新产品开发工作开始之前，斯卡拉必须把自己的想法推销给自己的上司，只有成功推销想法才谈得上新产品开发，即斯卡拉的最终目标。

他首先找到彭萨，但未得到任何支持。彭萨的主要观点是：他即将退休，对新产品不感兴趣，只关心现金收入；公司现状尚且说得过去，因而无需大动脑筋或冒太大风险；公司经营大计应当直接找总经理，他不愿为此浪费时间。斯卡拉又找到卡拉韦勒，他的回答亦不乐观。他提醒斯卡拉注意两个问题：一是科研人员能否研制出“足够新颖”的产品；二是彭萨的销售人员能否“卖得动”这种新产品。于是，斯卡拉只有首先找到切实可行的新产品开发方案，才能寻求进一步的支持。

第二步：新产品设想与试制。斯卡拉召开本部会议，要求大家出谋划策。他发现，人们的创造力表现为三种情况：一种人天赋聪明，新主意多，或者经历丰富，长于比较之中找差异，从而提出新的设想；另一种人专业知识技术功底深厚，在产品方面能够提出合理又可行的方案；还有一种人对市场机会感觉灵敏，熟悉顾客的购买心理和消费观念，就产品优缺点方面也能提出独到见解。斯卡拉要求大家在不影响手头工作的前提下各显神通，提供可供开发的产品构思，同时把这一切向自己当秘书的妻子作了全面介绍。三个星期之后人们共提出了 6 种新产品的设想，其中有 3 种是他的妻子提出的。

①某种分解垃圾并可将污物变为无害液体的液态酶。

②某种电动便携式切菜机。

③一种漂白洗衣粉。

④一种狗用软饮料。

⑤某种专供洗碗机使用的液态清洁剂。

⑥一种家用地板清洁剂。

权衡利弊并考虑公司现有开发能力之后，斯卡拉把③⑥两项提交给了彭萨，彭萨允许其研制漂白洗衣粉。一是因为公司已有一种洗衣液，但它相似于其他同类产品，销售量只占整个市场的 5%；二是因为公司开发力量在这方面经验较多，可以与已有的洗衣液对比研制；三是这一方案风险较小，更易为保守的总经理所接受。卡拉韦勒了解这一设想后不置可否，斯卡拉可以先行试制了。

技术人员花了两个半月时间试制各种原料配制的新型漂白洗衣粉，终于确定了代号为 DB—14 的配方，这一配方既对人体皮肤无任何刺激，对各种衣料也无褪色副作用，且具备以下六个特点：

①3/10 盎司 DB—14 漂白粉足够一般自动洗衣机洗一缸衣物的漂白。

②试验表明，整缸漂白时漂白度超过名牌液体漂白剂 20%。

③任何情况下都不会造成衣物褪色。

④具有天然的松香气味，不像一般液体漂白剂那样有刺鼻的酸味。

⑤手感柔，不伤衣物。在洗衣机型、水质、水温以及衣料颜色等条件不变的情况下，衣物损伤程度降低 38%。

⑥虽然产品成本比液体漂白剂高，但因装运方便，运输储存成本可以降低，因此可以高出液体漂白剂1/3的价格推向市场。

第三步：新产品试用与调查。斯卡拉将此项科研成果向董事长克努森作了汇报，董事长要求其征求客户试用意见。随后，这一工作交给了销售方式与技巧研究主任伊修斯·拉格兰奇。对这一新产品进行市场调查，远比对某种别人已经打开市场的产品进行调查要复杂得多，这一步对斯卡拉的新产品开发计划是个更加严峻的考验。

拉格兰奇将工作分为两个方面：第一方面的工作是随意抽查并了解顾客试用产品的意见。把新型漂白洗衣粉样品赠送给200位家庭主妇，同时附上详细的产品使用说明书，并且要求她们用后与公司电话联系。调查表有6个项目，填表回报的家庭主妇为206人次，项目所列数字为所持意见人次的百分比，见表8-3。

表8-3 DB—14新型漂白洗衣粉使用调查表

1. 对DB—14漂白洗衣粉的总体看法： 优12；良4；中38；差46 2. DB—14漂白洗衣粉的优点： 手感柔和21；气味宜人7；不伤衣物6；不褪色7；使用方便4；具有优势37 3. DB—14漂白洗衣粉的缺点： 没有漂白作用51；效力强度不够47；用户从未漂白衣物8；缺乏优势74 4. 与常用液体漂白剂相比： 液体漂白剂更好72；DB—14更好18 5. 对DB—14漂白洗衣粉的购买意向： 肯定和可能要买13；不能肯定21；可能不买12；肯定不买54 6. 准备付出的价格水平： 愿意付出高于液体漂白剂的价格13；愿意付出相当于液体漂白剂的价格12；愿意付出低于液体漂白剂的价格75；

第二方面的工作属于基础研究工作，研究结果对估价新型漂白洗衣粉的市场潜力大有帮助。这一调查得到了7项发现（见表8-4）。

表8-4 使用漂白剂的综合调查七项结果

1. 使用漂白剂的情况（回报1 479人） 每月使用1夸脱（约合1.14升）以上者为20%；每月使用1夸脱以下者为58%；从不使用者为22%。

续表

2. 使用漂白洗衣粉的人口统计学资料分析

调查从人均收入、户主文化水平、户主年龄和家庭居住地四个方面进行。结果发现，收入和文化程度与漂白洗衣粉使用数量成反比，与户主年龄成正比，与家庭居住地关系不甚明显。例如，年收入在5 000～10 000美元的家庭有82%使用漂白剂，每月消费1夸脱以上的占19%，而年收入在25 000美元以上者只有50%的家庭使用，每月消费1夸脱以上的只有4%。文化程度在初中毕业和以下者，85%使用漂白洗衣粉，每月消费1夸脱以上者占33%；大学毕业的人中使用漂白剂的有49%，每月消费1夸脱以上者只占2%。24岁以下的使用者为56%，50岁以上者则占到97%，每月消费1夸脱以上的更达到42%。

3. 家中常需漂白的衣物及漂白频率（回答者为1 151人）

经常漂白的衣物	漂白户数（%）	漂白频率
床单、枕套	97	1.00
毛巾、浴巾	94	1.00
内衣裤	42	0.25
外衣、裤裙	77	0.62
衬衣、汗衫	82	0.76
有色织物	12	0.10
合成纤维	2	0.05

4. 顾客认为漂白剂效果如何（回答者为1 154人，有些人给了两个以上答案。下面三项同此）

使衣物更白更亮	98%
使衣物更干净	96%
使衣物色彩更鲜	14%
使洗涤更省力	10%

5. 液体漂白剂的主要优点

使衣物更干净	100%
效力强大	85%
经济实惠	76%
氯成分起了作用	40%
漂白剂的气味使人以为干净	25%

6. 液体漂白剂的主要缺点

对纤维损害较大	32%
对人手刺激强烈	26%
使衣物掉色	26%
不能用于合成纤维	24%
包装粗不方便携带	22%
没有缺点	41%

续表

7. 理想的漂白洗衣粉应具备的特点	
与液体漂白剂价格相等	82%
使白色衣物完全变白、有色衣物更鲜艳	98%
使衣物完全干净	94%
对有色衣物没有损害	22%
对合成纤维没有损害	16%
对皮肤没有刺激	8%
包装轻便、携带方便	6%

第四步：新产品研发与推广决策。上述全部材料呈交董事长克努森，他希望听到斯卡拉和两位副总经理对 DB—14 的判断意见和理由。

斯卡拉的观点：根据调查结果，DB—14 漂白洗衣粉不能上市推销。液体漂白剂给人以效力大的印象，而 DB—14 显得过于柔和、效力低，顾客不会喜欢，所以应对这种产品进行改进。重新配方后的 DB—14 漂白洗衣粉应当侧重于去污能力和增白能力，说明文中应当略去有关手感柔和、人畜无害的字样。

为了了解使用说明书对顾客的影响，应对现有 DB—14 漂白洗衣粉配方以新的说明书再次进行家庭试用调查。说明书可写成：

新型漂白洗衣粉效力奇无比

本品用法与液体漂白剂用法相同。满满一缸脏衣服，一包便可洗干净！

如果衣物尘土太厚，或者污点难去，不妨再用一包。对衣物增白本品尤其有效。漂白分子合力围攻每根纤维，脏土油腻统统逃之夭夭。两相对照，大不相同。不妨一试，保君吃惊！

另外，建议公司董事会立即授权予本人，着手研制一种新型漂白剂，以完全满足调查结果中第 7 项中列出的顾客对漂白剂的所有希望。新型漂白剂可能是液体的，若能够找到方法稳定溶剂中的漂白成分，也可能是粉状的，若本人上述第一项建议得以进行，并且其调查结果证明可望打消顾客对粉状漂白剂的抵制心理。

彭萨的观点：调查结果表明顾客并不喜欢 DB—14 漂白洗衣粉，但实验室测试说明这一产品名副其实，效果不错。原因可能在于产品的说明书过分强调了使用安全这一方面。调查结果中的第 4，6，7 三项说明顾客并不特别关心漂白剂的使用安全问题。

假如某位竞争者研制出了这一产品并且申报了专利，我们需要很长时间才能超过他，但是顾客的意见又不能等闲视之，建议挑选两个试验性市场，将现有新产品原封不动地推销出去；同时，起草一个比较令人满意的广告，用以说服试用过的顾客，并且争取更大的市场份额。

卡拉韦勒的观点：就拟议中的价格来看，可以大批推出 DB—14 漂白洗衣粉，而且可以大获其利。公司终于在技术方面取得了突破性进展，可以与变幻无常的市场较量，结果却难以预料。应当坐视别人耗资研制新产品，然后从其失误中间获得利润。为此，建议不要再对漂白洗衣粉进行投资，因为顾客拒绝接受漂白洗衣粉。

（3）执行规律

①新产品开发和推广是连续性的营销过程。企业上市的新产品不应当是昙花一现式的灿烂辉煌，而应当是企业财富链条中一颗又一颗耀眼夺目的明珠；新产品不仅在市场上单独绽放精彩，关键在于它是企业产品组合中的一员，是企业产品策略的一个重要环节，它要为后续的营销动作进行铺垫，使用户在接受和品味上市新品之时已经在期待下一个新品的问世。

②新产品的研发和推广是创造性的营销过程。并不是在任何条件下企业都要竭尽全力开发完全新品，美国企业营销的经验说明，产品创新的初始阶段是从小处入手的，大致包括六种途径：

一是改变。改变功能、形状、颜色、气味和其他特征。

二是增加。增加尺寸、强度和新的特征。

三是减少。减用其他材料、零部件、能源和色彩来取而代之。

四是替代。用其他材料、零部件、能源、色彩来取而代之。

五是颠倒。对现有设计来一个上下、左右、正反、里外的颠倒，甚至目标和手段颠倒。

六是重组。将零部件、材料、方案、财务等重新组合，包括叠加、复合、汇合、混合、综合等。

这样，企业可以走捷径，在产品变化中求得生存，在产品创新中获得利润。

③新产品的研发和推广是广泛传播的营销过程。完全新品问鼎市场，首先要推行新的消费理念，倡导和引领消费潮流。美国学者埃弗雷特·罗杰斯在 1962 年出版的《创新扩散》一书中提出：消费者采纳和接受新型产品需要一个过程，大致经过五个阶段：初识→兴趣→评价→试用→采用。企业针对需求规律，在不同阶段有的放矢地实施宣传和推动行为，使新品得到社会公众的广泛认同。

④新产品的研发和推广是企业整体的营销活动。首先，企业决策者要有创新意识，充分认识到更新产品的重要意义；其次，力争企业各层次、各职能部门管

理人员在产品创新问题上达成共识；与此同时，严格控制产品的研发工作进程和工作期限，严格要求一线操作人员的工艺技术和制作质量，以确保新产品的成功。

⑤新产品上市尽量实施高价策略。高价导入新产品的目的在于抓住独占市场的良机，短期之内收回投资，迅速获利。

[营销策划与执行范例6]　黎世纸制品公司新产品的市场推广

前言：随着长夏的临近，武汉人生活用纸需求量将会猛增，面对利润如此丰厚的纸制品市场，有哪个厂家会将其拱手相让呢？新产品上市，意味着暂时性市场平衡状态的打破，市场份额的重新分配；与此同时，上市新产品也必然会受到竞争者抵制、通路拒绝、消费者不认同等方面的考验，能否经受住考验，是新产品能否在市场上生存的标志。因此，对于一个策划新产品上市的产品经理来说，策划案的周密性、全局性及各类活动安排的巧妙性、有序性是非常重要的。

武汉黎世纸制品公司是一家小型私营企业，成立于1991年，主要生产中低档餐巾纸，年平均销售额为400万~500万元，员工近100人，在武汉市近200家纸制品企业中处于小型规模、中等销售额的竞争地位。2002年初，该企业做出扩大规模的经营决策，在保有原产品线的基础上引进卷纸产品线，生产中高档卷纸，并准备于当年夏天将新产品——“黎世”牌卷纸投入武汉市场。

一、市场背景分析

1. 行业供给状况。生活水平的提高使生活用纸迅速成为与消费者关系最为密切的消费品之一。生活用纸20年前还是单一的卫生用纸，发展到现在，已有日常生活用纸、生理卫生制品和一次性用品六大类近五十多个品种，用途涉及日常生活、医疗保健和工业擦拭等诸多方面。生活用纸的范围包括三大类：卫生纸及制品、一次性卫生用品和一次性纸容器。目前我国的餐巾、面巾纸、一次性纸尿裤、一次性卫生卷纸、女性卫生巾等产品在结构上基本适应了市场的发展。近两年投产的卫生纸生产线，特别是高档卫生纸生产线过于集中，生产需求和产量增长超过市场容量的增长幅度。

2001年全国卫生纸总产量275万吨，同比增长10%。出口量2.19万吨，进口量11.09万吨，消费量266.1万吨，年人均消费2.15公斤。表8-5反映出2001年全国卫生纸及其生产企业的供应状况。

表 8-5　2001 全国卫生纸生产企业及供应状况

单位名称	品牌	纸产能（吨/年）
金红叶纸业（苏州工业园区）有限公司	唯洁雅、清风、真真	120 000
维达纸业（广东）有限公司	维达、花之韵	75 000
常德恒安纸业有限公司	心相印	60 000
广东中顺纸业集团有限公司	洁柔、太阳、紫荷	56 000
宁夏鑫汇集团美洁纸业股份有限公司	美洁、滩羊	32 000
东莞市白天鹅纸业有限公司	贝柔、嘉民	33 000
中山市三角纸品制造有限公司	三角	25 500
宁夏紫金花纸业有限公司	吉丽、紫金花、吉丽来	25 000
金佰利（中国）投资有限公司	可丽舒、舒洁	39 000
西安市临潼区汉兴实业公司	汉兴、云宝	22 000
东莞市宝建纸业有限公司	宝明、三鱼	19 000
广西洁宝纸业投资股份有限公司	洁宝、榴花	20 000
永丰余纸业（昆山）有限公司	五月花	18 000
苏州宝洁纸品有限公司	得宝	18 000
云南江川翠峰纸业有限公司	天天亲亲、翠峰、百重花	15 000
漯河银河纸业有限公司	银鸽、舒蕾	8 000

2. 消费者需求分析。

生活用纸属于消费用品，因此，对中国市场的预测研究必须以中国居民的消费水平和消费结构作为基本依据。不同的发展阶段有其对应的消费结构。未来，中国人民的生活水平将在现有水平上继续有较大幅度提高，消费水平、消费结构和生活质量将加快向世界中等收入国家的平均水平迈进。据专家预测，到 2010 年中国人民将过上更加富裕的小康生活，其中，城镇居民的消费水平略接近目前世界中等发达国家居民的消费水平，农村居民的消费水平相当于 2000 年城镇居民中等偏下的收入水平。由此可见，随着中国城乡居民收入水平的持续上升，生活用纸的市场需求是庞大的。

有统计显示，1999 年，我国生活用纸总的需求量稳步增长。中国卫生纸类产品人均年消费量从 1994 年的 0.8 公斤增加到目前的 1.6 公斤以上，2000 年已达到 288 万吨消费量的水平。不过，这与发达国家人均 10 公斤以上的消费水平尚有差距，因此市场的潜力仍很大。生活用纸市场在今后十几年内仍处于成长期，将持续繁荣，稳步增长，并逐渐呈现小康型消费特征。消费层次呈现多样化且向中高档过渡，消费领域不断扩展，国内市场竞争更加激烈。

3. 竞争对手分析。根据对全国大型零售企业的统计，2000 年面巾纸、卫生纸和卫生巾市场综合占有率前十个品牌如表 8-6 所示。

表 8-6 2000 年全国大型零售企业生活用纸统计排序表

面巾纸		卫生纸		卫生巾	
品牌名称	市场综合占有率(%)	品牌名称	市场综合占有率(%)	品牌名称	市场综合占有率(%)
心相印	18.33	舒洁	7.38	护舒宝	17.44
清风	12.50	清风	5.73	安美尔	14.29
舒洁	9.49	心相印	5.70	娇爽	12.18
唯洁雅	7.52	唯洁雅	4.72	舒而美	10.49
五月花	7.31	真真	4.65	洁婷	9.94
维达	6.25	维达	4.63	苏菲	9.47
洁云	2.57	洁云	3.31	安乐	8.07
真真	2.46	安美尔	3.26	乐而雅	5.06
百乐得宝	1.62	五月花	2.87	高洁丝	5.01

从表 8-6 中可以发现，黎世纸制品公司的主要竞争产品是“心相印”（常德恒安集团），“清风”、“唯洁雅”（苏州金红叶纸业），以及“维达”（广东维达纸业）。

4. 黎世纸制品企业 SWOT 分析

（1）劣势及其存在的问题。纸制品是低值易耗品，产品需求量大，并且产品差异性很小，科技含量极低，所以在这样一个接近于安全竞争的行业里，企业的规模、实力是企业成为市场领先者的关键。而黎世公司是小型私营企业，无论是生产规模、产品种类、人员素质、内部管理还是产品知名度、销售渠道和市场占有率等各方面都与大企业有很大的差距。从整个纸制品行业看，它属于行业的跟随者，由于资金、规模、知名度和渠道等的巨大悬殊，它面临很大的生存危机，很有可能被市场淘汰。

①产品品种单一，目前只生产餐巾纸和卷纸。餐巾纸定位于低档产品，纸质粗糙，发灰，掉渣，不符合卫生要求，且包装简陋，只能销往街边小摊点。

②生产和管理原始，还停留于作坊式生产、传统管理阶段。生产流程简单，还在使用人工包装，极不符合科学操作及卫生标准。

③销售渠道建设尚属原始阶段，只是通过行业内口耳相传，由散户提货或给长期客户供货的方式销售产品，还没有进入像超市、商场、酒店及娱乐场所等正规的销售渠道。

④产品和知名度极低，企业几乎不做电视广告、报纸广告或促销等营销活动。

（2）优势及其存在的机会。

①企业扩大规模，新引进了卷纸生产线，并且在以往品牌“月季园”的基

础上增加了新品牌“黎世”，并准备把它作为高档产品品牌。

②由于许多消费者还不了解该公司，正好给了企业一个很好的机会去展示、推广它的新品牌“黎世”牌高级卷纸，并扩大市场知名度。

③企业在扩展新业务的同时，可以对原来的餐巾纸业务加以改造，比如，改进包装，增加香味；增加面巾纸，并通过包装印刷的方式为其他企业产品作广告。

二、营销策划方案

1. 目标市场选择及产品定位

(1) 市场细分。虽然卷纸是一次性大众消费品，但是不同层次的人对卷纸的要求还是有差别的。一般来说，收入稍高的人对自己的生活质量要求较高，他们倾向于使用价位较高、有一定品牌知名度、卫生检验合格的餐巾纸和卷纸。而收入一般的人会对产品的价格、品牌做综合考虑，在很难比较产品质量的情况下，他们会选择价格便宜的卷纸。收入偏低的人一般对产品价格比较敏感，他们在大多数情况下会购买比较便宜的卷纸。

(2) 选择目标市场。由于武汉城市人口多，夏季较长，高级卷纸的潜在市场需求量很大，所以应当选择中高收入水平的消费者为目标市场。

(3) 产品定位。开发卷筒纸系列，包括二层卷筒纸和三层卷筒纸，采用100%进口纯木浆为原料，纸质柔软细腻，富有韧性，不掉纸屑，吸水性强，卫生舒适。未添加荧光剂，保证产品绝对安全，对人体无害。每节打孔深度适宜，卷长足够，分为压花型和印花型。

开发盒装抽取式和塑料包抽取式系列，包括抽取式卫生纸和盒装香水面纸。包装可以设计成各种各样的，有的外观高雅，有的印成卡通图案，有的外观时尚，有的包装盒有清新香味等，以迎合不同审美观的消费者。规格有19cm × 21 cm × 2 层和 17 cm × 18 cm × 2 层两种。

2. 营销策略组合

(1) 产品策略。

“黎世”高级二层卷纸（12 卷）、“黎世”高级三层卷纸（12 卷）。

“黎世”高级二层卷纸（10 + 5 卷）。

“黎世”高级抽纸（60 抽）、“黎世”高级抽纸（120 抽）。

(2) 价格策略。定位属于中高档价位，低于“维达”、“心相印”、“唯洁雅”、“清风”，又略高于“五月天”、“洁云”。具体价格如下：

“黎世”高级二层卷纸（12 卷），14.80 元。

“黎世”高级三层卷纸（12 卷），18.80 元。

“黎世”高级二层卷纸（10 + 5 卷），15.60 元。

“黎世”高级抽纸（60 抽），4.50 元。

“黎世”高级抽纸（120 抽），8.60 元。

（3）渠道策略。

①进入类似于中百超市这样的大型超市，可能开始会有进入障碍，可以通过小批量试销，增加回扣返点等手段激励零售商进货。

②与小型零售商达成销售联盟，定点销售。

③寻找大型终端客户，如大型企事业单位、机关、政府部门，通过一系列价格优惠策略达成长期客户关系，销售产品。

（4）促销策略组合。卷纸作为一次性大众生活消费品，不同于食品、家电等产品，它的差异性很小，替代品牌很多，如何在短期内将卷纸成功地推入市场，扩大知名度，建立顾客忠诚度呢？必须另辟蹊径，寻找促销方式，并辅以畅通的销售渠道和一些宣传媒介。

①夏日炎炎，挥汗如雨！路上匆匆赶路的行人大多想找一处阴凉歇一歇，喝口水、擦擦汗：▲选几处大的车站，这里等车的人很多，并且几乎没有遮阳的地方。▲在车站牌旁边搭建一些简易遮阳棚，遮阳棚上印刷着醒目的大字：黎世职业为您遮起一片阴凉！▲每一个遮阳棚下面设置五把靠椅，全部背对着围成一圈，这样可以避免陌生人之间的尴尬。每一个遮阳棚设两名服务小姐，她们穿着整洁大方的套裙，笑容可掬。旁边设置矿泉水壶和“黎世”小袋装手帕纸，凡行人有休息或喝水的想法时，小姐就主动取一杯水和一包手帕纸递给行人，并且说：“您好，感谢使用黎世纸巾！”▲选择合适的地点和时间，在客流量较大的车站，在中午 10～11 点和下午 2～3 点天气炎热、行人较多的时段进行宣传。

②对于卷纸，高校大学生的消费量也很大。随着高校扩招，大学生的数量年年上升，可以在引导这一潜在消费群体上做文章：▲在高校云集地段的大中型超市，通过各种方法把“黎世”卷纸送上货架。▲在校园内派送“黎世”迷你装手帕纸，并承诺在新产品上市一个月的试销阶段，如果去附近超市买“黎世”品牌的任意产品，凭该包装袋可打 9 折，仅此一月特价优惠！▲大学生放假前会有很多准备考研的大学生四处奔波着上考研班，可以在考研班的时间、地点派送“黎世”迷你装手帕纸，并且在包装袋上印上上课的时间、场次、专题内容等相关信息，还要加一句：“世上无难事，只要肯攀登！”

③通过媒体、杂志推广产品：武汉洽谈会即将召开，我们可以通过各种渠道找到大会的主要负责人，与他洽谈能否将“黎世”香水纸巾作为武汉洽谈会的专用纸巾。谈判的过程也许有挫折，因为产品没有知名度，但是可以强调：这是一个双赢的结果！首先，我们的产品虽然是新产品，但质量绝对不亚于“维达”、“清风”，且卫生状况符合国家卫生标准。其次，这次活动的纸巾产品的价

格由主办单位决定，销售利润全部归主办单位，厂家只收成本，不要一分钱的利润。最后，产品的外包装可以根据主办单位的要求进行设计，只要在外包装上加上一句话：武洽会专用纸巾——“黎世”纸巾！

（资料来源：叶万春：《营销策划》，清华大学出版社，2005 年版，第 126 页）

本章内容小结

本章系统介绍产品整体概念、产品营销类型、产品组合定理；阐明产品运营模式，产品生命周期各阶段的运营策略；论述产品生命周期的营销价值；提出产品品牌塑造、产品包装、产品仿效、新产品研发与推广策划与执行技术。

■ 产品即一切能够满足消费者某种利益和欲望的物质产品和非物质形态的服务。产品是有形物品和无形服务的集合体，包括三个层次：核心产品、附加产品、延伸产品。产品依据不同的角度细化为多种类型，企业营销的产品结构呈现组合状态，产品组合方式不同，营销方式差别显著。

■ 产品从投放市场到退出市场，其行进状态各异，营销特点鲜明，运营策略不同：投入期突出试销策略，成长期突出质优策略，成熟期突出差别策略，衰退期突出退守策略。产品生命周期规律有助于产品决策。

■ 产品策划与执行技术主要涉及产品品牌塑造、产品包装、产品仿效、新产品研发与推广等方面的策划要义、方案要领和执行要求。

【本章研习 1：品牌塑造技术】

研习目标：通过学习、训练，了解成功品牌的塑造过程，积累品牌维护的经验，研究品牌竞争的规律。

研习内容：

■ 实地调研

以自愿的原则组成训练小组，分别扮演北京三元乳品公司、上海光明乳业公司、内蒙古蒙牛乳业公司或内蒙古伊利乳业公司的角色，就产品品牌的塑造过程进行市场调研。

■ 小组讨论

根据调查结果，研究公司在品牌根植、品牌定位、品牌塑造、品牌维护等方面的创意与执行手段，同时站在公司与用户双方角度衡量品牌塑造的成果。

■ 提交分析报告

分别提交三元品牌、光明品牌、蒙牛品牌和伊利品牌的分析报告，阐明品牌塑造的经验与关键问题，站在公司的角度提出乳品行业品牌竞争的建设性意见。

■ 展示研习成果

以小组为单位交流课题的研习成果，质疑同学问题，最后由指导教师进行点评。

研习检测：满分 10 分

实地调研过程（3 分）；研究分析报告（4 分）；研习成果展示（3 分）。

【本章研习 2：新产品推广技术】

研习目标：通过学习、训练，了解新产品市场扩散的过程，掌握新产品市场扩散的总体构思，熟悉新产品市场推广的执行要求。

研习内容：

■ 背景资料

北京汉通科技有限公司成立于 1992 年 2 月，是以推广应用新技术、开发研制新产品为目标的经济实体。公司拥有一支由专家、教授、高科技人员组成的科研队伍；有先进的检测设备及完善的生产设备；多年来研制成功电网自动化支流系统、全自动过滤系统、全自动水处理设备等高新技术产品；产品进入市场取得了较好的经济效益及社会效益。

近年来，公司开发研制成功的汉通牌“酸性氧化电位水发生器”是一种环保型的医疗器械新产品，已取得卫生部、国家药监局、国家知识产权局颁发的有效证件。酸性氧化电位水发生器能同时产生酸性和碱性两种氧化电位水，其酸性水是一种高级的消毒液，这种消毒液对人体皮肤黏膜无毒、无刺激、无过敏，使用后不产生任何残留，对环境无任何污染；其碱性水是一种高效的洗涤液，这种洗涤液对人体无刺激，使用后不产生残留，对环境无污染。

酸性氧化电位水发生器适应诸多领域，有很多用途。

其一，在医疗卫生领域可为医疗器械清洗消毒，为传染病房及环境消毒。消毒时不需要人员离开而直接喷洒消毒。医护人员及患者可以用来直接漱口和洗手消毒；各种内窥镜及透析器具清洗消毒；烧伤、创伤及疮患部位可直接清洗创面而无疼痛，还具有镇静作用。

其二，在服务行业可为饭店、宾馆的环境消毒及设备器具的清洗消毒；可为食堂、饭馆的餐、饮具清洗消毒；还可为个人卫生清洗消毒。

其三，在禽、畜养殖业可直接为养殖环境喷洒消毒，禽、畜不必离开现场。经农业部兽医局中心实验室检测，酸性氧化电位水对口蹄疫、禽流感病毒有很强的杀灭能力。

其四，在农业上用酸性氧化电位水喷洒植物，可有效杀灭虫卵及病菌，促进植物生长；在蔬菜大棚中可杀灭虫卵及幼虫，减少农药喷洒次数。

该公司研制的酸性氧化电位水发生器根据出水量的大小分为五种型号，价格6万~8万元不等。目前，市场上销售酸性氧化电位水发生器并取得卫生部门及国家药监局审批认可的企业有12家，市场竞争比较激烈。如何进行产品的市场扩散？如何使产品得到消费者的认同？是汉通公司亟待解决的问题。

■ 策划研习

作为北京汉通科技有限公司的营销经理，提出酸性氧化电位水发生器市场扩散的总体思路，拟定产品市场推广方案。

方案提示：产品的目标市场及其市场定位、产品市场推广预期成果、产品市场推广的环节与步骤、产品市场推广的支持条件。

■ 执行研习

设计汉通公司酸性氧化电位水发生器市场扩散示意图、市场推广流程图，阐明产品市场推广过程中的成本耗费及其控制，预期风险及其规避方法，请具有相关经验的企业人士给予评价。

研习检测：满分10分

产品市场扩散的总体思路及其示意图（2分）；产品市场推广策划方案及其流程图（4分）；产品市场推广过程中的成本耗费及其控制、预期风险及其规避方法（4分）。

9　价格策划与执行

本章教学目标

■ 了解价格波动的关联因素

■ 熟悉价格策划参数，了解价格策划与执行所要规避的风险

■ 熟悉价格运营模式，明确价格目标，掌握定价方法与变价策略

■ 掌握价格让渡、价格平稳、价格提升、价格下降和价格惠顾的策划与执行技术

9.1　价格概述

价格的确定既要以成本费用为基础，又要以购买能力为前提，还要以竞争产品为参照。价格的形成需要准确地把握多项要素，对市场供求变化作出灵敏反应。因此，价格决策具有相当的灵活性。正如一位企业家所言："在营销决策的各个领域中，价格是最令人捉摸不定的。"

价格的敏感性与灵活性决定了价格策划既是一门科学，又是一项艺术，既有统计学、会计学方面的测算，又有心理学、社会学方面的分析，体现出科学与艺术的高度统一。因此，价格策划是营销策划领域中非常重要且独具特色的部分。

9.1.1　价格波动的关联因素

9.1.1.1　需求因素

市场需求是影响价格波动的重要因素，它决定了产品价格的上限，企业定价与调价必须考虑用户对不同价格的接受程度与反应状况。

(1) 需求规律。一般来说，产品的价格越高，该产品的需求量就会越小；相反，价格越低，需求量就会越大，这就是需求规律。需求曲线是一条从左上方向右下方倾斜的曲线（见图9-1）。

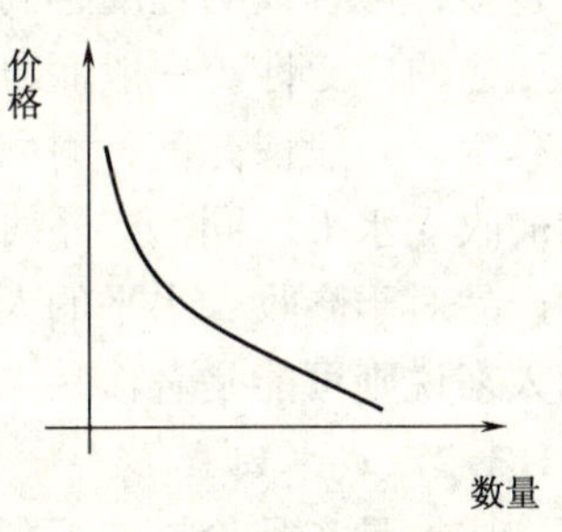

图9-1　需求曲线

需求曲线表明，市场需求随着产品价格的上升

而减少，随着价格的下降而增加，但是也有一些产品的需求和价格之间是同方向变化的，如有价值的收藏品或装饰品等。

（2）需求价格弹性，即因价格变动而引起的需求相应的变动率，反映需求变动对价格变动的敏感程度。用 Ep 表示需求价格弹性，则 Ep = 需求量变动的百分比/价格变动的百分比。为比较需求价格弹性的大小，

定价时考虑需求价格弹性的意义在于，不同产品具有不同的需求价格弹性。从其弹性强弱的角度决定企业的价格决策，主要分为以下三种类型。

$Ep=1$：反映需求量与价格等比例变化。对于这类商品，价格的上升（下降）会引起需求量等比例的减少（增加），因此，价格变化对销售收入影响不大。定价时，可选择实现预期赢利率为目标的价格或选择通行的市场价格；同时，将其他市场营销措施作为提高赢利率的主要手段。

$Ep>1$：反映需求量变动的百分比大于价格变动的百分比，称为需求富有弹性。对这类商品，价格的上升（下降）会引起需求量较大幅度的减少（增加）。定价时，应通过降低价格、薄利多销达到增加赢利的目的；反之，提价时务求谨慎，以防需求量锐减，影响企业收入。

$Ep<1$：反映需求量变化的百分比小于价格变化的百分比，称为需求缺乏弹性。对这类商品，价格的上升（下降）仅会引起需求量较小程度的减少（增加）。定价时，较高水平价格往往会增加赢利，低价对需求量刺激效果不明显，薄利不能多销，反而会降低收入水平。

需求价格弹性的高低主要取决于六个因素：①用户对产品的需要程度。用户对生活必需品的需求强度大且比较稳定，因而生活必需品的需求弹性小；用户对高档消费品和奢侈品的需求强度小且不稳定，因而高档消费品、奢侈品的需求弹性大。②产品的重要性。某种产品的支出在消费者的总支出中所占比例较小，那么该产品的价格变动对消费者的影响较小，因而其需求的价格弹性也较小；反之，需求的价格弹性较大。③产品的替代品数目和可替代程度。一种产品的替代品越多，可替代的程度越高，其需求弹性就越大。反之，需求弹性就越小。④产品用途的广泛性。一般而言，产品的用途越多，其需求弹性就越大。⑤产品的耐用程度。一般情况下，耐用品的需求弹性大，而非耐用品的需求弹性小。⑥消费者的收入水平。同一产品对不同收入水平的人来说，需求弹性是不同的。因为一种产品对于高收入水平的人来说可能是必需品，需求弹性小，但对于低收入水平的人来说则可能是奢侈品，需求弹性大。

9.1.1.2 成本因素

成本是产品价格的下限，从长期来看，任何产品的价格都应高于所发生的成本费用，生产经营过程中发生的耗费才能从销售收入中得到补偿，企业才能有所

收益，再生产活动才能得以继续进行。因此，企业进行价格决策时必须估算成本。

（1）产业成本，即企业在生产领域制造产品过程中所发生的成本总和。它主要分为以下各项：

①固定成本：是指在既定生产经营规模范围内，不随产品种类及数量的变化而变动的成本，如折旧、照明、空调、产品设计、市场调研和管理人员的工资等项支出。

②变动成本：是指随产品种类及数量的变化而变动的成本。主要包括用于原材料、燃料、运输和存储等方面的支出，以及生产工人工资、部分市场营销费用等。

③总成本：是指全部固定成本与变动成本之和。当产量为零时，总成本等于未开工时发生的固定成本。

④平均固定成本：是指单位产品所包含的固定成本的平均分摊额，即固定成本与总产量之比，它随产量的增加而减少。

⑤平均变动成本：是指单位产品所包含的变动成本的平均分摊额，即总变动成本与总产量之比。它在生产初期水平较高，其后随产量的增加呈递减趋势，但达到某一限度后，会由于报酬递减率的作用转而上升。

⑥平均成本：是指总成本与总产量之比，即单位产品的成本费用。

企业定价必须首先使总成本费用得到补偿。这就要求价格不能低于平均成本费用，但是这仅仅是获利的前提条件。利润取决于价格、平均成本和销售量。就单个产品而言，如果成本费用不变，则价格越高，赢利越多。企业的赢利总额并不是单位商品赢利之和，单位商品包含的赢利水平高，并不意味企业总赢利水平必然就高。正确的计算公式为：

企业赢利 = 全部销售收入 − 全部成本费用
= 商品销售数量 ×（单位商品价格 − 单位商品成本费用或平均成本费用）

由上述公式可见，企业赢利是单位产品实现的赢利与销售数量两者的乘积，但这两个因素是相关的。由于价格对需求存在反向作用，价格过高可能导致需求量及销售量的减少，进而降低企业收入及赢利水平。因此，其他条件既定，企业赢利状况最终取决于价格与销售数量之间的不同组合，利用边际收入与边际成本的分析结果，可以知道当价格等于边际成本时，价格与销售数量达到最佳组合，从而实现企业的利润最大化。

（2）商业成本，即企业在流通领域经营产品过程中所发生的成本费用的总和，它主要分为两个部分：产品的进价成本和产品的流通费用。

①产品的进价成本：是指企业购入商品的价格。国内购进产品的进价成本包括国内购进产品的原始进价和购入环节缴纳的税金。国内购进产品的原始进价是

指按照国家规定价格或市场价格等，实际支付给供货单位的进货价格；国外购进产品进价成本是指进口产品在到达目的港口以前发生的各种支出，包括进口价格、进口税金、实际支付给代理单位的进口合同价格之外的涉外运费、保险费和佣金等。

②产品流通费用：是指企业在进行采购、运输、保管和销售过程中所发生的各项费用。产品流通费用分为三种：经营费用，即企业在整个经营环节中所发生的各种费用，包括由企业负担的运输费、装卸费、包装费、保险费、展览费、检验费、广告宣传费、商品损耗和经营者的工资及福利费用等；管理费用，即企业行政管理部门为管理和组织商品经营活动而发生的各项费用，包括管理人员工资及其福利费、业务招待费、技术开发费、职工教育费、劳动保险费、折旧费、房产税等；财务费用，即企业为筹集资金而发生的各项费用，包括利息净支出、支付的金融机构手续费等。企业产品价格运行之时，必须注意产品在进、销、储、运各环节发生的成本费用是否能得到补偿。

9.1.1.3 竞争因素

（1）竞争态势。产品的最高限价取决于该产品的需求水平；最低限价则取决于该产品的成本费用，那么产品价格在最高与最低之间的波动幅度则取决于市场的竞争态势。

不同的竞争环境，企业控制价格的回旋余地不同，在定价与调价之时，企业必须对产品的竞争程度予以分析，从而把握市场态势。

①完全竞争的态势（自由竞争态势）：是指在市场上的买卖双方对于产品的价格均不能产生任何影响力，价格完全由供求关系决定。在这种竞争态势中企业不可能采用提价或降价的方法增加收益，只能靠提高生产效率、降低成本的方法提高获利水平。

②完全垄断的态势（独占态势）：是指在市场上的产品完全被某个供应商所垄断和控制，他有完全自由的定价权，可以通过垄断价格获取高额利润。现实中某些国家特许的独占企业在完全垄断的态势中扮演主要角色（如邮政、铁路、电信、供水），但是这些企业的产品价格也往往受到政府的干预。

③垄断竞争的态势：是指既有独占倾向，又有竞争成分的市场状况。主要特点为同类产品在市场上有较多的生产者，市场竞争激烈；同类产品存在着差异性，进入或退出市场比较容易，不存在障碍。在这种竞争态势中，少数竞争者凭借优势可以对市场价格产生较大影响。

④寡头垄断的态势：是指产品的绝大部分由市场中的少数几家企业所垄断和控制，产品的价格不是通过供求关系决定的，而是由几家大企业通过协议或默契规定的。价格一旦确定，它们就互相牵制，一般不能轻易变价。供货商与零售商

交易时，产品供货价有时出现这种情况。

（2）竞争者产品价格。企业进行决策时，还要参照竞争者的产品及其价格，既可以搜集竞争对手的产品价目表或买回其产品进行分析研究，也可以派出专门的“市场行情调查员”了解上市同类产品的平均价格水平。如果企业的产品与竞争者的同类产品质量相近，那么，两者的市场价格也应大体一致；如果本企业的产品质量较高，则市场价格相应较高；如果本企业的产品质量较低，那么市场价格相应较低。

9.1.1.4 政策因素

企业进行价格决策时，必须考虑政府宏观调控的侧重点和市场监管措施以及有关法律法规。政府一般通过经济手段、法律手段和行政手段对市场中的产品价格进行程度不同的监督和控制，每项宏观调控政策的出台、经济法规的实施和管制手段的运用都会引起企业产品价格的相应调整。政府禁止的价格行为分为四类：禁止价格垄断、禁止价格欺诈、禁止价格歧视、禁止低价倾销。

9.1.2 价格风险规避

价格，作为产品与货币交换的比例系数，是影响产品交易质量的关键因素。如今，非价格因素对用户选购产品的影响越来越大。然而，产品价格仍然是企业营销不容忽视的问题，它既关系到市场需求量的大小，又关系到企业利润水平的高低，是企业与客户之间既得利益分割的敏感要素。它意味着企业让渡多大的产品所有权和使用权；用户让渡多少货币，买卖双方才能够最终达成交换协议。

价格关系到企业营销的成败，具有相当的风险性，其风险表现为如下各种形式：

其一，价格难以被目标用户所接受，致使产品的销量下降，企业难以形成生产规模。

其二，价格不当，影响企业内部产品组合的整体协调，殃及企业其他产品的增值，进而影响企业的整体利润。

其三，价位不当，引起消费者的漠视甚至抵制，招致竞争者的围攻报复，使企业陷入“腹背夹击”的营销困境。

其四，价格僵化，不能适应变动的市场环境，不能满足日新月异的消费需求，进而影响企业的整体形象。

其五，价格与政策法规相悖，违反了相关的价格管理规定，尤其是在国际市场，其产品售价构成了倾销行为，势必遭遇市场的排斥。

其六，价格策略未被企业员工充分理解，在贯彻、执行变价策划时，企业执行不连贯、不协调，引起用户的猜疑和误解，在价格变动过程中出现漏洞，给不法之人以可乘之机。

为此，企业需要规避价格风险：首先，价格确定和管理必须遵循整体性、前瞻性和沟通性的原则。其次，加强对市场环境的预测，加强对产品成本的检测，加强对竞争对手的观测，在此基础上，加强对价格策划与执行过程及其结果的分析和评价，合理地进行价格整合。再次，买卖双方在交易过程中，企业不仅要关注产品的价格，还要根据交易合作期限的长短、市场价格的走势及其振荡幅度以及市场通货膨胀率的高低，选择合适的价格规定方式（固定交易价格或非固定交易价格），避免价格波动给企业带来损失。

9.1.3 价格策划参数

企业为了扩大产品销售量，提高市场占有率，收回投资、增加赢利，必须根据企业的外部因素和内部条件提出价格方案，从而确定和管理本企业产品的价格。

9.1.3.1 企业的外部因素

（1）企业制定的产品价格是否符合消费者购买能力，目标用户能否接受。

（2）产品价格的高低差别源于产品整体特征的差别，本企业产品与市场同类产品之间的区别所在。

（3）企业的市场信誉。

9.1.3.2 企业的内部条件

（1）新产品与原有产品在价格方面的协调。

（2）产品价格与企业目前利润的协调。

（3）产品价格与产品销售数量的协调。

9.2 价格运营模式

企业的产品价格按照一定的方式和规则运营，其规范化和系统化的实施过程称之为价格运营模式，它是由价格目标、价格方案、定价方法、调价策略等一系列环节组成。价格目标是企业高层次的决策，直接形成了产品价格的导向，代表着企业产品价格执行的总体方针；价格方案是企业为实现定价目标，参照相关因素做出的产品价格的执行安排；定价方法是企业贯彻价格目标、执行价格策划的具体战术；调价策略是价格决策最复杂的环节，体现出价格执行的变通与灵活（见图 9 - 2）。

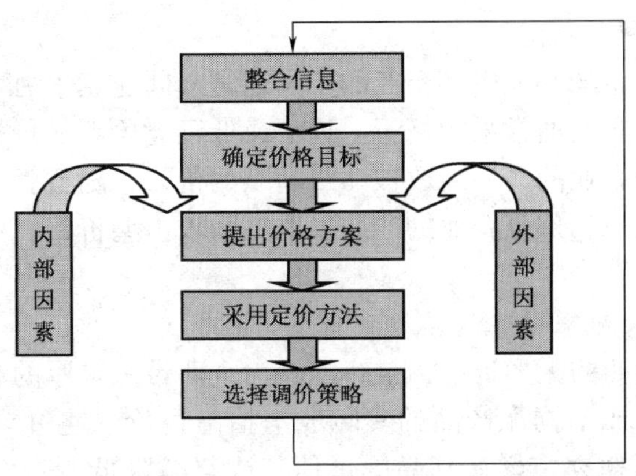

图9－2 价格运营模式

9.2.1 价格目标

价格目标，即企业通过制定或调整特定的价格水平所要达到的预期目的。价格目标是营销目标体系中的重要部分，受到营销总体目标的限定和制约。价格策划以价格目标为基础，表明了价格策划的指向，引导出价格执行的动力。

9.2.1.1 资本增值

任何企业都要求获得资本的保值或增值，尤其是投资较大的企业，要求产品价格能够在一定期限内实现预期的投资回报。投资回报率的确定与价格水平直接相关，在产品成本费用不变的情况下，价格的高低取决于投资回报率的大小。进行价格策划时，需要依据企业的资本成本，参照行业的平均投资回报率、投资回收期，把预期的投资回报分摊到价格中去，确保资本增值。

9.2.1.2 扩大利润

扩大销售、提升利润是企业共同的愿望，在市场前景看好、市场容量较大、产品处于竞争优势，甚至居于垄断地位时，企业往往以追逐利润为价格目标。尽管利润与价格的关联程度极高，然而高利并不等于高价，扩大利润的愿望与动机促使企业一方面可以通过高价获取短期利润；另一方面可以通过平价或低价，即薄利多销，实现利润总额的增大，获得长期利益。

9.2.1.3 提高市场占有率

市场占有率即企业产品销售量在同类产品市场销售总量中所占的比例，是企业营销状况的重要标志。以市场占有率为价格目标，企业产品以低价渗透的方式进入市场，在短时期内能够提升品牌的知名度，却会影响产品的单位利润。伴随着市场份额的逐步扩大，企业薄利多销，同时降低产品成本，能够提高整体获利水平。

9.2.1.4 应对竞争

在竞争激烈的市场环境中，企业的产品通常与同业竞争对手比质比价，为应对竞争局面所需，企业通常采用高于、近于或低于竞争者的价格出售产品。为避开竞争锋芒，部分企业的产品采取被动跟随型的价格，随行就市，以缓解竞争压力；为迎合竞争挑战，部分企业的产品采取主动攻击型价格，标新立异，以控制竞争局面。

9.2.1.5 维护品牌形象

品牌形象是企业的无形资产，最终能够为企业带来丰厚的利润。企业要确立产品的品牌形象，或不拘泥产品的实际成本抬高售价，通过“高价”显示产品的与众不同，从而树立、彰显其品牌价值；或努力降低制造和推广成本，通过“低价”展示产品的大众亲和力，从而渗透、普及其品牌价值。

9.2.2 定价方法

企业为产品定价时，依据价格目标选择定价方法。产品价格的高低主要受到成本费用、市场需求和竞争状态等因素的影响，由此，定价方法各有侧重，主要归结为三大类。

9.2.2.1 成本导向定价

（1）完全成本加成定价法。定价原理：在单位商品成本的基础上加上一定比例的预期利润（加成率）作为商品的销售价格。

完全成本加成定价法计算公式为：

$$产品售价 = 单位完全成本 \times（1 + 成本加成率）$$

式中，

$$成本加成率 = [（售价 - 进价）\div 进货成本] \times 100\%$$

进价加成定价法计算公式为：

$$产品售价 = 进货价格 \div（1 - 加成率）$$

式中，

$$加成率 = [（售价 - 进价）\div 售价] \times 100\%$$

【例题1】某超市购进一批同型号彩电，进价为每台1 500元。假设市场平均毛利率为8%，根据成本加成定价法，确定该批彩电的零售价。

解：彩电零售价格 $=1\ 500 \times [1 \div (1 - 8\%)] = 1\ 630$（元）

成本加成定价法操作简便易行，在正常情况下，按照这一方法定价可以使企业获取预期利润，但此法有两个缺点：其一，缺乏对市场供求反应的灵活性；其二，缺乏对市场竞争变化的适应性。因此，成本加成定价法主要用于那些一次性生产，且事先难以确定成本的产品，在营销环境复杂、竞争激烈的情况下，不宜使用这种方法。

（2）盈亏平衡定价法。定价原理：在一定销售量下，当价格提高到某一水平时，产品的成本费用恰好被销售收入所补偿，利润为零。如果价格低于这个水平就会发生亏损；如果价格高于这个水平就会赢利。因此，最低价格就是企业赢利为零时的价格水平。用公式表示为：

$$P' = FC \div Q' + VC$$

式中，FC 为固定成本；VC 为变动成本；Q'为销售量；P'为商品最低售价（见图 9－3）。

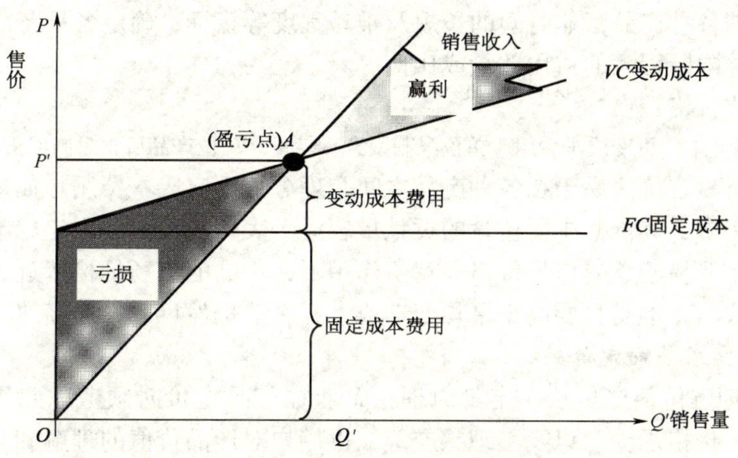

图 9－3　盈亏平衡定价法

【例题 2】某商店每日固定成本 10 000 元，单位商品进价为 10 元。若每日的销售量为 2 500 件，价格定为多少，该商场才不会亏损？

解：

$$P' = 10\ 000 \div 2\ 500 + 10 = 14 \text{（元）}$$

盈亏平衡定价法在商品组合具有相当深度和广度的零售企业较为适用，它为企业实施产品组合定价策略奠定基础。因为企业经营多种商品，在某一时期不可能保证经营的所有产品都处于赢利状态。当某种产品滞销时就须采取保本定价的方法，把赢利的侧重点转到畅销产品上。对畅销产品须采取超越保本点的定价方法，以保证企业利润的总体水平，实现产品组合的优化。

（3）目标贡献定价法。定价原理：目标贡献定价法又称为可变成本定价法，即以单位变动成本作为定价的基础依据，加入单位产品贡献，形成产品售价。贡献即产品售价超出可变成本的部分，其意义在于，单位产品的销售收入在补偿其变动成本之后，首先用来补偿固定成本费用。目标贡献定价法的计算公式为：

价格＝单位可变成本＋单位产品贡献额

确定贡献的四个步骤：

①确定一定时期内企业的目标贡献：

$$年目标贡献=年预计固定成本费用+年目标赢利额$$

②确定单位限制因素贡献量：

$$单位限制因素贡献量=\frac{年目标贡献}{限制因素单位总量}$$

式中，限制因素是指企业所有产品在其市场营销过程中必须经过的关键环节，如劳动时数和资金占用等，也可以根据企业产品的自身运营特性加以确定。

③根据各种产品营业时间的长短及难易程度等指标，确定各种产品在营销过程中对各种限制因素的占用数量或比例。

④形成价格：

$$价格=单位可变成本费用+单位限制因素贡献量\times单位产品所含限制因素数量$$

目标贡献定价法易于在各种产品之间合理分摊固定成本费用。如果产品的限制因素占用多，其价格中所包含的贡献量较大，表明该种产品固定成本的分摊额较多，即企业易于承受市场价格。竞争作用下，产品的市场价格接近或者高于企业的平均成本，但是只要高于平均变动成本，企业仍然可以选择接纳。

9.2.2.2 需求导向定价法

（1）理解价值定价法。定价原理：企业在产品定价时须考虑到用户对价格的理解力、价格承受力以及心理感应等，以用户对产品价值的理解和认识程度为依据确定产品价格。确定产品价格的关键因素是买方对产品价格的理解水平，而不是卖方成本。每一种产品的性能、质量、用途和外观等在用户心目中都有一定的认识和评价。当产品价格水平和用户对其价值的理解和认识水平大体一致时，用户就会接受这种价格；反之，用户就会拒绝这种价格。

理解价值定价法，一要根据商品的性能、用途、质量和外观及市场营销组合，估计用户对产品价值的理解程度，决定产品的初始价格；二要预测产品销售量；三要预测目标成本（目标成本=销售收入总额-目标利润）；四要进行决策，适度提高或降低初始价格。若实际成本大于目标成本，则说明初始价格偏低，目标利润得不到保证；若实际成本小于目标成本，则说明在初始价格下，目标利润可得以保证。

理解价值定价法需要注意两个问题：其一，老练的用户一般不会将自己的支付意愿坦诚相告，一旦用户意识到企业将以自己的支付意愿为基点调整价格，就会源于利益的驱动将某些真实的信息隐藏起来，甚至有意误导企业作出价格决策；其二，企业新上市的产品，用户对其价值的认识和理解程度往往不够，这就需要企业通过广泛的营销活动，尽力向用户传播产品价值并提供相应的保证，使新产品逐步被市场所认同。

（2）需求差异定价法。定价原理：根据用户对产品的需求程度不同，可以对同一种产品制定两种或两种以上的价格。具体有四种形式：

①因地点而异的差别定价，是指对同种产品，按照位置或地区差别规定不同的价格。

②因时间而异的差别定价，是指对同种产品按照用户购买时间的差别规定不同的价格。

③因产品属性而异的差别定价，是指对同种产品按照其规格、式样、花色、包装及其寓意的差别规定不同的价格。

④因用户属性而异的差别定价，是指对同种产品按照使用者的职业、阶层、年龄和购买能力的差别规定不同的价格。

需求差异定价法有利于减少需求波动，增加产品销量，扩大产品市场占有率。但实施该方法要具备四个条件：一是市场能够根据需求强度的差别进行细分；二是细分后的市场在一定时期内相对独立、互不干扰；三是高价市场中排斥低价竞争者；四是价格歧视不致引起用户反感。

9.2.2.3 竞争导向定价法

（1）随行就市定价法。定价原理：以行业的平均价格水平或竞争对手的现行价格为基准制定自己产品的价格。在许多情况下，企业对市场中的消费状况及竞争态势知之不足，盲目采取价格行动会有很大风险，要想规避这种风险最好采用随行就市的定价方法，其价格与竞争者的产品价格保持一致能够获取行业平均利润，同时其价格易于被消费者所认同，从而保证产品销路稳定。

随行就市定价法适用于竞争激烈的均质产品以及某些原材料的价格制定，在完全寡头垄断市场中也普遍采用。然而，该定价方法使企业价格运营毫无特色，不利于企业树立产品品牌形象。

（2）竞争差异定价法。定价原理：根据市场竞争态势和自身产品与竞争者产品的差异制定价格。

运用竞争差异定价需要做好四项工作：

①将本企业产品的估算价格与竞争者产品价格进行比较，分别有高于价格、低于价格和同等价格三个层次。

②将本企业产品的性能、质量、款式、产量以及成本等与竞争者产品进行比较，分析造成价格差异的原因。

③寻求本企业产品特色和卖点及其市场定位，以此为基础依据定价目标确定价格。

④跟踪竞争者产品的价格变动，相应调整本企业产品的价格水平。

竞争差异定价法一般为实力雄厚的市场主导企业或者产品独具特色、可填补市场空白的企业所适用。

（3）密封投标定价法。定价原理：在投标交易场合下，买方公开招标，卖方竞争投标，密封递价，买方按照物美价廉的原则择优选取，到期公布中标者名单，中标企业与买方签约成交。因此，卖方企业的投标价格是依据对竞争者报价估计而确定的。一般而言，报价低可增加中标机会，然而利润低；反之，报价高降低中标机会，但是利润高。企业报价时，既要考虑目标利润，也要结合竞争态势，考虑中标概率。显然，最佳报价应为目标利润与中标概率两者之间的最佳组合。

运用密封投标定价法有其限定条件，即密封投标定价法通常适用于买方引导卖方通过竞争成交的状况，卖方企业往往难以估计中标概率，这涉及对竞争者投标情报的掌握，只有通过分析间接材料和审视竞争态势，凭借营销经验加以推断。

9.2.3 变价策略

9.2.3.1 折扣与折让策略

在定价过程中，可先定出一个基本价格，然后，用各种折扣和折让来刺激中间商和最终用户，以促进销售。常用的折扣或折让形式：

（1）现金折扣。在赊销的情况下，卖方为鼓励买方提前付款，按原价给予一定折扣。例如，“2/10 净 30 天”，表示付款期为 30 天，如客户在 10 天内付款，给予 2% 的折扣。这种折扣在西方很流行，它可增加卖方收现能力，减少信用成本和呆账。

（2）批量折扣。为刺激用户大量购买而给予的一定折扣，购买量越大，折扣越大，但折扣数额不可超过因批量销售所节省的费用额。批量折扣可按每次购买量计算，也可按一定时间内的累计购买量计算。在我国通常称为“批量差价”。

（3）功能折扣，也称贸易折扣，是指制造商给中间商的折扣。因不同的分销渠道所提供的服务不同，给予的折扣不同；因批发商和零售商的功能不同，折扣也不同。例如，制造商报价“100 元，折扣 40% 及 10%”，表示给零售商折扣 40%，即卖给零售商的价格是 60 元；给批发商则再折扣 10%，即 54 元。

（4）季节折扣，也称季节差价，是制造商为保持均衡生产、加速资金周转和节省费用，鼓励用户淡季购买（如夏季购进毛衣），按原价给予的一定折扣。

（5）折让。折让也是减价的一种形式，例如，“以旧换新折让”多见于汽车或其他耐用品；“促销折让”是对中间商促销的一种报酬。

9.2.3.2 地区性价格策略

企业的价格策划还须考虑对不同地区的用户施以不同的产品售价。

（1）FOB原产地价格。FOB即Free On Board的简称，意为在海轮或内河船上交货的贸易条件，即卖方负责在约定的装运港将货物运到买方指定的船上交货，并承担此前的一切风险和费用。交货后的一切风险和费用（包括运费）则由买方承担。这样，每个用户都各自担负从原产地到目的地的运费，这种定价法有可能失去远方用户，因为远方用户必须承担较高的运输费用。

（2）统一交货价格，即企业对不同地区的用户实行统一价格加运费，运费按平均运费计算。这种定价法简便易行，并可争取远方用户，但对近处用户不利。

（3）区域价格，即把企业产品的销售市场划分为若干区域，在每个区域内价格统一，一般对较远的区域定价高些。

（4）基点价格。企业指定某些城市为基点，按基点到用户所在地的距离收取运费，而不管货物实际上是从哪里起运的。如果所有的卖主都以同一城市为基点，那么所有用户都支付同样的装运价格，即可消除价格竞争。

（5）免收运费价格。有些急于同某用户或某地区做成生意的企业，由自己负担部分或全部运费，以促成交易。这样做是为了扩大销售，使平均成本降低而足以补偿这部分运费开支，从而达到市场渗透，在竞争中取胜的目的。

9.2.3.3 心理价格策略

心理价格是指企业利用消费心理，有意识地将产品价格上涨或下调，以刺激需求、扩大销售。

（1）声望价格。著名企业的名牌产品故意把价格定成高价，称为声望定价，质量不易鉴别的产品最适合采用此法。因为消费者有崇尚名牌的心理，往往以价格判断其质量，认为高价格代表高质量。如艺术品、礼品或炫耀性商品价格必须有适当的高度，定价太低反而不利于销售。

（2）参照价格。当用户选购商品时，头脑中常有一个参照价格。参照价格可能是用户已了解到的目前市场上这类产品的一般价格，也可能是将以前的价格当作参照价格。企业在定价时可以利用和影响用户心目中的参照价格。例如，在陈列时有意识地将某件产品放在价格较高的产品附近，表示这种产品也属于高档产品之列。

（3）零头价格。表现为一般日用品的价格以零头数结尾，例如，29.95元，28.50元。这样的价格使用户产生两种感觉：其一，误以为产品是依据成本定价，企业计算精确，态度认真；其二，商品在原价基础上打了折扣，显得相对便宜，价格低廉。

（4）整数价格。表现为高档耐用消费品的价格以整数结尾，这样的价格既增加了用户对产品的信任感，又利于价格核算。

（5）招徕价格，即利用用户的求廉心理，在固定时期有意识地把某种畅销品的价格定得低于一般市价，以招徕用户，增加商品的销售量，扩大企业影响。

9.2.3.4 新产品价格策略

（1）市场撇脂价格，即新产品以尽可能高的价格投入市场，尽快收回投资，以求获利最大。这是对市场的一种榨取，就像从牛奶中撇取奶油一样，所以称为“撇脂”价格。

采用撇脂定价法有三个前提条件：产品的质量与高价格相符；要有足够的用户能接受这种高价并愿意购买；竞争者在短期内不易进入该产品市场。

市场撇脂定价法的优点是：新产品初上市，奇货可居，可抓紧时机迅速收回投资，再用以开发其他新产品；价格开始定高些，有较大的回旋余地，可使企业在价格上掌握主动权，根据市场竞争的需要随时调价；企业可根据自己的生产供应能力，用价格调节需求量，避免新产品断档脱销，供不应求；可提高产品身价，树立高档产品的形象。

（2）市场渗透价格，即在产品投入阶段以较低的价格吸引大量用户，迅速占领市场，以取得较大的市场份额。

采用市场渗透定价法有两个前提条件：目标市场必须对价格敏感，即低价可扩大市场，促进销售；生产和分销成本必须随销售量的扩大而降低。

市场渗透定价法的优点是：可促使新产品迅速成长，战胜竞争对手，企业通过扩大生产，降低成本，薄利多销，保证长期的最大利润。但是，如果需求的价格弹性不大，扩大生产和降低成本的可能性很小，则不可采取这种定价方法。

9.3 价格策划与执行技术

9.3.1 价格让渡

（1）策划要义

价格竞争是营销竞争的惯用形式，企业在新产品定价时，既要顾忌目标用户的购买能力、考虑产品的成本及其毛利水平，更要着眼于产品的竞争状态，以应对或挫败竞争对手作为价格目标，广泛收集竞争信息，对竞争者同类产品的价格进行比较、权衡之后，制定本企业新产品的价格。价格决策竞争通常有三种方案可供选择：

①以高于竞争对手的价格出售产品。只有那些实力较强的企业，其产品的技术附加值较高、质量优异，产品的服务保障系统相对完善，才可能把高价产品推

向市场，从而在价格竞争方面有较大的回旋余地。

②以近似于竞争对手的价格出售产品。只有那些实力对等的企业，其产品与市场同类品相比较差别不大，竞争屏障较低，则可能以市场主要竞争者的平均价格为参照，随行就市，把产品推向市场，从而在价格竞争中规避风险，获取市场的一席之地。

③以低于竞争对手的价格出售产品。只有那些实力雄厚的企业，其产品产量大、品类多且品种齐全，才有可能把低价产品推向市场，薄利多销、降低成本，利用价格排挤竞争对手，保持竞争优势。

（2）策划方案

[涉及企业] 荷兰某家食品公司

[营销业务] 杂拌沙拉油

[背景资料] 荷兰食品公司新的调味品——杂拌沙拉油即将上市，摆在公司经理詹佛莱先生面前的一个重要问题是制定怎样的价格。其助手提供了以下资料：

①每瓶 0.3 升的沙拉油总成本为 0.20 美元，比公司正在出售的佐味酱油成本高 20%，佐味酱油的毛利率是 22%。由于杂拌沙拉油质量优异，有可能代替佐味酱油，因此在定价时可以考虑提高其毛利水平。

②市场上出售的每瓶 0.3 升的两种主要沙拉油——杜威斯公司和温迪公司的沙拉油都是 0.28 美元，每瓶 0.6 升的沙拉油零售价格是 0.48 美元，其他各品牌的每瓶 0.3 升的沙拉油标价为 0.22 美元。

③公司就杂拌沙拉油的价格问题作过一些市场调查，向 140 位家庭主妇赠送样品，在试用样品之后，询问其愿意接受怎样的价格？调查结果见表 9-1。

表 9-1 杂拌沙拉油价格市场调查结果

消费者愿意接受的价格	在总人数中所占的比例（%）
0.31 美元	45
0.31 ~ 0.41 美元	41
0.41 美元以上	14

[方案内容]

第一步：核算杂拌沙拉油的零售最低限价。

根据相关资料①

该公司佐味酱油的成本价格为：0.2/(1+20%)≈0.17(美元)

该公司佐味酱油的市场价格为：0.17×(1+22%)≈0.207(美元)

该公司杂拌沙拉油的零售最低限价为：0. 207 ×（1 +20%）≈0. 25（美元）

第二步：核算同类产品的平均价格水平。

根据相关资料②，市场上出售其他主要品牌的沙拉油，其零售价格约为0. 28美元，其余品牌的沙拉油标价为0. 22美元，因此，每瓶0. 3升的各种杂拌沙拉油的平均价格约为0. 26美元。

第三步：核算杂拌沙拉油在目标市场的销售价格。

根据相关资料③，该公司向140位家庭主妇赠送杂拌沙拉油的样品，且询问能够接受的价格，如果把140位主妇的答案加以平均（0. 31 ×45% +0. 36 ×41% +0. 41 ×14%），则该公司的杂拌沙拉油的零售价格为0. 34美元，大多数用户能够接受。

根据分析结果，该公司权衡利弊，最终决定新产品杂拌沙拉油的市场零售价为0. 28美元，毛利水平为40%。这一价格首先让价于消费者，新产品替代老产品进入市场的初期，尽管质量上乘，但如果把价格定得低一些，给消费者物美价廉的感觉，必定会吸引更多的人惠顾产品，就此打开产品销路。这一价格其次让价于同行业，倘若市场上同类型产品竞争激烈，价格随行就市就可以与同业和平共处，减少风险。而该公司的新产品上市之后，其价格较低，使生产同类型产品的企业意识到此项产品的收益不是很大，不去积极仿制，这样该公司就为自己的产品谋得一席之地，创造和谐销售环境，使其顺利地进入成长期阶段。加之沙拉油本身替代品较多，产品的差异性不大，仿造极为容易，竞争屏障较低，所以新产品投放市场，尽管价格可以定得高一些，然而必须有所顾及，在竞争环境中作出适当的让价。

（3）执行要求

企业在进行价格决策时必须统筹考虑各种要素对价格的牵制作用，荷兰食品公司的新产品——杂拌沙拉油的上市价格正是对各种要素综合平衡的结果。由此而言，企业对新产品定价，需要考虑制约产品价格的关联因素：一是产品成本和预计的毛利水平；二是产品组合中，产品线上新产品与老产品价格之间的比较；三是市场同类产品的平均价格水平，特别要关注暗价；四是经过市场需求测量，了解目标用户愿意接受的价格档次。

在考虑制约产品价格关联因素的基础上，还应考虑产品的需求特征，考虑产品的技术附加值和竞争屏障，考虑产品的价格需求弹性，审视产品投放市场的供求态势。如果企业处于上升的关键时期，需要一段时间的积累，需要一个施展营销技能的环境平台，此时上市的新产品就应尽可能地让价于目标用户，以近似竞争对手的价格出售产品，随行就市，维持竞争格局，保证产品更新换代的平稳过渡，保持产品线的延续、保护产品结构的完整。

9.3.2 价格平稳

（1）策划要义

对于那些在行业领域中具有相当影响力的企业，其主导产品的价格如同风向标，在市场上具有昭示作用，市场竞争环境允许企业调整价格，目标用户的购买能力也能够承受业已抬高的价格。然而，由产品特征所致，其生命周期短暂，供货商之间的争夺较为激烈，从长远利益考虑，市场产品的价格上扬或者下调并不一定能够为企业带来相应的目标利润，拥有预期的市场份额。因此，行业当中那些营销经验丰富的企业为了维护形象，保护信誉，选择平稳价格为定价目标，在其他同业者急功近利、追逐效益的营销中始终保持产品价格的稳定性，以此扩大用户的规模，巩固消费基础，保持企业的良性发展，以稳定的价格换取稳定的目标市场。

（2）策划方案

［**涉及企业**］法国某化妆品公司

［**营销业务**］化妆品

［**背景资料**］从古至今，法国妇女都注重打扮自己，且打扮的艺术品位较高，法国化妆品制造业尤为兴盛且市场竞争十分激烈。其中，某小型化妆品公司仅推出了一种主导产品，据该公司的广告宣称：这是一种具有综合功效、专供妇女所需的化妆用品，既能够葆青春、减少皮肤的皱纹，又可以使皮肤光洁、细腻，同时还具有增白的作用，每盒零售价为500法郎。经过市场检验，该公司的化妆品获取了广大用户的认同，其产品销售量迅速增加，公司获得了预期的收益。这家化妆品公司凭借单一产品的营销赢得用户的信赖，成就企业形象，在化妆品市场上拥有一定的知名度和美誉度。然而，化妆品消费差异很大，面对千姿百态的市场需求，该公司的单一产品项目使其在诸多的竞争对手中显得势单力孤，始终处于不利的竞争地位，企业要想攀升与发展必须增加产品线、扩大产品项目，然而新产品问鼎市场将实施怎样的价格策略？

［**方案内容**］该公司召集众多营销专家进行诊断、咨询，最终接纳其中的一项方案。

第一步：把原来具有多种功能和综合用途的单一化妆品分解为五个产品项目，基本不改变原有产品的理化属性，只是把原材料的成本费用分摊到五个产品项目中去，在法国妇女中推行五段化妆法，五个产品项目为一套成品上市，其用途分别为洗面、打粉底、营养化妆、重点化妆和定妆。

第二步：女性化妆是一个复杂的过程，每位个体的五官有所不同，需要通过化妆扬长避短，所以，五个产品项目的使用期限因人而异，如果用户需要重复使用其中的一个产品项目就得相应增加投入。由此，用户购买成套产品，其产品售价仍然为500法郎。

第三步：用户购买单独的产品，其单个产品的售价各异，根据市场调查的结果，市场周转较快的单个产品售价为120法郎；市场周转较慢的单个产品售价为100法郎。

(3) 执行要求

法国这家化妆品公司这一稳价举措既丰富了企业产品组合，又维护了企业整体形象，同时提高了企业的获利水平。该公司实施稳价策略必须在先期有所投入：针对需求心理特征，在消费者中倡导五段化妆法，植入化妆新法的消费理念，为产品的批量出售制造舆论氛围，营造消费潮流。稳价技术的执行有其规律可循：

①稳价策略即企业的产品价格不随波逐流，而是从长计议，在保证产品结构完整性的同时保持产品价格的稳定性，由此带给目标用户一份信任的感觉，同时，用户回报给企业长久的支持和相应的利益。

②企业名声在外，知名度超过美誉度的时候，稳价策略往往是企业维护形象、建立信誉的即时之需。

③企业的稳价需要量力而行、慎重使用，价格相对平稳的声望产品上市极易打开目标市场，需求量急剧增加，企业必须有足够的生产能力，保障市场供应，否则就会出现需求缺口，潜在竞争对手会乘虚而入，如果企业流动资金不到位，反而损害企业信誉，且后患无穷。

9.3.3 价格提升

(1) 策划要义

投资必须有所补偿，任何企业在注入资金时都希望获取预期水平的报酬，预期报酬用投资报酬率表示，即以投资额为出发点在产品的总成本费用之外加上一定比例的预期赢利，它反映出企业的投资效益。确定投资报酬率需要考虑相关因素，即企业产品生产能力、企业产品成本、行业平均投资报酬率和投资回收期等。在产品成本费用既定的条件下，产品价格的高低取决于投资报酬率的大小；在投资报酬率既定的情况下，产品的价格水平与其成本费用直接相关，企业承受着产品成本和投资报酬的双重挤压，势必通过提高产品价格缓解压力。然而，价格是相当敏感与脆弱的，提价必须顾忌供求量的平衡、顾忌目标用户的心理承受能力、顾忌竞争态势、顾忌市场舆论的评价，一般采用“分阶段提价”方法。

(2) 策划方案

[**涉及企业**] 北京某机电设备制造公司

[营销业务] 电机

[背景资料] 该公司抓住市场机遇开辟一条新的产品线，扩充了五个产品项目 $S_1 \sim S_5$，各产品项目之间基本功能差别不大，只是辅助功能上略有变动。然而，由于燃料、原材料涨价，产品成本相应增加，产品价格逐步上升，S_1 为10 000元，S_2 为15 000 元，S_3 为20 000 元，S_4 为25 000 元，S_5 为30 000 元。根据市场容量的测试结果，每年只能投放一个产品项目，预计 5 年之内收回全部投资。

该公司怎样将价格递增的五个产品项目投放市场，可以达到5 年之内全部收回投资的目的。如果从第一年开始投放产品 S_1，直至第五年顺利投放产品 S_5（见图 9－4）势必给用户造成心理压力："这家公司不会干别的，就会给产品涨价。"这种思维定式一旦形成，必然引发用户的反感情绪，定会给企业形象带来危机。如果从第一年开始投放产品 S_5，到第五年顺次投放直至产品 S_1，势必给用户造成一种错觉："该公司的产品质量出现问题，否则新产品的价格怎会越来越低呢？"这种想法必然使用户持观望的态度，持币待购，不能立即产生购买行为。经过研究，该公司最终采纳分阶段提价的方案。

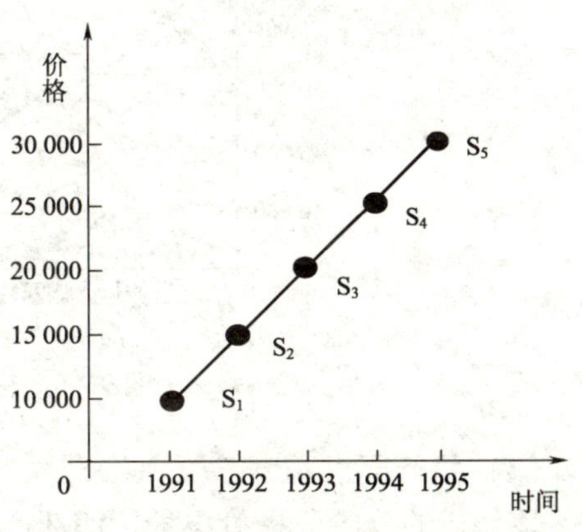

图 9－4　产品从 S_1 到 S_5 顺次投放市场

[方案内容]

第一步：第一年开始投放产品价格为 10 000 元的 S_1。

第二步：第二年投放价格为 20 000 元的 S_3，在很短的时间内，同类型的产品价格从 10 000 元上升到 20 000 元，消费者心理难以承受，必定很少有人光顾单价20 000元的 S_3，绝大多数消费者仍然青睐于单价 10 000 元的 S_1。而企业投放 S_3 的目的并不是利用该产品的高价获取差额利润，收回投资，而是在于利用超前消费行为引起广大消费者的注意，告之人们单价 20 000 元的产品已经问世。

第三步：第三年投放单价 15 000 元的 S_2，消费者在产品 S_3 的价格压力下，感觉到 S_2 的低价优惠，纷纷购买，企业达到扩大产品销售量、补偿产品成本的目的。

第四步：第四年投放单价 30 000 元的 S_5，众多的消费者固然不去问津，但企业投放 S_5 的目的在于告诉人们：随着社会生产力的发展，产品种类日新月异，单价 30 000 元的产品已经活跃在市场上。同时，伴随着促销手段的实施，刺激犹豫徘徊的消费者购买单价 20 000 元的 S_3。

第五步：第五年投放单价 25 000 元的 S_4，加之舆论促销，给消费者一种产品积压、降低出售的感觉，产品销售量迅速增长，此时企业已经达到目标利润，收回全部投资（见图 9－5）。

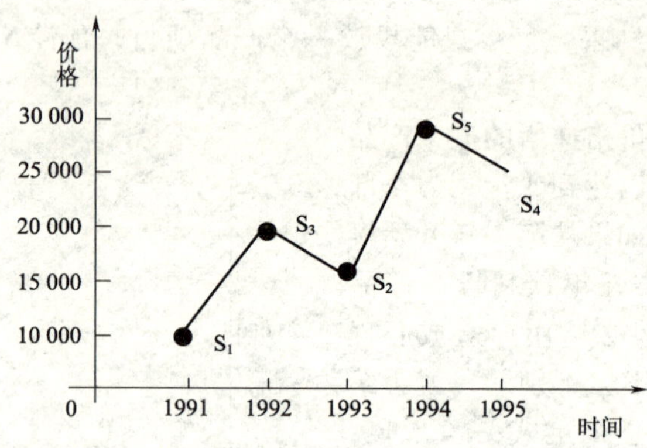

图 9－5　分阶段提价方案

（3）执行要求

该公司的分阶段提价技术，使新产品的价格曲线呈阶梯形，投放于市场的产品价格上涨却给用户优惠酬宾的感觉，产品每一次的“提价”都是对消费需求的刺激，每一次的“降价”都可以极大地吸引购买能力。然而，企业为了收回投资，既定的产品价格始终未动，只是在产品投放市场的顺序上作出了调整，由于时间紧凑，产品价格升降的幅度不大，客户既不会怀疑企业因产品的质量失控而做清仓处理，也不会感觉同类型产品价格的上涨趋势，明知是在接受价格波动的刺激却又显得无可奈何。

①产业用品制造商运用提价技术需要考虑三个因素

企业在行业领域中实力雄厚，营销经验丰富，在市场竞争中居于主导位置。

企业的产品为产业用品需受到用户的普遍认同且挑选余地较小，因为质次价高的产品卖不出去，预期的投资报酬根本无法实现。

企业的分销渠道通畅、出售产品及时，否则，同类型企业仿造产品争夺购买力投向，用户被其他产品所吸引，消费偏好转移，势必造成本企业处于高价位的产品滞销。

②消费用品制造商运用提价技术需要考虑四个因素

确定提价幅度。企业提价时不仅要考虑如何调整出厂价，还要考虑如何调控产品的批零价格体系。企业只有广泛地收集信息，解析产品价格形成的主要原因，才能把握消费者的需求心理，确定合理的提价幅度。

寻找提价时机。淡季是企业提价的黄金季节，此时提价即使产品销售量发生锐减，对分销商和消费者的影响也不大。厂方可以有充足的时间和精力加强产品推广，启动市场。而旺季不宜提价，提价以后，由于本能的反感，大批消费者可能转向其他品牌，分销商由此放弃对产品的经营，这就给竞争对手抢占市场提供可乘之机。如果提价失败再复原价，后果不堪设想，企业的品牌信誉将会遭到重创，使企业元气大伤。

控制商品投放。提价之后，如果市场上还存在着大量原价旧货，会有中间商乘机以稍高于原价抛售旧货，造成新产品价格疲弱无力，无法形成新的批零价格体系，即产品价格不到位，分销商无利可图，便会放弃经营，使产品流通受阻。若企业控制商品投放，就可以借助供求关系稳定产品在市场上的价格，加速产品从生产领域向流通领域的运动，减少流通领域中商品沉淀，避免出现“串货”的混乱局面。

加强广告宣传。为了给商品提价创造适宜的外部环境，企业应提前加强广告宣传，以激发消费者的需求，进而通过舆论氛围的影响，辅助企业顺利实施提价策略。

9.3.4 价格下降

(1) 策划要义

降价技术即企业面对严峻的市场竞争下调产品售价，以吸引用户需求，增加产品销量，尽管在短期内会影响企业利润，却可以保证产品的市场占有份额，降价的最终目标是扩大产品的市场占有率。市场占有率是企业经营状况和市场竞争力的直接反映，它逐渐成就了企业长期控制市场局面的垄断能力，对于企业的生存与发展具有重要意义。

市场占有率比投资报酬率更为准确地衡量出企业的市场地位。因为在既定市场容量下，企业虽然取得预期的投资收益，但是相对其他企业而言，其产品在市场上所占有的份额正在萎缩，说明企业营销竞争能力降低。由于市场占有率对于企业营销具有至关重要的作用，许多企业长期以降价手段，试图保持或者增加其产品销售额在市场产品销售总额中所占的比例。

(2) 策划方案

[**涉及企业**] 广东格兰仕企业集团公司

[**营销业务**] 格兰仕微波炉

[**背景资料**] 格兰仕自进入微波炉市场以来，品牌声誉不断提高，已经实现企业升级，完成了产品的更新换代。格兰仕微波炉的价格策划与执行经历了四个环节：创业初始阶段以刚性价格之争为突出，通过降低产品价格，赢得市场，扩

大规模。当规模到达一定程度时再下调产品价格，排挤那些规模小且技术无明显差异的企业。当格兰仕的生产规模达 125 万台时，就把出厂价定在规模为 80 万台的成本价以下。当生产规模达到 300 万台时，格兰仕又把出厂价调到规模为 200 万台的成本价以下。正是凭借规模经济效应和严格的成本控制措施，格兰仕的降价使产品赢得了 61.7% 的市场占有率。

[方案内容]

第一步：1996 年 8 月，微波炉的市场价格普遍在 1 600 ~ 2 500 元之间，当时微波炉的生产能力已经明显过剩，产品销售困难，有些企业便以降价的方式销售积压的产品。1996 年 8 月初，“格兰仕”在上海宣布全部产品让利促销，大幅降价，幅度达 40%，一时间，“格兰仕”微波炉迅速走俏。不到半个月，“格兰仕”又在北京、南京大幅降价，并在 1 个月之内推向全国。最初，许多大企业都没有反应过来，以为是“格兰仕”降价出货退出竞争，等这些企业反应过来时，“格兰仕”已经掌握了市场的主动权，并进行了大规模的宣传活动。虽然同行大加指责，但整个微波炉的市场价格迅速地降到 1 000 元左右。

第二步：1997 年 5 月，“格兰仕”在逐步趋于稳定的微波炉市场上火上浇油，推出了“买一赠三”和“买一赠四”的活动。赠品包括电风扇、电饭煲、微波炉专用饭煲和微波炉菜谱等，触发了微波炉市场的又一次震荡。这一促销方式使“格兰仕”的市场份额迅速上升，其他许多企业也迅速采取了行动，大幅度降价。南京“三乐”降到 500 元，无锡“菊花”降到 500 元，中山“安宝路”降为 499 元，“格兰仕”也不得不采取相应的措施，到 1997 年 8 月，“格兰仕”的最低价格已经降到 488 元。9 月初，抵挡不住降价冲击的 40 多家微波炉厂商联合向国家工商局和轻工总会状告“格兰仕”进行不正当竞争，倾销产品，企图垄断市场。此时，“格兰仕”宣布 9 月 8 日重新调整其价格，将原来 488 元的微波炉升为 538 元（广州）和 588 元（北京及其他地区）。然而，正当“格兰仕”进行价格调整的时候，其他厂家看到旺季来临，纷纷降价并进行大规模的促销活动，从而使“格兰仕”的市场占有率迅速下滑。10 月 18 日，“格兰仕”经过精心筹备，进行了全国范围的降价活动，降价幅度为 29% ~40%。这一次微波炉的降价，使大部分微波炉的市场价格保持在 1 000 元以内，最低为 488 元。

(3) 执行要求

“格兰仕”的两次大降价取得了很好的市场效果：1996 年 8 月的降价使“格兰仕”的市场占有率从 36% 上升到 50.2%，增加了 14.2 个百分点；1997 年 10 ~ 11月的降价使“格兰仕”的市场占有率上升了 11.6 个百分点，占有整个微波炉市场 6 成左右的份额，成为中国微波炉市场上当之无愧的“龙头老大”。

产品价格在一段时期内应当处于相对稳定的状态，不能反复波动，即使在产品销售受到阻碍、库存积压的情况下，产品价格的下调仍然需要慎重考虑，力争做到适时和适度。所谓适时，就是把握最佳的降价时机，及时、主动地降价，才能取得较好的效果。如果等到商品已经严重滞销，迫于竞争压力被动降价，则为时已晚。一般而言，企业正常经营的商品，如果其销售量的增长趋于缓慢或呈现停滞状态，而企业尚有充足的货源供应，就可以考虑降价，以扩大销售量。在目标市场内，如果经营同类商品的企业维持原价不动，就可以考虑采取降价措施，以吸引顾客，扩大产品销售量，增加产品市场占有份额。所谓适度，就是要保持正常的降价幅度，因为降价导致单位商品“薄利”，就企业而言，“多销”并非目的，其目的是扩大整体的经营成果，也就是增加企业的利润总额。降价在增加商品销售量的同时，还会增加商品流通费用。因此，降价的适当幅度就是商品在降价之后，由于增加商品销售量而增加的毛利额最大限度地超过所增加的商品流通费，只有这样，企业才能增加利润。如果降价幅度过大，就会因入不敷出而得不偿失；如果降价幅度过小，就不能刺激需求，反而增大了企业风险。

以下三种情况下，企业最好不以降价的方式获取竞争优势：

（1）原来商品一直采用声望价格。因为消费者之所以肯出高价购买商品，实质上是购买企业的名誉，倘若主动降低该产品的价格，企业等于自行宣告失去了往日的声望，“名誉购买力”也就随之消失。

（2）需求弹性较小的商品。有些商品价格稍有变动，需求量就会有很大变动，这种商品价格需求弹性大；反之，某些商品虽然价格发生较大的变动，而需求量的变化甚微，甚至没有变动，则这种商品的价格需求弹性小。需求弹性较小的商品，即使价格下降得再低，如果需求市场处于饱和状态，仍不可能发生追加购买行为。

（3）同类型企业竞争比较激烈。价格是一条灵敏度极高的警戒线，由于竞争环境所致，倘若企业的商品价格下调，同时就意味着发出一种信号：在竞争角逐过程中难以支持、甘拜下风，只得依靠降价倾销的方式摆脱困境。在这种情况下，同类型竞争企业往往推波助澜、大造声势，趁此机会扩大产品的市场占有率。

9.3.5 价格惠顾

（1）策划要义

价格惠顾，即企业充分考虑消费者的求廉心理，尽力降低商品成本，以低于市场同类品的价格优惠用户，尽管产品单位利润较低，然而由于产品成交量较大，企业长期目标总利润仍然可以达到最大化。利润是评价企业营销业绩的主要指标，企业以最大赢利为定价目标具有两层含义：其一，产品价格与企业目标总利润相关联，而不仅仅涉及企业一次交易行为获利的大小，因为企业利润的实现，归根到底要以产品能够被用户接受为转移。如果产品价格定得过高而卖不出去，导致消费者丧失购买兴趣，企业赢利只能成为泡影。其二，企业利润是以整体营销效益来衡量的，产品进入新的市场，为了开拓市场，争取消费需求，企业经常采用廉价策略，有些品种的价格定得很低，甚至赔钱出售，其目的在于招徕顾客，借以带动其他产品品种的销售，从而在整体上获得更大的利润。

企业赢利最大化取决于合理的价格所推动的销售规模。追求高额利润并不等于必须追求产品的高价，因为价格的高低是影响企业利润的重要因素，但并不是决定利润大小的唯一因素，固定资产利用率、流动资金周转率同样对利润起到重要作用。企业的廉价在短时期内使单位产品要承受一定的经济亏损，但是如果争取到最大限度的销售数量，薄利多销，完全能够实现企业的最大赢利。

（2）策划方案

［**涉及企业**］三枪集团公司

［**营销业务**］三枪品牌

［**背景资料**］半个世纪以前，上海莹荫针织厂的老板为庆祝自己连续三届卫冕射击冠军，以“三枪”作为自己产品的品牌。从此，“三枪”品牌登上了变幻莫测的市场，开始了它60多年的风雨历程。改革开放以来，随着人们生活水平的不断提高，人们消费观念逐步同国际接轨，人们对针织内衣的要求，已经从单纯的遮体保暖发展到了舒适、典雅、美观甚至奢华。于是，世界名牌内衣、外商投资企业以及乡镇企业的内衣产品纷纷抢滩登陆，进入上海市场。

生产“三枪”品牌的国有大厂船大掉头慢，机制效率低下，资源无法得到充分利用，多年来生产的是棉毛衫裤、汗衫、背心和三角裤等产品，尽管在20世纪80年代实现了产品的“三转”，即内衣转外衣、纯棉转化纤、内销转外销，对发展针织工业起了一定的积极作用，但由于转移过程中忽视了内衣产品的发展，导致几十年一贯制的中、低档传统内衣在市场上受到了冷落。加上针织外衣带有时装化的特点，面料、款式千变万化，产品生命周期短，难以组织大批量生产，出口产品在低价位苦心经营，且大部分为定牌加工，无利可图，同时还面临着服装、丝绸等行业的激烈竞争。这样，“三枪”在与技高一筹的国外企业和规模较小而体制灵活的乡镇企业的竞争中处于不利地位。90年代初期，针织行业严重滑坡，三枪陷入“内”、“外”交困的境地，需要面对高质高价的国外名牌品和低质低价的国内舶来品的双重挑战。

［**方案内容**］

“三枪”在困境中确立了自己的生存之道：“大规模，高质量，低价位”，以规模经营为基础，以品牌质量为保证，以廉价竞争为手段，谋求企业长期的目标利益。三枪制定了一系列营销策略，尤其在价格策划方面别具特色。

第一步：明确目标市场的需求模式。“三枪”的目标市场是“改善了生活的工薪阶层”。改革开放以来，占消费人群绝大部分的工薪阶层的收入有了明显的提高，除了温饱之外，他们对生活质量有了更高的要求。对他们来说，廉价的“三枪”是非常合适的。世界名牌精品质量虽好，价格太高，工薪族望而生畏；国产低档产品价格虽然便宜一些，但质量又不能使工薪族的需求完全得到满足。

第二步：明确价格定位。“三枪”是中国针织第一品牌，积极致力于新产品的开发，许多新产品都是国内首创、国际先进，款式上领潮流之先，价格上却只是世界名牌同类同质产品的1/3，有的甚至只有1/10，比外商投资企业产品的价格一般也低10%左右。以中档价格买名牌，有身价，又实惠，工薪阶层当然乐于接受。“三枪”中档价格的基础是规模生产和科学管理。有了规模生产就能够降低固定成本，有了科学管理就能够提高劳动生产率，从而使“三枪”产品的生产低于社会必要劳动时间，加上薄利多销的营销策略，形成了价格优势。

第三步：明确廉价技术方案。高档产品、中档价格，一旦实施就一步到位。“三枪”新产品投放市场时，为了拓展市场，开始只能是赚薄利，因为内衣的价格不能同时装相比，时装生产的数量很少，季节性却很强，所以一上市就是高价，利润很高，俊男倩女要赶时髦，生产商可以采取“愿者上钩”的策略，等到潮流过后就大跌价，跌至低于成本也没关系，因为先前的利润已经赚足了。但内衣生产却不同，它面广量大，价格一步到位就不可取。万一消费者一时难以接受，亏损就会很大，而且用降价的方法也会损害品牌形象，更何况我国的消费者有这样一种心理特点：如果产品热销，价格总是在向上微调也会抢着买，生怕买不到；如果产品滞销，搞削价处理，他就会持观望态度，等着再进一步降价。所以，“三枪”的价格是先低后高，逐步到位。这样做不仅对消费者，而且对厂商、对客商也是有利的，“三枪”建议客商在淡季备货，并向他们讲明到旺季时产品价格要上调。这样，客商淡季低价进货，旺季高价出售，就增加了一笔可观的利润，而厂商同时也解决了淡季资金周转和产品仓储的困难。

第四步：明确价格管理配套措施。为了有效地控制价格，“三枪”采取了直销的形式，大量抢占有利地形开设专卖店，减少了批发环节中造成的价格不统一，并且有效地突出了自己的品牌。到1996年年底，“三枪”在上海的直销占总销售额的40%以上，有效地控制了价格混乱的情况，在全国内衣市场上销量第一。1991~1996年的6年间，企业的经济效益增长了100倍。

（3）执行要求

价格惠顾技术是由多个环节组成的营销手段，企业针对用户的需求心理和购买能力，把性价比较高的商品以低价出售，推动商品销售量，增加商品的市场占有份额，待生产能量充分发挥，企业达到相当规模之后，再深化品牌竞争，逐步提升商品价格，获取相应的目标利润，最终占据行业领域中市场主导者的位置。然而，价格惠顾技术在执行过程中需要考虑四个因素。

（1）市场定位。商品的价格定位以其市场定位为依据，企业确立定价目标、定价方法和定价策略时必须考虑目标市场的需求模式，倘若商品市场定位模糊，其价格定位就达不到预期收益。

（2）规模效益。一般情况下，商品售价的低廉导致市场需求量的迅速增长，企业生产量相应增加，由此生成企业的规模效益，商品的单位成本降低，核心竞争能力增强，为企业以廉价手段抢占商品市场份额提供条件。

（3）成本控制。价廉质优的商品一经投放市场，就会推动商品销售量的增长，从而带动企业成本费用增加。在单位商品获利水平较低的情况下，如果营销成本费用失控，企业短期内就会失利，甚至出现严重亏损。

（4）品牌竞争。低价并不等同于低质，实施廉价策略的企业反而更加注重商品质量的修炼和品牌的塑造，借助于低廉价格扩大商品知名度，同时借助于质量信用提高商品美誉度，最终以品牌形象获得竞争优势。

本章内容小结

本章陈述价格波动态势及其关联因素；阐明价格策划的参考要素；提出价格策划与执行所要规避的风险；阐述价格运营模式，强调定价方法与变价策略；提出企业产品价格策划与执行的关键技术。

■ 价格的确定既要以成本费用为基础，又要以购买能力为前提，还要以竞争产品为参照。价格的形成需要准确地把握多项要素，对市场供求变化反应灵敏。

■ 企业产品价格按照一定规律运行，其规范化和系统化的执行过程为价格运营模式，是由整合信息、确定价格目标、提出价格方案、采用定价方法、选择调价策略等一系列环节构成的。在价格运行过程中应注意规避风险。

■ 价格策划与执行的关键技术包括价格让渡、价格平稳、价格提升、价格下降和价格惠顾等方面的策划要义、方案要领和执行要求。

【本章研习1：商品价格折扣技术】

研习目标：通过学习、训练，领会商品价格折扣的营销作用，掌握商品价格折扣的方法。

研习内容：

■ 实地调研

以自愿的原则组成训练小组，选择典型超市或专卖店，追踪调查某一商品大类一段时期内价格折扣的具体方法，观察消费者对商品价格折扣的反应。

■ 小组讨论

依据调查结果分析评价商品价格折扣目标及其效果，归纳零售企业商品价格折扣的形式与策略，提炼价格折扣规律。

■ 提交分析报告

陈述零售企业某一商品大类价格折扣的设计与操作过程，阐明商品价格折扣的促销效果，并提出建设性的意见。

■ 展示课题成果

以小组为单位演示零售店商品价格折扣形式，由课题小组成员扮演零售商；由其他小组同学扮演顾客，共同判定商品价格折扣的效果，最后由指导教师进行点评。

研习检测：满分 10 分

实地调研过程（2 分）；调查分析报告（4 分）；研习成果演示（4 分）。

【本章研习 2：商品定价与变价技术】

研习目标：通过学习、训练，能够判断商品价格的竞争背景，掌握商品定价与变价的策划思想，了解商品价格的变动规律。

研习内容：

■ 背景资料

位于亚利桑那州的 Silverado 珠宝店专门经营由印第安人手工制成的珠宝首饰。数月前，珠宝店购进了一批由珍珠介质和银制成的手镯、耳环、项链的精选品，与市场上流行的典型绿松石造型中的青绿色调不同的是，珍珠介质宝石是粉红色略带大理石花纹的颜色。就首饰的大小和式样而言，这批系列珠宝包括很多种类：有的珠宝小而圆，式样简单；有的珠宝则要大一些，式样别致。不仅如此，这批珠宝还包括了各种传统式样的、由珠宝点缀的丝织领带。

Silverado 珠宝店主希拉以合理的进价购进了这批珍珠介质宝石制成的首饰，她十分满意这批独特的珠宝，因为对普通消费者来说，这批珠宝适合用来替换她们在其他珠宝店买到的绿松石首饰，为了使顾客觉得这批珠宝物超所值，希拉给珠宝制定了合理的价格，这其中包括了足以收回成本的加价和平均利润。

然而，这批珠宝在店中摆放了一个月之后，销售状况非常不理想，希拉感到很失望。她先想到店中商品摆放的位置能够影响顾客的购买兴趣，因此她把这批珍珠宝石装入玻璃展示箱，并将其摆放在该店入口的右手侧。然而，商品展示位置改变之后，这批珠宝的销售情况依然没有什么起色。希拉又想到可能是员工销售不利致使商品滞销，在一周一次的见面会上，她建议员工们花更多的精力推销这一独特的产品系列，她不仅给员工们详细讲解了这批珍珠宝石的理化属性和实用价值，还给员工们发了一篇简短的介绍性文章，以便员工们能够记住商品特点，为顾客进行讲解。不幸的是，这种营销方法也没有使这批珠宝动销。Silverado 珠宝店主希拉想到的最后一招是商品价格。

■ 策划研习

分析背景资料，判断 Silverado 珠宝店珍珠宝石饰品的营销障碍，提出商品价格调整的整体思路，拟定商品变价方案。

方案提示：维持原价，听任消费者逐步接受商品；维持原价，同时增加广告宣传费用；降价，减少商品资金占压，加速资金周转；提价，刺激消费需求。

■ 执行研习

通过资料查询或实际访谈，寻找近似的营销实例，摸索商品定价与变价规律，说明商品变价的预期风险及其规避方法，陈述影响商品价格变动的关联因素，提出实施价格调整的支撑环境。

研习检测：满分 10 分

分析 Silverado 珠宝店珍珠宝石饰品的营销障碍（2 分）；提出商品变价策划方案（4 分）；撰写策划方案的执行说明（4 分）。

10　分销渠道策划与执行

本章教学目标

■ 了解分销渠道的特征与风险

■ 知晓分销渠道策划参数，了解分销渠道策划与执行的关联要素

■ 掌握分销渠道的运营模式，掌握分销路径与环节、分销策略与办法

■ 掌握分销渠道网络铺设、渠道延伸、渠道拓宽和渠道联营策划与执行技术

10.1　分销渠道概述

10.1.1　分销渠道特征

分销渠道是指商品从制造商转至消费者所经过的各中间商连接起来形成的通道。它由位于起点的生产者和位于终点的消费者，以及介于两者之间的中间商组成。

在现代商品经济条件下，商品在分销渠道内的转移，实际包括由商品交易活动完成的商品所有权转移过程和由储存、运输完成的商品实体转移过程两个方面，是商品所有权转移与商品实体转移的统一。商品在分销渠道中的运动，实际演绎为物质形态和非物质形态的“流”动。具体表现为商品所有权流通、商品实体流动、货币资金流动、信息流动以及促销推动（见图 10－1）。

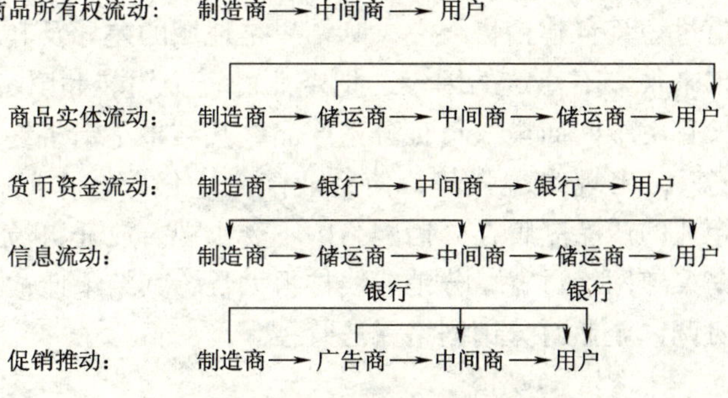

图 10－1　商品在分销渠道内的转移

从图10－1中可以看到，在分销渠道中，伴随着商品所有权的转移，即商流运动，客观上存在着物流、货币流、信息流、促销流的运动。诸如银行、保险公司、储运公司和广告咨询公司等辅助商以及其他机构（商检局、技术监督局等）尽管并不介入商品所有权的转移过程，甚至不在分销渠道之中，然而却与渠道运行的质量、速度、成本和效率密切相关，不可或缺。企业分销渠道的设计与管理必然要面对多项合作，必将产生多种经济关系，因此，分销渠道的策划与执行在企业整体营销中具有以下特殊性：

（1）分销渠道的铺设要耗费大量的精力、物力和财力，需要与中间商、辅助商进行沟通，以求得对方的理解、支持与配合，其营销决策大多不是由独家企业完成，而是需要多方企业达成共识，统一营销步骤和方式，协作完成策划方案。

（2）分销渠道的调整具有相当的难度，因为渠道决策要有相对的稳定性，渠道模式一经形成，协作企业之间的经济联系比较固定，尽管市场环境有所变化，既得利益的驱使要求调整或终止渠道成员固有的供求关系，然而企业必须慎重抉择。

（3）分销渠道信息传递的不对称。由于分销渠道是由相互连接的不同环节所构成，其成员关系比较复杂，在商品所有权、商品实体和货币资金的运动过程中，商品信息转换的速度相对较慢，信息反馈滞后，往往对处于渠道起始阶段的企业造成很大的压力，其营销决策不能适应渠道终端的变化。

（4）分销渠道的维护十分重要。分销渠道是企业实现商品价值与使用价值的途径，是企业与市场进行衔接的通道，因此要尽力保证渠道的通畅，在适当的时间，以适当的价格，将适当数量的商品送达适当地点的目标用户。

10.1.2 分销渠道风险

10.1.2.1 渠道设置不当的风险

①分销渠道过短且自建销售终端，其结果是地域的差异及其地方保护政策为企业分销网络带来很多不稳定的因素，把企业的资金周转和财务监控拖入困境；②分销渠道过长且由中间商全权负责分销产品，其结果是销售终端不畅，甚至中间商“移情别恋”，出现终端强势，使企业陷入困境；③中间商过大、门槛过高，其结果是企业的产品品牌在分销网络中不受重视、放任自流，而分销费用异常膨胀；④分销渠道网络过宽，分销战线拉得太长，其结果造成企业资源与产品的覆盖面难以协调，企业对分销网络无法管控。

10.1.2.2 渠道“串货”的风险

“串货”，是企业渠道风险中最常见的一种，是指分销网络中的中间商（代理商）受到既得利益的驱动，跨区销售产品的现象，它直接导致分销渠道产品售价的混乱，从而引发渠道成员的冲突。“串货”有两种表现：①同一市场的“串货”现象，即总经销商下属的二级批发商跨地区销售产品，其结果是产品的市场价格下滑、客户忠诚度下降，竞争对手的产品乘虚而入；②不同市场之间的“串货”现象，即两个总经销商跨地区销售商品，也可能是同一个公司的业务员在不同市场的“溃流行为”，其结果是制造商无利可图，产品市场价格混乱，降低了企业产品的市场占有率，极易造成经销商的流失。

10.1.2.3 渠道信用缺失的风险

对于企业而言，分销商品的目的在于加速产品的流通、加快资金的周转。然而某些中间商由于商业信用缺失，故意拖欠和侵占商品货款，甚至在遭遇经营困境之时无力支付货款，其结果是导致企业货币回笼困难，资金流转不畅，为企业财务带来巨大的风险。

10.1.2.4 渠道过度竞争的风险

企业之间的过度竞争使分销渠道大量压货，渠道中的压力传递给零售商，零售商为保证收回资金，进行低价倾销，其结果是商品的市场价格混乱，扰乱了制造商既定的价格策略，同时，中间商利益丧失，迫使其退出市场竞争的角逐。

10.1.2.5 渠道系统中分销策略滞后的风险

企业投入大量的资金进行产品研发、广告宣传，使产品具有相当的知名度，被广大消费者所认知，然而其分销渠道策略落后于其他三项营销策略（产品、价格、促销），致使用户想要购买商品时却不知在何处能够便捷买到，由此丧失了商品销售的时机。

10.1.2.6 渠道系统中营销功能缺失的风险

在分销系统中，一些营销功能十分重要，切不可忽视，如产品储运、专业包装、人员培训和集中宣传推广等。企业为了节省分销成本，直接控制分销过程，去掉一些执行必要功能的中间商，自己承担商品全部分销职能，其结果是分散了企业的精力，降低了分销效率，给企业造成巨大的营销压力。

10.1.3 分销渠道策划参数

分销渠道的策划与执行受到诸多因素的牵制和影响，企业应当予以统筹考虑。

10.1.3.1 产品特性

鲜活易腐产品宜采用最直接的渠道；体积大、分量重、技术性强的专用产品适于尽可能短的渠道；单价高、有较多附加服务的产品多由生产企业直接销售，或者只经过一道中间环节；反之，标准化的产品，为顾客所熟悉的产品，渠道可以长且宽。新产品尚未被市场所接受、需求不太稳定时，通常由制造商自己派人直接从事产品的推销和市场开拓；随着市场接受程度的提高，分销渠道也可以随之调整。例如，一种运动果汁饮料，刚开始可以只供应运动队、体育场馆和健身俱乐部；随后，接受者逐渐普及，产品开始进入超级市场；再后，产品还可以进入便利店和快餐店。

10.1.3.2 用户特性

分销渠道的设计受到用户人数、用户的地理分布、购买频率、平均购买数量和用户对不同销售方式的敏感程度的影响。消费用品市场分散，购买频繁，用户要求就近方便购买，如果采用生产者—零售商—消费者的短渠道势必因订货频繁、运输储存工作量加大而增加流通费用，因此，制造商和零售商中的中小企业，需要在批发商的协助下设置长渠道分销产品，或利用批零合一的连锁店销售产品。产业用品因其购买批量大且集中，用户希望与供货厂家直接交易，以节约流通费用，大型零售商也力图绕过批发环节，寻找最短的进货渠道。另外，高新技术产品的用户需要相对复杂化的、系列化的服务，许多中间商难以承担产品服务营销功能，故分销渠道较短。

10.1.3.3 企业特性

企业的规模及其信誉决定其与中间商的合作能力，决定其客户的数量即产品销售的市场范围。企业的信誉度高，财力雄厚，具备营销业务的经验和实力，在选择中间商方面具有较大的主动权，甚至能够建立自己的销售公司，这样的分销渠道“宽且短”。同时，企业的“产品组合”情况也会影响分销渠道的设计，产品组合广，与用户直接交往的能力强，渠道设置相对“短且宽”；产品组合深，渠道设置相对“窄且长”。企业的营销策略也会影响其分销渠道的筹划，如果一家汽车制造商打算为用户提供及时的维修服务，势必就要建立诸多的服务维修网点、广泛分布的备件储存点，或者速度快捷的运输工具；如果一家服装制造商试图完全控制其产品的市场定位、终端的零售价格和品牌形象，就要建立专卖店或专卖柜台；反之，则需要通过中间商分销产品。

10.1.3.4 中间商特性

一般而言，中间商在执行运输储存、广告宣传以及接纳用户等方面能力各异，在信用条件、退货特权、人员训练和送货频率等方面具有不同的特点和要求。企业设置分销渠道需要了解中间商的规模、担负各种营销职能的优势和劣势，以明辨分销合作者的特点，降低分销成本。如某一目标市场的大型零售商较多，进货批量较大，足以和企业产量相匹配，在这种情况下，就可以将产品直接出售给零售商，不需要经过批发商转手供给用户；相反，中小零售商数目较多，且竞争激烈，则需要通过批发商的长渠道到达销售终端。

10.1.3.5 竞争特性

分销渠道设计受到同业竞争对手的产品分销状态的影响。一般而言，多数企业尽量避开同位竞争者的分销渠道，以免发生渠道碰撞。但是，某些行业的制造商愿意跟进同业竞争对手的分销模式，在相近或相邻的分销渠道出售产品，如食品行业，其产品品牌差异程度较大，制造商希望将自己的产品与竞争者的产品摆在一起出售，即能够烘托出产品的销售氛围，又方便用户品评和选择。

10.1.3.6 环境特性

就宏观环境而言，经济形势对分销渠道的设计具有较大的制约作用。经济萧条时期，企业营销策略的重心是控制和降低产品的最终价格，因此必须尽量减少分销环节，取消非必要的加价，即短渠道分销比较适用；经济繁荣时期，市场比较活跃，企业营销策略的重心是快速发展、扩大规模，因此必要的长渠道分销能够增加企业产品市场销售的宽度和深度；另外，政府关于商品流通方面的政策、法规也制约着分销渠道的设置。

10.2 分销渠道运营模式

分销渠道运营模式即分销模式，它是产品的分销途径及其分销管理方式的集合，由三个环节组成：确定产品分销路径、选定产品分销环节、规定产品分销的控管方法。

10.2.1 确定产品分销路径

消费用品的分销路径见图 10－2。

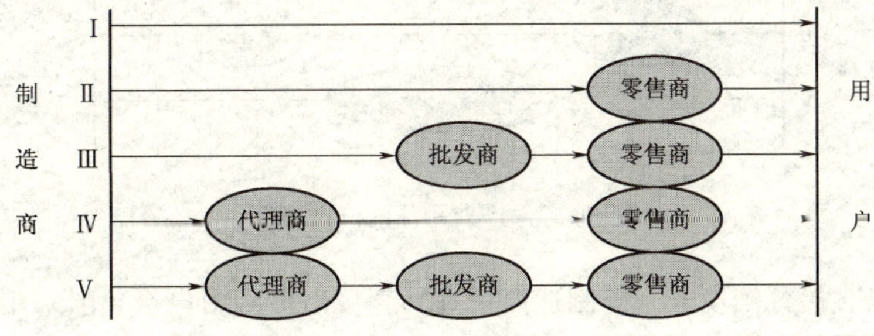

图 10－2 消费用品的分销路径

I 型是直接分销模式，它不需要经过任何中间环节，由制造商把产品直接出售给用户，因而也是最短的分销渠道。采用这种分销渠道的主要是一些特殊的高价商品和鲜活商品，具体销售方式包括企业自派推销员走访最终用户、企业自己登广告寄样本邮购、企业自办商店经销产品。

Ⅱ型是间接分销模式，是制造商把产品出售给零售商，再由零售商转卖给用户，由于产品仅经过一个中间环节，因而是一种短渠道。目前，我国采用这一分销模式的主要是前店后厂、厂店挂钩以及零售店直接为工厂举办各种展销会或为工厂设置专柜的企业，尤以服装、鞋帽及家电等选购品居多；在国际市场上，主要是汽车、家电、化妆品和医药用品等行业采用这样的分销模式。

Ⅲ型是我国消费用品使用最多的分销模式。它由制造商把产品销售给批发商，再由批发商卖给零售商，最后由零售商出售给用户。其批发商可以是一级的，也可以是多级的，每增加一级批发，就增加一个产品的流转环节。因此，这种分销途径是一种长渠道结构。我国的大部分消费用品惯用这种分销模式，在国际市场上也被企业广泛使用。

Ⅳ型是制造商把产品经过代理商销售给零售商，零售商再把产品出售给用户，这是一种长渠道模式。目前我国采用的这种分销模式主要是在各地委托总代理的企业；在西方国家，一些规模较小的制造商通常采用这种产品分销途径及其销售方式。

Ⅴ型是制造商把产品经过代理商出售给批发商，再由批发商把产品出售给零售商，最后由零售商把产品出售给用户。这是一种长渠道模式，我国某些企业进入国际市场的初始阶段通常采用这种分销模式。

产业用品的分销路径见图 10－3。

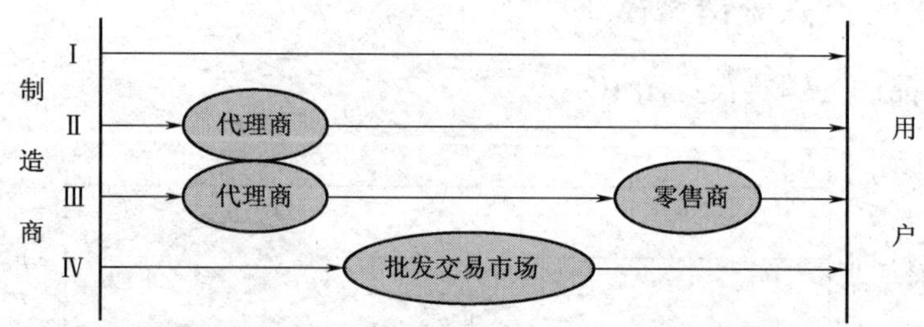

图 10－3　产业用品的分销路径

Ⅰ型是直接分销模式，即制造商把商品直接出售给用户。我国采用这种分销渠道的产业用品很多，既包括实行定点供应、直达供货的产品，也包括企业自销的产品，国际市场采用这种分销模式的产业用品占 80% 以上。

Ⅱ型是通过代理商把产业用品送达用户。这种分销模式通常适用于那些在市场中尚未完全站稳脚跟的制造商。

Ⅲ型是由制造商雇佣代理商销售产品，再由代理商将产品出售给零售商或最终用户。这种渠道模式与消费用品的分销程序大致相同，是我国目前产业用品分销的主要模式，以医药行业最为突出。

Ⅳ型是我国改革开放以后产业用品典型的分销模式。在计划经济时代，产业用品通常由物资部门经营，物资部门又分为省公司、市公司、县公司批发站等，农业生产资料和部分小型通用工业生产资料则由农村供销社经营。在市场经济时代，物资部门的批发站营销功能被削弱，合并重组转为第三方物流公司，诸多产业用品制造商转而寻求产品新的批发途径，此时由政府出面按不同行业成立了批发交易市场，制造商通过批发市场交易产品。

企业在确定分销路径时，有如下策略可供选择。

10.2.1.1 直接渠道策略与间接渠道策略

（1）直接渠道策略是指商品从生产领域转至消费领域时不经过任何中间环节，直接到达用户手中。其优点是：制造商与用户直接接触，能够及时、具体、全面地了解用户的需求状况，把握市场变化，及时调整企业生产经营决策，有利于进行客户关系管理。同时，直接分销渠道中间环节少，可以缩短商品流通时间，降低商品损耗，节约商品成本费用。其缺点是：需要制造商在分销领域投入大量的人力、财力，分散其商品研发的能力与精力，在目标市场宽泛且分散的情况下，制造商通过直接渠道很难送达商品，满足所有用户的需要，从而影响企业的经济效益。

（2）间接渠道策略是指商品从生产领域转至消费领域时经过数个中间环节才能到达用户手中。其优点是：制造商不必在分销系统投入太多的人、财、物力，只需要选择适量的中间商完成商品最终交易，借助中间商的能量扩大商品销售范围，提高商品市场占有率。其缺点是：不利于企业对销售终端的监测与控制；在分销渠道中，中间环节过多，降低了商品的运动速率，且制造商与中间商的协作水平、协作质量直接影响分销渠道的运营业绩。

10.2.1.2 长渠道策略与短渠道策略

（1）长渠道策略是指商品从生产领域转至消费领域进程中经过两个以上的中间环节到达用户手中。其优点是：分销渠道延伸、销售地点遍布，能够有效地覆盖目标市场，满足不同需求，从而扩大商品市场占有份额。其缺点是：商品销售环节多、周转时间长、成本费用高、市场售价相对较高。

（2）短渠道策略是指商品从生产领域转至消费领域进程中经过一至两个中间环节到达用户手中。其优点是：分销渠道短，缩短商品的流通时间，相对节约成本与费用，降低商品在分销通道中损失的可能性，有利于制造商与中间商建立起紧密的合作关系。其缺点是：商品销售规模和销售范围受到相应制约，企业的目标市场有限，整体核心竞争能力不强。

10. 2. 1. 3 单一渠道策略与复合渠道策略

（1）单一渠道策略是指在分销渠道模式中只选择单一的渠道类型或者在渠道类型中选择单一层次的中间环节。其优点是：企业投入财力、精力较少，对渠道比较容易控制，在营销经验不足或者市场需求不明朗的状况下，单一渠道有利于企业调整、转换营销策略。其缺点是：企业营销触点较少，抗拒市场竞争风险的能力较弱。

（2）复合渠道策略是指针对不同目标市场的需求状况，挑选分销模式中多种渠道类型，同时选择不同类型渠道中多层中间环节，直接渠道与间接渠道并举，长渠道与短渠道并重，构成企业交叉立体的分销渠道网络。其优点是：企业营销触点多，信息转换量大，商品销售面宽，品牌知名度较高，企业整体的核心竞争实力较强。其缺点是：分销渠道管理费用较高，要求企业具备充裕的商品资金和丰富的营销经验。

10. 2. 2 选定产品分销环节

分销渠道的中间环节是由具有不同性质和作用、发挥不同功能、专门在流通领域中促成商品交易行为产生和实现的中间商群体所组成。按其是否拥有商品的所有权，可划分为代理商和经销商两大类：代理商是指接受生产者或经营者的委托从事商品的购销业务，但不拥有商品的所有权，一般是在商品收购或销售后收取一定的手续费或佣金。我国在计划经济时期曾取消代理商，改革开放以后，随着市场经济的建立，商品代理形式在流通领域中重新出现，并获得较大的发展，尤其是在进出口领域，体育、文化、证券和保险等领域，代理人和经纪公司已经非常普遍。经销商拥有商品的所有权，进行资金投入，将商品买进以后再卖出，从购销差价中获取报酬，经销商按其在分销渠道中所起的作用不同区分为批发商和零售商。

10. 2. 2. 1 代理商类型

（1）商业经纪人。商业经纪人既不代表卖方，也不代表买方，更无固定的买卖关系，只是为买卖双方成交业务提供信息、穿针引线，待商品成交以后获取一定的佣金。

（2）制造代理商。这类代理商根据委托人的销售条件替委托人代销产品，并收取一定的佣金。他们同时受雇于多个制造商，替他们推销产品。

（3）销售代理商。销售代理商是接受制造商委托，在授予的权限内为委托人收集订单、销售商品以及办理有关销售事务。

（4）佣金商。佣金商主要从事农产品的代销业务，收取一定的佣金。委托人和佣金商的关系往往只保持一个收获季节和销售季节。佣金商经营的主要是鲜活易腐商品，佣金商根据市场情况的变化，往往有较大的经营权力。

（5）拍卖行。拍卖行为卖主和买主提供交易场所和各种服务项目，以公共拍卖的方式决定商品价格，组织买卖双方成交，从中收取规定的手续费和佣金。拍卖有两种方式：一种是先出高价（高价起拍）；一种是先出低价（低价起拍），直至买主中有人愿意购买为止。

（6）进口和出口代理商。这类代理商设置在主要口岸，专门替委托人从国外寻找货源和向国外推销产品。

10.2.2.2　批发商类型

（1）商业批发商。商业批发商对其所经营的商品拥有所有权，可进一步分为完全服务批发商和有限服务批发商两大类型。

完全服务批发商执行批发商的全部职能，提供诸如存货、推销队伍、顾客信贷、送货以及协助管理等服务。这类批发商又包括批发中间商和工业分销商两种类型。前者主要是向零售商销售，并提供全面服务；后者是向生产者提供生产性消费的商品和服务。

有限服务批发商为了减少经营费用，降低批发价格，只对其顾客提供有限的几项服务。最为常见的有限服务批发商有以下五种形式：

①现购自运批发商。这种批发商不送货，不赊销，所以批发价格要低于执行完全职能的批发商，这种批发商主要经营食品杂货，主要顾客是小食品杂货商、饭馆业主等。

②直运批发商。以接到的订货单向制造商进货，并通知制造商将货物直接送给顾客。直运批发商所经营的商品主要是煤炭、木材等体积大的重型商品。

③卡车批发商。这类批发商从制造商那里把货物装上汽车后，立即运送给订货的零售商。经营品种主要是易腐易变质的产品，如蔬菜、牛奶、面包，其经营方法是一接到顾客的订货就立即送货上门，如送往超市、小杂货店、医院和餐厅等。

④货架批发商。这种批发商在超级市场等零售商店设置货架，展销其经销的商品，商品出售以后零售商再向供货方付货款。

⑤邮购批发商。这类批发商向客户寄送商品目录，经营品种主要是珠宝、化妆品、食品及小商品，主要顾客是边远地区的小零售商。邮购批发商利用邮路，能把其经营范围延伸到很远的市场。

（2）制造商自设批发机构。制造商的分销机构和销售办事处属于制造商所有，是专门从事产品销售业务的独立商业机构，前者执行产品储存、销售、送货和产品售后服务等职能；后者只是从事产品销售业务。

(3) 零售商的采购办事处。零售商设在市场中心的办事机构，其作用与代理商近似。

10.2.2.3 零售商类型

(1) 专用品商店，即专门经营某一类商品或某一类商品中的专业化程度较高的零售商店。其特征表现为：①能够满足顾客的挑选性要求，虽然经营的商品品种单一，但能够在深度上提供丰富的品种，商品的规格、档次、式样、花色齐全，使顾客很容易购买到所需商品；②店方以某一用户群体为目标市场，针对性强，对消费需求反应十分敏感；③经营方式灵活，可以与厂商合作；④容易形成商店特色。专用品商店的相对缺陷十分明显：经营的产品线较为狭窄，不能满足消费者其他方面的需求。根据产品线的狭窄程度，专用品商店又可以细分为单一专用品商店，如服装店；有限专用品商店，如男式服装店；极限专用品商店，如男士衬衫定制店。未来，市场极限专用品商店将会迅速发展。

(2) 百货商店。百货商店规模较大，经营的产品品种较多，一般销售几条产品线，尤以服装服饰、家居用品为主。每一产品线作为独立的部门，都有专门的采购人员和销售人员管理，经营深度取决于百货商店的营销实力及其市场定位。百货商店迄今为止已有一百多年的历史，世界上第一家百货商店是1852年在法国巴黎开设的BONMARCHR（巴黎春天）商店，由于顺应消费趋势，百货商店迅速普及到欧美大陆乃至整个世界。

(3) 仓储商店，即一种类似仓库的、将商品的销售和储存场合合二为一，没有虚饰、内部装修简陋的零售商店。其特征表现为：①以廉价吸引顾客，其商品价格比一般商店平均低10%～30%；②投入费用低，由于仓储商店只需要使用废弃的设施和过时的设备，因而所需要的投资额较少；③购物环境宽敞随意、朴实无华，大部分采用顾客自选、开架销售的形式。仓储商店的局限性也尤为突出：①所经营的商品以日用品和食品为主，因而商品类别十分单调；②实行批量定价，鼓励整批购买，因此使那些试图小批量、多品种购物者望而却步；③很少为顾客提供服务；④存货多，容易占压商品资金，在通货膨胀的压力下，仓储商店就会失去价格优势。

(4) 折扣商店，也称廉价商店，即在商品价格方面采用折扣策略，以加速商品资金周转的零售店。其基本特征表现为：①商品品种比较齐全；②价格低廉；③采取自我服务方式，设备简单，投入费用较低，因此获利水平较高。近年来，折扣商店发展趋向于两个方面：其一，向巨大化发展，营业面积扩大，经营品种增加；其二，向专业商店发展，如折扣体育用品店、折扣电子产品店以及折扣书店等。相对于百货商店而言，折扣商店的局限性也很明显：①为了节约经营费用，一般店址选择在郊区和居民相对集中的新区；②经营的商品其市场价格大幅度低于一般商店，因而难以吸引高收入阶层的顾客；③提供的服务项目有限。

（5）超级市场，即采用自我服务的方式，实行商品部管理、经营综合商品、薄利多销和一次结算的零售机构。其主要特征表现为：①商品构成是以食品、衣服和日用杂货等常用必需品为中心；②实行自我服务和一次性集中结算的售货方式；③薄利多销，商品周转速度快；④商品新鲜、洁净，明码标价，并在包装上注明商品的质量和重量；⑤实行商品部经营管理制度，按部门陈列出售商品；⑥设置停车场。超级市场也有自身的缺陷：①由于没有人员服务，因而对顾客缺乏亲近感；②服务内容不充分，对于希望电话订货、送货的顾客不方便；③购物结算往往需排队，使顾客感到不便。

（6）超级大卖场。超级大卖场较传统的超级市场规模更大，营业面积从 1 万到2 万平方米不等，综合了超级市场、仓储商店和折扣商店的营销模式，其经营范围超出了日常用品，其经营方式将原装商品陈列，由用户自行选择、搬运，同时对自行搬运的大型商品予以折扣。

（7）大型购物中心，即大型综合性购物休闲场所，集购物、餐饮、娱乐、休闲、旅游、社交和商务等营销功能于一体，为消费者提供一站式服务。大型购物中心具有三个明显的特征：一是坐落在城市周边、地价便宜之处，具有占地面积大、经营品类多的特点；二是行业多、店铺多、功能多，集购物、休闲、娱乐、饮食于一体；三是购物环境好，产品档次高，购买力聚合性较强。

（8）便利商店，即以经营挑选性不大的居民日常生活用品为主，在时间和地点上给用户提供最大便利的商店。其特征为：①一般是独资经营或合伙经营的小商店；②在营业时间上方便顾客，很多是 24 小时全天候营业；③在店址上方便顾客；④经营的商品多为日常用品且销售起点低；⑤商品销售价格较高，销售毛利率大。便利商店也有其局限性：①营业面积狭窄，购物环境不舒适；②商品品类较少且选择性不大，往往只能满足顾客的即时之需。近期许多方便商店改为自选商店，同时采用连锁经营形式，以降低成本，减少费用，增强竞争实力。

（9）无门店零售。

①邮购和电话售货。邮购是通过邮路销售商品，方式包括样本邮购、广告邮购和邮购推销等；电话售货是利用电话与用户联系推销商品。此外，电视直销、电子购物都是非店铺的直接营销方式。

②自动售货，即利用机器自动售货。其优点是灵活方便，但是经营费用较高。

③流动售货。这本是古老的推销方式，但是随着时代的进步，流动售货又发展出新的内容，如推销员登门拜访推销商品，接听顾客电话，再派推销员走访顾客推销商品，使用大型专用售货车流动售货等。

④网上售货。随着互联网的开通和家用电脑的普及，许多零售企业开始在互联网上注册商店，让用户在家中通过互联网购物。人们可以从网上收集到企业所提供的商品和服务的详细情况，还可以在网上直接订购商品。显而易见，资讯技术的支持带给零售企业网上售货的巨大潜力。

10.2.2.4 分销的形式

企业在确定分销中间环节时有三种形式可供选择。

（1）密集分销，即企业尽可能通过更多的批发商、零售商为其推销产品。这种形式扩大市场覆盖，加快进入一个新市场的速度，使众多用户能随时随地买到产品。消费品中的便利品和工业品中的通用设备多采用宽渠道的密集分销。

（2）选择分销，即企业在某一地区仅通过几个精心挑选的、最合适的中间商推销产品。这一形式着眼于市场竞争地位的巩固，维护本企业产品在该地区良好的信誉。选择分销适用于消费品中的选购品，一方面，它比独家分销面广，利于企业扩大市场，展开竞争；另一方面，它比密集分销节省费用，并较易控制。

（3）独家分销，即企业在某一地区仅通过一家中间商推销其产品。通常，双方协商签订独家经销合同，规定不得同时经营第三方，特别是竞争对手的产品。这一形式可以控制市场、控制中间商，或者是彼此充分利用对方的商誉和经营能力。独家分销在许多情况下是基于产品的特性，如专利技术、专门用户、品牌优势的特殊品。中间商最欢迎独家经销，因为这种方式排除了竞争，利润较高，但对制造商来说，若运用不当，则风险较大。

10.2.3 规定产品分销的控管方法

当确定分销模式、选定渠道中间环节之后，商品分销在实际执行过程中往往会出现诸多问题，如货款回收困难，倒货现象严重，经销商之间互相抵触、竞相压价，退货问题突出。因此，必须加强对渠道的控制和管理。分销渠道的控管是企业渠道策划的关键技术。

10.2.3.1 清晰权责

制造商要给予中间商明确的保证，包括供货保证、产品质量保证、退换货保证、价格折扣、广告促销协助等；经销商要向制造商承担相应的责任，包括提供各种商品销售状况的统计资料、反馈市场需求信息，在限定区域内执行统一的价格，完成既定的服务项目，达到相应的服务标准。

10.2.3.2 明确政策

（1）分销权及专营权政策。制定这项政策的目的是限定经销商的销售区域，规范分销规模，防止倒货或占有市场却打不开市场，同时确保经销商的专营权。具体内容包括区域限定、授权期限、分销规模和违约处置。所有这些内容在执行中一定要统一格式、统一签署、统一规则，这样才能便于管理。

(2) 返利政策。具体内容包括返利的标准、返利的时间、返利的形式和返利的附属条件。现实中会遇到这种情况：返利标准制定得比较宽松，失去返利刺激销售的作用，或者返利太大，造成价格下滑或倒货等。因而在执行中要把握两点：一是在执行文件的制定上要考虑周全；二是执行要严格，不可拖泥带水。

(3) 年终奖励政策。年终奖励政策实际上属于返利政策的一种，主要内容基本和上述政策一样。需要指出的是，制造商应引导经销商在日常销售中获利，而不是等到年底，很多制造商都制定了优惠的年终政策，结果致使经销商为了拿年终奖而将市场价格压低，这是因为从大局上没有利用好这项政策，只是看重眼前利益，具体控管措施不得力造成的。

(4) 促销政策。主要内容包括促销目标、促销设计、促销内容、促销时间、促销价格、促销费用审批和促销活动的管理。

(5) 客户服务政策。这项政策的主要目的在于尽最大努力做到使客户满意，其主要内容有客户投诉处理程序、售后服务政策、配送制度、订发货程序、所有同客户打交道的员工的礼仪和客户接待制度等。这些内容需制定出详尽的管理制度，并通报客户，从而确保实现客户满意。

(6) 客户辅导培训政策。目的是提高经销商的经营能力，促进企业和经销商与客户之间的沟通，严格来说属于客户服务的一项内容，对销售促进很有效。

客户辅导培训政策的主要内容是培训的对象、内容、时间和地点。很多企业在员工培训上下了很大工夫，也取得了一些成效，如果能在客户培训方面做些工作，将会有更大收益。

10.2.3.3 有效控制

(1) 特许经营。特许经营即特许人与受许人之间通过协议授予受许人使用特许人已经开发出的品牌、商号、经营技术、经营规模的权利。为此，受许人必须先付一笔首期特许费，此后每年按销售收入的一定比例支付特许费，换得在一定区域内出售商品或服务的权利，并必须遵守合同中关于经营活动的其他规定。特许经营被誉为商品分销领域中最具有潜力的组织形式，特别适合控制和管理那些规模小且分散的经销商。

(2) 受控代理。受控代理即通过产权关系、契约关系紧紧地控制产品的多级批发，以比商业平均利润高得多的利润吸收大批经销商组织仓储、运输、营销人才等生产要素参与产品的销售，使经销商与企业形成步调一致的利益共同体，以实现企业对目标市场的全面覆盖和渗透。在具体操作上，结合批量分级折扣优惠、反季节经销优惠、经济利润返还补偿和卖方信贷支持等措施全面调动经销商的销售积极性。控制的前提条件是企业让利经销商，保证经销商有极大的利润可赚；控制的目的是规范经销商的市场行为，提高经销商的经营能力，完善经销商的服务内容；控制的方式是利益杠杆、奖惩机制、经销权的专有和价格上的优惠。

（3）专人监管。专人监管即针对少数信誉欠佳的经销商，委派经过培训的专业人员对其进货、退货、还款、填写报表、广告宣传及市场拓展等工作进行监督管理。为了缓解经销商的疑虑，应免费为其提供硬件设施，帮助建立客户档案，上报进货、销货、库存、退货等数据，以保证对其进货的管理和还款的及时。一旦经销商的业务步入良性循环，企业即可撤回监管人员。

10.3 分销渠道策划与执行技术

10.3.1 渠道铺设

（1）策划要义

分销渠道铺设即企业依据产品特性，分析目标市场的需求特性和竞争特性，参照宏观经济状况，凭借企业资源，对分销渠道进行策划，构建目标市场分销渠道网络。具体而言，渠道网络的规划需要设定渠道类型以及产品的销售方式；确定中间商数目，选择合作伙伴；制定协调渠道各方成员关系的系统方案和有效办法。同时，明确产品分销中每条渠道的目的；分清主、辅渠道的各自作用以及主、辅渠道的关联度，以备在企业营销陷入危机时，主、辅渠道取长补短、相互支撑，发挥辅渠道的功能，减轻主渠道的压力，最大限度地拓展商品与用户接洽的触点，增加产品销售的机会。

随着目标市场的确立，产品在目标市场上必然要面对激烈的角逐与竞争。企业要想打开销售局面，迅速站稳脚跟，必须建立高效率的产品分销网络，且应当在产品从生产领域进入消费领域的过程中，保证及时、经济、安全，走最短的路线、经过最少的环节、花费最少的费用，从而实现产品的价值与使用价值。

（2）策划方案

[涉及企业] 中国惠州啤酒有限公司

[营销业务] 伦巴牌啤酒

[背景资料] 中国惠州啤酒有限公司为中澳合资企业，1987 年 10 月正式投产“伦巴”牌啤酒，年产啤酒两万吨。1988 年，伦巴啤酒开始投放市场，在南

方各地区有一定的销路，但是由于南方人不喜欢该酒的苦味，销售量没有太大的突破。该公司拥有国内最先进的啤酒生产设备，创业初期选派了 20 多名技术人员到联邦德国慕尼黑啤酒学院进行系统的学习，这批人回国以后已经成为企业的技术骨干。由于长期聘请德国专家驻厂指导，使得该公司生产的伦巴牌啤酒在质量上居于全国同类型产品的上乘位置。

1988 年 10 月，该公司在北京设立办事处，希望在北方的消费群体中觅到知音，开拓市场。据专家测定，这种啤酒质量优异、味道纯正、营养价值很高，而且包装精美，应该成为北京啤酒市场上的俏货。然而事与愿违，尽管北京市场的啤酒容量较大，但是北京地区中下阶层的消费者心目中有一个牢固的概念：北京自产啤酒口味对路、优于外地啤酒，所以许多人并不认可外地品牌啤酒，新产品很难进入固有的消费领域。如上述所言，伦巴牌啤酒成本较高（酒花和麦芽从国外进口），在没有得到公众广泛认同的情况下，在价格方面根本无法与地产地销的同类型产品相竞争，很难在北京打开市场。在销售旺季，其销售量也只达到两千箱左右。这种销售业绩暂且不说经济效益如何，就是在京办事处本身的费用开支都难以补偿。此刻，该公司的决策者应该明确一点：既然产品的目标市场实施了战略性的转移，从南迁北，创业初期人地生疏，该公司首当其冲的任务是构建相对稳定的分销渠道网络。

[策划内容] 经过调查研究，中国惠州啤酒有限公司统筹规划、广开门路，采用多项分销方式，经过不同的分销途径，跨越不同的分销环节，将伦巴牌啤酒渗透到北京市场。

第一步：北京市糖业烟酒批发公司控制着北京市 60% 以上的烟酒零售店，它也是北京地产啤酒销售的主要渠道。如果通过这条渠道将伦巴牌啤酒推入大众消费领域，其产品的市场占有率将大大提高，所以该公司决定不惜一切代价疏通这条渠道，只有这样，产品销售量才能够保持稳定，最广泛地争取顾客的了解和信任，扩大产品的影响力。

第二步：北京各地的批发市场对伦巴牌啤酒扩大产品销路有一定的帮助，这条渠道人员复杂，触角宽泛，延伸到社会的各个领域。如果该公司的业务涉及这个领域，就可以得到广泛的信息反馈，为市场决策提供有效依据。

第三步：北京旅游服务总公司负责北京各大宾馆、饭店的物资供应，这条渠道是伦巴牌啤酒进入市场的必经之路。公司考虑到自己产品的特点，必须努力与之协调关系，坚定地跻身于这条道路上的产品供应者行列。

中国惠州啤酒有限公司调动一切关系构建产品分销通路：将北京旅游服务总公司作为突破口，占领北京啤酒市场的高端，赚取利润、回笼货币；利用国营糖业烟酒批发渠道，获取市场份额，扩大品牌影响；利用烟酒批发市场广泛收集信息、结识合作伙伴（见表10－1）。经过努力，伦巴牌啤酒以其崭新的面目出现在北京啤酒市场，它精致的包装、独特的口感风味给用户留下了深刻的印象。

表10－1 伦巴牌啤酒在北京啤酒市场分销渠道网络

分销渠道网络	主渠道作用	辅渠道作用	营销行为
中国旅游服务总公司	⬆		赚取利润、回笼货币
北京糖业烟酒批发公司		⬆	获取市场份额、扩大品牌影响
烟酒批发市场		⬆	广泛收集信息、结识合作伙伴

（3）执行要求

企业策划与执行产品分销渠道时，要对渠道方案进行评估，其评估的结果要有利于实现企业的长远目标。评估主要从三方面进行：①渠道网络的运行速率和经济效益；②企业对分销渠道的监控和调控能力；③分销渠道变动的适应性。

在分销速率与效益方面，主要考虑每一条渠道的销售额与成本的关系。一方面要考虑自销和利用中间商哪种方式销售量大；另一方面要比较二者的成本。一般而言，利用销售代理商的成本较企业自销的成本低，但是当销售额增长超过一定水平时，用代理商所花费的成本则越来越高，如图10－4所示。图中的S_B点代表两条渠道成本相同时的销售额，当销售水平低于S_B时，使用代理商合算；销售水平高于S_B时，则企业自销有利。因为代理商通常收取较大比例的固定佣金，而企业自己的销售人员是固定工资加部分佣金。因此，规模较小的企业或大企业在销售额较小的地区，利用销售代理商较合算；当销售额达到一定水平后，则宜于设立自己的分销机构自销。

在分销的监控与调控方面，自销比利用销售代理商更为有利。因为销售代

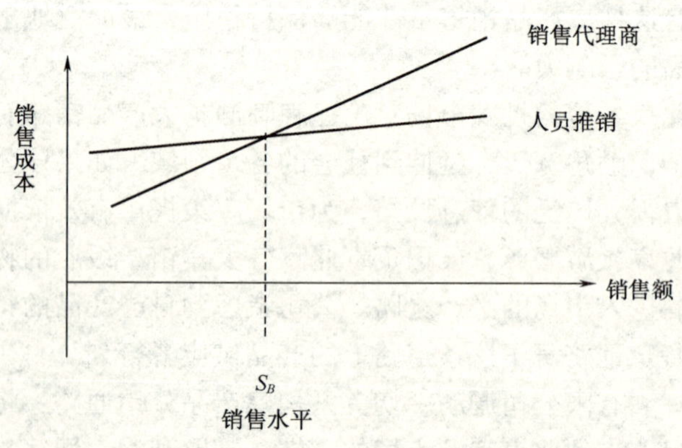

图10－4 销售代理商与自销的比较

理商是独立的商业机构，主要关心的是能为它带来最高收益的顾客，而不是某个企业生产的产品。而且，代理商也不一定能完全有效地掌握企业产品的技术细节。

在分销态势变动的适应性方面，企业与中间商签订合约时要谨慎从事，因为在签约期限内不能根据分销态势随意调整渠道的运行步骤和内容，将会使企业坐失营销机会。所以，涉及长期承诺的分销方案，只有在效益和控制力双向上乘的条件下才能够予以实施。

10.3.2　渠道延伸

(1) 策划要义

分销渠道的延伸即企业针对需求领域的拓展，在既定的产品分销模式中延伸渠道触角或者平移某种渠道类型，增大渠道投入，增强分销过程的控制力度，通过深且远的分销路径扩大产品的销售范围，以求产品迅速占领新的目标市场。

站在企业的角度，研究产品走出国门到达国外目标市场的用户手中所经过的线路和环节即为国际市场分销渠道的延伸策划。国际市场的分销渠道划分为两个阶段：出口国阶段和进口国阶段；其分销过程经过三个环节：第一环节是本国的国内分销；第二环节是由本国进入进口国的分销；第三环节是进口国的国内分销（见图 10－5）。

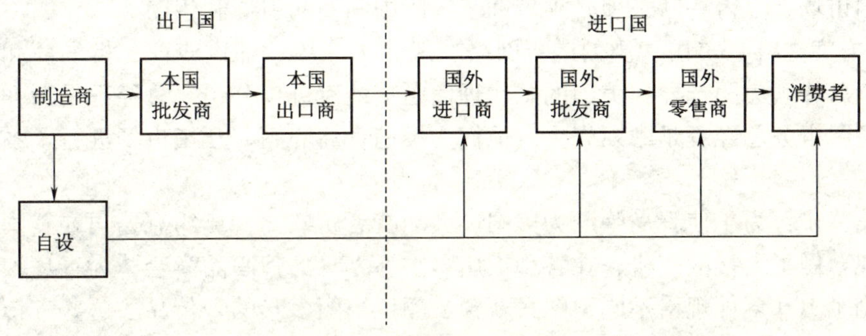

图 10－5　国际市场分销渠道

企业产品可以选择不同的路径进入国际市场。

①企业直接把产品出售给国外的最终用户，或直接接收国外用户的订货，这一路径主要适用于原料性商品、政府采购商品和邮寄销售商品的交易。

②企业直接把商品出售给国外的零售商，不经过国外的进口商和批发商，这一路径多适用于国外大型零售商订购的商品交易。

③企业通过本国的批发商和出口商，把商品卖给国外的零售商，这一路径多适用于数量不大的消费品交易。

④企业通过本国的出口商和国外的进口商，把商品出售给最终用户，这一路径主要适用于商品的大宗交易。

⑤企业通过本国的批发商、出口商和国外的进口商、批发商和零售商，把商品出售给最终用户。这是一条较长的间接分销渠道，多适用于日用品交易。

⑥企业通过本国的批发商、出口商，把商品出售给国外的批发商、零售商，这一路径多适用于利用国外中间商的力量扩大市场覆盖面的商品交易。

⑦企业通过本国的批发商、出口商，把商品出售给国外的进口商、零售商，这一路径多适用于最终用户比较分散的大宗商品交易。

⑧企业在国外设立生产装配部门，由其把生产出来的商品出售给进口国分销渠道的各个环节。

（2）策划方案

［**涉及企业**］青岛啤酒集团公司

［**营销业务**］青岛啤酒

［**背景资料**］众所周知，青岛啤酒在国内市场上久负盛誉，其罐装啤酒是一流产品。然而好酒也怕巷子深，青岛啤酒能否在美国市场上声名鹊起，成为美国啤酒市场上的座上宾，却要进行缜密的筹划。美国市场啤酒种类繁多，仅美国本土制造的啤酒就有700多种，世界各国生产的啤酒在美国市场上多达350多种，尤其是荷兰的“汉尼根”、德国的“贝克”被冠以名牌啤酒。中国青岛啤酒要想在美国市场上争得一席之地必须借助于国际中间商的引导和相助。

［**方案内容**］美国啤酒的销售网络一般分为三级，即供应商、批发商和零售商。青岛啤酒集团选择在美国的总代理商是莫纳克进口公司，总经理是斯仲达先生，国际事务总经理是摩斯先生，他们为推销青岛啤酒、开拓市场进行了系统的策划。

第一步：为了使青岛啤酒为美国广大消费者所熟知，莫约克公司在美国报纸和电视台做了大量的广告，在各种饭店多次举办青岛啤酒品尝会，为青岛啤酒先后印刷了100多种规格不同、图案新颖、颜色绚丽多彩的宣传品。这些宣传品有的用于放在饭店的餐桌上，有的用于挂在墙上，有的印在塑料手提袋上。莫约克公司还特意制作了长达数英尺、带有青岛啤酒图案的立体的龙和凤作为装饰品，供餐馆用于悬挂。斯仲达先生认为，这些是必要的投资。

第二步：在产品包装上，青岛啤酒由原来的一提6小瓶改为一提2大瓶，正好够两个人一顿饭饮用，易被美国用户接受。

第三步：莫纳克公司进口的青岛啤酒分别从美国20多个港口进货，这样做有利于降低美国国内运输费用和销售成本，使青岛啤酒的价格具有竞争力。

第四步：莫纳克公司在全美50个州建立了包括350名精明强干、富有经验的批发商、强大的零售商和训练有素的推销员组成的规模大、力量强的青岛啤酒销售网。在寻找批发商时，莫纳克公司尽量使批发商在其所在地区具有独家批发权，因为这样不仅能充分调动批发商的积极性，而且也不致在批发系统中造成混乱。莫纳克公司自己的推销员也经常到各零售商那里去征求意见，调查市场需求，并帮助零售商解决各种问题。莫纳克公司还对批发商和推销员实行了各种奖励和优惠制度，使他们随着销售量的增加，能够得到更多的收入。

第五步：自从莫纳克公司签订了长期代理青岛啤酒的销售合同以来，斯仲达派出公司的特别顾问、研究啤酒技术已有 50 多年历史的在美国最享威名的啤酒专家、世界闻名的权威——莫特·布伦纳多次到青岛啤酒厂，将国际有名的啤酒样品、当今世界上有关制作啤酒的先进技术和设备的资料、文献、报告，向青岛啤酒厂作了详细介绍，促进青岛啤酒厂技术水平的提高，在美国市场对青岛啤酒需求量不断增加的情况下，中国青岛啤酒能够按时交货，且充分保质保量。

由于莫约克公司的努力，在美国的中国餐馆都销售青岛啤酒，美国各地的法国、意大利、日本餐馆也出售青岛啤酒。在美国，70% 的啤酒是在餐馆里消费的，青岛啤酒进入美国无数家餐馆，是青岛啤酒畅销美国的重要标志。青岛啤酒不仅进入一般餐馆，还进入最高级的旅馆、酒吧间和大型超级市场，深入美国市场的各个领域。

（3）执行要求

伴随着经济的全球化，企业的跨国经营日渐频繁且规模不断扩大，诸多企业深知，要使自己的产品延伸到国际市场，加入世界贸易的循环，需要适当的分销渠道。

①了解异地的市场环境，研究其公众系统，包括消费需求特征、贸易合作伙伴，国外政府部门政策，国外新闻媒介和国际仲裁机构等。

②设计产品通向异地市场的管理途径，关键是选择好中间商，建立起代理分销渠道，专营企业的产品。通过代理营销，使需求信息快速反馈，以促进企业改进品种，快速抢占海外市场。

③借助因特网和其他现代通信手段，将商品供应信息由“网站代理”发布，直接参与国际市场的商品交易。这对于试图延伸分销渠道、扩大销售范围，实现规模经营，然而又缺乏国际市场营销经验的企业来说，无疑是一条可取的捷径，由此可以降低企业国际化进程中的营销成本，使其产品走向世界。

④企业在延伸分销渠道的同时，注重在批发和零售的各环节推波助澜、积极促销，整合品牌传播，坚持品牌信誉，以其高品质的形象确立自身在国际市场中的竞争地位。

10.3.3 渠道拓宽

（1）策划要义

分销渠道的拓宽即企业针对市场同业间的竞争格局，选用、管理中间商，或在产品既定的分销模式中拓宽渠道类型；或加强与中间商的合作力度，通过宽泛的途径拓宽产品的市场覆盖面，以求企业突飞猛进、快速发展。

在渠道拓宽过程中，企业必须时刻关注渠道内外的合作、冲突状态。渠道合作即利益相关的不同企业之间形成联盟，合作是分销渠道各个成员的共同愿望，制造商、批发商和零售商在营销功能上相互补充，通过合作能够更有效地了解和满足目标市场，更有力地增强竞争能力，所产生的利润比单独参与竞争产生的利润要大得多。然而，分销渠道中每一成员力求自身利益最大化，很可能损害其他成员的利益，产生渠道冲突，破坏渠道系统。

①分析渠道冲突产生的原因

目标不一致。例如，制造商希望商品以低价进入市场，扩大销售，迅速扩大市场；而经销商希望制定高价，追求高额利润。制造商希望经销商开展较多的促销活动；而经销商希望减少促销活动，以节省资金。

分工不明确。例如，制造商把一定区域的产品经销权授予特许经销商，但是制造商的销售人员也在这一区域内销售产品，地理区域划分不明确而引起合作双方的利益冲突。

感知不同。制造商和经销商由于对问题的感知不同而发生分歧。

②寻求渠道冲突解决的办法

渠道统帅作用。如果渠道一方成员由于实力强大和办事公道而赢得其他渠道成员的尊重和信任，取得渠道领袖的地位，就会充分发挥在渠道协调和冲突调解方面的作用，减少渠道冲突，巩固渠道系统。

制定超常目标。当渠道成员面临共同的外部环境威胁，认识到不团结合作可能导致两败俱伤时，就会弱化矛盾分歧而充分合作，实现维持生存的目标。当渠道成员面临共同的外部机遇，认识到不团结合作可能丧失赢利机会时，也会充分合作，实现超常的赢利目标。

协同工作。渠道成员之间经常交流、聚会或建立专门的协调机构也可以减少冲突。

调解和仲裁。行政管理机构及时调解和仲裁，可以相对减少冲突。

（2）策划方案

［**涉及企业**］日本大和精工公司

［**营销业务**］大和渔具

[**背景资料**] 在日本的渔具制造业中，日本大和精工公司声名显赫，其营销手段令人耳目一新，尤其是在产品分销渠道的策划与执行方面，为同行所称道。公司初创时期，对市场需求不了解，没有稳固的销售基础，公司员工不多，包括经理在内的所有人员全部作为营销业务员寻找产品的分销路径。

[**方案内容**]

第一步：公司在 10 000 个钓鱼用具商店中，选择 3 000 个商店为其代销商店，努力加强与代销零售店的联系，派出推销员，以巡回的方式，每周一次，定日、定时分别向各个代销点送货。他们的工作认真负责且十分策略：①走访代销本公司产品的渔具商店，一般都事先约好时间，误差从不超过 20 分钟；②届时，把那些滞留在店里的商品拿回去维修养护，下周同一时间带回；③推销员负责供货的同时，交换渔具产品方面的信息情报，向代销店讲述本公司新产品的开发状况，及时与其签订购货合同。

尽管那些渔具商店同时代销或经销其他渔具公司的产品，但是对该公司的印象极为深刻，关系日趋密切。正值此时，一直以压倒优势而自豪骄傲的奥林匹克渔具公司，拉拢全国各地的批发商，希望扩大自己商品的市场占有率。为了形成属于自己的系列批发商店群体，奥林匹克渔具公司要求具有实力的批发商特约专营自己的产品。对于已经习惯自由进货的批发商来说，由于占供货数量绝大多数的奥林匹克公司采取这种“非礼”行为，使得他们陷入了极大的困境。因此，一些实力较强的批发商联合起来反抗，转向经营新兴企业的产品。为了求得生存，他们拼命地推销新兴企业的渔具，在市场上展开了激烈的竞争。

第二步：公司抓住时机，积极接近分散在全国各地的 100 多家批发商，为了使批发商们了解自己，该公司的营销员请客应酬，到处奔波，而奥林匹克渔具公司事件也促使该公司的产品成为批发商们的抢手货。该公司在全国接洽了 40 多个批发商经销点，但是由于这些批发商同时销售其他企业的渔具，该公司产品的销路并不十分理想。为了增加产品的销售量，该公司为推销员装备了汽车，利用原有与零售商的关系，帮助批发商向零售商推销。这是该公司的推销员第一次以交易的形式和零售商店直接接触，而直营渠道的萌芽就产生于此。当他们从固有的信息网络得知渔具零售店需要订货时，就打听这一商店一般由哪个批发商进货，然后把货单转交给批发商，再由批发商向该公司订购，这实际上是一种转账买卖。然而，久而久之这种方法不仅耗费大量的人、财、物力，而且引起了批发商的警惕和反感。该公司为了进一步增加产品的销售量，在分销渠道模式上只得另辟他途。

第三步：公司逐渐意识到，应当吸收零售商参加，建立自己的销售公司，这样才能摆脱困境。在资金比率方面，零售店占 50% 左右，该公司和丸红公司合占50%，但是经营权归该公司掌握，营业员由该公司派出。之所以能够采用这样的组合管理方式，是因为原来已经采取了转账销售的方式，绝大部分订货和送货由该公司担任，批发商对零售店仅仅起到通知价格、负责转账和回收货款的作用；零售商仅仅负责向最终用户提供商品。所以该公司借助转账买卖的形式掌握了分销渠道的主动权。

第四步：在开办销售公司之日，他们公开销售政策，坚持决算价格统一回扣、一律同等对待的原则，无论与谁交易都诚心诚意、光明磊落。经过长期的磨合与角逐，零售商遭到排挤被迫退出了销售公司，丸红公司也主动出卖股份。至此，该公司的销售公司变为独家经营，产品直营的渠道模式正式形成。

（3）执行要求

以零售商代销到批发商经销再到组建销售公司联营直销，日本大和公司逐步从被动转向主动，在拓宽分销渠道的过程中把握住机会。

分销渠道拓宽必然迫使企业在分销策略上作出相应的调整，对企业来说，既是一种压力，又是一种契机，企业应当抓住机会并着力做好下述各项工作：

（1）尽管企业实力不足，财力有限，但整体素质要高，目标清晰，眼界开阔，能够先人一步作出分销渠道的策划。

（2）注意维护良好的人际关系。从某种意义上讲，一种“关系”等同于一条商品出售通道。在营销过程中，人际关系的丰富和谐，有利于生成通畅的分销渠道。

（3）利用分销渠道的内外冲突，把握企业自身的发展契机，掌握拓宽渠道的步骤和节奏。

（4）坚定信念和毅力，不断调整营销角色。寻找机会从产品的制造领域渗透到经销领域，努力发展成为行业中的领军者。

10.3.4 渠道联营

（1）策划要义

渠道联营即企业在资金不足、势单力孤的状况下，凭借自身的能力很难完成产品分销的全过程，通常要利用联营的方式，寻找产品分销通路中的合作伙伴，双方各承担一定的经济责任：或提供货源，或提供产品销售基地，或提供储运设备，充分利用自己之长，互相促进、互利共存，以其联营合力抗拒市场竞争风险，由此扩大商品销售范围，减少商品流通环节，缩短商品流通时间，加速资金周转，提高资金的利用效率。

分销渠道的联营，有工工联营和工商联营两种形式。工工联营是指制造商之间共同开辟渠道，可能是某企业提供产品资源，其他企业提供产品销售市场；也可能是某企业提供运输条件，其他企业提供产品基地和销售基金；还有可能是某企业提供产品科技开发，其他企业提供产品信息和市场容量。工商联营是指制造商借助于批发商和零售商的渠道，使产品顺利进入市场。这种联合营销的方法规模较大，范围较广，见效较快。

分销渠道的联营，有紧密型联营和松散型联营之分。紧密型联营是指营销活动的结果关系到双方的既得利益，因此，联合双方处于同一个统一体中，利益共存、风险共担；松散型联营是指双方仅仅是产品分销渠道方面的互相帮助、互相扶持，不发生任何投资关系，其营销活动各具独立性，自负盈亏。

（2）策划方案

[涉及企业] 山西某磷肥制造商（乡镇企业）

[营销业务] 磷肥

[背景资料] 山西某磷肥厂是一个拥有500多人的乡镇企业，固定资产120万元，流动资金40万元。该企业主导产品是磷肥，主要是利用当地的自然资源地产地销。一段时期，农业生产发展迅速，农村普遍存在缺少化肥的现象，因此该产品在当地具有一定的市场容量。但是，随着产量的不断增加，当地农村磷肥的需求逐渐趋于饱和，企业产品库存量加大，占压流动资金100多万元，而磷肥外销运输存在着障碍。山西的火车车皮主要用于煤炭运输，磷肥属于小化肥，国家只统配给少量的车皮外运，如果采用公路运输，势必增加产品成本，面临同行的竞争威胁。恰逢20世纪90年代初期，美国的磷肥开始充斥我国市场，该企业凭借自己的力量，很难在异地他乡打开产品销路，要想维持再生产，必须疏通产品的分销渠道。

[方案内容] 山西这家生产磷肥的乡镇企业首先对生存现状进行可行性分析，他们在充分论证的基础上达成三项共识：其一，自己是乡镇企业，资金有限，生产能力不足，倘若调整产品结构，需要集结大量的人力、物力、财力；其二，此项产品利用当地特有的资源优势，成本较低，价格便宜，深受广大农民的欢迎；其三，此项产品滞销的原因不是由于磷肥生产过剩，而是企业营销能力所涉及的范围出现了相对饱和。因此，要生存下去，就要尽快构建产品的分销路径，最终他们策划出三种渠道，逐步实施。

第一步：与农村偏远地区处于同种境地的乡镇企业互换商品，运输费用互相抵消，以物流代替商流。

第二步：通过各种形式向附近地区使用磷肥的集体、个体单位发出信息，请他们派出采购员到厂订货，其食、宿、行一律提供优惠。

第三步：进行市场调研，在需求相对集中的地区寻求稳定的贸易合作伙伴，共同开办磷肥工商联合公司或者与运输单位建立协作关系，定点销售，利益共享。

这家磷肥企业在千方百计寻找产品分销途径的同时，积极筹措资金，购置自己的交通运输工具，待分销渠道形成时能有足够的实力进入相关的市场领域。

(3) 执行要求

企业的规模不大，地理位置也比较偏远，仅靠资源优势地产地销，当产品的目标市场位移之后，要想扩大产品销路，打开外界市场的大门，就必须运用企业实力重新构建产品的分销渠道。在分销渠道方案的执行中要注意做好三项工作。

①建立日常机构：联合双方通过协商，共同组成决策小组，对于有关联合活动过程中出现的问题共同处理、及时解决。

②制定协议：联合双方本着互惠互利的原则，制定出联合营销协议书，内容包括分工职责、管理实施、调价限度、利益分配、费用负担以及风险承担等。

③明确责任：为了避免在联合营销活动中出现不必要的分歧，应明确双方的责任，各司其职，积极主动地配合双方打开产品市场，为消费者提供适销对路的产品。

[营销策划与执行范例7]　“芪龙胶囊”分销渠道

前言：山东华能药业公司是中国华能集团投资的子公司，是华能集团综合产业部重点发展的公司之一。公司硬件投资规模较大，但是产品品种较少，销售队伍及分销渠道不够健全，分销网络不够完善。公司历时3年，耗资几百万元，采用清华专利技术开发研制的治疗心脑血管病的国家级三类新药——芪龙胶囊，是公司寄予厚望的拳头产品，已经投放市场近一年，但销售情况很不理想，推销人员无法打开销售局面；医院的产品分销也不顺利，致使销售人员对芪龙胶囊的推广工作态度消极，公司领导面临着很大的压力。华能药业的决策层希望以打开芪龙胶囊的销售局面为契机，使该公司建立、健全分销渠道的网络。随着药品管理法规的颁布实施，对不规范的医药推广行为进行严厉打击；广告法对药品宣传加强了限制；医疗体制改革向纵深推进，药品流通领域的整合加剧；中国加入世界贸易组织使医药行业的竞争环境变得十分严峻。对于处于弱势竞争位置的华能药业来说，时间变得更加紧迫。如何在夹缝中寻求生存，抓住机会取得突破性发展，是华能药业发展中的关键问题。

为使华能药业打开市场局面，初步建立竞争平台，公司策划设计了“芪龙胶囊分销渠道建设方案”，旨在通过借助公司内外部营销力量及其资源，打开芪龙胶囊的分销路径，同时通过招商、市场推广、销售、学术研究和队伍培训等方面增强执行力，这就需要华能药业公司相关部门及人员的通力协作和配合。

一、芪龙胶囊分销威胁

通过走访医生、销售人员和用药患者，调研竞争者的产品，公司得出如下结论：

其一，芪龙胶囊的科技含量较高，在疗效上有一定优势。如果辅以合适的产品定位和市场推广，其产品特性与疗效能够得到临床医生的认可，逐步建立医生的用药信心。

其二，因心脑血管病没有特效药，不能完全治愈，病人多需要长期甚至终生服药，因此消费者的经济承受能力是影响该类药品销售量的关键因素。对于未进入医保的药品，患者会在疗效与日均服用成本之间作出选择。治疗心脑血管病的药品的价格一般分为两个层次，低价位的日均服用成本为3~5元，高价位的日均服用成本为12~15元。而芪龙胶囊的单位价格虽然不高，但日均服用价格却为28元，对患者来说，服用成本过高。

其三，医生开药的态度倾向为：①药效；②患者态度及反馈；③经济利益；④其他需求利益的满足。根据调查，如果“跑单率”（即医生虽开了处方，但患者因故放弃取药）达到10%，医生会产生疑虑，如“跑单”达到30%，医生则会放弃使用该药品。而芪龙胶囊因为价格等综合原因使开方“跑单率”较高，故形成销售的恶性循环。

其四，销售管理的误区。芪龙胶囊投放市场初期，公司采用预算制分销管理的执行模式，因产品分销网络不健全，产品在医院中的认知程度较低，分销管理主要靠政策调节，方法简单，资金实力不足，无法运用4P组合进行整合式营销，因此不到一年便陷入了困境：市场开发不顺利，产品销售出现停滞，销售成本居高不下。其后，公司转变政策，改为半承包制，依旧全部负责差旅费用、开发费用，而销售费用的大部分根据回款和任务完成情况按一定的比例提取，产品分销效率不明显。

其五，营销队伍的人力资源半径过于狭窄，公司大部分营销人员均来自企业所在城市，使整体营销队伍处于“超稳定”状态。再者，由于公司过去在跟进销售一个药健号产品“龙芪溶栓”时，由于管理政策不当使销售人员在短期内收入暴增，同时由于药品市场缺乏有效监控，造成了销售队伍很强的投机心理和不良利益期待，致使公司营销策略贯彻的难度加大。

二、芪龙胶囊分销机会

其一，由于调查分析的翔实、科学、严谨，使公司决策层认识到价格策略的重要性及芪龙胶囊价格管理的不合理，且决心改变现状，从而使产品价格趋向合理，包括单位零售价格和结算价格。

其二，如果华能药业公司运用自己的力量建立分销渠道网络，不仅成本会居高不下，且需要时间较长，风险较大。目前，社会上已经存在着一批较为独立的医药经纪人，他们有着一定的医院网络资源，与医院及医生有着良好的关系，同时代理着一个或数个厂家的产品，对代理产品大多采用底价承包制，利益的驱动使他们需要寻找更多、更好的产品，他们要求与企业联盟或加盟于有条件的企业，以寻求自身的可持续发展。另外，社会上还存在着一批制药企业的驻外市场经理，他们虽然不一定是承包制，但是也有着较大的自由，利用所掌握的渠道资源最大程度地获取个人收益，因此他们有动机代理其他药品，其需求顺序是：①安全（不会因代理其他产品而影响到其所在服务公司的地位和利益）；退货保障；②利益；③持续发展或更大的发展（寻求更好的公司、产品）。因其行为方式与医药经纪人基本类同，所以可将他们统称为医药经纪人资源。

其三，用好承包制。承包制曾是中小国营、民营及外资企业成功的“法宝”，以华能药业公司的条件来说，暂时较适合这种执行形式。因为公司抗风险能力较弱，需要销售人员及渠道中间商共同承担风险；公司对市场规划、策划能力较弱，营销管理主要靠政策调节，管理方法还较为简单；企业对短期经营业绩十分看中，迫切需要资金及市场，却不具备投入及拓展的实力。些情况说明，华能药业公司分销渠道初建时期需要充分用活、用好承包制。

其四，华能集团是中国著名的省部级电力集团，实力雄厚，知名度高，信誉度高，华能药业可在分销渠道网络建设过程中充分运用华能集团的实力形象资源。

其五，建立分销渠道的初期采用充分吸收社会营销资源，以承包制为主要运营模式，一旦条件成熟（分销途径基本理顺，企业有了一定的抗风险能力，经营水平达到一定规模，又有新品种推出等）即可进行转轨，导入现代企业管理制度下的分销运营模式。

三、分销策略

其一，运用招商形式，借助于华能的实力形象，以合建办事处为利益点，吸引医药经纪人及经销商加盟，从而迅速开展分销网络的布局。

其二，以合理的产品价格及利益分配政策来维护企业与医药经纪人及经销商之间的合作关系。

其三，有计划、有步骤地成立专家组，建立学术推广系统，建立培训制度和培训体系，以整合营销的思路全面提升产品的市场推广平台；提升目标医生对芪龙胶囊的关注度、信赖度、满意度和使用率；使销售队伍逐渐专业化、学术化并具有忠诚度。随着竞争的加剧，对目标医生需要加强整合型的增值服务工作。同时，要想通过招商方式所建立的分销队伍具有忠诚度、可控性和可管理，就必须逐步建立起整体市场推广战略，对其进行扶持、辅导、培训和管理，使其价值的追求和利益的兑现依赖于企业的综合实力。

其四，运用招商形式完成分销渠道网络布局之后，公司要在各区域建立办事处，并明确办事处的工作职能。

(1) 保障信息流的畅通，包括货物流向、货物销售情况、医药经纪人的动态及积极性、推广组织力度、医生和患者的信息反馈等。

(2) 加强服务营销，对医药经纪人的服务，包括销售、市场推广的衔接工作和培训等。

(3) 加大推广支持力度，办事处医药代表对目标医生进行专业协助和拜访等。

四、方案实施控制

其一，招商流程的设置及其执行要规范。方案制定以后，招商便是实施方案的第一步。招商基本内容包括招商部门的设置、岗位编制及其岗位职责，人员的确定、培训等，招商工作流程的设置，招商层级及价格政策、利益分配、信息发布及信息跟踪处理。

其二，分销领域合作运营之时，公司要作好服务支持工作。

(1) 做好销售服务工作和结算工作。

(2) 做好培训工作。包括为所合作的医药经纪人及其所招聘的基层医药代表提供全方位的营销培训，以扶持其更好地开展工作；对使用药品的目标医生进行有目标、有步骤的产品专业培训，以提升其对药品的认知度和满意度。

(3) 为达到一定销量，为一定条件的区域市场的 VIP 目标医生免费提供学术交流、旅游及海外交流等增值服务。

其三，对分销网络资源的参与和管控。

公司与医药经纪人及目标医院、目标医生的合作过程，就是对分销网络资源最直接有效的渗透性参与过程。如对医药经纪人及其所属医药代表、业务人员的培训，就是公司价值观念、目标管理、企业文化渗透的过程。对 VIP 目标医生提供多种服务时，可以相应建立健全客户服务档案，并进行持续而有效的沟通。当然，与医院的接触要处理好与之合作的医药经纪人的关系，从表面来看，这样做似乎剥夺了医药经纪人对医院分销资源的垄断，从而动摇了其利益的垄断性；从深层次来看，如果公司处理好这一关系，能够加深目标医生对公司的信任感，而公司的服务工作最终会表现为产品销量的上升和医药经纪人利益的提高。公司与医药经纪人的合作可以分为四个阶段：①利益吸引，达到合作的目的；②服务支持，形成依赖；③管理参与，形成融合；④文化渗透，全面转化。

总之，医药经纪人只是个阶段性称谓，我们最终的目的是使其转化成为公司整体的营销力量，使医院分销资源最终成为公司的无形资产。公司要获得真正意义上的可持续发展，就要在条件适宜时成功转轨，导入现代分销管理机制。

本章内容小结

本章阐述分销渠道的特征与风险，阐明了分销渠道策划与执行的参考要素，分析分销渠道的运营模式，强调产品分销的路径与环节、策略与方法，提出企业分销渠道策划与执行的关键技术。

■ 分销渠道是指商品从制造商转至消费者所经过的各中间商连接起来形成的通道。分销渠道的策划需要参照相应的关联因素，即产品特性、用户特性、企业特性、中间商特性、竞争特性和环境特性。分销渠道的执行具有特殊性：渠道的铺设要耗费大量的精力、物力和财力，需要与中间商、辅助商进行沟通，以求得对方的理解、支持与合作；渠道一经形成就比较稳定，其调整具有相当的难度；渠道信息传递的不对称，导致渠道执行的风险。

■ 分销渠道的运营模式具有规律可循，其核心内容在于确定产品的分销路径，选定产品分销环节和与之合作的中间商，确定产品分销的具体方法。

■ 分销渠道策划与执行关键技术涉及渠道铺设、渠道延伸、渠道拓宽、渠道联营方面的策划要义、方案要领和执行要求。

【本章研习1：商品分销技术】

研习目标：通过学习、研究，了解分销模式的异同，掌握产品分销的基本规律。

研习内容：

■ 实地调研

选择联想公司与戴尔公司作为调查对象，具体了解联想公司与戴尔公司中国市场产品的分销模式。

■ 小组讨论

梳理联想公司与戴尔公司产品分销流程，提炼其各自产品分销的特征。

■ 提交分析报告

比较两者分销模式的绩效，提出产品分销策划与执行的建设性意见。

■ 展示研习成果

以小组为单位交流课题的研究成果，质疑同学问题，最后由指导教师进行点评。

研习检测：满分 10 分

实地调研过程（3 分）；研究分析报告（4 分）；展示成果演示（3 分）。

【本章研习 2：物流运营技术】

研习目标：通过训练，了解商品实体从制造商转移到最终用户的过程，掌握物流管理策划的总体思路，熟悉物流运营的基本要求。

研习内容：

■ 背景资料

A 公司是专事第三方物流的企业，B 公司是从事家电生产与销售的大型工业企业。B 公司试图借助 A 公司物流组织管理能力进一步提高物流水平，达到企业攀升与发展的目的。A 公司经过与 B 公司的广泛接触，就 A 公司承接 B 公司部分地区物流管理业务达成了基本共识。为了全面掌握 B 公司四川、重庆地区物流运营现状，A 公司进行了现场调研，从了解的情况得知：与 B 公司在产品运输、仓储、销售等物流操作方面合作要涉及 B 公司的相关部门：销售总公司：负责 B 公司系列产品的全国销售工作，主管各地的销售分公司；B 公司运调处：按照销售总公司内勤处提供的各地需求计划调配车辆、组织完成运输；B 公司物资处：负责管理 B 公司所有成品仓库及全国产品储存分销仓库；各地销售分公司：负责所属区域的产品销售，同时根据客户的需求从仓库取货、调配车辆帮助送货上门，但是大部分情况是客户自行从仓库提货。A 公司还对 B 公司设在四川、重庆的成品仓库进行调查，并对仓库属性及货品的保管、运输、销售和价格等情况进行分析，由此发现 B 公司物流运作中存在的主要问题：

其一，物流过程人为分割。B 公司目前成品物流活动被分成多个部分，即物资处、运调处、销售总公司、各地销售分公司、各地仓库等，人为地增加了物流的中间环节。

其二，物流成本较高。主要表现在仓库设置过多，增加了仓库租金、管理费用等成本；仓库管理费用支出较大；间接费用较高。由于仓库设置较多，运输费用和管理费用相对增大，所有费用都计入了 B 公司产品价格之中。

其三，客户服务满意度下降，进而影响销售。客户自己到仓库提货，由于对运输业务不熟悉，需要花费大量时间、精力应付不擅长的工作，分散销售注意力，客户怨言较多。

其四，仓库货品堆放无序，管理不符合安全要求。仓库产品的堆放不是按照规律分开堆放，而是一种填充式的堆放，装卸时不可避免地损坏产品的外包装，而且费时费力，直接影响发货效率。

其五，销售人员职责不清晰。销售分公司的销售人员兼职车辆调配，占用了销售人员开拓市场、为客户服务的时间，在一定程度上对产品销售产生不利影响。

其六，信息反馈速度慢。各地销售分公司对仓库货品信息的获取仍然停留于传统形式：仓库管理员每周或半个月手工汇总一份库存情况报表提交给各地的销售分公司，各地销售分公司根据库存量和订单的接受情况，将各个品种的需求计划报销售总公司内勤处，由内勤处通知 B 公司的运调处安排调运计划。这种传统的信息获取方式不利于销售部门随时掌握库存状况，市场反应迟缓、滞后。

其七，承运商多而不精。公路运输、铁路运输委托多个运输公司各自独立操作，承运商过于分散，不能有效协助产品的销售。

■ 策划研习

针对 B 公司物流的现状，提出 B 公司商品实体分销的总体思路和物流改革方案。

方案内容提示：A 公司作为第三方物流企业将与 B 公司达成合作意向，介入 B 公司四川、重庆地区的物流管理；重点改革仓库管理、客户管理、信息技术管理和供货渠道管理。

■ 执行研习

设计 B 公司物流运营流程图，说明 B 公司物流运营成本控制的主要方法。

研习检测：满分 10 分

B 公司物流改革方案的总体思路（4 分）；B 公司物流运营流程图（3 分）；B 公司物流运营成本控制的方法（3 分）。

11 促销策划与执行

本章教学目标

■ 深刻理解促销实质及其促销组合

■ 知晓促销策划参数，了解促销策划与执行的关联要素

■ 了解促销运营模式，掌握促销程序及方法

■ 掌握人员诱导促销、公关情感促销、广告宣传促销和营业推广即时促销的策划与执行技术

11.1 促销概述

11.1.1 促销实质

促销即促进销售，英文为 Promotion，来自拉丁语，原意是前进，将其引用到市场营销中，即为把企业及其产品和服务的相关信息通过各种形式向人们说明，唤起人们的购买欲望，促进和影响人们的购买行为，使人们对企业产生深刻的印象；对企业的产品和服务产生信赖和偏好，以此扩大销售范围，增加销售数量，并且建立起相对稳定的消费基础。

促销的实质在于企业与用户之间的信息沟通。沟通，即两个或两个以上的人之间分享信息的动态过程，其目的是获得信息、劝说和说服。企业促销活动中的沟通是企业与目标用户之间信息交流的过程，企业作为沟通者，发出作为刺激物的产品及其相关信息，并借助于某种形式将信息传播给目标用户，从而试图影响目标用户的购买动机和购买行为，因此，促销沟通是一种说服性的沟通活动，即企业有意识地把具有说服力的产品和服务的相关信息传播给目标用户，试图在特定的目标用户中唤起企业预期的意识，使之形成对产品和服务的正面反应，从而有效地影响目标用户的购买行为。借鉴信息传播理论的基本观点（见图 11－1），促销沟通过程一般包括九项要素。

图 11－1 中，发送者与接收者为促销沟通过程的参与者；信息媒体为促销沟通的主要工具；编码、解码、反应和反馈是促销沟通的主要功能；噪声即促销过程中所受到的干扰。

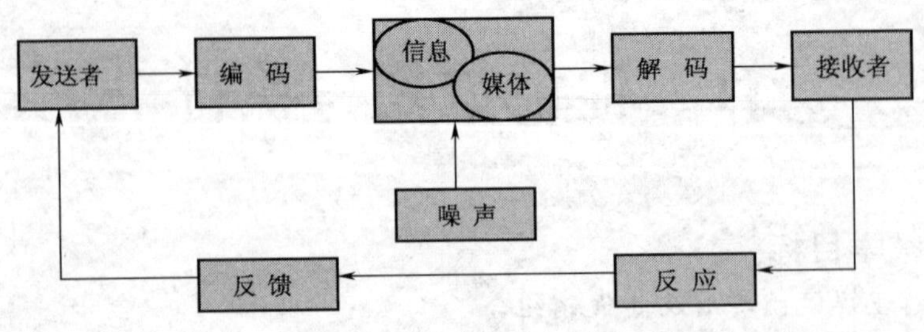

图 11－1 信息传播过程

现代市场营销要求企业必须与用户、供应商、中间商、金融机构、政府部门和社会公众进行广泛和连续的信息沟通，可以通过广告形式传递企业及其产品和服务的相关信息；可以借助于营业推广的形式激发用户的购买欲望和兴趣；可以凭借公共关系手段对公众进行感情投资，成就和谐的人际氛围；还可以直接派遣推销人员当面说服用户产生购买行为。只有这样，才是真正意义上的促动销售、推进发展。

11.1.2 促销组合

企业与用户之间的信息沟通一般采用四种方式：人员促销、广告促销、公关促销和营业推广（即时促销）。这四种方式的选择运用及其合理搭配称为促销组合。促销组合即把各种不同的促销方式有目的、有计划地组合起来，加以综合运用，以确定促销预算、配置促销资源、实现促销目标。

11.1.2.1 人员推销

人员促销即推销员推销。美国营销学会（AMA）把推销员推销定义为人员促销行为过程，其目的在于帮助和说明潜在用户购买某种商品和服务，或者使潜在用户接受一种对推销员具有商业意义的观念，并按照这种观念行事。我国众多营销学者认为，人员促销即企业推销员通过与用户面对面的双向沟通，运用一定的推销技术和手段，将商品或服务的信息传递给用户，使用户认识商品或服务的性能和特征，激发购买欲望，实现购买行为的全过程。人员促销的活动过程，既是企业诱发用户产生购买欲望、完成购买行为的引导过程，也是企业向市场传递商品的供应过程，更是企业了解需求信息、满足消费心理的信息转换过程。人员促销是最简便、也是最普遍的促销方式，与其他促销方式相比较，其特点是一种直接性的沟通，供求双方彼此影响、相互促进；能够产生"培植效应"，与用户建立人际关系，促使用户直接产生购买行为。

11.1.2.2 广告促销

按照美国市场营销协会（AMA）的定义，广告是“由特定广告主以付费方式对于构思、产品或劳务的非人员的介绍及推广”。由此界定的“广告”范畴，其外延比较宽泛，既包括了营利组织的广告，又包括非营利组织（如宗教团体、慈善机构、政府部门）的广告。《中华人民共和国广告法》中规定：广告是广告主有计划地通过媒体直接或间接地向所选定的消费者介绍自己所推销的商品的优点和特色，唤起消费者注意，并说服消费者购买使用的一种付费宣传或信息传播活动。由此而言，广告作为一种促销方式，是以赢利为目的的，企业借助一定的媒体，以支付费用的形式向目标市场传播信息的有说服力的宣传活动。广告是一种古老的促销方式，从几千年前用“告示”、“吆喝”做广告，发展到今天的电视广告、电台广告、报纸杂志广告及路牌广告等，在资讯技术日新月异的今天，广告是企业用以对目标用户进行沟通的主要手段。广告与其他促销方式相比较具有三个特征：是一种借助于大众传播媒介进行的信息沟通，具有公开性和普及性，突现“广而告知”的特点；是企业与用户之间信息的单项传递，不能直接使用户产生行为反应；运用艺术手法增加企业及其产品的表现力。

11.1.2.3 公关促销

按照国际公共关系协会的理解，“公共关系是一种管理功能，它具有连续性和计划性。通过公共关系，公立的和私人的组织、机构试图赢得同他们有关的人们的理解、同情和支持——借助对舆论的估价，以尽可能地协调它自己的政策和做法，依靠有计划的、广泛的信息传播，赢得更有效的合作，更好地实现他们的共同利益”。这一观点表明，公共关系是社会组织与公众结成的关系，具有公共性、互利性和连续性的特征。它的基本目的在于努力成就组织在公众中的形象和信誉；它的基本原则是真诚地将组织的活动内容告之公众，使组织的决策与行为更加符合社会公众的长期利益；它的基本方法是运用现代传播媒介，在组织与公众之间实现双向沟通。作为企业的促销方式之一，公关促销具有特殊的作用：它可以引导公众理解并接受企业的某种见解，与公众相互支撑、达成默契；它可以为企业产品销售创造良好的人际环境和舆论氛围，通过感情投资，使商品交易活动更加顺利和流畅，它可以改正过失，纠正公众的不良印象，向公众传递正确信息，从而提高企业的知名度和美誉度；它可以为企业收集信息，实现反馈，协助决策者做出企业发展的总体规划。与其他促销方式相比较，公关促销是企业与用户之间双向的信息沟通，然而，公关促销属于战略促销的范围，人员促销属于战术促销的范围。

11.1.2.4 营业推广

营业推广也称销售促进，英文为 Sales Promotion（简称 SP），按照美国市场营销学会作出的定义，营销推广是指“人员销售、广告和公共关系以外的，用以增进消费者购买交易效益的那种促销活动，例如陈列、展览会、展示会等不规则的、非周期发生的销售努力。”美国市场营销专家菲力普·科特勒认为：“营业推广是刺激消费者或中间商迅速或大量购买某一特定产品的促销手段，包括各种短期的促销工具。”由此而言，营业推广既在即定的时间里，在预期内，在某一目标市场中所采取的能够迅速产生激励作用、刺激需求、达到交易目的的促销方式。营业推广作为一种促销手段与其他促销手段相比较具有如下特征：

（1）时效性。营业推广活动的着眼点是立即引起顾客的反应，通过向促销对象提供短期的强力诱惑，导致顾客迅速采取购买行为。因此，营业推广活动常有限定的时间和空间，追求的是立竿见影，在短期内销售状况能有迅速改观。

（2）刺激性。营业推广最明显的特征是它在特定时点内为促销对象提供一种额外的好处，这种好处具有很强的刺激性，足以诱使促销对象购买某一特定的商品。通常情况下，这种好处可以是金钱，可以是商品，也可以是一项附加服务，它是促使购买者实现购买行为的直接诱因，也是营业推广活动得以成功的必要条件。

（3）多样性。营业推广是由刺激和强化市场需求的、花样繁多的各种促销行为所组成的。当今的营业推广活动不仅具有以往的样品派送、折扣、竞赛抽奖、现场演示和交易推广等方式，还增添了联合促销、服务促销、文化促销和满意促销等丰富多彩的促销措施。

（4）直接性。单纯从促进销售的角度讲，营业推广与促销组合中的其他手段相比更具有直接性；公共关系的宗旨是为企业塑造良好的公共形象，使顾客由偏好企业进而偏爱其产品；广告则通过一种观念的渗透提高产品的知名度，从而提高顾客购买该产品的信心。因此，公共关系和广告都是一种间接的促销手段，而营业推广采取利益诱导方式，刺激顾客迅速或大量购买某一特定的商品，相比之下，营业推广在吸引顾客购买方面见效迅速且更直接。

综上所述，人员推销、广告促销、公关促销、营业推广特征显著，其促销作用也各有所长（见表11－1）。

在一定时期内，企业为了达到预期的销售水平，针对目标市场的要求，参照企业的人、财、物状况，在平衡成本费用的基础上，将四种促销方式进行调配，综合运用，系统贯彻促销组合的营销思想，形成促销策略的整体合力，以推动业绩提升。

表 11-1 促销方式的特征比较

促销方式	人员推销	广告促销	公关促销	营业推广
沟通方式	双方	单向	双向	单向/单项
促销功效	与用户建立合作伙伴关系	提高产品的知名度	树立良好的公众形象	短时期内提升销售量
时效性	中长期	中长期	长期	短期
特征	直接信息沟通，反馈及时，可当面促成交易	传播速度快，涵盖面广，形象生动，渗透力强	提高企业及其产品的声誉，传达力较强，费用节省	激发购买兴趣，促成用户立即采取购买行为
局限	占用人员多	广而告知，不能立即成交	见效慢，可控程度低	时而引起用户误会或猜疑

11.1.3 促销策划参数

11.1.3.1 产品类型

不同类型的产品需求规律不同，购买习惯不同，促销方式具有差异：技术附加值大、单价高的产品适宜采用人员促销的方式；技术附加值小、单价低的产品适宜采用广告促销方式。一般而言，广告是消费用品的主要促销方式；人员则是产业用品的主要促销方式；公关对于两类产品的促销作用同等重要。

11.1.3.2 促销目标

促销目标不同，促销方式就不同，促销的成本效益具有差别。倘若促销目标是提高企业及其产品的知名度，重点选择广告促销和营业推广，辅助以公关促销方式；倘若促销目标是让用户了解产品的性能和使用方法，在促销组合中以启用人员促销形式为宜；倘若企业总体营销目标是在市场上树立形象，为其产品销售奠定基础，则要制定一个以公关促销为主体的促销组合方案；倘若企业试图在目标市场上迅速增加销售量，则应当利用广告促销和营业推广方式提高产品的市场占有份额。

11.1.3.3 促销策略

企业的促销策略有“推式”和“拉式”之分。推式促销策略即以中间商为促销对象，把产品推进分销渠道，制造商推给批发商，批发商再把产品推给零售商，零售商把产品推给消费者，推式促销策略，产品与信息同向流动。拉式促销策略即以最终消费者为促销对象，企业设法吸引终端用户对产品的兴趣，用户向中间商寻求产品，中间商看到有利可图，就会向制造商求购产品，拉式促销策略产品与信息反向流动。倘若企业采用推式策略，人员促销作用较大；倘若企业采用拉式策略，则广告促销作用较大。

11.1.3.4 产品生命周期

产品处于生命周期的不同阶段，促销方式各有侧重。在投入期阶段，为使消费者认识、知晓产品，广告促销和公关促销的作用较大；在成长期阶段，为扩大产品销售量，降低产品营销成本，人员促销的作用较大，同时公关促销的口碑传播形式作用明显；在成熟期阶段，品牌竞争十分激烈，企业主要利用营业推广的方式进行产品的市场渗透；在衰退期阶段，仅配置少量的、简单的促销方式，旨在保持用户对产品的记忆。

11.1.3.5 市场前景

企业应随着市场环境的改变，随时调整促销策略。市场繁荣、购买力旺盛之际，可以积极采用广告促销和公关促销；市场疲软、购买力下降之际，则应采用人员促销和营业推广的促销形式。

11.2 促销运营模式

11.2.1 人员促销模式

依据“程序化推销”理论，人员促销程序分为六个步骤（见图 11 –2）。

11.2.1.1 寻找潜在用户

人员促销的第一步就是挖掘潜在用户，即寻找到那些具备一定购买能力，又具有购买决策权，同时还具有购买动机和欲望的人。可以通过查阅各种资料获取潜在用户的相关信息，也可以通过函购、邮件、电话探询等方式与潜在用户取得联系，还可以通过各种社交性会议建立广泛的社会关系网，搜寻潜在用户；最关键的是要充分利用现有用户的介绍（或推荐）寻找潜在用户，循环往复，以此形成广泛的用户群体。

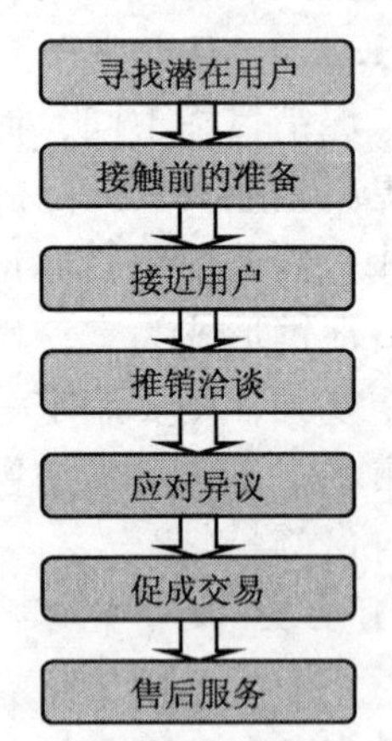

图 11 –2 人员促销步骤

11.2.1.2 接触用户前的准备

为了确保促销成效，企业在与用户正式接触前须做好三方面的准备工作。

（1）用户状况准备。对潜在用户进行审核和评定，了解其需求量、需求能力和消费习惯，建立用户档案，使人员推销数据化、系统化，提高工作效率。

（2）洽谈议程准备。企业需要细心筹划、精心安排与用户接洽的议程，以此掌握商品交易洽谈的主动权。

（3）心理准备。建立遭遇挫折的心理防卫机制。抛开幻想、克服恐惧、树立信心、调整状态，做好充分的思想准备。

11.2.1.3 接近用户

企业的推销人员在与用户正式洽谈之前有一个较短的接触时间，当供需双方见面的瞬间可能撞击出火花，彼此相互吸引，顺利进入面谈阶段，创造良好交往的氛围；也可能双方毫无感觉和兴趣，就会给后续的推销洽谈造成心理障碍。人员促销过程中，在接近用户方面要逐渐积累一定的营销经验，诸如利益接近、送礼接近、表演接近、问题接近、介绍接近、好奇接近和赞美接近等。无论采用哪一种方式都是推销洽谈的前奏，直接关系到促销成功与否。

11.2.1.4 推销洽谈

推销洽谈是集技术和艺术于一体的活动，没有固定不变的模式。随着促销对象、促销环境的变化，每次推销洽谈都具有不同的特点和要求。企业的推销人员应当对具体情况作具体分析，灵活机动做好洽谈工作，注重强调产品或服务给用户带来的利益。

11.2.1.5 应对异议

推销洽谈中产生异议是正常现象：需求倾向、权限、财力、价格、产品整体、购物时间和企业营销行为等都是供求双方争执的焦点，企业的推销人员应当具有与持不同意见用户进行协商的技术，善于倾听反对意见，避免与用户正面争执，并且向用户提供应对异议的恰当证据。

11.2.1.6 促成交易

成交将整个促销活动引入高潮。此时，推销人员要善于捕捉成交信号，及时成交、顺时成交，切忌急功近利，要保留一定的成交余地，诱导用户主动成交、连续成交。

11.2.1.7 售后服务

售后服务是人员促销过程中最后一个环节，也是企业产品连续出售的保障性环节。现代消费理念促使众多用户关注于售后服务的水平和质量，倘若售后服务达不到要求，即使产品知名度再高，也会构成成交障碍。因此，企业必须强化售后服务，尽力发展与用户的长期关系，建立稳定的消费基础。

11.2.2 人员促销的执行

11.2.2.1 建设推销队伍，养成推销素质

尽管人员促销是推销员与用户的个别接触，然而对企业来说却是营销团队的

共同作业，企业推销队伍规模、成分及其基本素质直接关系到促销业绩的成效。为此，应当依据促销目标，认真规划推销队伍，做出推销组织结构和组织形式的相关决策，加强对推销人员的甄选、培训、激励、考评和控制，在品德、知识、能力、体能等方面予以培养，养成机敏干练、善于应对的职业素质，这是企业营销的宝贵资源和财富。

11.2.2.2 掌握推销洽谈策略

(1) 揣度用户心理。

(2) 站在用户的角度理解企业的产品及其服务。

(3) 努力寻找与用户的共同点。

(4) 在友好的氛围之中说服用户。

(5) 在不完全放弃主要目标的前提下寻求预期的次要目标。

(6) 讲究谈话艺术。

(7) 坚持、再坚持。

11.2.2.3 克服报价恐惧症

在人员促销的执行过程中普遍存在一种现象，推销员向用户介绍企业产品及其服务时侃侃而谈、洒脱自如，但是怯于向用户“示价”，怕把用户吓跑，丧失成交机会。对此，推销员应该充分认识到产品的“物有所值”，掌握好报价策略和报价时机，把用户注意力引向产品的相对价格，使其不过多地考虑产品的实际价格，尽可能强调产品的性能、特点、实用性和先进性，使用户充分了解购物后能够得到的实惠，从而认为产品的实用价值较高，但相对价格较低，同时也可以用交货期限、交货方式应对用户对产品价格方面的异议。

11.2.3 广告促销模式

广告促销策划与执行过程包括广告促销目标，广告支出预算、广告信息制作、广告媒体选择及广告促销效果评定五个步骤（见图 11-3）。

11.2.3.1 确定广告促销目标

广告目标大致为三类。

(1) 提供信息，即企业通过广告宣传向目标用户提供各种信息，目的在于建立基本需求，扩大产品的销售量。

(2) 诱导购买，即企业通过广告活动建立本企业产品的品牌偏好，改变用户对本企业产品的态度，鼓励消费者放弃竞争者品牌，转而购买本企业的品牌，劝说用户接受推销访问，诱导其立即产生购买行为，

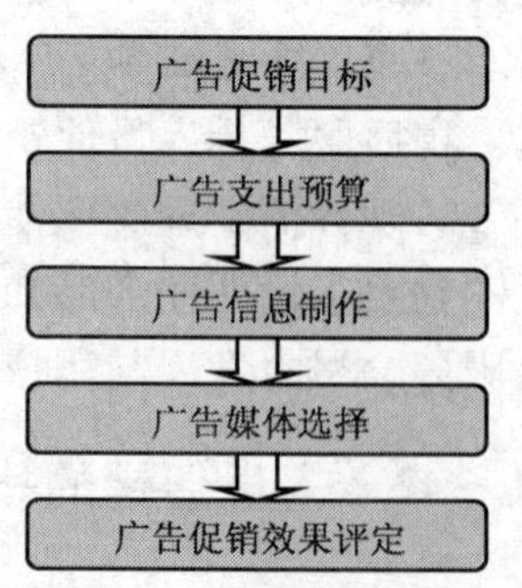

图 11-3 广告促销步骤

目的在于建立选择性需求，将目标用户的注意力从竞争者品牌吸引到自身品牌。

（3）提醒使用，即企业通过广告活动提示目标用户本企业产品的使用价值，并提醒他们何处能够买到产品，目的在于使消费者保持产品品牌的深刻印象，即使在产品的成熟阶段仍然不会忘记。

11.2.3.2 广告支出预算

广告宣传涉及诸多关键性因素，如产品生命周期、产品销售量与利润率、竞争对手的广告策略、企业自身的经济实力、消费者的接受能力以及媒体的使用效果等，广告预算必须在参照这些因素的基础上测算广告费用支出。测算的具体方法有五种。

（1）目标任务法，即根据企业营销战略目标，确定广告目标，再根据广告目标编制广告计划，最终确定广告预算总额。

（2）销售额百分比法，即以一定期限内销售额的一定比率，预算广告费用。

（3）利润百分比法，即根据一定期限内的利润总额比率，预算广告费用。

（4）销售单位法，即按照每一销售单位投入的广告费进行广告预算。

（5）竞争对抗法，即以竞争对手的广告支出为依据，确定本企业与之抗衡的广告预算方法。

11.2.3.3 广告信息制作

广告信息通常由专业人员完成制作，营销人员参与其中两项具体工作。

（1）确定广告宣传的信息主题。

（2）收集、评价广告创意。

11.2.3.4 广告媒体选择

选择广告宣传的媒体首先要参照诸多相关因素，如媒体性质与传播效果、媒体性质及其企业支付能力、产品性能及其使用范围、企业对传播信息的要求和目标受众的媒体习惯等；其次要熟知各类媒体广告宣传的特点及其局限性（见表11-2）。

11.2.3.5 广告促销效果评定

评定广告促销效果主要有五种方法。

（1）阅读率测定法，即报纸、杂志阅读广告人数与报纸、杂志发行量的比率。

（2）视听率测定法，即通过电视、广播收看、收听广告人数与电视、广播（收音机）拥有量的比率。

（3）记忆率测定法，即记住广告重点内容人数与阅读视听广告人数的比率。

表 11－2　广告宣传媒介特征比较

媒体种类 / 媒体特点	报纸	杂志	广播	电视	网络	户外媒体
优势	传播范围广 速度快 选择性强 简便灵活 便于查存	内容丰富 针对性强 有效期限长 目标受众理解程度高	传播速度快 覆盖面广 灵活性强 成本较低	形象生动 辐射面广 传播迅速 直观真实 表现手法多样，艺术性强	覆盖范围宽泛 信息量大 交互传递 动态实时 易统计 效率较高	重复出现 强化印象 成本低廉 选择性强
局限	注目率低 印刷效果欠佳 感染力差	灵活性较小 成本较高 受众面较窄	信息易逝 形象性差	实效性突出 信息量相对较小 费用高 选择性低	硬件要求较高 受众群体有局限性 主动性差 视觉效果不佳	信息量有限

（4）回忆测试法，即找一些看过电视、听过广播的人，使之回忆广告内容，以此判断其对广告的注意度和记忆率。

（5）理解度测试法，即在刊登广告的媒体上进行抽样调查，统计有多少人记得广告的中心内容；有多少人记得广告的多半内容，分别计算出百分比，从而判定目标受众对广告的认知和理解程度。

广告传播的效果还可以通过销售效果反映出来，具体方法有两种。

一是广告效果比率法，即根据广告见诸媒体之后，产品销售额增加幅度与广告费用增加幅度之比测定广告效果。计算公式为：

广告效果比率 =（销售额增加率/广告费用增加率）×100%

二是单位广告费用收益测定法，即根据一定时期内单位广告费用的经济效益测定广告效果。计算公式为

单位广告收益 =（广告之后的平均销售额 - 广告之前的平均销售额）/广告费用额

11.2.4　广告促销的执行

11.2.4.1　广告的内容是事实性部分与夸张性部分的统一体

广告的内容是真实的，但并不是完整的，企业的广告宣传利用了供求双方信息不对称的特点，仅强调产品的优势一面而“节省”了产品的劣势一面，但这并不意味着欺骗，因为广告传播的内容属实却不完整，不完整的广告与不真实的广告不能等同。同时，广告的传播手段又是夸张的，用户被夸张的、渲染的传播形式所吸引，被产品正向的、良好的层面所诱惑极易产生购买兴趣、生成购买

欲望。

11.2.4.2　广告定位置关重要

广告定位即广告对象的定位，是产品市场定位的延伸，同时又是广告促销的基础。广而告知的结果往往是盲目宣扬、无的放矢，用户只会当做过眼烟云，没有任何感觉和触动，倘若竞争者稍加干扰，其广告就会收效甚微。因此，广告促销一定要有针对性，分析受众心理、确认受众范围，以增强广告的适应性和实效性。

11.2.4.3　广告信息的设计水平决定广告促销的质量

（1）设计信息内容，考虑信息内容的诉求方式：一是理性诉求，即强调产品与广告受众利益相关的物质特点；二是情感诉求，即通过产品调动广告受众的情绪，从而激励购买行为；三是道德诉求，即借助产品维护广告受众心目中的道德规范，倡导人们遵从某种消费理念。

（2）设计信息结构，考虑在信息传播过程中做出结论：是否做出正反两面评论性的传播；是否将具有说服力的信息内容一定放在传播的开头或者结尾。

（3）设计信息表达方式，在声音、造型、图案、色彩等方面独具匠心，最大程度地吸引目标用户的注意力。

11.2.4.4　有效节省广告宣传成本，提升广告促销效果

每一类型的媒体都有一定的优势和局限，在送达率、频率和影响力等方面各有差异，企业进行广告促销一定选择“适合我的，同时我适合的”媒体作为广告宣传的工具。

11.2.5　公关促销模式

公关促销程序包括形象分析、形象塑造、形象传播和形象评估四个环节。这四个环节体现了公关促销的整体性（见图11－4）。

11.2.5.1　公关促销调查

公关促销调查即甄别公众对象、测量舆情民意、评价企业及其产品形象，在掌握大量信息的基础上寻找差距，发现问题，为企业促销工作指明方向。

首先进行自我形象分析。自我形象是企业自身所期望建立的社会形象，它是企业组织状态和经营管理状况的外在表现，通过对企业的员工阶层、管理阶层和社会阶层的调查研究，了解自身对于企业形象的看法与评价。

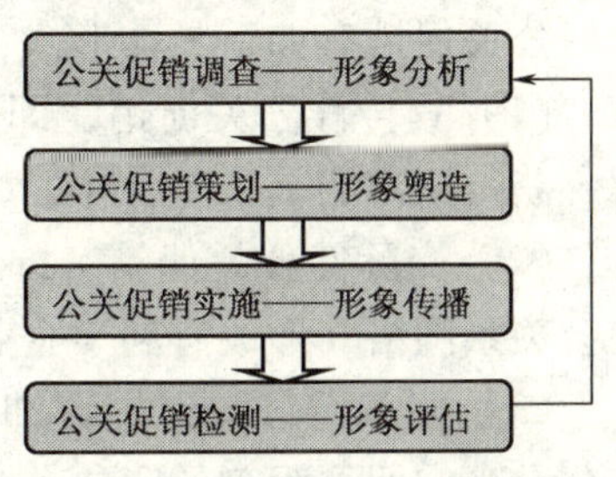

图11－4　公关促销步骤

其次进行实际形象分析。实际形象即企业的营销行为和表现在公众舆论中的投影、反应，也即社会公众和社会舆论对企业的认知和评价。这种认知和评价体现为企业在社会公众中的知名度和美誉度。实际形象分析细划为三个主要步骤：辨认企业公众群体；利用四象限图测量企业形象位置；设计企业形象要素调查表。

最后进行企业形象差距分析。将企业的实际形象与自我形象进行比较，揭示二者之间的现实差距，指明公共关系促销工作的方向和侧重。

11.2.5.2 公关促销策划

公关促销策划即根据企业形象差距，制定公关促销规划和实施方案，塑造企业形象，具体包括企业的产品形象、服务形象、人员形象、环境形象、文化形象、标志形象和组织效率形象等。它使公众对企业产生信任，建立忠诚，使企业获得更大的市场份额。

企业形象塑造必须关注三个领域：

（1）进行形象定位与设计，根据环境变化的要求以及本企业的实力和竞争对手的实力，选择自身的营销目标、营销领域、营销理念，为企业设计出理想的独具个性的形象。

（2）进行形象建设与推广，在调查研究的基础上，设定企业的形象框架，确定企业理念、企业的行为规范和企业识别系统，并且深化企业形象的对内宣传和对外推广，以赢得员工的理解和支持、公众的认同和拥戴。

（3）进行形象的巩固和矫正，不断更新形象内质、改良形象外观、替换形象传播形式，改正过失、矫正偏差、与时俱进，以崭新的姿态保持企业营销的个性和特色，使企业形象充满生机和活力。

11.2.5.3 公关促销实施

公关促销实施即企业为了提高自身的知名度、美誉度，借助于开放参观、展览展销、公关广告、新闻发布会、记者招待会以及联谊、庆典、赞助等活动方式，扩大影响，树立形象。

公关促销有如下具体形式：

（1）宣传性公关促销，即运用各种活动与媒体进行传播，以获取公众的理解，获得用户的支持与合作。

（2）交际性公关促销，即通过接触与交流进行感情上的联络，建立广泛的社会关系网络，形成有利于企业发展的人际环境。

（3）服务性公关促销，即向公众提供诚挚的服务，感化公众、赢得信任，在公众当中留下深刻的印象，为产品销售进行情感铺垫。

（4）社会性公关促销，即举办公益性的社会活动，提高声誉、扩大影响、博取关注，为企业产品销售创造一个良好的环境，同时也显示出企业的营销实力。

（5）征询性公关促销，即运用收集信息、社会调查、民意测验和舆论分析等反馈手段，了解舆情民意、把握时势动态、检测企业环境，为营销决策提供咨询。

11.2.5.4 公关促销检测

公关促销检测即依据科学标准，检测公关促销活动的效果，在获得业绩的同时发现新的问题，以便不断调整企业的公关目标、公关策略和公关行为，使企业的公共促销活动连续不断进行。公关促销检测方法为：公关促销程序评估、专项公关促销活动评估、传播沟通的评估、促销状态的评估及促销业绩的评估等。

11.2.6 公关促销的执行

（1）公关促销是战略性营销活动，它所追求的目标必须与企业发展方向保持一致，符合企业营销政策，同时又要顾及社会公众的整体利益。

（2）公关促销是企业的一种有目的、有预谋、有计划的感情投资，要经过滴水穿石般的努力才能达到预期设想，绝不能一曝十寒。

（3）公关促销不能文过饰非，尽力保持良好的内在素质和恰当的外在表现的协调统一。在塑造企业形象的进程中，及时不推诿、全面不偏激、真诚不讳过。

（4）公关促销区别于庸俗关系学的“暗箱操作”。二者产生的基础不同、工作内容不同、活动方式不同，最终获得的效果也不同。

11.2.7 营业推广促销模式

营业推广促销包括五个环节：确立目标、投入预算、制定营业推广方案、选择营业推广形式、评价营业推广成果，体现出营业推广促销的计划性和系统性（见图 11－5）。

确立目标 → 投入预算 → 制定营业推广方案 → 选择营业推广形式 → 评价营业推广效果

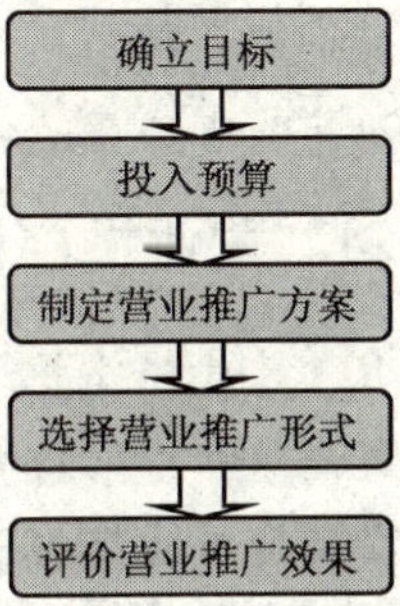

图 11－5 营业推广促销程序

11.2.7.1 确立目标

营业推广的目标取决于整体的促销目标。一般而言，营业推广目标有三个：一是力促最终用户，使其立即产生购买行为；二是力促中间商，鼓励其大量进货、连续经销；三是力促推销员，激励其开拓市场、扩大销售量。

11.2.7.2 投入预算

营业推广的投入预算有两种方法：一是先确定营

业推广的方式，然后预计其总费用；二是在一定时期的促销总预算中拨出一定的额度用于营业推广，在营销执行中此种方法比较常用。

11.2.7.3 制定营业推广方案

营业推广方案涉及营业推广的对象、营业推广的规模、营业推广的商品类型和营业推广的期限等具体内容。企业实施营业推广必须指向明确、有的放矢，在进行成本核算的基础上，明确营业推广的范围。根据商品的库存状况和销售动态选择营业推广的商品品类和品种，参照消费心理和购买能力确定营业推广的时间和期限。

11.2.7.4 选择营业推广形式

由于营业推广的对象不同，其具体形式表现为针对中间商、推销员和消费者开展的营业推广。

（1）针对中间商的营业推广，即企业向零售商或其他代理机构、经销机构实施营业推广活动，调动其销售产品的积极性，目的在于获得或者增加某种品牌的配销，鼓励零售商在其零售店中采取特别的销售措施。具体做法包括折让、合作广告、堆头宣传、销售竞赛和联合促销等。

（2）针对推销员的营业推广，即企业向推销人员实施营业推广活动，目的在于鼓励推销员对某种品牌作出额外的销售努力。具体做法包括推销员培训、销售竞赛、销售会和分割红利等。

（3）针对消费者的营业推广，即企业直接向最终用户开展营业推广活动，目的在于刺激、诱导消费者，或使其立刻增加某一品牌的使用量，或使其采用本企业的新品牌，或使其放弃原有品牌的使用转而尝试本企业的品牌。具体做法包括折价券、免费赠送样品、竞赛抽奖、商业贴花、减价优待和赠送商品等。

11.2.7.5 评价营业推广效果

营业推广具有强烈的呈现性，能够很快见到效果，许多急功近利的企业孤注一掷，耗费大量精力和财力，试图在短时期内提升商品销售量，快速回笼货币。因此，必须加强对营业推广执行结果的评价，将营业推广之前、之中、之后三个时期的商品销售量进行比较，以验证企业是否获得立竿见影的促销成果。

11.2.8 营业推广促销的执行

11.2.8.1 目标选择上的针对性

实施营业推广促销要明确“推广对象”和“推广内容”，这种有的放矢的促销既要符合目标群体的消费水平、消费结构、消费习惯和消费行为特征，又要符合企业一贯坚持的营销理念和营销环境，同时还要符合社会发展的趋势和潮流，使顾客在营业推广方式的感召下产生一种“唯此适合，别无他求”的消费欲望。

11.2.8.2 方式运用上的创新性

实施营业推广促销要顺势而为，因势利导，不拘于传统的方法和他人的模式，敢于创新，善于创新，密切观察科学发展动态，及时应用科技研究成果，注重借鉴国外同业之所长，在广泛了解市场需求信息的基础上，以自己营业推广方式上的独特性吸引顾客。

11.2.8.3 策略筹划上的组合性

实施营业推广促销应与广告促销、公关促销和人员促销并举，这种混合型的促销方法主题明确，时间固定，可以对顾客的感知产生全方位、立体化的强烈刺激，收到事半功倍的效果。

11.2.8.4 操作手段上的配套性

实施营业推广促销必须伴随优质完善的服务项目和服务措施，因为营业推广是一种具有“实惠性”特点的短期营销行为，对刺激消费需求能够起到立竿见影的效果。然而，如果企业片面追求短时期市场份额和销售利润率，急功近利，利用顾客冲动的消费欲望巧取豪夺，只能失信于众，招致消费群体的拒绝和谴责。所以，销售服务的制度化、标准化是营业推广能否达到预期目的的重要条件。

11.2.8.5 效果评定的节约性

实施营业推广促销应根据需求趋势和竞争特点，在保证良好的社会效益的前提下，力求发挥自身资源的优势，以最小的劳动耗费获取最大的营销成果。据美国统计，目前企业营业推广的总费用已经超过广告的总费用，许多企业不惜重金试图利用营业推广活动引起市场的轰动效应，其结果往往适得其反，落得竹篮打水一场空的局面。所以，营业推广是一项较大的支出，事先必须进行筹划预算，仔细推敲推广规模、推广期限，最好进行效果测试，这样可以达到花小钱办大事的目的。

11.3 促销策划与执行技术

11.3.1 人员诱导促销

（1）策划要义

欧洲著名推销专家海因兹·姆·戈德曼把人员推销活动概括为四个具体步骤，即引起用户注意、诱发他们的兴趣、刺激他们的购买欲望、达成交易行为。由于这四个步骤的第一个字母是 A（Attention），I（Interest），D（Desire），A

(Action)，简称“爱达”公式。爱达公式从用户心理活动的角度研究人员推销的技术，其核心思想概括为：无论在何种情景下，成功的推销人员都必须把用户的注意力吸引或者转移到所推销的产品上，使用户对产品产生兴趣，随后诱发出购买欲望，促使其完成购买行为。由此，人员诱导促销需要关注四个问题。

①思索如何运用语言和行为引起用户的注意。例如，说好第一句话；坚定目视用户，用肯定的语气提问；运用特色行为推销；巧妙地处理外界干扰，避免用户注意力的分散等。

②斟酌如何运用语言和行为诱发用户的兴趣。例如，向用户介绍并且示范产品；请用户参与操作；在演示产品的过程中引导用户得出结论。

③考虑如何运用语言和行为刺激用户的购买欲望。例如，据实阐明观点，依理说服用户；站在用户的角度提出一些有价值的建议。

④推测如何运用语言和行为促成用户产生购买行为。例如，观察用户意图，直接向其征求订单；把握时机，有效地结束与用户的商谈。

(2) 策划方案

[**营销业务**] 过期杂志

[**背景资料**] 在一列即将驶出站台的火车上，一个梳着两个羊角辫的小姑娘，身后背着个竹篓，在车厢里来回穿行，向准备旅行的乘客兜售过期杂志，她大声吆喝着：“卖杂志！卖杂志！一块钱三本，都是今年的杂志！”这时，车厢里人员拥挤、声音嘈杂，登车的、送站的人们挤成一团，人们都忙着安置行李，摆放用具或者与亲友告别，很少有人理睬这位小姑娘，距离火车开动只剩 20 多分钟了，小姑娘廉价的过期杂志并未卖出几本，促销挫折使她有些焦急，脸涨得通红，可是又无可奈何，眼睛中显露出失望的神情。

[**方案内容**] 在火车上，限时推销过期杂志确实需要一定的促销技术。实际上，杂志不是新闻，过期与否是相对的，对于那些没有看过杂志内容的人，杂志永远没有过期。但是，推销员需要筹划、斟酌推销步骤，组织推销语言、整合推销行为，才能达到推销的目的。

第一步：编排“叫卖词”，吸引用户的注意力。推销员可扬起手中的杂志，拉开推销的架势，高声传送杂志中的部分内容，“冯玉祥将军黑海遇难之谜”、“暗杀汪精卫始末”、“轰动英伦三岛的百万英镑诈骗案”、“影星刘晓庆的第三次婚变”。吆喝声音未了，好奇心驱使旅客纷纷伸出手接过杂志。

第二步：换位思考，揭示用户的潜在需求。在旅客翻看杂志之时，推销员可及时阐明推销观点：故事惊险、情节生动，增长知识、开阔眼界，消除旅途寂寞、消除旅途疲劳。此番话暗示用户消费杂志的本质目的，可进一步调动用户的需求兴趣，同时为表明产品的“不足”进行前期铺垫。

第三步：审时度势，被动示价。被促销传播的信息所打动，聚集围拢的人逐渐增多，形成销售氛围，用户必然要询问杂志的价格。此时，推销员可根据供求态势判断杂志的现实售价。需求者多，一元钱两本；需求者少，一元钱三本。倘若有人提出关于“过期”的异议，当即可以说明过期杂志同样能够满足需求，且产品的性价比合适。

第四步：采取适当的动作，敦促购买行为的最终完成。此时，若有些用户消费态度不明朗、犹豫不决，推销员可以拿起剩余的杂志，站在火车的脚踏板上，提醒用户：火车马上就要开了，不买就要错过机会，当然可以在列车上购买杂志，但是，哪个价格更合适，您比我明白。旅客闻声立即作出购买决策，产生购买行为。

（3）执行要求

①在人员推销活动中，必须把握推销语言，即语言的内容和语言的节奏，注意什么话该说，什么话不该说，该说的话什么时候说。切忌使用强人所难的语言、涉及隐私的语言和空洞无物的语言，而且在任何推销场合首当其冲要用丰富、练达的语言吸引用户的注意力，使用户的兴趣指向转移到产品上，随后才有可能延展其他促销策略。

②在人员促销活动中还要把握推销行为。在某些销售情景中无声胜有声，推销行为比推销语言更能够产生事半功倍的效果，把握好时机，利用肢体语言向用户表明商品属性的特征，同时让用户体验商品使用过程，以示推销者的坦诚、严谨和认真。

③当推销人员顺利跨越推销活动的第一个阶段，吸引住用户之后，为了诱发用户购买兴趣、刺激用户的购买欲望，一定要抓住用户需求心理加以分析和揭示，即用理性的、幽默的推销语言将用户的潜在需求明示化，让用户自己领悟满足需求的有效方式和最佳途径，为购买行为最终完成奠定坚实的基础。

④针对促销现场的供求态势掌握报价时机。一般倡导被动示价，这样推销者具有讨价还价的余地。

11.3.2 广告宣传促销

（1）策划要义

广告宣传促销即根据企业的营销计划和目标，在市场调查预测的基础上，对企业及其产品进行整体的、系统的传播和推广。广告宣传促销是企业促销的手段之一，在开拓营销局面、扩大企业影响、建立品牌声誉和增强竞争能力方面起到至关重要的作用。

广告宣传促销由下列要素构成：

①广告主，即拥有一定数量和质量的产品或服务，是付费做广告的人，对广告发布有委托权或主动权，并负有相应的法律责任。明确广告主，使广告接受者了解广告的信息来源，判定广告主发出信息的真实或虚假以及广告主应承担的经济和法律责任，从而放心购买广告宣传的产品。广告主的表现形式一般在每则广告的随文或落款位置上。

②广告受众，即广告促销的客体，可能是社会全体，也可能是社会某个阶层或某个特定的群体。广告受众影响着广告活动的进程，影响着广告传播媒体的选择，因而一定要针对特定受众的职业性质、心理特征、消费习惯和购买能力等情况进行广告宣传。

③广告媒体，即广告传播所借助的各种手段。广告媒体是传播广告信息的中介物，如报纸、杂志、广播和电视等，它在广告信息源与接受者之间建立起联系。

④广告信息，主要包括三类：产品信息，即与产品有关的信息内容，如产品的名称、性能、质量、规格、型号、购买时间、地点和价格等；劳务信息，即服务性的信息，属非商品买卖，如大学要招收一批新生，新片活动预告、旅游热线推荐等；观念信息，即向用户、公众倡导某种消费理念，通过广告宣传引导人们的消费习惯。

⑤广告费用，即是一种付费的经济活动，存在着投入与产出的密切关系。其费用主要包括广告制作、广告发布、广告策划与执行和广告效果测定等。因此，广告必须讲究效益，以最小的投入获得最大的产出。

（2）策划方案

［**涉及企业**］敦豪国际快件公司

［**营销业务**］快件邮递

［**背景资料**］敦豪国际快件公司成立于1969年，有着世界上最早、最大的国际航空快递网络，专门传递各种紧急商业文件及具有商业价值的小包裹，提供桌至桌的快递服务。敦豪公司在全球184个国家和地区设立了1 350多个办事处，拥有全球最庞大、最完善、最可靠的航空快递服务网络。敦豪公司雇有1.5万多个训练有素的专职人员，用自己的飞机及其他175家航空公司的飞机，确保用户的快件每次都能及时准确地送到。

“全球桌至桌的快递服务”是敦豪公司独具信誉的一项内容。无论货物大小，只要打一个电话，就可以上门取货并一直由专人护送，亲自交至收货人手中，为顾客提供优质、快捷、简便的服务。

随着全球的国际化进程，各国间的商业文件、小件货运市场急剧扩大，一些大型通信企业也相继开始渗透到文件运输的领域中。尽管敦豪国际快件公司是一家最早开拓这一市场的国际性企业，以往的业务大多以一些大公司的行政部门为核心进行，在一般商务人员中的知名度和理解度较低，而这种局面对迎接其他竞争对手的挑战是非常不利的。因此，需要有针对性地确立目标，通过一系列的广告宣传活动，改变或改善这种不利的局面。

［方案内容］

第一步：明确广告宣传的两个目标：①先于其他企业，树立最佳企业形象；②重点放在开发需求潜力大的商业小件货物运输市场。

根据以上两个目标，需要在人们头脑中留下“DHL——国际小件快递”这一印象。因此，广告宣传的主题定为“全球商业快递”。通过一系列广告宣传，使“纯粹认知率”在一般商业人员中从18%增加到29%，在国际业务人员中从现有的34%增加到59%。

第二步：策划广告内容。由于DHL是首次推出系列广告，为了使“什么是DHL”这一主题表现得更明确，公司设立了“我们是全球商业快递”这一诉求目标，以期达到知名度的早期渗透。广告的诉求目标设定为所有可能发送国际邮件的商务人员。通过一系列有力的、多种形式的广告宣传，使人们感受到企业的宏大规模，产生对企业的信任感，从而对“小件货运的DHL”及其优质服务留个深刻的印象。

第三步：执行广告宣传。

（1）着重宣传“实力最强的企业”这一事实，让人们真切地感受到DHL的全球性服务，并对其产生信任感。

（2）广泛宣传“我们是全球商业快递”这一目标，使更多的人知道DHL这个名字。

（3）使人们明确理解本公司与其他同类公司相比所具有的优势。

（4）刻意表现小件货运，以引起人们的特别关注。

从以上四方面出发，集中选择具有世界型企业庞大规模的视觉表现形式及广告类型，展开系列广告宣传活动。

第四步：实施媒体战略。以日本主要经济报《日本经济新闻》和电视广告为主要媒介，面向一般商业人员展开广告攻势。同时，配合其他经济类及专业性报纸，使过去已经知道DHL的人形成统一的印象。

报纸的广告用语为：

- 我们是全球商业快递明智的选择，世界一流企业都使用DHL运送小件邮件。
- 我们是全球商业快递小件货运，DHL的服务不仅在于“快”。

• 我们是全球商业快递，从接货到交货，DHL 的商业小件物品始终不离 DHL 之手。

• 我们是全球商业快递，我们的小件货物运往世界 170 个国家，哪里有国际商业，哪里就有 DHL。

• 我们是全球商业快递，无论您的商业小件物品走至何处，DHL 时刻注视着全球的运送状况。

• 我们是全球商业快递，从办公桌到办公桌，走向世界 5 万个城市，DHL 的商业小件为您提供各种方便。

(3) 执行要求

①广告宣传是整合传播。广告宣传是一项庞大的系统工程，合理配置资源，综合运用现代传播技术，特别关注四个环节：广告定位，即在广告促销过程中，选取符合消费心理需求的产品卖点，作为广告诉求点予以突出表现，从而确定产品竞争位置；广告形式，即有效地选择广告宣传媒体，借助于丰富多彩的传播形式，提高企业的知名度；广告费用，即在产品投入阶段和成熟阶段，加大对广告促销的投入力度，以此提升用户对产品的认知度；广告策略，即广告促销是在时空变化中有序展开，与其他促销方法交叉运用，需要掌握其时序、时机、频率、地域的操作技术，使之多元化和系列化，以此提升广告促销的效果。

②广告宣传要遵循"黄金规则"。无时不在、无所不在、无事不与之联系的广告宣传，这一独特的三个"无"使企业产品更加贴近于人们的生活，使之随时可闻、随处可见，融入人们的消费模式，成为人们生活领域中不可或缺的组成部分。

③广告宣传要刻意塑造品牌形象。广告促销要从产品的长远角度考虑，为每一项产品品牌的成长设计生动、美好的形象，并将这一形象传达给公众，使用户在购买产品的同时，享用到品牌形象所赋予的乐趣，从而获得物质上和精神上的双重满足，由此为企业的长远发展奠定基础。

④广告宣传要永恒创新。广告宣传不仅带给人们某种产品或服务，而且带给人们一种享受甚至深邃的启迪。人们在接收到产品信息的同时，往往被广告宣传的创意所感动，将其经典画面或词句保留在脑海中，对企业报有敬畏的印象，这样的广告促销才能真正得到公众的认同。

11.3.3 公关情感促销

(1) 策划要义

公关情感促销即企业为了实现促销目标，对公共关系活动的性质、内容、形式和行动方案进行策划与执行，具有理顺促销思路、指导促销行为、开创促销新意和辅助促销决策的作用。

公关情感促销由下列要素构成。

①确定目标。通过调查研究获得企业内外环境信息的大量资料，进而推断企业的优势与劣势、机会与风险、资源与条件，找到公关促销的问题所在，再根据问题的轻重缓急，排出解决问题的先后次序，界定出关键问题，探明问题的成因，寻找问题的症结，据此提出公关促销的目标。

②提炼主题。主题是公关促销过程中连接所有项目、统率整个活动的思想纽带。主题鲜明、吸引公众，抓住人心是公关促销成败的关键，公关促销的主题要与目标保持一致，具有实效性、稳定性、单一性和客观性。

③认定公众。在策划促销时，必须认定目标公众的哪些情感需要关注和交流，根据情感需求和企业实力划定促销公众对象。

④设计项目，即围绕目标公众的情感，确定在不同时期实施各种形式的公关促销活动。

⑤选择时空。“时”即时机。公关促销必须及时且准确地把握时机，尽量选择那些能够引起目标公众关注，又具有新闻“苗头”的时机；要善于利用节假日，同时尽量避开国内外重大事件；选择时机既要考虑公众，又要考虑媒介，还要符合当时当地的民俗风情。“空”即空间，公关促销要尽量选择便利活动的场所，考虑空间大小、空间位置、空间环境、空间条件、空间审美和备用空间等各项因素。

⑥整合媒体。目标公众的复杂性和公关传播的广泛性，决定了公共关系传播媒体的多样性，企业具有广泛的选择余地。一般而言，企业应根据公众对象选择媒体；根据促销内容和形式选择媒体；根据企业实力选择媒体；根据企业环境条件选择媒体。

⑦经费预算。公关促销经费开支主要包括日常行政经费、器材设施经费、劳务报酬经费、具体项目启动经费。制作经费预算时，同时制定经费管理办法，以便在公关促销过程中及时核对、控制开支和考核绩效。

⑧人员配置，即对公关促销人员的选聘、培训和分工进行统筹规划。

（2）策划方案

［涉及企业］ 日本宝物玩具公司

［营销业务］ 拟人玩具——丽卡娃娃

［背景资料］ 丽卡娃娃是日本宝物玩具公司在 1967 年 7 月推出的拟人玩具。数十年来，丽卡娃娃风行日本，强劲不衰，曾经仅在一年之间就卖出了 98 万个丽卡娃娃，如果连同她的妈妈和朋友等“配角”，则超过 150 万个，如果包括丽卡娃娃换穿的衣服等其他衍生物用品，宝物玩具公司推出的这一产品项目年营业

额共计58亿日元。从市场营销的角度分析，丽卡娃娃的隆重上市和成功业绩得益于宝物玩具公司卓有成效的公共关系促销。

［**方案内容**］丽卡娃娃还在研发阶段，宝物玩具公司就开始酝酿促销形式和手段。考虑到产品及其用户需求的特征，它们首选公共关系促销方案，确立“贴近目标用户，树立品牌形象，提升产品知名度和美誉度”的公关目标，就此决定以造势和求变的方法实现促销目标。

第一步：产品上市之前，为其编撰一个背景故事，赋予丽卡娃娃以鲜活的生命。丽卡娃娃本名“香山丽卡”，5月3日出生，血型O型；小学五年级女孩，学习成绩中等，最拿手的功课是国语和音乐，讨厌算术；母亲是服装设计师，父亲是法国人——一个乐团的指挥，经常到国外演出。丽卡娃娃的背景虽然简单，但是却抓住了大多数小学生的心理需求，能够博得孩子们的认同。

第二步：开展有声有色的促销宣传。丽卡娃娃一经投放市场，公关人员就进行促销宣传：首先在儿童电视剧节目上做公关广告，提醒用户：香山丽卡已经出现在你们中间；同时在《少女之友》漫画周刊上，以丽卡为主角制作连载漫画，诱导用户产生遐想，香山丽卡就生活在大家的身边。

第三步：拉近距离，与用户建立直接的联系。宣传的结果引发了许多孩子的好奇心，他们把丽卡娃娃作为朋友。为了贴近孩子的心理需求，公司在35个城市设立“丽卡专线电话”，请心理专家手持电话，随时应答孩子们与丽卡交流的心里话；同时，公司设立“丽卡之友俱乐部”，定期组织俱乐部会员活动，与用户建立长久、稳定的联系。

第四步：推陈出新，实施丽卡娃娃的交叉销售。丽卡娃娃的构成要素，除了身世之外，其“生活环境、喜欢的游戏、交往的朋友”等不断调整变化，以满足用户求新求异的心理需求。构成要素的每一次变化，公司都相应推出一系列的相关产品进行交叉销售，使公司的产品不断延伸、目标市场不断扩大，品牌形象经久不衰。

（3）执行要求

宝物玩具公司的公关促销具有感情渗透之意、灵活应变之策和出奇制胜之道。公关情感促销有其规律可循。

①学会运势之法。“势”即形势、势力、趋势，任何企业都在特定的“势”中生存，一方面，必须审时度势，观察预测“势”运动变化的趋向和力度，充分认清自身的优势和劣势；另一方面，主观努力“运势”，能动地蓄势、融势、借势、造势和导势。蓄势，即在企业公关促销过程中，通过积蓄准备形成对抗双方在实力对比时心理状态、舆论倾向、士气斗志等方面的反差，待到条件完备和时机成熟时厚积薄发；融势，即将企业自身的公关促销能量融入社会大潮之中，

以此增强产品品牌的社会形象；借势，即借助已有的形势，顺风扬帆、顺路搭车、借鸡下蛋、借冕生誉；造势，即企业凭借自己的智慧和力量，积极主动地创造出有利于产品成长的态势、格局和趋势，制造出企业产品品牌的舆论影响力和感官冲击力；导势，即当形势发展对产品不利、企业面临险境之时，能够因势利导，扭转局面，朝着有利于企业的方向发展。

②学会用奇之法。"奇"即罕见、特殊、出人意料、令人难测。公共关系促销中"奇"可以表现在诸多方面：目标选择新奇，即视角独到，不跟风趋潮，人弃我取、攻其不意；思维方式新奇，即突破约束、发挥想象、跳出常规、八面出击；操作手段新奇，即敢为常人所忌，反其道而行之，意料之外却是情理之中。

③学会求变之法。"变"即知变、应变、改变。公共关系强调企业与公众环境的动态和谐，在公关促销活动中，必须具备以变求变的能力。知变表现为企业对促销环境的了解和判断具有灵活反应度；应变表现为企业在知变状态下采取的应对策略；改变表现为针对促销环境变化，调整既定促销程序，改进故有的执行方法，逐渐摸索规律，将其固化为适用的公关促销模式。

11.3.4 营业推广即时促销

(1) 策划要义

营业推广即时促销即在限定时间、限定预算的情况下，某一目标市场中所采用的能够迅速激励消费、刺激需求，达成交易的促销措施。营业推广在刺激潜在需求、引导消费使用、改变购买习惯、提升购买数量、吸引中间商、推广新产品、宣传附送品和排挤竞争者等方面作用显著。由于市场供给丰裕，同业竞争异常激烈，而消费需求趋向理性化和复杂化，企业经营难度普遍增大，一些财务拮据的企业急于提升营业额，缺乏长期促销的勇气和耐心，而宁愿运用营业推广的方法，达到短期内刺激购买的目的；另外一些企业，当产品的目标市场位移，往往以营业推广开道，大张旗鼓地进入目标市场，扩大品牌知名度，拉动需求，争夺市场份额。正如曾任美国促销协会主席的威廉姆·A. 罗宾逊所言：广告创造有利的销售环境之后，营业推广可以将商品推进输送管中。

营业推广即时促销由下列要素构成：

①营业推广的具体形式。可从即时价值、延时价值、附加价值的角度进行选择。

②营业推广的产品范围。需要考虑产品规格、产品型号以及系列相关产品等诸多方面。

③营业推广的市场范围。营业推广活动区域需要考虑推广品牌的市场份额、同业竞争者惯用的促销手段、零售环境、消费需求模式等因素，由此生成的区域

性推广方案具有针对性和保护性。

④营业推广时间的选定。营业推广的启动、持续时间及其频率必须进行安排。就启动时间而言，需要考虑产品的存货水平、消费季节性等关键参数；就持续周期而言，需要考虑促销目标、促销策略的实施要求、与其他相关促销手段配合状况等关键参数。

⑤营业推广的折扣率。折扣的最低点以吸引中间商和目标用户的注意为依据，使其潜在需求转化为现实购买行为。

⑥明确营业推广的期限和条件。对中间商的营业推广，在促销协议中必须注明制造商出售货物的数量和价格折扣，以及中间商的付款期限、购买商品数额等；对最终消费者的营业推广，必须注明样品兑换的具体时间、折扣券的有效期限等。

（2）策划方案

［涉及企业］广州宝洁有限公司

［营销业务］海飞丝飘柔洗发液

［背景资料］美国P&G公司迄今已有150多年的历史，是世界上最大的消费品制造商之一，在几十个国家设有分公司。1988年，P&G公司看好中国市场，与香港地区和记黄埔有限公司、广州肥皂厂及广州经济技术开发区进出口贸易总公司合作，共同创建了中美港合资广州宝洁有限公司。一年多后，广州宝洁成功地移植了国际名牌Head & Shoulder洗发香波和Rejoice洗发精，即“海飞丝”和“飘柔”。

“海飞丝”和“飘柔”虽然是国际市场的知名名牌，在中国内地仍然需要宣传推广，让消费者尽快认同接受。为此，广州宝洁公司策划了大型的营业推广活动。

［方案内容］

第一步：“海飞丝”、“飘柔”美发亲善活动。“海飞丝”、“飘柔”自投放市场以来，因中国内地消费者崇尚洋货的消费心理，曾一度成为抢手俏货。但随着更多的外国洗发护发用品的涌入，“海飞丝”和“飘柔”的市场份额逐步下降。广州宝洁公司与黑马设计事务所认真分析了市场情况，决定选取广州为突破点，于1990年2月，抓住春节期间人们普遍都要洗头发、换新装的时机，借助发廊的配合，举办美发亲善大行动，让消费者在实际使用中领略宝洁产品的诸多优点，提高购买率。

根据调查资料，广州市区内有3 000多家发廊。以每家发廊每天接待20个顾客计算，一个月的总洗头人数就接近广州市区的总人数。在广州市场洗发水的销售总量中，发廊占了34%左右。因此，公司选取了10家位于闹市地段，能代表广州市区最好水平的发廊，招聘了10多名美丽的亲善小姐，集中起来对她们进行头发生理、洗护常识、礼仪等培训，并给她们配发很有特色的礼仪服装和化妆品，让她们配合发廊行动。

整个活动要保证让所有的参与者都获得利益。无论是发廊、亲善小姐，还是媒介部门和用户，凡是给活动以支持的人都可得到令人满意的收益。给消费者的实际利益是不用买任何产品，只需剪下一张广告，就可以换取一张相当于自己一日或两日工资收入的洗发券。公司设计了6 388张洗发券，采用了两种换券方式：每周一次到广州体育馆换券。由于整个宣传是立体式的，电视、电台、报纸、街头招贴及发廊宣传一齐上，结果前来换券的人空前踊跃，直到换完最后一张洗发券，还有3 000多人在排队；第二周考虑到换券者的情况及居住区域，改成了寄信换券的方式。以后每周都有固定数目的洗发券发出，每周都是先到先得。工作人员每天把信件按区、街道作统计分类，然后有规律地抽选并寄发洗发券。

亲善活动的宣传以每周五的《羊城晚报》1/4版广告作为高潮，连续刊登4周。确定报纸篇幅，确定媒介发布时间，确定每次不同的换券规则。在活动期间，天河区周五的晚报往往5点钟就卖完了。这样一来，各种职业、各个区域消费者投稿换券的回报率有了很大的提高。

亲善活动的形象大使，是一个不算特别漂亮但很亲切的本地小姐，与10位驻店小姐一起，为用户解答各种有关头发洗护方面的常识。为了使活动能够产生立体辐射的影响，在区域上作了划分：中心区域在广州市内，主要履行免费洗发的承诺。广州市外及媒介所能影响的范围，另设一项咨询奖，目的是用有限的资金使广告发挥最大的效力。

这次活动，广州宝洁花了相当于拍5部广告片的费用，但是使“海飞丝”和“飘柔”在广州地区的销售额比上年同期增加了3.5倍。在杭州市场也如法炮制，投入仅5万元，结果销量比上年增长了10倍。

第二步：“海飞丝”南北笑星、歌星光耀荧屏活动。1990年5月11～13日，广州宝洁公司出资赞助广州电视台《屏幕之友》周刊，举办“海飞丝南北歌星笑星光耀荧屏大型文艺晚会”。晚会上众多明星登台献艺，演出获得了极大的成功，广州宝洁的换票行动也取得了很大的成效。广州宝洁公司送出了1万张门票，每张门票价值20元，任何一位消费者，凭购买“海飞丝”或“飘柔”、“玉兰油”30元以上面额的发票一张，并且30元宝洁产品内一定要有白色“飘柔”，即可换取晚会门票2张。

这次活动与不久前开展的“海飞丝”、“飘柔”美发亲善活动有异曲同工之处，可以促进市场对宝洁产品的知晓和接受，使得1990年度“海飞丝”、“飘柔”、“玉兰油”在广州市场的销售量比上年增加了4.5倍。

第三步：飘柔之星全国竞耀活动。1994年、1995年，广州宝洁举办了两届飘柔之星全国竞耀活动，目标是提高品牌的忠诚度，使飘柔产品引领消费时尚。

活动共分为三个阶段进行。经过摄影、初选、面试及公众投票后，由各省市精选出一名“飘柔之星”，于指定日期到广州参加总决赛。决赛之前，广州宝洁特别为远道而来的候选人安排了为期半个月的培训，课程包括健美操、专业模特儿训练、化妆、头发护理及服装挑选等。此外，还安排候选人参观宝洁公司，了解跨国公司的生产流程，并到深圳旅游观光。在“飘柔之星璀璨夜”的颁奖典礼上，各省的“飘柔之星”参与演出了不同节目，如服装、健美操汇演、问题对答及才艺表演等，从角逐中产生“飘柔之星中星”、“活力之星”、“才艺之星”、“友谊之星”、“风采之星”五大奖项。

“飘柔之星”活动对于鼓励年轻人积极进取、抓住机遇、突破自我、开拓更美好的前程起到了广泛的推动作用，由此也培养了一大批“飘柔”品牌的忠诚者。

（3）执行要求

营业推广具有明显的即时性促销特征，强调其执行的规范性和时效性，具体要求如下：

（1）营业推广促销需要在既定市场上、有限的时间内创造性地采取诱导措施，吸引用户注意力，刺激用户的购买欲望，迅速提升商品销售量，加速商品资金的周转。

（2）营业推广促销需要与其他促销方式相配合。营业推广所要达到的目标是短期的、即时性的，而广告促销、公关促销的目标则是长时期的、逐渐见成效的，营业推广与其他促销方式有机结合、协同运用，有助于获取整体的促销成果。

（3）营业推广促销注意协调各方关系。营业推广活动的形式比较刺激，牵扯各方人员、涉及各种人士的既得利益，企业需要即时、主动了解各方意见，协商、落实解决问题的办法，在限定期限内促销者只有统一行动、步调一致，才能达到预期的目标。

（4）营业推广需要控制时间进度，严格执行“活动时间进程表”，且注意各个环节的衔接。营业推广前期要做大量的宣传，如果样品派送过后，后续人员没有及时在零售店供货，尝试样品的消费者买不到商品，消费热度就会降低，营业推广的前期努力就可能付之东流。

（5）营业推广进程中需要观测用户反应、社会公众的反应和竞争对手的反应，监督控制促销方案的执行状况，及时发现问题，顺应环境的变化，迅速作出调整，将营业推广带来的负面影响降到最低限度，保证促销目标的最终实现。

本章内容小结

本章阐述促销实质及促销组合形式；阐明促销策划与执行的参考要素；分析促销运营模式，强调人员、公关、广告、营业推广四种促销模式下的程序、方法及运行问题；提出企业促销策划与执行的关键技术。

■ 促销的实质在于企业与用户之间的信息沟通，是企业与用户之间分享信息的动态过程，其目的在于获得信息，劝说和说服用户，促进产品销售。企业与用户之间的沟通一般采用四种模式，人员、广告、公关和营业推广，其运行程序和方法的合理选择与搭配即为促销组合。

■ 促销策划与执行需要参照相关因素，包括产品类型、促销目标、促销策略、产品生命周期和市场前景。

■ 促销策划与执行关键技术涉及人员诱导促销、广告宣传促销、公关情感促销、营业推广即时促销等方面的策划要义、方案要领和执行要求。

【本章研习 1：产品促销技术】

研习目标：通过学习、训练，明确产品促销的目标和指向，掌握产品促销方法。

研习内容：

■ 实地调研

选择典型企业的主导产品作为调查对象，实地追踪、观察其促销状况，到企业调查产品的品质特征及其工艺制造过程、市场需求状况及其竞争态势、市场定位及其分销过程。

■ 小组讨论

归纳、提炼典型企业主导产品促销的特点，依据产品促销现状，站在消费者的角度分析其促销实施的效果。

■ 提交分析报告

提出产品促销策划与执行的建设性意见，再次到企业与营销决策者进行交流，倾听其观点与看法，提交分析和评价报告。

■ 展示研习成果

以小组为单位交流研习成果，质疑同学问题，最后由指导教师进行点评。

研习检测：满分 10 分

实地调研过程（4 分）；研究分析报告（4 分）；研习成果展示（2 分）。

【本章研习 2：促销组合技术】

研习目标：通过学习、训练，了解产品生命周期各阶段的促销进程，规划产品促销组合的总体方案，提出产品生命周期不同阶段的促销重心及其执行步骤。

研习内容：

■ 背景资料

美国澳尔·费林环球股份有限公司在 1903 年以前是一个皮革、皮鞋的供应商。1903 年以后，开始从事皮革和皮鞋的生产。1950 年以前，公司的主要产品是马皮及牛皮制作的鞋。后来，由于马匹减少，该公司决定开发猪皮来代替马皮。猪皮制作的鞋穿起来比较舒服，并且防汗、耐潮、不易变质，更重要的是猪皮资源充足。所以，公司凭借制作各种皮鞋的经验，率先采用猪皮制鞋。但是，剥猪皮在当时是一项困难的工作，不如剥马皮和牛皮那么容易。一个熟练的工人需要半个小时才能宰杀一头猪并剥下猪皮。而肉食加工厂每小时要加工 600 头猪，剥猪皮实在是用时太长。为此，该公司花费 200 多万美元用相当长的时间对剥皮进行机试，改进了原有的猪皮加工机，终于攻克了剥猪皮这道难关，研制出了独特的高级剥皮机，每台机器一小时就能剥下猪皮 460 张。

公司根据潜在用户的需求，决定将产品投向皮鞋市场。1957 年，公司生产出 11 种颜色、鞋底和鞋帮结合的男式便鞋，向农村和小镇试销，结果非常成功。1958 年，公司为鞋子起名“无声小狗”，意指此鞋穿上去十分轻便，走起路来没有任何声响；同时，该公司还设计了一个长着忧郁的眼睛，耷拉着耳朵的矮脚猎狗作为广告标志，就此，“无声小狗”品牌皮鞋诞生了。

20 世纪 50 年代是美国流行旅游鞋的年代，60 年代的美国是“无声小狗”猪皮便鞋风行的时代。“无声小狗”便鞋自 1957～1967 年间各年的销售额、利润及销售额增长率，如表 11－3 所示。

从表 11－3 中的三项指标情况，特别是年销售额的环比增长率看，“无声小狗”猪皮鞋构成了一个完整的生命周期，投入期是 1957～1958 年，成长期是 1959～1962 年，成熟期是 1963～1965 年，1966～1967 年是销售增长率剧减时期。

表 11 - 3 "无声小狗"猪皮鞋销售情况统计

年份	销售额（万美元）	环比增长率（%）	利润（万美元）
1957	1 092.5		12.5
1958	1 137.6	4.0	34.1
1959	1 526.4	34.2	59.1
1960	1 792.9	17.5	65.8
1961	2 399.2	33.9	121.8
1962	3 323.3	38.4	194.5
1963	3 902.1	17.4	252.7
1964	4 908.3	25.8	414.8
1965	5 535.7	12.8	479.7
1966	5 581.3	0.83	379.6
1967	5 483.9	-1.75	285.7

■ 策划研习

依据"无声小狗"猪皮鞋问鼎市场的背景资料，参照其 1957 ~ 1967 年间销售额、利润额以及年销售额增长率的状况，提出"无声小狗"猪皮鞋生命周期各阶段促销组合策划方案。

■ 执行研习

设计"无声小狗"猪皮鞋生命周期各阶段的促销流程、工作重心及其作业标准（以流程图的形式表示）说明规避促销风险、提高促销效率的具体方法。

研习检测：满分 10 分

归纳、提炼"无声小狗"猪皮鞋生命周期各阶段的营销规律（2 分）；提出"无声小狗"猪皮鞋促销组合策划方案（3 分）；以流程图的形式表示"无声小狗"猪皮鞋促销程序、工作重心及其作业标准（3 分）；预期促销风险，说明促销组合顺利实施的具体方法（2 分）。

12 网络营销策划与执行

本章教学目标

- ■ 了解网络营销背景与发展趋势
- ■ 熟悉网络营销的冲击，了解网络营销的特征
- ■ 掌握网络营销的实现模式，掌握实施网络营销的常用工具
- ■ 掌握网站建设、网上商店营销、搜索引擎营销、博客营销、团购营销策划与执行技术

12.1 网络营销概述

12.1.1 网络营销生成背景及其发展趋势

网络营销是一个非常宽泛的概念，它涉及新时代的传播媒体 Internet、信息高速公路、数字电视网和电子货币支付方式等内容，具体营销行为包括利用网络资源进行信息收集、商业宣传、电子交易、网上客户服务等。网络营销是利用计算机网络、现代通信技术以及数字交互式多媒体技术展开营销策划与执行的现代营销模式。科学技术的进步、消费者价值观念的变革、激烈的市场竞争引发交易障碍等多种因素，促成网络营销的崛起。

12.1.1.1 网络营销的技术应用背景

网络营销始于电子商务。20 世纪 70 年代，计算机的广泛应用和先进通信技术的使用促进了 EDI（电子数据信息交换）在贸易领域的应用和发展，这便是电子商务的前身。20 世纪 80 年代，网络技术的迅速发展为电子商务注入了新的活力，人们开始通过网络进行诸如产品交换、订购等活动。20 世纪 90 年代初，互联网特别是基于 www 方式的互联网技术以其难以想象的速度迅猛发展，形成了令人狂热的电子商务热潮，人们称它为“第二代电子商务”。这种新的电子商务概念包含了所有基于互联网与商业有关的事务，这就是网络营销。因此，现代科学技术，尤其是计算机技术及其网络、通信和多媒体技术的应用与发展为网络营销的产生奠定了坚实的技术基础。

12.1.1.2 网络营销的社会消费背景

科学技术迅猛发展推动社会经济生活的日新月异，人们已经告别“稀缺经济”

时代，进入相对富足的生存状态。在买方市场中，人们的消费理念和消费行为发生了深刻变化：①追求个性化的消费。今天的市场，产品数量、质量各异，花色、品种繁多，消费者随心所欲地选购商品或享受服务，进行购买决策时追求个性化消费，具有自己的消费准则，其消费心理趋向稳定，消费行为逐渐成熟，个性化的消费已经成为消费时尚，引领消费潮流。②追求主动性消费。伴随着社会生活的进步，消费内容日渐复杂，消费风险随着商品选择的增多而上升，消费者对以往那种单向的“填鸭式”的营销沟通方式感到厌倦。在进行购买决策时，他们往往会通过各种途径主动获取商品有关的信息，加以分析和比较，尽管分析结论不够准确、充分，却增强了对商品的信任程度，由此获得心理上的平衡，相对降低了消费风险。消费的主动性源自于现代社会消费不确定性因素的增加和人们追求消费心理稳定与平衡的欲望，促使消费决策质量不断提高。③追求便捷、舒适的消费。一部分工作压力大、生活节奏快的消费者以便捷消费为目标，日常消费领域中他们追求时间成本的尽量节省；另一些精力充沛、寻找生活乐趣的消费者以舒适消费为目标，通过消费保持与社会的联系，降低心理上的孤独感，追求精神上的愉悦和满足。④追求廉价消费。即使企业具有完备的营销体系和发达的营销技术，商品价格仍然是不容忽视的要素，对消费心理产生重要影响。消费者收入水平的局限，必然关注商品的性价比，只要价格波动在消费者的心理承受范围内，才能产生相应的购买行为。因此，消费观念与行为的变化势必对企业营销模式产生影响，造就了企业网络营销的原始动力，为网络营销的全面展开奠定了广泛的社会基础。

12.1.1.3 网络营销的市场竞争背景

市场经济条件下，高度深化的社会分工客观上促使生产与消费空间、时间上的分离，信息传递上的阻隔，由此加重了供求双方的矛盾，加剧了商品交易的障碍。市场竞争日趋激烈，从仿效式竞争到对抗式竞争，再到零和式竞争，直到今天的学习共赢式竞争，诸多企业为了在竞争中胜出，使出各种招数想方设法地吸引消费者，竞争已不再是依靠表层的营销手段的竞争，而是更高层次上营销模式的竞争。企业努力在营销程序与方法上寻求变革，尽可能地降低商品从生产到销售整个供应链上所占用的成本和费用比例，缩短执行周期。

网络营销借助计算机网络展开营销运作，不仅可以节省大量的店面资金，减少库存商品的资金占用，降低商品供应环节上的费用，缩短商品的执行周期，而且经营规模、经营范围不受环境地域的限制，有利于扩大经营成果，从根本上增强企业的竞争优势。因此，现代市场竞争状态推动网络营销的崛起，它揭开了21世纪营销革命的帷幕，促使企业改变传统的营销模式、提升常规营销的质量。

在上述背景下，网络营销借助现代通信技术变革传统的营销模式，赋予企业极大的机遇和挑战，它将重新构建竞争模式、调整竞争秩序、排列竞争位置。我国许多企业已经在网络营销领域中脱颖而出，面对能够提供无限商机的 Internet，纷纷加入网络营销行列，开展网络贸易，直接面对客户，减少中间环节，增加了营销机会，且降低了营销费用。在深圳经济特区的大多数企业，尤其是中小型企业无力在境外设立办事处和分支机构，外销始终依赖和受制于香港地区的客商。由于无法直接接触最终客户，产品分销过程中"中间层"的控制和盘剥极大地影响了企业的效益，特别是亚洲金融危机致使周边国家和地区的订单锐减，从而加大了企业的压力。深圳未来电子科技公司为了开拓广阔的国际市场，争取产品外销的空间，把大量产品信息送上网，随即收到 25 个国家和地区 200 万美元的订单，还帮助其他企业联系订货 100 多万美元。对于我国企业而言，进入 Internet 就意味着进入了一个商机无限的全球系统的大市场，就意味着加入了经济全球化的循环过程，这一点已为那些产品已经进入国际市场或预计开拓国际市场的营销决策者所共识。

由此可见，企业利用网络营销传播自己的产品，在网络上实现整个营销活动，包括前期的询价、中期交易磋商以及后期的买卖合同签订。企业通过互联网实现各种竞争要素（包括技术、人才、市场、资源等）的全面信息化，极大地提高了各种资产的配置和执行，提升了营销效率。如今，网络营销已经深入人心。随着市场环境的变化，面对营销竞争的压力，企业网络营销具有如下发展趋势：

（1）网络营销决策趋于理性。与其他传统消费者相比，网络用户的消费决策更加理性化，善于对商品的性能、价格、质量、维护和可靠性等综合因素做出理性分析，其购买决策不易被潮流所影响、被舆论所左右。网络用户的理性消费迫使从事网络营销的企业竭尽市场调研，研究用户的需求特征，为网络营销的理性决策奠定基础。

（2）网络广告大有可为。与传统广告相比，网络广告优势显著：①网络广告的空间几乎是无限的，其传播范围相当宽泛。②网络广告成本较低，大约仅相当于传统媒体的 1/10；网络广告实现了即时互动，克服了传统广告单向传递、广而告知的特点；网络广告的传播内容以事实为依据，向用户进行理性的说服，因此具有较高的促销效率。

（3）网络搜索向精细化发展。与其他传统门户网站相比，搜索引擎作为互联网发展的新门户，在形成一定用户规模，成为主流网络应用之后，正逐渐发力于各种细分搜索服务，以满足现代网民日趋多样化、精细化的需求。其中，最为凸显的搜索服务包括视频搜索和地图搜索。对企业而言，购物搜索在这一大的发展背景下也呈现出精细化的趋势，为消费者提供了更加便捷的网购过程。

（4）微博营销前景广阔。目前，国内企业基于微博的微营销是网络营销的一种新的衍生模式，并处于初探阶段。微博作为传播速度极快的互动工具，具有强劲的发展势头。现阶段，诸多企业加入了微博营销的队伍，借助官方微博的设置，加快其信息传播速度，帮助企业开展全面的社会公关，实时维护和更新企业形象。同时，企业借助微博平台发布广告，大幅缩减传统媒体的传播链，节省成本且直接引导消费。因此，微博营销未来的发展价值十分巨大。

12.1.2 网络营销的冲击

网络营销的崛起引发了一场营销领域的变革，计算机网络强大的通信能力和网络系统便利、快捷的交易环境震撼着营销理论的固有根基，对传统的营销模式产生了巨大的影响。

在网络环境中，时空概念、市场性质和消费行为的变化带动了营销观点、营销方式和营销策略的转换。具体而言，网络营销对营销领域的冲击表现如下：

12.1.2.1 对营销理论的冲击

网络营销仍然属于市场营销理论的研究范畴，只是在某些方面改写了工业化大规模生产时代营销理论的一些观点。

一方面，网络营销是一种整合式营销。网络的特征使消费者在商品交易过程中的角色地位得到显著提高，消费者参与营销过程的主动性增强，而且选择商品的余地扩大。因此，企业必须具备以满足消费者需求为出发点的现代营销思想。将消费者整合到营销过程之中，以其需求为起点，开始整个营销过程，每一个环节不断与消费者交互，每一项决策既要从企业自身的角度考虑，又要从消费者的角度出发。这样，就需要扩展以4P′s为代表的传统营销理论。4P′s营销理论的经济学基础是厂商理论，即企业利润最大化，并没有将消费者需求与企业获利置于同等重要的位置。而网络营销的执行，需要考虑企业利润，同时需要考虑消费者利益。以舒尔兹教授为首的一批营销学者提出4C′s的观点，他们认为，企业关于4P′s的每一项决策都应当给消费者带来价值，否则，这一决策即使能够达到利润最大化的目的，也没有任何实际意义，因为消费者在商品选择余地很大的情况下，绝不会选择对自己没有价值或价值很小的商品。然而，企业从4P′s对应的4C′s出发寻找能够实现企业利润最大化的营销决策，则能够达到企业利润最大和消费者利益满足双重目标。由此而言，网络营销过程的起点是消费者的需求，营销决策的出发点是在符合4C′s要求的前提下寻求企业利润最大化，最终实现消费者需求的满足和企业目标利润的获得。

另一方面，网络又是一种“软性营销”。网络本身的特点和消费者个性化需求的回归，使企业网络营销执行时必须遵循网络礼仪，借助策略的网络礼仪达到营销目的即为“软性营销”。网络礼仪是Internet自诞生以来所形成的一套良好的、不成文的行为规范，是网上一切行为必须遵守的规则，网络营销也不例外。

例如，网上广告宣传不可随意闯入人们的生活，它不能像电视广告那样，不管观众喜欢与否，都要直接进入人们的视线。可见网络营销和传统营销相比较，广告宣传的执行方式是完全不同的。传统营销过程中广告促销体现出“强行营销”的特征，它试图以一种强硬手段对消费者灌输信息狂轰滥炸以加强印象，根本不考虑消费者的接受意愿、接受状态以及接受能力；人员促销更是如此，不事先获得消费对象的允许或请求，而是主动上门，强行出售商品。这种不尊重消费者的强性营销行为与网络营销的特点——信息共享、交流成本低廉和交易过程简捷等是背道而驰的，定会遭到消费者的抵触和排斥。由此而言，“软性营销”和“强性营销”的根本区别在于：“强性营销”的主动权归属企业，“软性营销”的主动权归属消费者，是企业遵从消费者主观意愿的营销活动，个性化消费需求的回归使消费者在交易过程中萌生扮演主动角色愿望，而网络营销的交互特点可以使消费者这种愿望得以顺利实现。

12.1.2.2 对营销观念的冲击

我们正处于由传统工业化社会向信息化社会的过渡时期，在这一过渡时期内，人们将遭遇两种不同时空观念的夹击。我们生活和工作的基础建立在工业化社会的精确物理时空观念之上，而反映生活和工作的需求信息却建立在后信息化社会电子时空观念之上，两种不同的时空观念同时展现在我们面前，可能会引起我们思维领域的不协调、不适应，然而，企业营销必须突破固有的思维定势，实现时空观念的重组。借助网络展开营销活动，其营销能量将不以地理位置和交通条件为限制，商品出售范围扩大到所有消费群体；产品展示会、订货会不设固定地点和统一时间，取而代之的是设立一个网址，由客户自己确定时间，根据自身需要进行访问；消费者了解商品信息的方式有所改变，从被动接受信息，到能够在网络上主动搜索信息，以满足需求。由此可见，网络营销要求企业确立电子时空观念，改变营销思维方法，超越传统营销模式，在未来的营销竞争中有所发展、有所创新。

12.1.2.3 对营销方式的冲击

从营销方式上看，网络营销具有定制营销执行的特征。所谓“定制营销”是一种个性化的集中营销，即企业按照消费者对产品或服务的特定要求，为之设计、生产并提供产品或服务的营销方式。这原本是在农业经济时代小手工业者普遍采用的营销方式，进入工业化社会之后，由于“定制营销”与机器工业生产体系中通过配置资源批量生产，从而追求降低成本、规模效益的要求相抵触，这种营销方式必然招致淘汰，工业化社会普遍采用大规模、无差异营销方式，它不是专为每个消费者设计、生产产品，而是按照一个消费者群的要求设计、生产产品，这个消费者群体的大小是以企业的生产批量能否符合“最低获利”要求为界限的，因此大规模、无差别营销方式无法满足消费者的特定需求。伴随着科学技术的进步，信息化社会产品供应日新月异、具有多样化特征，消费需求日趋成熟，具有个性化、复杂化的特点，计算机及其网络的出现，能够更好地满足不同消费者的特殊需求，网络营销使得大规模、低成本向市场提供产品的营销方式与充分满足消费者个性需求定制营销方式相互结合，从根本上变革传统的营销手法，这是网络营销的魅力所在。

同时，网络营销具有直复营销的执行特征。所谓“直”是指网络营销不通过分销渠道而是通过网络媒体连接企业和消费者。在网络营销条件下，消费者可以通过网络直接向企业下订单付款求购商品；所谓“复”是指网络营销过程中，企业与消费者之间频繁互动，消费者对企业的营销努力作出明确的回复——买还是不买，企业在获取回复信息的基础上通过统计数据能够对以往的营销努力作出评价。网络营销最大的特点在于企业与消费者的交互，企业可以以订单为测试基础，及时对营销成果进行评价，调整改进以往的营销努力，从而获得更满意的结果；同时，企业还可以通过在线调查等方式获得消费者的其他信息甚至营销建议，从而有的放矢地提高营销效率。由此而言，从网络销售的角度看，网络营销是典型的直复营销，改变了传统的营销方式，弱化了中间商的作用。

12.1.2.4 对营销策略的冲击

在传统营销模式下，由于物质基础和技术手段的限定，产品的价格、分销以及产品的推广和宣传构成企业进行市场分析、策划营销方案的关键性内容。美国密歇根州立大学的麦卡锡将这些内容归纳为营销策略中的4P′s组合，即产品（Product）、地点（Place）、价格（Price）和促销（Promotion）。

在网络营销模式下，Product，Place，Promotion，Price都发生了很大的变化：首先是Place的概念没有了，一个上网的企业无论大小，面对的都将是同一个覆盖全球的大市场；其次是Product将是日趋个人化的、有特色的，甚至是特别定制的；第三是宣传和销售渠道统一到了网上，Promotion往往是一对一的，非常具体和实际的；第四是在剔除了商业成本后，产品的价格将大幅度降低。因此，传统的营销策略会发生很大的改变，而另外一些新的问题被纳入营销策略需要考虑的范畴。例如，如何做好网址的主页，建立网络营销系统，以方便消费者表达购买欲望和需求；如何使消费者能够方便地购买商品以及获得送货和售后服务；如何满足消费者购买欲望和所愿意付出的成本；如何使生产者和消费者之间实现方便、快捷和友好的沟通等。由于这几个问题的英文第一个字母都是C（Consumer’s wants and needs，Cost to satisfy wants and needs，Convenience to buy，Communication）所以被形象地称之为基于4C′s的网络营销模式，其基本内容表述如下：

其一，对企业来说，不要先急于制定自己的产品（Product）策略，而是以研究消费者的需求和欲望（Consumer's wants and needs）为中心来制定销售策略，不要卖企业所生产、制造的产品，而是卖消费者想购买的产品。

其二，暂时不考虑定价（Price）策略，而是研究消费者为满足其需求所愿意付出的成本（Cost）。

其三，忘掉渠道（Place）策略，着重考虑怎样为消费者购买商品提供方便（Convenience to buy）。

其四，抛开促销（promotion）策略，着重于加强与消费者的沟通和交流（Cmmunication）。

网络环境改变了传统市场营销策略的基础，在网络营销中整合营销已经从传统营销理论中占主导地位的4P's理论，逐渐转向以4C's理论为基础和前提。因此，以4P's为基础的传统营销策略组合也转变到以4C's为基础的营销策略组合，它极大地拓展了原有的营销策略。

12.1.3 网络营销的特征

网络营销的特征主要在于其扩散的广度、更新的速度、内容的深度以及可实现供求双方的在线相互交流等，这些特征均非一般营销模式所能比拟。与传统营销模式相对照，网络营销的特征优势得以显现（见表12－1）。

表12－1 传统营销与网络营销的区别

	传统营销	网络营销
背景环境	处于农业经济或工业经济环境中，注重于实物流、货币流的形成及其各环节的功效	基于以Internet为基础的知识经济环境之中，Internet的自由性恰好与营销所需的自由化竞争环境相吻合，因此，覆盖全球的Internet备受营销者的关注。由于Internet网络的开放性和公众参与性及其内容丰富性吸引众多的网络用户，在这里，传统营销活动各方之间地理上的距离被网络之中的电子空间距离所取代，各方相隔的“时差”几乎不复存在
决策	根据营销环境，依赖人工手段对市场细分、市场定位、产品组织筹划、价格判定与调整、筹建设计与配置以及促销措施管理等方面进行综合决策	将企业的Internet连接Internet构成信息系统，将各种营销条件与资源进行整合，提高网络营销条件下传统营销决策内容的速度与质量
营销界面	供需面对面，或者在电信手段辅助下面对面	Web页面是Internet的信息资源平台，企业营销信息以文字、图片、视频、声音等形式全天候向网上用户开放；制作介绍自身形象的主页、发布多媒体的虚拟产品清单、征询电子订单、开发在线客户支持系统

续表

	传统营销	网络营销
购物地点	取决于供需双方或多方间的地理位置和相互间的距离	虚拟电子空间中的 www 成为营销的新途径，分布于世界各地的用户手中的电脑即为购物的场所
产品	产品研发周期长、风险性大，产品批量大，销售对象不明确，难以适销对路	可以适用于任何种类的产品或服务项目，尤其以书籍报刊、信息软件、消费性商品为宜，同时结合网络特征，以产品资料、时尚趋势、生活教育信息为引导，逐步展开营销行为
价格	受到市场结构、政府政策、需求弹性、成本水平和竞争态势的牵制，价格调整滞后于需求变动，往往影响竞争优势的正常发挥	网络营销与传统营销相比较，其商品价格的牵制因素基本相同，然而网络营销的实际执行表明，更容易将商品价格调整到能够发挥竞争能力的位置上
分销	大多依赖中间环节，经过多次存储迂回营销模式，在适当的时间以适当的价格将商品供应到用户所在地点	网络营销具有“距高”和“时差”上的优势，使迂回营销模式转为直接营销模式，实现零库存，甚至无分销商的高效执行。众多用户通过 Web 寻找、提出并且实现自己的购买需求
促销	树立并且维护企业形象，传播产品的特点、优势及其为用户带来的利益，运用人员促进、广告宣传、口头传播等手段推动出售产品	传统营销方面的各种促销手段都可以在 Web 上实现，而且具有丰富内涵（动态广告、虚拟现实等）极具感染力和吸引力，如果联合其他媒体的共同执行，将发挥最大的整体效益

网络营销覆盖全球，没有地域和时间的限制，随时传递企业的形象、经营和产品等信息，而其多路传送、适时快捷的功能，可将产品的最新信息提供给众多的客户同时阅览和查询，网络营销实现了传统营销无法比拟的功效。

12.1.3.1 虚拟化营销符合现代生活节奏

信息时代为网络营销带来发展的契机，其虚拟化营销特征尤为突出，主要表现在三个方面。

（1）书写无形化、传递数据化。网络营销中采用电子数据（无纸贸易）、电子传递，使营销双方无论身在何处，均可与世界各地的商品生产、销售、消费者进行交流、订货、交易，实现快速准确、双向式数据的信息交流。

（2）经营方式虚拟化。网络营销可以使经营者在“网络店铺”中摆放多少商品几乎不受任何限制，无论经营者有多大的商品经营能力，网络营销系统都可以满足，而且经营方式很灵活，既可以扮演零售商角色，又可以扮演批发商角色。通过电子网络，可以方便地在全世界范围内采购、销售形形色色的商品。

(3) 支付手段电子化。为满足网络营销的发展需要，各金融机构、信用卡发放者、软件厂商纷纷提出了购物后在网络上支付货款的方法，现已使用的主要有信用卡、电子现金、智能卡等。

现代化的生活节奏使消费者外出到商店购物的时间越来越少。在传统的购物方式中，从商品的买卖过程来看，一般需要经过看样—选货—决定购买—付款结算—取货（送货）等数个环节，这一过程大多是在售货地点完成的，短则几分钟、长则数小时，再加上消费者外出购物路途上所占用的时间，购物实则为一种负担。在网络营销方式中，商品的买卖过程简单、便捷，售前：向消费者提供丰富生动的商品信息及相关资料（如质量认证、专家评介、顾客反馈等），而且界面友好、操作方便，消费者可以通过 Internet 进行商品性价比考量做出购买决定；售中：消费者不需驱车前往商店，坐在家中即可以逛虚拟商店，通过网络付款；售后：如果商品在使用过程中发生问题，消费者可以通过网络随时与生产厂家取得联系，得到制造商的技术指导和服务。因此，网络营销简化了购物环节，节省了消费者的时间和精力，将购买过程中的环节减至最少，对消费者而言，网上购物不再是沉重的负担，成为休闲式的享受，符合快节奏的消费需求。

12.1.3.2 标准化营销开创公平、公开、公正的交易局面

网络营销的标准化主要反映在四个方面。

(1) 商品信息标准化。商品信息化是指将商品的各种特征、属性信息化，即用一种数据，如大类、品名、规格、型号、单价、厂家、品牌、使用说明和使用期限等来描述该商品，还可以用图形、图像、声音等多媒体形式来补充描述。这只是强调了将商品实物形态向抽象概念形态的转化，因为没有这个转化就不能上信息高速公路。但商品信息仅能上信息高速公路是不够的，它还应当是规范化的、标准化的数据形式。只有这样，才便于信息的发、送双方理解和认可，并在头脑中再现为实物，不至于发生误解或双方理解的不一致，才便于商品信息的使用、统计、管理口径一致，做好各方面的工作。

(2) 商品交易标准化。网络营销中商品交易的规范化比人工营销的规范化要求高得多。这是因为，首先，网络营销是电子商务的重要组成部分，电子商务的速度快、时效强、交易时间短，买卖决策者一旦作出交易决定后即需确认，且确认后就不允许反悔，故交易的规范显得尤为重要；其次，网络营销的透明性比手工营销要弱一些，如果不建立健全交易的规程，交易者更容易失误。

(3) 市场建设标准化。网络营销手段从技术上说是没有地域限制的，甚至可以在没有有形市场（交易场地）的情况下进行。目前，我们正在从传统营销向网络营销过渡，虽然不可能一下子将大量的商品市场撤销，却可以采用电子工具、信息公路等将分布在全国、全世界的各类批发、零售市场连接起来，形成标

准、统一、规范、竞争有序的电子商品大市场。

（4）市场监督标准化。网络营销相对于手工营销而言，更快速、更隐蔽，这就使得市场监督显得更加重要。因此，在网络营销的系统软件编制、市场规则制定等方面加强标准化建设，有利于强化市场监督，保证市场秩序的正常、交易行为的准确和交易商品的保质保量等。

一般而言，传统营销过程中供货商比用户在信息转换方面拥有更多的自主权，供应商凭借所掌握的信息向他们认为最具有购买意向的消费者推销产品及其服务，甚至可以根据市场供求态势向某些用户报出一种价格，而向其他用户报出另一种价格，显然这种价格歧视的做法损害了一些用户的利益。而在网络营销中，商品信息标准化、商品交易规范化，建立起公平、公开、公正的营销环境。网络营销中信息转换的主动权转移到消费者手中，他们能够在最大范围内自由选购商品，在信息对称的前提下相互交流消费过程和消费体验，甚至与商家进行讨价还价，最终获取相对满意的商品性能与价格。因此，网络营销抑制了奸商的欺诈行为。标准化的营销过程使供需双方恪守等价交换的原则，实现公正比较、公开选择、公平交易。

12.1.3.3 个性化营销再造客户关系

网络营销正向一对一的个性化方向发展，这种趋势将改变企业原有的营销执行模式。

（1）个性化执行。网络营销能够实现硬性化生产与柔性化生产的相互结合。硬性化生产是指机器工业时代中那种对产品与生产进行标准化设计、采用高效率的机器设备，在尽力提高原材料利用率的基础上，用最低成本进行生产，它追求的是在一定的技术发展水平下低成本的产品；柔性化生产是指不对产品与生产作出标准化设计，而是按照用户提出的要求设计产品并开展生产经营过程。网络营销执行时，企业可就产品中属于消费共性需要的部分采用硬性化方式统筹生产；产品中属于消费个性需要的部分则采用柔性化方式因人而异定制生产，即企业通过网络先行与用户取得交易接触，并与之进行交易谈判，最终完成订货手续之后，企业的柔性化生产部门将按照用户对产品提出的要求设计产品，并向生产部门下达制作定制产品的指令，最后将产品的标准部分与定制部分装配组合，成为符合用户特定要求的整体产品，网络营销的个性化执行使用户能够参与产品的创意与研发过程。

（2）个性化销售。个性化销售是供应商根据以往的经验使 Wed 站点或 E－mail适合用户需要，适应不同年龄和地点的人的不同爱好，从事网络营销。供货商需要收集有关用户的数据进行一对一的商品销售，用户可以用“智能代理”（向导）的程序，在互联网自动收集诸如产品价格一类的信息。一些 Web 站点具有像人一样会说话的向导，能够以普通话方式回答用户的问题。同时，许多站点为用户提供消费建议，能够满足用户的个性需求。

作为用户，如果在 Amazon. com 站点买一本书并再次访问该站点时，屏幕上会出现欢迎你回访的内容。通过分析你购买习惯的建议软件，加上你已做出的对其他书的估量，屏幕上将建议你购买几种你可能喜欢的新书，而且，建议软件将记住你的个人信息。这样，只要用鼠标点击就能买一本书。也许，你点击你要在网上查看和使用的列表，并输入某些个人信息，页面上就会显示你的名字、E－mail 信箱、你申请的新闻、体育比赛及气象信息，甚至提示下周是你配偶的生日。

（3）个性化技术。网络营销的两种个性化技术比较明显：一是共同筛选技术，它把用户的购物习惯、购物爱好与其他买主的购物习惯、购物爱好加以比较，以确定他们下次要购买什么；二是神经网络匹配技术，即一套模仿人的大脑的程序，其功能是识别复杂数据中的隐含模式，如产品和用户之间的关联度。与传统营销模式相比，网络营销使供货商能够迅速与其每一位用户通信，还可以使用户与供货商交谈；用户能够提出特殊产品和多样化服务的要求，供货商作出积极响应，给用户以最大的信任和便利，从而缩短与用户之间的距离，再造客户关系。

12.1.3.4 低成本营销谋求竞争优势

网络营销具有低成本的特征，由此给交易双方带来的益处显而易见。

（1）没有店面租金成本。传统营销的店面费用相当昂贵，特别是黄金地段，可以说是寸土寸金，而网络营销则只需一台联在网络上的网络服务器，或租用部分网络服务器的空间即可。在电子技术、电子工具都高度发达的今天，购置一台网络服务器设备的费用，与实际租用一个商业大厦的费用相比甚至可以忽略不计。

（2）没有商品库存压力。传统营销中的存储，为了压低进货成本，只好大量进货，这不仅会带来相当大的资金压力和经营风险，而且商品的库存盘点、存放也需要很大的人力和财力，而网络营销中的电子商场却可以做到“零库存”，不需要承担任何库存压力。实现信息时代商业流通的“Just in time”，即什么时候卖出货，什么时候才进货。

（3）较低的促销成本。网络营销具有极好的促销能力，其“货架上”的商品同时又是广告宣传的样品，经营者不需要再负担促销广告费用，而且可以利用服务器，将多媒体的商品信息动态存储起来，既可以主动发送，又可以随时接受需求者查询。

（4）极低的结算成本。面向消费者的网络营销系统允许用户在互联网上以信用卡付款的购物方式，其重点在于网上的实时结算，对于用户来说购物更为方便；对于企业而言则降低了销售成本。

12.2 网络营销运营模式

12.2.1 网络营销的一般形式

12.2.1.1 在线商店模式

在线商店模式即利用网络技术缩短企业与顾客的距离，向顾客直接销售产品或提供服务的营销模式。这类网站实质上是一个电子版的产品目录商，这些虚拟的店铺通过精心编制的文字和图片描述它们所提供的产品和服务，进行促销活动。它们拥有网络数据库，提供在线交易系统，一旦顾客决定购买则发出订货单，企业据此安排生产、组织送货。

在线商店分为两大部分：第一部分是在线商店的前台部分，即顾客在电子商店中选择商品、通过核对所购物品的品种数量、下电子订单、进行电子支付、选择付款方式和送货方式等一系列操作过程；第二部分是在线商店的后台管理部分，包括网站的维护与更新、客户关系管理、订单管理、电子支付平台、库存管理和商品配送系统等内容。采用这种模式的网站很多，如西单商场（http：//www. igo5. com）、当当网（http：//www. dangdang. com）等。

12.2.1.2 供应链管理模式

供应链管理模式即利用网络营销平台将企业的上下游产业紧密整合在一起，将原料供应商、产品经销商、运输商、往来银行甚至海关连成一体，实行网络交易与管理，加快了信息的流通速度，减少了中间流通环节，缩短了供货周期，降低了经营成本，提高了运营效率和经济效益。随着 B to B 电子商务的逐渐成熟，这一模式成为企业之间营销的理想模式。

企业间的网络营销系统既可以建得相对简单，只跟某一企业建立 B to B 的供应关系，也可以建得很复杂，将多个上下游合作伙伴通过网络连成一体。企业间网络营销系统需要企业建立一个高效、实用、易于扩展的网络营销平台，还要配备一个企业内部局域网，将网络营销平台与企业资源计划、供应链系统及客户关系管理系统、配送系统等整合成一个完整的电子商务系统。一些实力较强的大企业均采用这种模式，如海尔集团（http：//www. haier. com）、联想集团（http：//www. lenovo. com. cn）等。

12.2.1.3 中立交易平台模式

中立交易平台模式是诸多电子商城广泛使用的一种营销模式。电子商城属于完全的电子商务企业，它既不生产产品，也不购买产品，只是为其他企业提供一个电子交易的平台，通过扩大电子商城的知名度吸引顾客到商城购物，通过招商吸引商家进驻商场，向进驻商场的商家收取服务费，从而实现赢利。这类电子商城的知名度越高，所提供的服务越好，入驻的商家越多，商城的访问量越大，效益也就越好。

中立交易平台模式的优势在于将分散的电子零售店集中起来，为招商企业提供统一的电子结算渠道、物流配送系统及其他配套服务，实现规模经济。同时具有为顾客提供信息集成的综合优势，减少顾客搜索信息的成本，从而增加商城的访问量，增强品牌形象和知名度。

对招商企业来说，不必自己投资建立网站，而是在电子商城中租用一个摊位，设立网上专卖店，利用电子商城的知名度销售自己的产品或服务。这样可以缩短企业开展电子商务的周期，简化网络营销的复杂过程，在网上增设为顾客展示产品的窗口，直接获得网上销售收入，从而做到投资少、收益大、见效快。

12.2.1.4 网络招投标模式

网络招投标是通过互联网完成招标和投标的全过程，这种招投标模式具有明显的优势。

(1) 体现了“公开、公平、竞争、效益”的原则。电子招标网络系统的可靠性和安全性可以避免招投标过程中的“暗箱操作”现象，使不正当交易、招标人虚假招标、私泄标底、投标人串通投标、贿赂投标等腐败现象得以抑制。

(2) 减轻了招投标过程中的信息发布、信息交换等方面的负担，提高了工作效率，缩短了招投标周期，降低了招投标过程中的成本，节约了资源。

(3) 实现标书审核的电子化，既可以扩大招投标的范围，获得更大的自主权，又充分体现了“择优录取”的原则。

目前除企业外，政府采购也广泛采用网上招投标的模式。

12.2.1.5 网络拍卖模式

网络拍卖是卖方借助拍卖网站通过不断变换的标价向购买者销售产品的行为。网络拍卖的竞价形式有两种：正向竞价和逆向竞价；交易方式有三种：竞价拍卖（如易趣、网易）、竞价拍买（如八佰伴）和集体议价（如酷必得）。有的网站可能同时兼有几种交易方式，其中竞价拍卖为正向竞价模式，而竞价拍买和集体议价为逆向竞价模式。

在大多数拍卖网站上，未注册的顾客只能在网站上浏览物品，不能参与竞标，也不能提供物品出售。只有注册成为会员之后，才可以使用网站提供的所有功能与服务。其原因在于，注册成为会员代表了买卖双方的基本诚意，增加了出售物品与竞价求购的可信度，从而防止一人多户的情况发生。

12.2.1.6 门户网站模式

门户网站一般是指上网后打开的第一页，这种类型的网站往往提供新闻报道、娱乐信息、免费电子邮箱、电子贺卡和留言簿等，以此吸引网民，提高浏览量，在此基础上为企业进行广告宣传。这类网站的收益主要来源于广告收入，因而网站的知名度及消费者的注意力就成为衡量网站价值的关键指标，如新浪、搜狐、网易等。

目前门户网站大都走向大而全的执行模式，除了广告收入外，还在网上商城、手机短信、网站登录和收费邮箱等方面扩大获利途径。由于互联网自身的特点，门户网站存在的数量是有限制的，总体数量不可能很多。

12.2.1.7 信息发布模式

这种类型的网站主要是树立企业形象，宣传产品及服务的种类、性能，提供必要的技术咨询及技术服务，通过网络吸引公众对其产品及服务的注意，从而增加现实中的交易机会，但不从网络上接受订单，其经济收益通过网下实际销售的商品及服务间接实现。许多小型企业建立这种类型的网站。

12.2.1.8 在线服务模式

近年来，随着 Internet 的发展，出现了许多以在线服务为特征的站点，如在线游戏、在线电影点播、在线聊天等，如联众游戏（http：//www. ourgame. com）、腾讯 OICQ 聊天（http：//www. tencent. com）等，这些网站通过提供个性化的服务，取得了不俗的营销业绩。

12.2.1.9 邮件列表营销模式

电子邮件列表是网上较为常见的一种服务内容，具体形式包括新闻邮件、电子刊物、网站更新通知等。邮件列表既是建立顾客关系的有效工具，又是网络营销的重要手段，同时也是最有前途的网络广告形式之一。邮件列表是企业产品或服务的促销工具，方便与顾客的交流，在为顾客提供有价信息的同时获得“注意力”。国外的许多网站已经依靠邮件列表获取了满意的利润，目前我国大部分网站都提供了电子邮件顾客服务。由于传统媒体的广告缺乏针对性，而传统的直邮广告成本又太高，所以电子邮件营销受到商家的青睐。由于电子邮件营销成本较低，即使商家的产品售价较低，也完全有利可图。

目前很多网站提供邮件列表，有些网站甚至提供邮件列表的“一揽子”解决方案，如希网网络（http：//www. cn99. com）、博大（http：//www. maillist. bodachina. com）等。

12.2.1.10 电子邮件营销模式

正规的 E-mail 营销是基于顾客许可的，即只有在事先得到潜在顾客许可之后，才可通过 E-mail 的方式向顾客发送产品或服务信息。因此，正规的营销也称为许可电子邮件营销。进入 2002 年之后，垃圾邮件增长速度之快令人吃惊，这种未经许可收集顾客邮件地址，并大量发送电子邮件的做法并非正规的电子邮件营销方法。

毫无疑问，垃圾邮件是电子邮件营销最大的敌人，经过客户许可的电子邮件营销已经被垃圾邮件侵犯得步履维艰，甚至严重影响了企业正常的通信活动。为了反对垃圾邮件，民间成立了不少反垃圾邮件的组织，但实际情况是，许可电子邮件营销不断受到反垃圾邮件组织的“误伤”。因为反垃圾邮件组织有时真假难辨，很难区分大量的商业邮件是否通过顾客的许可，于是只好“格杀勿论”，凡是那些被组织认为具有垃圾倾向的邮件，一律进行封杀。在本来就不宽广的许可营销道路上，一边是泛滥成灾的垃圾邮件，一边是反垃圾邮件组织使用各种监控手段阻击垃圾邮件，稍不留神，真假不分就会伤及无辜。

12.2.1.11 网上教育模式

国外的网络教育服务市场早已形成系统化、规模化状态。以美国为例，在其国内的 3 500 所高等学府中，在互联网上开班授课的多达 1/3，企业也早已利用网络开展员工的培训与再教育。其成绩的取得主要源于其后有专业服务公司的支持，网络教育服务已经是成熟的产业模式，已创造出可观的经济效益和社会效益。

我国网络教育从 2000 年开始进行大规模试点，近年已经呈快速发展态势，我国许多高校和民间教育团体都开通了网上教育服务。与此同时，专门为网络教育提供平台、课件、资金和管理的新兴行业——“网络教育服务”骤然兴起，且业绩显著。

12.2.1.12 中介服务模式

随着互联网的日趋成熟，网络营销出现了一种新型模式——中介服务。典型代表是创立于 1999 年年初的携程旅行网（简称携程），其总部设在中国上海，旗下有北京、广州、深圳和香港 4 个分公司，并在全国 20 多个大中城市设有分支机构，现有员工近 3 000 人，是中国领先的旅游电子商务网站。

携程为客户提供全方位的商务及休闲旅行服务，包括酒店预订、机票预订、休闲度假、旅游信息和打折商户；作为目前中国领先的宾馆分销商，携程提供可供预订的国内外星级酒店达 2 100 多家，遍布国内外 300 余个城市；携程还建成了目前中国领先的机票预订服务网络，覆盖中国的 39 个大中城市，提供免费送票服务；携程推出的以“机票加酒店”为主的自助度假业务为中国旅游行业的发展开辟了新的思路。

12.2.1.13 搜索营销模式

搜索营销，全称搜索引擎营销（Search Engine Marketing，SEM），是网络营销的重要组成模式，目的是使本企业的网站在主要搜索引擎的搜索结果中占据优势位置，以引导更多网络用户的关注及消费。搜索引擎营销包括搜索引擎优化、分类目录登录、搜索引擎登录、付费搜索引擎广告、关键词广告、竞价排名、地址栏搜索和网站链接策略等。国内网络用户主要使用两类搜索引擎，即英文引擎和中文引擎。常用的英文搜索引擎包括 Google，Yahoo，MSN 等，常用的中文搜索引擎包括百度、中文 Google、中搜、搜狐、搜狗和网易等。

目前，搜索引擎提供的导航营销，已经成为互联网上非常重要的网络服务，搜索引擎网站也被誉为“网络门户”。特别是近年来，搜索引擎营销推广的精细化应用更为普及，其效果获得广泛认可。因此，搜索营销已成为中小企业网站利用搜索引擎营销推广的首要方法。

12.2.1.14 博客营销模式

博客具有互动性、知识性、自主性和共享性等特点。博客营销则是营销人员抓住博客这一契机，通过网络载体的运行，把企业及其文化、产品等相关信息传递给潜在的细分市场顾客，以达到方便地满足客户需要和实现企业目标的策划与实施过程。这种模式具有多向沟通性，便于企业开展宣传推广与交流活动。

博客营销的特征表现为四点：第一，内容灵活，形式多样；第二，信息量大，保存期长；第三，可信度高，针对性强；第四，成本低廉，实时更新。博客营销的核心价值在于能够吸引特定的顾客，并建立良好的顾客忠诚。博客这一新型社会化媒体得到了诸多企业的关注和青睐，一跃成为互联网的新锐势力，使企业绩效得以进一步提升。

12.2.1.15 团购营销模式

团购营销是进入 21 世纪以来最具活力的网络营销模式之一。团购营销以网络为载体，聚集那些以获得共同利益为目的的个人，其核心价值在于需求聚集和数量折扣。团购营销模式的领先者之一是美国团购网站 Groupon，它的巨大成功带动了全球范围的团购营销模式热潮。

目前，国内近乎疯狂的团购网站产业迅速壮大，具有代表性的包括拉手网（http：//www. lashou. com）、美团网（http：//www. meituan. com）、糯米网（http：//www. nuomi. com）等。团购营销的优势表现为三点：首先，节省消费者交易成本和搜索时间，同时提供高性价比的商品和服务；其次，提高企业品牌的认知度，扩大企业品牌的影响力；最后，地域性特征明显，有利于营销的顺利进行。因此，团购营销模式作为网络营销中最璀璨的明珠，引起了越来越多的企业的关注。

12.2.1.16 无线营销模式

迄今为止，全球通信市场已全面迈入 3G 时代，无限营销模式则是这一时代中极具潜力的新兴市场。这种网络营销模式是介于企业品牌与终端用户之间作为通信和娱乐渠道的移动媒体的运用。它利用随时随地直接带来即时信息进行交互沟通，其最大的特点是“一对一”营销，不受时间和空间限制，全面提升了营销的精细化程度。很多企业已经从无线营销中获益，如银行的手机理财、运动品牌的手机广告等。

无线营销的终端层面是智能手机，这使得互联网得以顺利地接入移动通信设备，加速了3G时代业务层面的不断创新。其形式也是多种多样，如手机报、手机电视、手机社区和手机支付等。iPhone手机就是其中的典型，其App Store上的各种功能和应用的总和已经超过了50万个。目前，无线营销层出不穷的功能创新及其释放的能量已经成为企业现在以及未来发展的重点营销模式。

12.2.1.17 微博营销模式

微博营销是现代网络营销模式中创新型的社会化媒体营销行为。这种模式本质上属于口碑营销，通过微博进行信息的快速传播、分享、反馈和互动，以及企业的市场业务宣传推广、客户互动沟通和品牌文化传播等。用户可以通过Web和Wap等客户端组建个人网上社区开展即时互动。相比于博客营销，微博营销更加具有主动性，草根性更强，操作更加简单便捷，影响力更广更深。据DCCI互联网数据中心预测，中国互联网实际不重复微博独立用户数在2013年底将达到2.52亿人左右。

世界上第一家微博网站是美国的Twitter，中国的许多门户网站都相继开发了属于自己的微博服务平台，如新浪、腾讯、网易和搜狐等。微博营销正以强劲的势头进军未来更新更强的营销战场。

12.2.2 企业实施网络营销的常用工具

12.2.2.1 企业网站

企业网站是最基本的、综合性的营销工具，分为两种基本类别：信息发布型网站和网上销售型网站。信息发布型网站将网站作为企业基本信息的载体，主要用于发布企业信息，包括公司新闻、产品信息、采购信息和招聘信息等用户、制造商和中间商所关心的内容，更多地用于产品品牌的推广以及与用户之间的沟通，网站本身不具备完善的网上订单跟踪处理功能。网上销售型网站涉及支付、订单管理、用户管理和商品配送等营销环节，比较信息发布型网站，其营销重心具有一定的差异，除了软性的营销目标（企业宣传、品牌推广）外，主要是为了达到获取销售收入的目的。企业网站的营销功能有如下各项：

（1）品牌形象传播。企业网站形象代表着企业品牌形象，企业网站必然为访问的用户留下深刻的印象，逐步与用户彼此了解、相互沟通，这有助于企业品牌形象的传播，有益于企业知名度的提升。

（2）产品和服务展示。企业网站可以灵活地向用户展示产品的文字、图片甚至多媒体信息，一个企业网站相当于一本随时可以更新的产品宣传资料，由于这种宣传资料是用户主动寻求的，比印刷的宣传资料更具宣传效果。

（3）信息发布。网站是一个信息载体，在法律许可的范围内可以发布一切有利于企业营销的信息，如企业新闻、产品信息、促销信息、招标信息、合作信息和人员招聘信息等，企业拥有一个网站相当于拥有一个强有力的宣传工具。

（4）用户服务。企业网站可以为用户提供各种在线服务和信息帮助，如常见问题解答、电子邮件咨询、在线表单和即时问答等，提高服务效率、节省服务成本。

（5）用户关系。企业通过网络社区、有奖竞猜等方式吸引用户参与企业营销活动，不仅达到产品宣传、提升销售的目的，同时有助于增进与用户的关系，提高用户的忠诚度。

（6）网上调查。企业网站为网上调查提供便捷而且廉价的途径，通过网站上的在线调查表或者通过电子邮件、论坛、实时信息等方式征求用户意见，从而获得有价值的信息反馈。

（7）资源合作。企业为了更好地进行网上推广，需要与制造商、中间商、用户以及其他相关企业建立资源合作关系，通过资源共享达到利益均沾的目的。常见的资源合作形式包括交换链接、交换广告、内容合作和客户资源合作等。

（8）网上销售。实现在线销售的方式有多种，利用企业网站本身资源开展在线销售是有效的方式之一。企业网站本身就是一条销售渠道，可以完成订单确认、网上支付等电子商务功能。

12.2.2.2 搜索引擎

搜索引擎是常见的互联网服务工具之一，其基本功能在于为用户查询信息提供方便，由此成为网上用户常用的信息检索工具。搜索引擎能够为用户提供发现信息的机会，由此成为企业实施网络营销的基本工具。以网络营销的视角观察，搜索引擎具有如下发展动向：

（1）品牌优势显著。搜索引擎行业品牌优势相对集中，实力弱小者逐渐被品牌强势企业所吞并。优势的搜索引擎收集网页数量多、反馈信息准确程度高，且能够满足用户个性化的需求。

（2）为网络营销提供多样化方式。当今的搜索引擎营销方式发生较大的变化，除了继续采用免费的搜索引擎优化（而不仅仅是 META 标签的优化）以获得从部分免费搜索引擎的检索机会之外，还可以采用各种付费的搜索引擎服务，如付费登录的分类目录、关键词广告和竞价排名等。

（3）分行业、分地区的搜索引擎服务。随着互联网信息量的不断增加，综合性的搜索引擎在检索某些类别的信息之时显得不够精确，在某个领域或某个地区开展业务的企业利用搜索引擎时会感到无的放矢，因此，分类搜索将是必然的发展趋势。

（4）多元搜索、专业搜索备受关注。多元搜索体现出整合互联网资源的理念，与互联网的发展方向相一致。随着技术的不断完善和用户数量的不断增加，多元搜索引擎将在网络营销中发挥其应有的作用，如比较购物等专业搜索引擎已经表现出旺盛的生命力。

（5）搜索引擎技术不断完善。尽管搜索引擎为用户利用互联网资源发挥了重要作用，但是并没有解决网络资源检索的所有问题，在网页内容数量方面仍然存在许多问题，因此，搜索引擎技术将不断完善，搜索引擎的营销方式也将随之改变。

12.2.2.3 电子邮件

电子邮件是最基本的互联网通信工具，应用于网络营销的各个方面，其主要功能是收集、传递和交流信息。电子邮件在网络营销中的作用表现为如下各项：

（1）品牌形象展示。一封完整的电子邮件基本组成要素包括发件人的 E－mail 地址和收件人的 E－mail 地址、邮件主题和邮件内容等，在营销活动中 E－mail 地址对于企业具有重要作用，它代表了企业的品牌形象，因此，利用电子邮件传递信息时，信息源的设置应当与企业品牌相适应。

（2）在线用户服务。通过电子邮件开展用户服务，节约了服务成本，增进了用户关系，提升了用户的忠诚度。在线服务常见的形式有回复用户咨询、自动回复、常见问题解答及重要信息提示等。

（3）会员通信与电子刊物。用户为了获取来源相对固定的信息和某些附加服务，自愿成为会员通信与电子刊物的订阅者，用户加入了这种邮件列表，实际上为企业创造了通过电子邮件向用户传递信息的基础条件。

（4）电子邮件广告，即企业利用网络服务商的用户电子邮件地址资源开展 E－mail的营销活动。这种网络营销工具操作简便、形式灵活、用户定位程度高。实践表明，电子邮件广告是用户反馈率最高的广告形式。

（5）网站推广。电子邮件是网站推广的重要手段，推广方式具有主动性和灵活性，既可以是简单的广告，也可以通过新闻报道、案例分析等方式出现在邮件中，以引起读者的兴趣，达到增加网站访问量的目的。

（6）产品和服务推广。无论通过企业内部的邮件列表，还是通过服务商的用户 E－mail 地址资源投放电子邮件广告，都可以将产品和服务信息作为邮件内容向目标用户发送，从而达到推广的目的。

(7) 收集市场信息。企业利用电子邮件可以获取许多有价值的第一手资料，如行业发展动态、调查统计资料、市场供求信息，甚至可以跟踪竞争者的市场动向。这些有价值的信息通常可以通过加入相关的邮件列表、注册为相关的网站会员、参与在线调查或论坛等网上交流活动，从而达到收集市场信息的目的。

(8) 在线市场调查。利用电子邮件开展市场调查具有问卷投放、回收周期短、成本低廉及调查活动较为隐蔽等特点，可以节省被访问者的时间，在一定程度上可以对用户群体加以选择，如果调查问卷设计合理，可以获得相对较高的回收率。

12.2.2.4 博客

博客，原意为网络日志或网络日记，现释义为用户可以自行发布信息并分享他人所发布信息的交流工具。博客以其共享性和发散性的优势，在网络营销中发挥着独特的商业价值，其价值表现主要有如下各种：

(1) 沟通价值。博客的沟通平台非常强大，一方面，企业可以在其内部网上提供博客系统，企业员工的博客文章可以作为企业网站的一个组成部分，反映出企业文化的特点；另一方面，博客通过用户个人行为和观点对企业宣传产生影响，实现企业与消费者之间的双向沟通，提高问题解决的效果和效率。

(2) 竞争价值。企业利用博客的个性化和互动性，深度宣传企业文化，实时更新品牌理念，持续获得忠诚顾客，有效避免行业内竞争对手的盲目跟风与模仿，建立强劲的竞争差异化堡垒，形成持续的竞争优势。

(3) 功能价值。博客的功能具有多样性，既可以通过展示声音、视频等形象生动的信息功能吸引用户注意力，又可以通过提供博客留言功能和互访链接功能激发用户的兴趣和好感，极大地促进了企业产品的有效推广。

(4) 渠道价值。博客的传播渠道表现为网状形式且相互关联。用户对感兴趣的博客信息进行转帖或者订阅，同时博主也会看到他人的相关文章。这种渠道下的信息保存时间长，且很容易被检索到，因此这种渠道价值为网络营销提供了巨大便利。

(5) 成本价值。作为常用的网络营销工具，博客提供商为企业提供的服务几乎都是免费的，企业只需要通过注册就可以建立自己的博客网站，开展网络营销活动。因此，无论是建设、宣传，还是市场调研，企业都可以通过博客这一强大的信息发布平台，有效节省开支。

12.2.2.5 Wap 网站

Wap（Wireless Application Protocol）网站是利用 Internet 或交互式向移动智能终端用户提供互联网应用和服务的开放式全球性无线网络规范的网站。目前，大型独立 Wap 网站包括 3G、Wap 天下、摩网等，表现为安全、快速、灵活、在线以及交互等特点。伴随无线网络技术的快速发展和广泛应用，Wap 网站在网络营销中的业务形式越来越多样，主要体现为以下方面：

（1）无线银行业务。目前，很多银行已经开始利用 Wap 网站开展理财等多种业务，用户可以使用手机等移动智能终端随时随地在网上安全地进行个人财务操作，如账户核查、账单支付和转账汇款等，加速并完善了银行网络业务体系的构建。

（2）无线购物业务。借助 Wap 网站，用户通过无线通信设备，能够像传统网络购物一样，进行网上购物及相关操作，如订购鲜花、礼品和送餐等。

（3）无线娱乐业务。用户不仅可以在其移动设备上收听音乐，还可以订购、下载或支付特定的曲目。同时，可以与朋友进行网上交互式游戏，还可以进行快速、安全的游戏付费操作。

（4）无线交易业务。由于 Wap 网站的快速在线即时性，因此它可以应用于股票等交易业务。用户利用无线移动设备既可以接收实时财务新闻和股票信息，也可以实时确认订单，同时安全地在线管理股票交易。

（5）无线订票业务。基于 Wap 网站的网络营销允许用户预订航班、车次等订票业务，进行票款支付和变更，查询票价优惠及航班、车次等实时信息等操作，其便捷性得到广大用户的赞誉。

（6）无线医疗业务。医疗产业的显著特点之一就是时间对病人非常关键，每一秒钟都非常宝贵，因此，将 Wap 技术应用于这一行业非常必要。在突发紧急状况时，医护人员可以借助 Wap 无线技术，在救护车移动的情况下，同医疗中心和病人家属快速、动态、实时地交换信息。因此，Wap 技术对医疗产业发挥了重要作用。

12.2.2.6 微博

微博，即网络用户可以通过智能手机、IM、Web 等方式将 140 字以内的文本内容发送给自己的订阅者。其基本功能主要包括信息发布和传递功能、关注和转发功能、通信和交流功能等。虽然信息发布平台相同，但微博与博客却有着重要的区别。博客的传播机制中发布者占主导地位，而微博的传播影响力则来自于访问者。微博的营销作用主要表现为如下各项：

（1）稳定权威的信息源头。电视台、广播电台、报社等传统的、稳定的新闻发布机构陆续加入了微博行列，微博所属门户网站的很多信息资源发布栏目也申请开通了微博，促使微博成为权威稳定的信息发布源头。

（2）简单快捷的传播手段。微博的信息传播摆脱了传统媒介制作新闻的复杂程序，只要依托电脑或手机等客户端以及网络信号，就可以迅速地发布信息。

（3）良好形象的宣传渠道。无论是企业还是个人，都可以借助微博这一宣传渠道发出自己的声音，与其他微博用户进行互动，建立、维护和推广企业或个人形象，同时对于虚假信息及时辟谣，形成强大的微博优势。

（4）社会事件的通信工具。微博迅速、简便的传播方式使其在社会事务或突发事件中发挥了重要作用。最新的信息传播、紧急的需求提出，特别是在那些交通和通信不发达的事件突发的地区中，微博对于舆论导向和社会流动等方面都形成了强大的力量。

（5）透明公开的发布平台。政府机关等部门对于办公制度、事务宣传、财政支出等活动，通过微博进行透明化公开，有效拉近了与普通用户的距离。

（6）细致人性的接收方式。微博用户可以根据自己的爱好或需求，随时随地选择接收到的信息内容，填补了传统媒体统一信息发布的不足，使信息的接收更加细化。

12. 2. 2. 7 其他网络营销工具

（1）网络实名/通用网址。网络实名即企业将公司名称、产品品牌等注册为网络实名后，用户无需记忆复杂的域名网址，直接在地址栏中输入中文就可直达企业网站，搜索相关信息；通用网址即通过建立通用网址与网站地址 URL 的对应关系，实现浏览器访问的一种便捷方式，用户只需用自己熟悉的语言告诉浏览器要去的通信网址即可。网络实名和通用网址通常俗称为“中文网址”，有助于网站推广，其数据库检索增加了网站被用户发现的机会。

（2）电子书（E－book）。电子书是一种替代传统印刷品技术的数字化的出版方式，电子书的内容需要借助于一定的设备才能够阅读，如专用的电子书阅览器、个人电脑或 PDA 等。作为一种信息载体，电子书在网络营销中主要用于网站推广、产品推广和顾客服务等。

（3）即时信息（IM）。即时信息是指可以在线实施交流的工具，如在线聊天工具。即时信息在网络营销中的应用体现在实时交流过程贯彻了客户管理方案、在线用户服务和在线销售中的导购服务和网络广告媒体等方面。

12. 3 网络营销策划与执行技术

12. 3. 1 网站建设

（1）策划要义

网站是企业开展网络营销的综合性工具，从网站运营维护者的角度来看，企业网站是一个可以发布信息，提供服务以及在线销售的渠道；从用户的角度来看，一个企业的网站是由多个具有一定关联性的网页组成的，可以通过浏览器界面实现信息浏览并且使用其中的功能和服务；从开发设计人员角度来看，企业网站是一些功能模块，通过网页的形式将前台和后台结合起来。

企业网站分为四个完整的组成部分：结构、内容、服务、功能。网站结构是为了合理地向用户表达企业信息所采用的栏目设置、网页布局、信息的表现形式等，是企业网站建设的基本构架，只有确定网站的结构才能开始技术开发和网页设计。一般而言，企业网站内容包括公司信息、产品信息、用户服务信息、促销信息、销售信息和公众信息，还可以在网站上发表其他信息。企业在选择信息内容时，有价值的信息力求丰富、完整、及时，不必要的信息力求避免；营销技术信息力求保密。企业网站的功能可分为前台和后台两部分，前台即用户可以通过浏览器看到并且可操作的功能，后台即通过网络运营人员的操作才能在前台实现的相应功能。后台功能是为了实现前台的功能而设计的，前台功能是后台功能的对外展示。常见的网站功能有信息发布、产品管理、会员管理、订单管理、邮件列表、论坛管理、在线帮助、站内检索、广告管理、在线调查和流量统计等。网站服务的内容和形式很多，常见的有产品选购和保养的知识、常见问题解答、在线问题咨询、即时信息服务、会员社区服务、优惠券下载、驱动程序下载和免费研究报告等。

企业网站的建设需要按程序进行：①对网站的背景进行研究，确立网站建设的目标和任务；②对网站进行定位，明确站点主题；③对网站所需的人力、物力、财力进行分析和规划，确定建站人员、建站工作量和建站周期，保证网站建设的顺利实施；④对网站进行维护更新，使之进入程序化的执行状态。

（2）策划方案

[涉及企业] ××民营公司

[营销业务] 猜灯谜网站

[背景资料] 互联网上，民族文化网站一直是薄弱环节，处于整体开发阶段。纵观现有的民族文化网站，良莠不齐，市场需求尚未形成，行业之中缺乏真正的领军者，缺乏经典之作。根据互联网的特点，做灯谜是利用网络宣传民族文化的最佳切入点：它是中国独具特色的民族文化；它具有很强的群众基础，是典型的雅俗共赏、喜闻乐见的民族文化形式；它是民族文化中最具参与性、娱乐性的项目，能够激起网络灯谜参与者的强烈求知欲。该公司是生产传统工艺品的民营企业，在传统工艺和民族文化方面具有独特资源，拟建设“猜灯谜网站”，这既符合企业产品宣传与推广的实际利益，也是企业文化发展的实际需要，企业由此跨入一个新的营销领域。

［方案内容］

第一步：网站建设目标。网站建设目标分为近期目标和远期目标：近期目标——成为以宣传灯谜为主的民族文化的互动网络平台；远期目标——成为传统文化及工艺商品电子商务交易平台。

第二步：网站信息内容。

注册网站域名：http：//www. china - me. com（纯属虚构）。

注册网络实名：猜灯谜

网站风格与首页：网站以灯谜为主，附设 IQ 题、幽默等趣味栏目，开设互动式猜答社区，开设论坛及投稿箱；网站首页体现民族传统，两边旋转走马灯，一副谜联，背景为梅、兰、竹、菊；中置赞助商。

网站主要栏目：

①谜林漫步。

A. 谜语分类；B. 灯谜辞海：灯谜概述、历史探源、谜艺大观、谜格解释、射虎必备、谜坛档案；C. 谜人风采：谜坛泰斗、新人辈出；D. 猜谜金钥匙：猜谜课程讲座、猜谜软件介绍

②灯谜社区。

A. 作品赏析；B. 灯谜擂台；C. 灯谜论坛；D. 有问必答；E. 聊天室；F. 乐韵悠扬

③灯谜之家。

A. 经典推介（每日一题）；B. 灯谜库之下里巴人；C. 庭前草色新（刊登会员投稿）；D. 灯谜库之妙趣横生；E. 灯谜库之阳春白雪

④散打搏技。

A. 轻量级；B. 次轻量级；C. 重量级；D. 歇后语；E. IQ 题

⑤谜友乐园。

A. 每日一笑；B. 万花筒；C. 智力体操；D. 诗书礼乐；E. 大千世界；F. 乐韵悠扬

⑥谜友录。

⑦关于我们。

第三步：网站建设阶段。网站建设目标分为四个阶段，各阶段要表达的建设目标以及相关指标如表 12 – 2 所示。

第四步：网站技术方案。猜灯谜网站属于标准商业网站，内容翔实，功能繁多，需要的服务器空间较大，并且对服务器的功能要求、扩展性要求较高，对未来访问量的承受能力和带宽要求也较高。因此，在服务器的选择上，要做到够用、好用，能够保障网站的快速发展需要。在选择自建服务器还是进行主机托管

表 12－2　网站建设的四个阶段

时间段	阶段建设目标	相关指标
3 个月	实现网站基本功能	访问量达 100 人/天
6 个月	建成同类网站中最专业、最全面的网站	访问量达 5 000 人/天以上；注册会员 5 000 以上
12 个月	初步转化成传统文化及工艺商品的电子商务交易平台	访问量突破 10 000 人/天
24 个月	成为专业文化用品及工艺品行业电子商务交易的平台	注册会员 50 万以上，进入 CNNIC 排名前 100 名

或者租用虚拟主机方面要慎重考虑，追求最高最好的性价比。网站建设和推广初期，可以考虑租用虚拟主机，从而降低费用；随着网站内容与功能的不断完善，访问量逐渐增加，可以考虑进行主机托管或者自建服务器，用以保证网站发展和访问速度的需求。

在服务器操作系统方面，可以使用 Windows2000 Advance Server 操作系统和 IIS5. 0 互联网服务器软件。这种服务器开发环境兼容性能好，开发难度低，可利用资源多；在服务器安全性和稳定性方面，需要加载病毒防火墙和反黑客软件。

网站程序可以使用 Microsoft 公司的 Active Server Pages 技术进行开发应用，在数据库使用方面，可以使用 Microsoft 公司的 SQL Server 2000 数据库软件；两者技术成熟，兼容性能良好，可利用资源多，开发经验丰富，是组建电子商务网络平台的最佳选择。

第五步：网站推广方案。网站推广分为初步推广和深度推广两个阶段。初步推广历时 3 个月，访问量达到 100 人/天以上；深度推广是网络向商业化迈进的重要阶段，预计要历时 3 个月，访问量达到 5 000 人/天以上。

初步推广阶段主要运用如下手段：

①搜索引擎加注：做好每个网页的关键字索引，争取每个页面的关键字都有所不同，增加被搜索引擎检索的机会。

②广泛友情链接。

③参加广告互换联盟。

④到各类留言板留言。

⑤到各大论坛发布广告。

⑥利用论坛网聚人气，广泛收集精彩帖子，广交天下灌水客。

⑦制作各类电子图书，提供免费下载，替网站做宣传。

⑧初步推广阶段还要广泛收集各方面对网站的初步看法和意见，并继续加大、充实网站的力度，及时更新内容，培养初步的访问群。

深度推广阶段主要运用如下手段：

①继续进行初步推广阶段的所有工作，并适当加大力度。

②设置邮件列表，制作本网站电子杂志，收集1 000万以上邮件地址，保证有一台机器以每小时3 000封的速度24小时发送广告邮件。

③发布网站信息，在各大论坛以显著的标题及内容、以转帖的形式、以各大新闻网站的名义，发布与本站相关，对本站有利的各种信息，吸引访问。

④请知名IT评论L或自由撰稿人对本网站进行点评，树立行业内形象。

⑤印制宣传品，包括名片、文化衫、宣传海报、张贴物和文化用品等。

⑥以网站名义参与各类网络活动，包括设计比赛、猜谜竞赛、公司招聘和相关商品信息发布等。

⑦与各级、各类网站公司或者传统企业进行各种合作，开始时可以免费服务为条件，获得各种活动、商品的参与或代理的机会，目的是吸引相关注意力，向商业性网站转化。

第六步：网站执行方案。网站建设需要组建专门的运营团队，在初期可以选择干练、高效的开发团队，团队主要由网站策划1名、网页设计制作1名、网站程序开发1名、网站文案编辑1名共4人组成。

团队成员各有不同的职责分工。

①网站策划：负责领会公司具体要求，制作网站总策划书，制作栏目详细策划书，制作网站开发规范，协调设计制作和程序开发工作中的交叉部分，协调整体工作进度，制定网站推广计划并负责实施。

②网页设计制作：负责网站整体风格设计、网站首页和栏目首页设计、网站页面框架设计、网站美术编辑和具体页面制作等。

③网站程序开发：负责网站功能设计开发、网站交互平台设计开发、网络技术应用及维护和网站程序调试等。

④网站文案编辑：负责搜集整理各类网站资料，根据项目策划书编辑网站各栏目文字内容，书写起草网站各类文档，制作网站宣传推广说明，负责栏目日常更新内容的搜集。

网站运营期间，开发团队实施项目经理人负责制度，项目经理人负责团队管理和网站日常运营，并对公司负责，真实反映公司制作网站的意图，合理实现公司制作的网站开发和运营目标，服务于公司的整体发展。公司跟踪网站项目开发进程，随时提出公司意见和观点，参与网站运营决策，指导网站整体发展方向，监督网站推广与营销的效果。

（3）执行要求

企业网站建设是一项系统工程，需要遵循执行规律。

①应用为本、精心构造。企业构建网站的目的在于更新营销形式，施展营销策略，需要对网站进行缜密筹划。营销人员和IT技术人员应通力协作，深入研究网络技术的效用，使其发挥营销功能，为商品交换搭建平台。

②了解用户感受、关注用户体验。网站在开发建设过程中，切忌单方面强调硬件设备的先进性、技术功能的领先性和网站界面的华美性，要把网站用户作为网站设计的出发点和落脚点，以用户的视角考察网站的内容组织和界面设计，重视用户在网站使用中的切身感受。当用户登录或浏览一个具有良好信息架构的网站时，可以轻松自如地了解网站概况，快速找到自己所需信息，最大限度地减少信息查找时间；同时，借助设计精美的组织结构和可视化界面，提高用户信息接受能力和使用效率。对于那些信息索取不明确的用户，可以凭借网站完善的导航和搜索系统，使其在漫无目标的浏览过程中发现有价值的信息，通过“寻宝式”的深入学习，最终体验到消费乐趣。

③充分利用智能技术。网站建设引用智能技术，如场景分析、需求分析、可行性研究、组织规划和自动回应等，不仅构造出一个便于定位、导航和使用的信息界面或信息系统，而且提高网站人性化执行的程度。

12.3.2 网上商店营销

（1）策划要义

网上商店是一个企业（生产性的或流通性的）在网上以商店的形式进行营销活动。网上商店可以帮助企业推销其产品或服务，任何一个企业都可以建立自己的网站并使其具有网上商店的功能。网上商店具有明显的营销优势。

①节省交易成本。通过网上商店可以避开所有的中间商，使企业以直销的方式销售产品，所节省的交易成本非常可观；网上商店不但可以节省交易时的纸张等成本，也能节省客户服务的成本，因为客户一再重复询问的简单问题，一般都会在网上商店中找到答案。

②建立新的产品分销渠道。企业不论大小，只要建立网站之后就能打破国界，一周7天、一天24小时地接触到潜在客户。

③加快了产品分销的速度。在传统营销模式下，企业分销新产品时，需要先将经销商的旧产品收回，待到市场中的旧产品基本告罄，经销商才愿意销售新产品；企业还要对经销人员进行重新培训。网上商店加速了新产品的分销过程，企业更加主动把握新产品的上市时机，产品价格的调整可以在瞬间完成。

④建立更加紧密的客户关系。网上商店能够使企业与客户有更多的互动，从而建立起更密切的关系。通过网上交易，企业可以进一步认识客户，并将客户群体进行细分，以满足不同客户的需求，不仅有助于提高客户的忠诚度，而且有助

于企业了解客户的需求，为新产品研发决策提供依据。

（2）策划方案

［**涉及企业**］美国亚马逊（Amazon）公司

［**营销业务**］图书

［**背景资料**］1994年，当Internet大潮涌向世界之时，它所显现出来的无限商机吸引了众多的商界精英，美国人杰夫·贝佐斯（Jeff Bezos）也是其中之一。时年31岁的贝佐斯发现Internet的利润正在以每年230%的速度增长，这位颇具远见、干劲十足的华尔街年轻人敏锐地意识到网络营销的广阔前景，于是辞去华尔街对冲基金经理的职务，带领4名助手，在西雅图的一间旧车库里创办了亚马逊公司。

贝佐斯进行了深入细致的市场调研，研究市场环境，策划网络营销模式——网上书店，先后设想20多种适合于虚拟商场经营的商品，包括图书、音像制品、杂志、PC硬件和PC软件等，最后，在图书与音像制品两者之间，贝佐斯选择了图书。他的这一选择出于四个原因。

第一，当时图书有将近130万种，而音像制品大约只有30万种；音像市场已由六大录制公司控制住了，而图书领域还没有形成垄断，即使是老牌连锁书店Barnes & Nobel的市场占有率也不超过12%，而每年图书行业的营业额能够达到250亿美元。

第二，美国是教育和科技发达的国家，也是一个图书需求大国和图书出版大国。美国的《大众传播导论》一书推测，20世纪90年代，美国每年出书达9万多种。近年来由于新技术发展日新月异，知识更新不断加速，从而刺激更多的图书需求和图书出版。图书销售额呈逐年递增趋势。美国每年零售书店的销售额大概占总销售额的40%。其中最具实力的零售书店当属连锁书店了。连锁书店出现虽晚，但发展迅速，目前通过连锁书店销售的图书约占全美总销量的15%~20%。大学书店是零售书店的另一支重要力量，数量巨大的学生读者为它们提供了滚滚财源。大学书店销售的图书约占全美总销量的15%，它们销售的图书主要是教材、专业著作等。零售书店销售总额中剩下的10%是由一些独立的零售书店来完成的，它们中的大部分往往选择在一些大中型城市的市区中心设店售书。它们经营的图书种类较多，面向大众读者。

第三，美国的快递业非常发达。参与快递业务的除邮政公司外还有各种专业货运公司，它们为客户提供着方便快捷的服务，如美国联邦快运公司甚至许诺在24小时内将货物送到世界的任何地方。所以，网上书店不必担心在给读者寄书方面会遇到障碍。

第四，伴随着科学技术的进步，新发明、新创举大量涌现，当今执科技牛耳的当属计算机技术和网络技术。美国拥有世界上最先进的计算机，拥有世界上最发达的网络技术、网络经济已见雏形，各类供应商逐渐看好因特网的商业价值，在未来数年内，网络经济将以每年超过50%的速度增长，而其中又以零售业的表现最为突出。由此而言，亚马逊书店应当具有可观的发展前景。

[**方案内容**] 亚马逊网上书店不是建在地上，而是建在网上。没有店铺，无须书架，甚至也没有“书”，它所拥有的一切信息都以数字形式储藏在磁性介质上。读者可以坐在家里通过因特网进入亚马逊网上书店购买图书。如果读者明确知道自己想要的书的书名，就可以直接键入书名，然后，亚马逊网上书店就会马上将这本书呈现在读者面前。读者可以浏览这本书的简介，也可以看有关专家为这本书写的精彩书评，或者普通读者写的关于该书的读后感。这些都有助于读者充分了解这本书的内容，从而更准确地作出购买决策。如果读者决定购买图书，他必须有一个合法的信用卡账户，在付款后，读者便可在家中静静等待邮寄的图书，5天之内即可收到。

第一步：Web网页设计。亚马逊网上书店的主页应当引人注目，且操作简便。用户进入亚马逊站点之后，在亚马逊的数据库中查询自己想要的书，页面左边所示的数据库中包括310万个书目，其容量比世界上最大书店的书目多15倍以上，用户可以通过各种检索手段找到自己想要买的书。图书检索工具使用方便，具有容错功能，即使输入时拼写出现个别错误，用户也能够找到查询的书目，书目检索关键词包括作者姓名、书名、主题以及价格。当顾客选中图书之后，在线填写一份订单，通过鼠标操作，将该书（包括购买的册数）放入“购物篮”中，还可以提出要精装本还是简装本、是否需要按礼品包装以及送货的方式等。只要完成这些操作即可继续选购其他书籍。在手推车页面，用户可以任意删减已选中的书，如果将书视为馈赠礼品可以附上赠言，甚至还可以挑选礼品包装纸，然后进入付款页面，用户付款可以使用多种信用卡，交易信息加密之后在网上传输，具有安全性。整个购物过程与实地购物非常近似，然而更加精准完备、方便快捷。

第二步：快速购物程序。当收到客户订单后，亚马逊公司在第一时间内自动回函感谢顾客，同时将相关信息传送到会计部和客户服务部，会计部进行信用卡转账，客户服务部则将相关咨询存入一个客户专属数据库。同一时间，亚马逊公司的电子系统会查询中央数据库，查看是否有存货。如果有存货，就由亚马逊公司直接将书送至客户手中；如果没有，客户服务部就通知经销商和发行商，将该书送至公司的仓库包装后寄出，或直接由经销商寄出。总之，公司的一个原则是，尽量减少客户的麻烦，提高购买效率。

第三步：完善配送体系。客户希望在订书之后迅速收到书籍，而不愿为了一本在当地书店就可以买到的书耗费多达两天以上的时间。为此，亚马逊公司需要建立一个快速的配送体系，一方面利用美国的邮政体系，另一方面在西雅图租用一个 50 000 平方英尺的仓库，在那里只要订单一到，就可以将书打包并寄送到客户手里。仓库里存有足够多数量的最畅销图书，所以能够快捷地满足客户的需求。

第四步：客户管理系统。亚马逊公司需要建立一套客户关系管理系统（CRM）来管理客户。通过 CRM 系统，亚马逊公司分析每位客户的原始资料（年龄、性别、地理位置、家庭情况、收入情况等）和历史交易记录，从而推断客户的消费习惯、消费心理、消费层次、忠诚度和潜在价值。根据客户的不同需要和习惯最终向客户提供一对一的服务。

客户每次在网站上的浏览和订购情况都被亚马逊公司记录下来，通过长期分析客户的交易情况，能够得知客户基本需求和消费偏好，尔后向客户推荐他偏爱的书籍，获得客户的认可，使营销更加有的放矢。

第五步：紧密的合作关系。亚马逊公司在网络营销过程中除了强化终端客户服务之外，还密切与出版商、经销商和其他网络零售商之间的合作关系，风险共担、利益均沾。一般而言，出版商愿意事先预览即将发行的书籍订购情况，这样可以捕捉到早期的利润迹象。借助网络营销，图书出版商可以向亚马逊公司网站列表里添加信息、评论、报价、内容、摘录和其他一些帮助客户作出购书决策的信息；同时，亚马逊公司也应主动向出版局提供一段时间内图书出售状况的信息，以利出版商分析书籍受欢迎的程度。对传统书刊零售企业来说，出版商必须承担所有的退货风险，整个图书行业的退货率高达 30% 以上，亚马逊网上书店拥有丰富的客户信息，对客户的购书喜好和订购模式进行追踪分析，并及时作出反馈，使之成为出版商预测市场需求的重要参照依据，因此，亚马逊网上书店的退货率近乎于零，以此赢得出版商极为优惠的订货待遇，为实施低成本、低价格的营销策略奠定基础。

第六步：独特的促销方式。采用提成的方式鼓励其他网站将亚马逊公司的广告链接到自己的网站，任何一个拥有自己网站的公司或机构都可以注册成为亚马逊公司的合作伙伴，它们可以将亚马逊公司的广告放在自己网站醒目的位置，然后从亚马逊公司的网站上选择一些重要的书图。当客户点击了要购买的图书后，客户的购书信息就被直接传递到亚马逊公司的网站上，利用公司的购买程序完成购买，不久合作者就可以收到出售图书的手续费提成。通过这种方式，亚马逊公司可以节省营销费用，而且取得了良好的营销业绩。

第七步：其他营销策略。亚马逊公司的网站可以运用各种营销手段吸引用户，扩大目标市场，如专门建立一个儿童栏目，根据不同的年龄段设置查询方式，十分方便。亚马逊公司的网站还可以设置最畅销书栏目，该栏目列出近期100本畅销书，实行价格优惠，能够迅速提升图书的销售量。网站还可以推出礼品敲击（Gift Click）栏目，只要客户敲入收件人的电子邮件地址，公司即刻遵循顾客旨意，筹备礼品、如期送达。亚马逊公司致力于加强与读者之间的联系，在网站上开辟出版商与读者进行信息交流的通道，邀请读者发布书评、请作者与读者对话，借助网络营造供需相互理解、认同的氛围。

（3）执行要求

相对于传统书店而言，亚马逊网上书店在批量匹配、顾客等待购买时间、便利性、选择范围、服务支持等方面具有明显的竞争优势，尤其是书目量大、书籍挑选范围广，提供书目10倍于实际书店和图书邮购商。网络技术的先进性促进了资源的利用效率和工作效率的提高，从而使网上图书分销比传统图书分销更具有成本优势：随着信息技术的不断发展，设备和通信成本将会不断下降；网上书店的存货成本也只相当于传统书店的1/3；网上结算，资金周转率比传统结算方式快一倍；网上售书降低了进货、退货成本，节约租金成本和管理成本。由此而言，网上商店在信息传递、订货、支付、售价等方面显示出绝对优势，具有适应性、可控性、经济性和广泛覆盖性的营销特点，具有相当的发展潜力。

①网上商店的执行需要关注的问题。

关注网上调研。企业开办网上商店要善于利用因特网和其他一些在线服务进行市场调研，这样能够迅速完成信息交互，准确地把握市场动态，制定网上商店的营销战略与策略。网上调研首先要确定调研目的，如新产品研发内容与上市时机、企业提升知名度与美誉度、营销策略方面的调整等；其次要确定调研对象，一般而言，企业通过因特网跟踪最终消费者、竞争者、企业合作者和行业内的中立者，能够获取极有价值的信息；其三要查询调研对象，在确定调研对象之后，营销人员通过电子邮件向因特网上的个人主页、新闻组和邮件清单发出相关查询，访问调研对象，获取信息回复；其四要统计分析访问人数，营销者对访问本企业站点的人数进行统计，从而分析出客户分布领域和潜在市场规模；其五，整合相关信息，因特网上有许多不同地区和不同行业的综合信息服务站点，营销人员可以选择相应的站点进行信息查询，所获取的相关信息在征得请求之后传送到电子邮箱中以备仔细察看，甚至可以通过网络直接把所需信息加入私人主页或者发送到传真机上。因特网上提供了容量巨大的信息数据库，企业通过网络能够获取大量有价值的数据和信息，将其提炼、整合，作为网上商店决策的参照依据。

关注网上采购与配送。在网络营销条件下，网上商店的业务流程由于融入网络技术而发生了根本性的变化，企业需要在协调供求关系的基础上制定出“快速反应”的采购配送方案：建立商品采购管理系统，运用信息化管理手段，扩大采购领域，减少采购“黑洞”，防范采购陷阱，实现采购管理高效率、低消耗，采购商品高质量、低价格。同时，开办网上商店的企业需要建立商品配送管理系统，建立商品配送中心，做好商品的调动与配送，实现商流、物流、信息流的全面整合。网络采购与配送必然引发企业营销业务流程的重组，从而督促企业在信息化时代重塑营销管理、变革营销模式、提升营销执行速率。

关注网络客户的管理。网上商店使企业可以创造性地运用网络加强与客户的联系，形成稳定的客户资源，实施客户管理。

一是寻找客户。利用网络传真寻找企业客户的网址；过滤企业客户网站上的信息；利用线上群体讨论区域或邮递论坛寻找客户；运用综合搜索引擎寻找客户。

二是吸引客户。利用网络向人们传递丰富的信息：提供经过筛选、判断的信息，提供“让人具有把握现在与未来感觉的信息”。同时，为客户提供有内容的网页，设置与客户互动的空间。

三是凝聚客户。维系网络客户群体可以考虑使用四种方法：提供免费服务或免费产品；提供有价值的信息；组建俱乐部，将企业及其产品形象准确渗透到每一位真正有兴趣的客户；有效的媒体组合，借助电视及其他媒体建立品牌形象，促使客户主动到网络商店中搜寻产品。

四是巩固客户。留住客户最为有效的方式是一对一定制化营销，提高客户满意度，而网上商店成就的客户资料库为企业实现定制化营销提供支撑平台。定制化营销手段并不一定仅使用于高新技术产业，与企业规模也无直接的联系，然而它却可以使企业的网上商店稳步发展，并且拥有相对固定的客户群体。

关注网络促销。网上商店的促销不是“硬销”或者单纯性地模仿传统的促销方式，使用户对网上购物渐失兴趣甚至产生抵触。

②网络促销需要满足的条件。

网络促销需要倡导现代消费观点和消费方式，宣传和推广网络购物、网络服务的快节奏和方便性，解释并说明采纳科学的生活态度，接纳先进的生活方式的现实意义，从而成就网上购物的人际氛围。

网络是一种新型的传媒形式，网络促销需要考虑营销背景环境，符合客户的消费习惯。例如，希望有大量色彩艳丽的图形吸引人潮的线上购物商场，必须确定用户是否拥有高速连线环境或具有很大的“耐心”；提供“互动式交谈”的线上“社区”。

网络促销需要采取一些轻松手法，开辟一些网上新闻、网上论坛等栏目，加强与用户之间的沟通，缩短与用户之间的距离，使用户产生亲切感，自愿融入企业促销行为的过程中。

网络促销仅凭借网络上的页面宣传尚有不足，仅仅设置网址也不够，需要通过网络真正建立客户服务通道，让客户切实感受到网上商店的便利，借助于客户口碑传播，建立良好信誉，提升企业知名度和美誉度。

12.3.3 搜索引擎营销

(1) 策划要义

搜索引擎营销是伴随搜索引擎技术的发展而逐渐得到发展的。搜索引擎营销最主要的方法包括付费搜索引擎广告与自然排名的搜索引擎优化两方面。搜索引擎在网络营销中主要有四种作用：帮助用户检索信息，实现网络营销信息的传递；推广企业网站和产品，促进网站访问量的增加；提升企业网站的品牌知名度，定位更高水平的网络广告；作为在线市场调研工具，调查、研究和发现商业价值和营销机会。

完整的搜索引擎营销流程包括五个步骤，这也是搜索引擎营销最终得以实现所需要完成的基本任务。

①构建适合于搜索引擎检索的信息源。由于用户通过搜索引擎检索之后，还要根据自身需要，在检索到的信息源中再次检索更具体的信息。因此，信息源的构建不仅要考虑搜索引擎友好，更要兼顾用户友好。

②创造网站被搜索引擎收录的机会。企业网站的建成并不意味着自然可以施行搜索引擎营销。如果企业网站信息不能被搜索引擎收录，那么用户便无法通过搜索引擎而发现企业，企业就更不能实现网络营销信息传递的目的。因此，对于企业来说，要采取措施让网站的信息尽可能多地被搜索引擎收录。

③提升网站信息在搜索结果中的出现位置。用户在搜索引擎中对某个关键词进行检索后会出现大量的相关结果，这很容易分散用户的注意力。如果企业信息出现的位置不够显著，搜索引擎营销的效果将会大为降低。一般情况下，企业要争取让网站信息出现在尽量靠前的位置，以获得用户的关注。

④利用出现在搜索结果中的有限信息吸引用户。在搜索引擎的每个结果中只能显示部分网站的相关内容，加之检索结果量很多，用户无法点击浏览所有检索到的网站。因此，若要促使用户对搜索结果中的企业信息选择关注，企业必须在搜索引擎结果中放置相关性最强的内容。

⑤提供便捷的获取信息的渠道。用户在点击搜索结果进入企业网站之后，企业需要将搜索引擎营销与网站信息发布、顾客服务和网站流量统计等其他网络营销工作紧密联系在一起，为用户获取更具体的信息提供方便，这样才能促进用户对企业产品的购买，从而获得收益。

(2) 策划方案

[涉及企业] 宝洁（Procter & Gamble）公司

[营销业务] 洗涤用品——潘婷系列

[背景资料] 宝洁公司始创于1837年，总部位于美国俄亥俄州辛辛那提市，是一家美国消费日用消费品的生产商，也是目前全球最大的日用消费品公司之一。全球雇员近129 000人，在全球80多个国家设有工厂及分公司，其中包括织物及家居护理、美发美容、婴儿及家庭护理、健康护理和食品及饮料等。所经营的300多个品牌的产品畅销160多个国家和地区。在《财富》杂志2012年最新评选出的世界500强排行榜中排名第86位。宝洁公司对世人的承诺是：世界一流产品，美化您的生活。

1987年，宝洁公司登陆中国，并在中国日用消费品市场所向披靡，一往无前，一直位居中国日化市场的“龙头老大”。尽管随后陆续出现了联合利华、高露洁以及一些地方品牌，如丝宝集团的舒蕾，浙江纳爱斯的雕牌等。虽然这些品牌在某个领域对宝洁品牌形成一定的竞争和威胁，但丝毫不减其“日化老大”的强势地位。

宝洁公司一直奉行“亲近生活、美化生活”的企业宗旨，在中国生产出诸多质量一流、深受消费者喜爱的产品，如飘柔、海飞丝、潘婷、舒肤佳、玉兰油、护舒宝、碧浪、汰渍和佳洁士等均已成为家喻户晓的品牌，尤其是号称“三剑客”的飘柔、海飞丝、潘婷洗发水系列更是一枝独秀。国内某知名咨询公司的调查显示，2004年宝洁洗发水三大品牌已占领50%以上的市场份额，在中国诸多城市中的市场份额最高超过70%之多。在屡创佳绩的基础上，宝洁不断拓展品牌产品线，开发了针对不同消费者需求的高、中、低端产品系列。迄今为止，宝洁在2012年的总营业收入额达82 559百万美元，较2011年增长3.6%。业绩依然呈现强劲的势头。

[方案内容]

第一步：搜索引擎营销目标。2011年以前，作为护发品牌领军者的潘婷，并未启动搜索广告投放的营销措施，由此损失了获得庞大网络消费者群点击的机会。随着网络营销的盛行，宝洁遭遇了洗发水行业竞争对手抢占网络搜索份额激烈的冲击。面临严峻的挑战，宝洁随即决定针对旗下潘婷高端产品——致臻修护系列开展紧密的搜索引擎营销年度投放策略。

潘婷将网络营销的目标定位为增加洗发水行业的点击份额，通过树立头发护理专家形象，教育潜在消费者头发护理的重要性，并提供指导，通过搜索引擎营销收复失去的流量份额，更要获得更多的品牌知名度以及消费者有效点击，完成终端在线购买，逐步提升潘婷的领先地位。

第二步：关键词构建。市场调研分别从消费者在购买产品前对产品的认识、自身的兴趣偏好以及作出购买决策的各个阶段对关键词的结构进行确认，构建出适合于搜索引擎营销的信息源。另外，本次投放策略作为潘婷线上投放的创新尝试，希望在消费者前展现一个惊喜的广告形式，带来深刻的品牌印象，因此，宝洁为潘婷选择了视频搜索作为搜索引擎营销的主要形式。结果将消费者对潘婷的印象推向一个新高峰，点击份额获得了零的突破。

第三步：搜索引擎优化。通过潘婷品牌专区在搜索引擎上的投放以及搜索引擎的优化，选择最合适的品牌专区形式，进行每两周为一周期的网络更新与测评，以确认最适合潘婷的方式。另外，宝洁采取其旗下5个品牌的洗发水同时出现在搜索结果中的策略，为潘婷量身定制创意并做到实时优化。在同类产品不同品牌的对比中，进一步提升了潘婷品牌的影响力。

第四步：搜索引擎广告。本阶段使用更多形式的广告，如Google网盟和百度精准广告；“美容大王”大S（徐熙媛）作为代言人；潘婷购买了大S、美容大王、女性美容护发等与大S美容形象相关的关键词，并配合针对性的创意文案。

恰巧当时大S和汪小菲的绯闻恋情成为各大媒体炒作的热点，在网络上引起代言人大S相关检索量的急剧攀升，潘婷借力这一热点新闻，并根据大S的搜索量变化情况和事件性质，对关键词和创意分别作出了及时调整和优化，添加了此次事件相关的关键词，包括大S恋情、汪小菲等。这一事件为潘婷文字广告在成本持平的情况下获得了比平时高50%的展示机会。后来大S与汪小菲的三亚婚礼，潘婷同期在网站上添加了大S致臻生活体验的视频短片，同时还结合前两次的关键词，再次更新关键词优化方案，添加与婚礼相关以及高品位生活相关的关键词和创意，再次为潘婷广告带来比平时高70%的展示机会。潘婷抓住大S绯闻事件的契机为其带来海量的免费文字广告展示，从而以较低成本为潘婷品牌在短时期内获得了强烈曝光，维持和强化了潘婷品牌的领先地位。

第五步：访问量的销售转化。上述四个步骤的搜索引擎营销策略，为潘婷带来了大量的有效点击，宝洁同时将目标链接设置为在线销售页面，促成订单交易，增加了线上销售。据上海艾瑞市场咨询有限公司研究报告显示，这次搜索引擎营销使潘婷的搜索量增加40%，百度洗发水行业市场点击份额达到15%，高出百度行业标准100%以上，确立了潘婷在百度洗发水行业的领先地位。潘婷每月获得的展现量从0上升至1 000万以上，行业关键词覆盖率从0上升至80%。2012年，潘婷点击率高于行业水平240%。在投放线上广告后，潘婷在宝洁TMALL官方旗舰店的销量排行第三，占整体销售额的16.1%。

(3) 执行要求

宝洁公司在本次搜索引擎营销中取得的成功无可厚非，不仅严格遵循和执行搜索引擎营销的每个流程，更是抓住了搜索引擎营销成功的核心要素。

企业搜索引擎营销的成功需要具备如下要素：

①营销效果评测。营销效果评测是搜索引擎营销战略成功的基础要素。企业必须紧密跟踪搜索引擎广告活动每个时期的每个方面，有效评估营销效果，并作出实时的调整和更新。现阶段，很多企业用户并未在这方面引起重视，甚至连最基本的营销效果都没有做过评估。而随着广告价格不断攀升，企业必须明确哪些广告可以争取到客户，而哪些广告只会使自己白白浪费钱财。企业必须实时跟踪广告等网站访问量的销售转化，评测营销效果，才能成为搜索引擎营销大战中的最终赢家。

②关键词的选择。选择关键词并非易事，它是直接影响企业能否取得搜索引擎营销成功的根本要素。企业必须抱着务实的态度认真巧妙地挑选关键词，再配合良好的营销策略，便有望取得搜索引擎营销战略最佳的投资回报。

在关键词的选择上要避免一个误区。企业不要只把目标仅放在有限的几个关键词上，因为你认为的主要关键词，也很可能是竞争对手锁定的目标关键词，这会导致所有人都在争抢这几个主要关键词的位置，白热化竞争足以导致价位飙升。即使最后能够拿下这几个关键词，其广告价位也一定不菲。所以，与其与别人打破头争几个关键词的广告位置，不如针对自身品牌的特色认真定位关键词，避其锋芒，独树一帜。

另外，企业还必须意识到，主要关键词所带来的网站点击额往往只占总访问量的一小部分，起决定作用的还是来自那些并不起眼的小关键词。看似微不足道的访问量汇聚起来的总量会给企业带来可观的收益。因此，企业要放远眼光，既要考虑到重要关键词，也要在小关键词上多下工夫。

③搜索引擎广告创意优化。搜索引擎营销必须依托于网络，由于网络的实时更新性，使搜索引擎营销并不是一个简单的短期战略，企业成功与否完全取决于其能否适应不断更新的网络环境。因此，优化搜索引擎广告创意则成为搜索引擎营销战略成功的核心部分。

相比于其他传统的广告形式，搜索引擎广告创意的改变并不那么复杂。因为它归根到底只是一些文本类型的广告，不要求企业有电视广告制作人或画家那样的创意和文采。所以，也许只是稍稍地变动广告的一些文字，带来的点击率就可能会出乎意料地增加。

④保持跟踪管理。搜索引擎营销战略的成功离不开企业的后续工作。开展搜索引擎营销广告活动可以获得良好的效果，但不要掉以轻心，许多企业在其广告活动开展的一段时间后就放松了对广告的监控力度，认为只要搜索引擎广告活动一次成功便可一劳永逸。如果企业能够坚持不懈地对广告的性能及效果进行跟踪

和管理，并实时监控竞争对手的动态，一定能够从搜索引擎广告活动中获取更多的意想不到的收益。

12.3.4 博客营销

（1）策划要义

博客作为网络营销工具起到信息发布和传递的作用，只有当博客用户数量发展到一定程度，被大众广泛接受时，博客营销才具备一个良好的运行环境。

与其他营销技术相比，博客的营销优势主要表现在四个方面。

①与企业网站相比，博客拥有更为灵活的内容题材和发布方式。企业网站是开展网络营销的综合工具，也是最完整的网络营销信息源，产品信息和推广信息往往首先发布在自己的企业网站上，但作为企业的官方网站，企业网站的内容和发布形式都要求比较正式。相比之下，博客文章的内容题材和形式更为多样化，适合大众阅读和接受。另外，博客网站的用户数量往往高于一般企业网站，这提高了企业产品推广的效率。

②与门户网站相比，博客更加自主地发布广告和新闻，无须复杂程序和直接费用，是最低成本的推广方式。

③与供求信息平台相比，博客的信息量更大，发布形式更为灵活，同时可以对自己的企业和产品通过客观评论加以推广。需要注意的是，博客文章的信息发布与供求平台的信息发布是完全不同的表现形式，博客并不是简单的广告信息，其信息量的大小完全取决于对问题写作的需要，而单纯的广告信息发布在博客网站上也起不到宣传的作用，因此，从一定意义上讲，博客文章写作是一种公关，只是这种公关方式无须借助公关公司和其他媒体，完全来自企业的自行操作。

④与论坛营销相比，博客有更高的可信度。博客的每一篇文章都是一个独立的网页，并且很容易被搜索引擎收录和检索，这使博客文章具有长期被用户发现和阅读的机会。而一般论坛的文章读者数量通常比较少，而且很难持久，很容易被人忘记。因此，博客营销的优势非常明显。

（2）策划方案

[涉及企业] 豆瓣网

[营销业务] 图书等

[背景资料] 豆瓣网（http：//www. douban. com）成立于2005年3月，是一家以书评、影评和乐评为特色，集博客、交友、小组和收藏于一体的新型Web2. 0门户网站。最初，豆瓣网从图书起步，并逐渐扩展到电影、音乐和旅游等领域，持续帮助每个人发现最适合自己的未知事物。在豆瓣网上，用户可以自由发表有关书籍、电影和音乐的评论，可以搜索别人的推荐，所有的内容、分

类、筛选和排序都基于用户产生和决定，甚至豆瓣主页出现的内容也取决于用户的选择。这种独特的使用模式、持续的创新和对用户的尊重，使豆瓣网很快成长为中国最有影响力的网站之一。

截至 2012 年 9 月，注册豆瓣网用户已达到 6 345 万人，749 个城市，80 561 个小站，20 734 个独立音乐人，2 683 个作（译）者，1 771 家电影院，网站发展规模渐趋庞大。豆瓣网不针对任何特定的人群，力图包容所有用户，其最重要的收入来源是和购物网站的合作。网站创办者杨勃表示，在豆瓣网的每 10 次点击便会促成一次购买行为。豆瓣网并不像通常社区网站以增加访问量为目的设置积分和升级系统，而是通过用户的收藏和评价，带动排位的自动上升。

豆瓣网界面简洁清新，点击“读书”频道，便可以进入豆瓣网的图书世界。豆瓣网的读者大致分为两类：一类是有购买目的的读者，在网站中直接进行有目的的搜索，找到自己想要的书；另一类是无购买目的的读者，针对这类读者，豆瓣网借助图书博客平台，激发潜在消费者作出购买决策。可以说，豆瓣网是目前国内成功运用图书博客的典型网站之一。

[方案内容]

第一步：产品定位。豆瓣网选择以图书为切入点，是因为每年会增加几万种书籍，数量可观，而书评大多是由专家、作者或出版社写成的，目的大多用于营销。显而易见，没有人能了解和掌握全部的图书。豆瓣网发掘出这一空白市场，目的是帮助用户发现更多自身不知道但是却十分有价值的东西。对于同一本图书，无论是专家还是普通的读者，不同的用户会有不同的感受。鉴于此，豆瓣网在图书、音乐和电影三者之外增加了博客作为一个新的维度。图书、音乐和电影三者都是简单的物，而博客则包涵了人和物的双重性。不同的用户将自己对图书独特的评论以博客的形式分享在豆瓣网上，同时又可以了解其他用户对同一本书的不同想法，无形中大大丰富了网站内容。

第二步：客户定位。除了畅销书和热门书，大多数的一般性书籍的阅读往往偏向于小众人群。豆瓣网选择图书作为起点，充分说明了豆瓣网采取的是典型的“满足小众需求”的业务模式。对于一本比较冷门的书，找到共同爱好者的概率比较小。同时，由于喜好一本共同书籍的人们往往在其他方面也志趣相投，而且这批对书籍有共同爱好的人基本都有交流的需求，豆瓣网就此组建了“发现小组”平台。

豆瓣网从图书入手，得到了第一批与众不同的用户，他们具备品位略高以及小众化的特性。相对于其他单纯靠发放优惠券而得到用户的网站，豆瓣的第一批用户是非常有价值的。随后豆瓣网继续发展，以其强大的磁性吸引着与其志趣相投的用户，并且这些用户之间也在相互吸引。目前，豆瓣网已拥有兴趣小组 29

万个。

第三步：博客的商业转换。豆瓣网还把图书博客变为实际的商业模式。读过某本书并且觉得受益匪浅的读者可以在豆瓣网站这个公共空间上自由发表博客加以评论，把自己的看法和互联网上的用户一起分享。其他读者在阅读评论时，有权利为评论投票，决定所看到的这篇评论“有用”还是“没用”，从而动态地调整评论的次序，以方便读者阅读较为精彩的部分，同时这种方式也为读者的图书购买决策提供了关键性的导向作用，这也是豆瓣网博客营销成功的关键。

读者在搜索到自己想要的图书时，首先看到的内容是网站推荐的购买途径。至今与豆瓣网合作的购书网站有卓越网、当当网、文轩网、北发读书网、99 读书网和京东网上商城，产生的利益双方分成。

第四步：博客的改版升级。最初豆瓣网先后开辟了“我看”、“我听”、“我去”、“我上”，分别进入电影、音乐、旅游和博客四个领域。在“我上”的服务中，豆瓣网邀请豆友们共同体验博客分享与发现的乐趣。这项服务帮助每一位用户在纷繁复杂、日益膨胀的博客内容中快速、有效地发掘出他（她）最感兴趣的信息。2007 年，网站去掉了“我去”服务，改版了“我上”服务，变成了“九点”服务。“九点”是建立在第三方博客服务基础上的，有别于 RSS 阅读器与个人门户的一款博客服务，其理念是“物以类聚，人以群分”。因此，可以认为“九点”是豆瓣迈出的更加坚实的一步。

（3）执行要求

虽然博客营销看上去似乎简单，但若要获得理想的营销效果，还需要注意和强化以下几个方面的问题：

①要有效地推广博客地址。博客是博客营销的技术基础，要访问博客首先要知道博客地址，如果大部分目标读者连博客地址都不知道，博客的访问量自然就很少，博客营销也就无从谈起。因此，可以将博客在含有目标读者的网站及论坛上广泛推广，还可以在各大企业品牌网站建立博客的链接，以增加访问量、阅读量。

②要精心设计内容，避免流于形式和商业味太浓。博客中的内容需要引起访问者的兴趣。博客是影响和培养潜在读者的地方，如果没有太多实际的内容，只是依靠博主东拼西凑或者自吹自捧，既不会引起访问者的兴趣，也不会有太大的价值。因此，作者必须对博客进行精心的编辑，将优秀的评论、文章与记录博主本人思想及情绪的文字放在一起。另外，还应当避免博客内容的商业化气息，以免引起读者的反感。

③要经常更新主题。一个成熟的博客应当至少两三天便更新一次，这样才能引起符合博客目标定位的读者群的兴趣，实时关注博客，注意到博客发布的有效

信息。为了调动访客的互动热情，博主还应当经常在博客里发布一些社会热点话题或书中话题的讨论，增强访问者的参与感，给予访问者足够的畅所欲言的空间，进而对博客营销起到进一步的推动作用。

12.3.5 团购营销

（1）策划要义

团购网站就是团购的网络组织平台，是联结商家和消费者的专业化服务中介，一方面利用专业化的市场拓展团队，不断寻找商家合作开发团购商品；另一方面将具有相同需求的零散消费者聚集起来，借助互联网庞大的聚合优势聚集购买力，提高买方与商家的谈判能力，以求得最优的价格。

团购网站打破了传统团购在空间和时间上的限制。具体来看，团购具有以下营销优势：

①团购参与者强大的议价能力。单个消费者的购买数量少，自身谈判技巧有限，因此只能被动接受商家给出的价格。而网络团购的出现，使得具有相同购买意愿的零散消费者联合起来，形成强大的议价能力，最终获得低价的优势。

②买卖双方较低的交易成本。交易成本是买方和卖方在交易过程中所花费的全部时间和货币成本，买方交易成本包括寻找交易对象、发现相对价格、讨价还价和执行契约所花费的全部时间和货币成本，卖方交易成本包括传播商品信息、广告、运输、讨价还价和订立契约等费用。网络团购的存在使买卖双方的交易成本都有所降低。

③避免了交易信息不对称。信息不对称是市场营销中买卖双方之间普遍存在的问题。一般情况下，在消费者购买商品的过程中，卖家往往占有更多的信息，处于优势地位。网络团购作为专业化的服务中介能够对商家的信誉、产品的质量以及售后服务进行全面考察，获取了更多的商家和商品信息，并传递给消费者，降低了信息的不对称性。

④促进买方消费。大量团购商品的存在对于具有该商品需求的人是一种需求满足，但是对于需求不明确的消费者来说，团购商品的较高折扣能够诱使一部分消费者购买团购的商品或者服务。

典型的网络团购主要包括四个流程：

一是团购网站市场拓展人员与商家进行议价，确定团购成立的最低人数、商品标的和商品团购的价格等，并签订团购协议。

二是团购网站发布团购商品信息，通过团购网站聚集具有相同需求的零散消费者。

三是消费者搜寻团购商品，购买并支付费用。

四是团购截止期限日，团购网站确认是否达到团购人数要求，如果达到，团购成立；否则，团购失败，团购网站退钱给团购者。

（2）策划方案

［涉及企业］ 拉手网

［营销业务］ 生活用品及服务

［背景资料］ 最早的拉手网（http://www.lashou.com）北京站于2010年3月18日开通，成为中国最大的团购网站之一。2010年交易额接近10亿元，并且仍以每月100%的速度成长。2011年4月11日，拉手网的注册用户数量已经突破300万人，月均访问量突破3 000万人次，开通服务城市超过400座，就此，拉手网在号称“千团大战”的团购市场脱颖而出，成为截至2011年4月中国最大的团购网站。

拉手网的特色是每天推出一款超低价精品团购，使参加团购的用户以极具诱惑力的折扣价格享受优质服务。拉手网推出的这些超低价精品团购有着强烈的地域性。同时，拉手网凭借其强大的市场拓展团队，在中国一线城市——北京、上海、广州、深圳以及300多座二、三线城市，不断网罗与发掘优质的、符合当地品味的餐饮娱乐商家，丰富网络商品类型和数量。

拉手网向消费者承诺：购买拉手网团购产品付款成功后的7天之内，若尚未消费，无论由于何种原因，均可提出退款请求，符合退款条件即可实现无理由退款。

［方案内容］

第一步：市场分析。

①目标市场分析和定位。拉手网经过前期细致的市场调研，分析并得出的调查报告显示，中国团购的访问用户主要集中于办公室白领和大学生两大年轻群体，因此，拉手网的目标人群定位为这两个群体，这两类群体的特点显著：追求年轻时尚，易于接受网络，善于使用网络，同时受口碑和品牌的影响很大。

②产品定位。拉手网的产品定位同样来自于其目标市场人群——办公室白领和大学生，围绕这两类群体制定相应的产品和服务。这两个年轻时尚的群体，对于产品的要求相对来说是比较新的，都比较热衷于一些娱乐和美食的优惠，如KTV、电影院、餐饮业、数码产品和化妆品，还有一些时下流行的元素。还要根据年轻时尚群体的需要，制定相应的手机移动终端，便于他们能够随时上拉手网。

第二步：营销目标的制定。营销目标：增加销售量，运用品牌推广和媒体推广增加品牌知名度，扩大顾客人群，提高销售量，提高赢利；提高品牌知名度，让人一想到团购就自然而然地想到拉手网，同时加大“团购上拉手”口号的宣传力度。

第三步：营销策略实施。

①G+F 模式和一日多团。拉手网最初的营销模式是 Groupon + Foursquare 模式（团购+签到），创造了属于中国的本土化团购网站，从而在国内诸多的团购网站中脱颖而出，极大地打响了拉手网的名声。这使得客户在购物之余还可以继续使用这个平台，使网站的点击率不断提高。随后，拉手网对其团购网站模式进行了创新，从“一日一团”到“一日多团”，极大地提高了团购商品的数量，满足了消费者多样化、个性化的需求。

②产品策略。拉手网不仅在商品团购上做出努力，而且还开发出许多团购配套功能，包括建立相应配套的论坛，点评站点，让顾客不仅可以参加团购，还可以交流团购心得，同时网站运营方通过用户的交流了解用户对团购商品或服务的意见和建议，以满足顾客的需求，不断提升自身的服务水平。

③服务策略。拉手网在追求与消费者互动的同时，也强调区域化、个性化的服务，所以拉手网进驻了许多大中城市，使各个地域的消费者需求都得到满足，形成了强大的区域性优势。拉手网还着重开发了手机客户端，移动传媒技术日新月异，手机市场发展极快。其中，智能手机的上网功能备受年轻人的追捧，这也正是拉手网目标顾客群的喜好。因此，拉手网移动手机客户端的推出，使消费者能随时随地了解到各种优惠信息，在培养忠实消费者的同时，也让拉手网的点击率提高了不少。

④价格策略。只要是参加拉手网的消费者就可以享受团购的优惠。对于目标用户的另一端——精品商户，拉手网采取佣金的模式。成团后，从顾客每次的消费金额中提取佣金。佣金比率要区别对待，分层制定佣金，以增加对商户的掌控，提高其积极性。

⑤渠道策略。拉手网的广告不仅仅通过传统的媒体渠道进行宣传，而且在网络上进行了大量宣传，同时在户外如地铁站、公交车站等地也都投放了广告，使拉手网的影响力进一步扩大。

（3）执行要求

企业在发展团购营销的同时，要不断地完善团购营销，并注意解决以下问题：

①从客户角度考虑，提升消费者满意度和忠诚度。团购营销主要吸引的是中小商户，但由于中小商户实际所能提供的条件如店面规模、供应量、服务效率等处于一般水平，团购网站为商家带来集中式爆发的用户量远远超过商家的实际服务承载量，这会直接导致服务品质的下降，引起消费者抱怨商家不尽如人意的服

务，对团购网站的信任也会下降，用户群逐渐流失，最终影响团购网站的发展。因此，团购网站应当重视消费者体验满意度以及消费者忠诚度，对于餐厅、KTV等场所的接待能力设置上限，一旦订单量超出商家提交的估计数字，则征求商家是否叫停，如果商家觉得有必要可以协商封顶。另外，对于提供实物类产品的商家进行严格审定，避免出现产品质量问题，保障客户的消费权益，同时努力提高客户的消费满意度。

②从产品角度考虑，深度挖掘消费者需求，提供高性价比的产品。在一般情况下，团购的营销优势在于所提供的产品折扣力度很大，从而吸引消费者购买。但由于团购企业与商户未达成友好的合作共识，商户一方面希望借团购网站所提供的折扣吸引消费者，另一方面又对这类低价促销方式心存疑虑，致使商户不仅对消费者的服务大打折扣，更使原提供服务产品大为缩水，如由于大折扣和低价，商家不愿承担“开发票”等产生的成本。因此，团购网站应当向消费者提供高性价比的产品或服务信息，同时，还应当深度挖掘客户的潜在需求，开发个性化团购新功能，更好地匹配商家与用户的需求。例如，根据用户的性别、购买历史以及兴趣向其发送更为适宜的团购信息，使所提供的产品购买率实现最大化。

③从资源角度考虑，利用自身优势，进行资源配置和整合。在同一区域内，优质商家的数量是有限的，最终使优质的团购活动也是有限的。在激烈的竞争中，对于每个团购网站来说，如何扩大团购业务的区域规模是它们的首要问题。由于竞争过于激烈，团购网站之间不仅打起了“折扣战争”，更是直接将不成规模却也需要宣传的小食品店和小作坊服务搬到团购网站上，使产品的品质与销量难以得到保障。

团购营销的企业，应充分利用自身的优势，与电子商务、SNS、分类信息平台等其他资源相互融合，使各自优势实现互补。通过QQ、微博、MSN等一系列推广方式，形成广泛而有效的营销途径，不断增加团购网站的影响力。

④从商誉角度考虑，建立团购行业标准体系，完善消费者维权机制。

目前只有少数团购企业获得了互联网信息服务业务经营许可证（简称ICP证）和公司营业执照资格。仅做了ICP备案注册，但无工商企业登记的现象普遍存在。从法律上讲，若消费者在无工商企业登记的网站团购，只能算是个人之间的私下交易行为，发生纠纷后只能通过民事诉讼解决，而得不到行政机关的帮助。面对团购领域的“灰色乱象”，至今还没有一部统筹全局的法规，加之网络的虚拟性与宽泛性，大大提高了执法部门的监管难度。因此，在推动相关部门出台法律法规的同时，团购网站更需要努力提升自身的品牌信誉。通过提供7日无条件退款，不满意先行赔付等一系列客户维权机制，树立品牌商誉，构建团购行业的诚信标准。

本章内容小结

本章介绍了网络营销的背景与发展趋势，阐述了网络营销的冲击和特征，分析了网络营销的实现模式，明确了企业实施网络营销的常用工具，提出了企业网络营销策划与执行的关键技术。

■ 网络营销是利用计算机网络、现代通信技术以及数字交互式多媒体技术展开营销策划与执行的现代营销模式。网络营销有其技术应用背景、社会消费背景、市场竞争背景；其发展趋势为：网络营销决策趋于理性、网络广告大有可为、网络搜索趋于精细化、微博营销前景广阔。

■ 网络营销对营销领域的冲击表现为：对营销理论、营销观念、营销方式和营销策略的冲击。网络营销的特征主要在于其扩散的广度、更新的速度、内容的深度，以及可实现供求双方的在线相互交流等。网络营销的功效表现为：虚拟化营销符合现代生活节奏，标准化营销开创公平、公开、公正的交易局面，个性化营销再造客户关系，低成本营销谋求竞争优势。

■ 网络营销的实现模式包括在线商店模式、供应链管理模式、中立交易平台模式、网络招投标模式、网上拍卖模式、门户网络模式、信息发布模式、在线服务模式、邮件列表营销模式、电子邮件营销模式、网上教育模式、中介服务模式、搜索营销模式、博客营销模式、团购营销模式、无线营销模式及微博营销模式。企业实施网络营销的常用工具有企业网站、搜索引擎、电子邮件、博客、WAP网站、微博以及其他网络营销工具。

■ 网络营销策划与执行技术涉及网站建设、网上商店营销、搜索引擎营销、博客营销、团购营销等方面的技术要义、策划过程和执行规律。

【本章研习：网络营销技术】

研习目标：通过学习、训练，了解具有一定基础的企业进行网络营销策划与执行过程，掌握网络营销的实施步骤和环节。

研习内容：

■ 背景资料

江苏九鼎集团是以国家二级企业——如皋市玻璃纤维厂为核心，以4家中外合资企业、1家境外企业、1家房地产开发公司等为紧密层组建而成的企业集团，集团总资产2.6亿元。集团主营玻璃纤维和玻璃钢及其制品，并兼营化工、服装、红木、丝毯等产品。集团的主产品85%以上畅销美、德和我国台湾地区及东南亚等30多个国家和地区。

20世纪90年代末期，爆发了席卷东南亚的全球性金融危机，对国内的玻纤行业造成了极为不利的影响。由于九鼎集团的主营产品主要销往国际市场，因而受金融危机冲击的影响更大，集团在东南亚国家与我国台湾地区的销售量急剧萎缩。作为一个以出口导向为主的企业集团，九鼎集团深知互联网对企业生存与发展的重要性。在此背景下，从1997年开始，江苏九鼎集团将目光投向了网络营销，开始了一些有效的探索和尝试。

在当时，对集团来说一个急需解决的问题是如何迅速、及时反馈市场信息，使集团的产品及时与客户见面。在尝试了参与国际产品展览会、交易会等多种途径后，集团关注到“网络营销”这样一个全新的营销观念。集团认识到，通过互联网，可以与世界各地的供应商、商业合作伙伴、客户随时随地取得联系，迅速了解国际市场的供求信息。正是在寻找国际市场信息这一原始需要的推动下，集团开始了网络营销的初步探索。集团添置了上网的基本设备，申请了企业电子信箱，注册了国际和国内域名，配备了有较强英语阅读能力及外贸基础知识的人员，他们的主要任务就是收集网上信息，寻找客户。但是，令人意想不到的是，就是这样一个简单的网站却吸引了不少的客户访问。例如，一家美国公司看了集团的网页后，对集团的产品很感兴趣，并由他们出面，消除了出口配额等壁垒，使集团的产品顺利销往美国。此后，该公司还专程到集团公司进行考察，就进一步合作交换意见，与集团确立了长期的贸易关系。

初战就传出捷报，更增添了江苏九鼎集团开展网络营销的信心。他们对网络营销的认识也更加明确：因特网的出现，使世界进入了信息革命的新时代。对于企业来讲，合理利用因特网这一新型营销渠道是提高企业综合竞争力和全球市场应变能力的关键。因此，江苏九鼎集团本着虚心学习的精神，一边学习，一边实践，充分利用因特网虚拟主机、贸易BBS、邮件列表和搜索引擎等基本功能，快速发布企业产品信息，挖掘更多的客户，进行网上营销，“砂中淘金”。

其一，充分利用国际贸易公告板（BBS）。因特网上有很多专门从事国际贸易的网站，也有某一行业的专业网站。这些网站大多有公告板（BBS），通过它，人人都可以在上面发布自己企业的各种贸易信息。这些网站很多是可以免费发布信息的，具有时效性。江苏九鼎集团充分利用了这些免费网站，不断将产品信息及时登录上去，收到了明显的效果——集团以这种方式接到了许多订单。

其二，充分利用搜索引擎。搜索引擎是因特网快速查找信息的一种工具，人们只要输入自己感兴趣的产品的关键词，就可以发现很多有关的信息，例如，世界各地与该产品有关的制造商、销售商、中间商、买卖信息甚至技术资料等，从而能挖掘出有用的商贸信息，可以找到有可能使用公司产品的潜在客户。1998年，江苏九鼎集团利用某个搜索引擎，发现了澳大利亚一家公司有可能使用集团的产品，就主动与之联系，现已形成正常的销售关系。

其三，充分利用电子邮件列表（E - mail list）。电子邮件列表是就某一特定的话题进行讨论的电子邮件和 BBS 的组合，很多国际贸易类网站都有这种服务。只要把自己的电子邮件地址输进去，这些网站就会定期发送电子邮件。很多网站发送的是该网站近期收到的买卖信息，或介绍新加入该网站资料库的公司、新的贸易网站等。加入到某一电子邮件列表后，可以在上面发布自己的产品信息，也可以从中发现对自己有用的营销信息。利用这种方式，九鼎集团也接触到很多新的客户。

其四，建立企业自己的网站。要想通过因特网在全球范围内宣传企业的产品，就应当建立自己的网站。最初，九鼎集团只是在世界资源网上申请了一个二级网址，这是上网销售的第一步。经过一段时间的运行，集团认为，虽然有不少客户访问，但限于种种原因，各类信息的发布、反馈量总是受到很大的影响。因此，集团又申请了一级国际、国内及保护域名，在国内较大的东方网站上，以租用“虚拟主机”的方式建立了自己的网站，网页进行不断的更新、完善。

■ 策划研习

提炼江苏九鼎集团实施网络营销的关键步骤和主要环节，以训练小组为单位，调查一家欲开展网络营销的企业，在分析研究企业具体情况的基础上，提出企业实施网络营销的具体方案，并进行经费预算和控制说明。

■ 执行研习

借鉴江苏九鼎集团网络营销的成功经验，进行网络营销的实际操作。

其一，申请域名。在网上寻找免费域名注册以及收费域名注册的方法和收费标准。根据企业特点，为企业申请一个适当的域名。

其二，租用空间。根据企业的经营范围、需要介绍的产品信息量、服务的内容、网站功能的要求等，估算网站的空间容量大小、网站要求支持的功能，租用一个适当的网站空间，完成空间的租用注册。

其三，制作主页。公司网站的主页包括公司名称、简介、各项信息、产品标题、联系方式、销售信息、产品价目表以及产品的附加信息等（与计算机专业人员合作，共同完成）。

其四，网络宣传。

研习检测：满分 10 分

提炼江苏九鼎集团实施网络营销的关键步骤和主要环节（2 分）；企业实施网络营销的具体方案，包括经费预算和控制（4 分）；网络营销方案运行说明（4 分）。

13　客户关系策划与执行

本章教学目标

- 深刻理解客户关系的行为要素
- 明确客户关系的管理目标，了解客户关系的驱动因素
- 了解客户关系运营模式，掌握客户管理的关键步骤
- 掌握客户价值管理、客户服务管理策划与执行技术

13.1　客户关系概述

13.1.1　客户关系的行为要素

营销专家詹姆斯·穆尔曾经说过："现代企业的命运掌握在客户手中，客户是企业利润的最终决定者。"营销实践表明：企业的成功关键在于重视客户需求，提供满足客户需求的产品和服务，有效地管理客户，并确保客户获得较高的满意度，以增加其重复购买的可能性，通过维持长期的客户关系进而营造出强势营销的竞争氛围。

何谓客户？现实营销领域客户与顾客往往混为一谈，将它们比喻为企业的"衣食父母"。然而，在西方营销管理方面的论著中，客户（Client）和顾客（Customer）是两个不同的概念：首先，客户不一定是产品或服务的接受者。对处于供应链下游的企业来说，上游企业即为客户，他们可能是一级批发商、二级批发商、零售商或物流商，而最终接受消费产品或服务的仅为部分个体或群体。其次，客户不一定是最终用户。对于制造商而言，批发商、零售商是他们的客户，当他们直接消费产品或服务时，他们也是上游制造商的客户。第三，客户不一定存在于企业之外。对于企业内部工作流程而言，上道工序即为下道工序的客户，通过企业内部客户服务，实现工作流程中人员之间的无缝连接，提高工作效率。因此，现代营销理念强调客户是相对于产品或服务提供者而言的，他们是所有接受产品或服务的组织和个人的统称。客户关系呈现出三种形式：供应链中的客户关系、供货商之间的客户关系、企业内部的客户关系（见图 13－1）。

在短缺经济时代，商品匮乏，企业在商品交易活动中居于主动地位，客户选

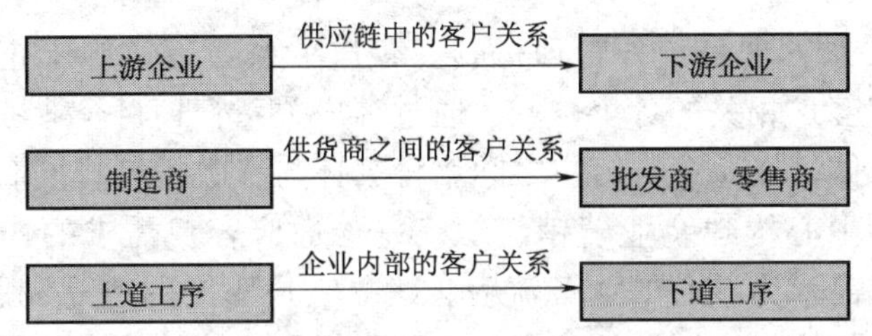

图13－1 客户关系的行为要素

择商品的余地很小，在卖方市场环境中，企业自然不重视客户关系问题；随着经济发展和技术进步，商品极大丰富，客户选择商品的余地增大，逐渐在市场交易中占据主动地位，买方市场的营销环境使企业清醒地意识到，客户购买是企业赢利的先决条件。在现代市场经济条件下，企业竞争的焦点已从产品竞争转向品牌竞争，从服务竞争转向客户竞争，谁能够与客户建立且保持长期良好的关系，谁就能够拥有大批的客户资源，谁就可以提高市场占有份额，获取更大的收益。

企业处理客户关系的行为包括四项：①互动，即通过一系列的营销活动，企业与客户之间彼此关注、相互吸引，从而意识到对方存在，并且能够互为所需、互相拉动；②连接，即在互动基础之上，捕捉企业与客户之间的触点进行规划和管理，从而在多项领域建立起协作、互惠、共赢的关系；③了解，即在协作过程中加强与客户之间的联络与沟通，辨别客户存在状态，分析客户消费意向，审视客户需求差别，判断客户关系质量；④锁定关系，即凭借洞察力对客户进行筛选，建立相对稳定的联系，保证客户关系的使用价值，提高客户量和使用效率。由此可见，企业营销的深度和广度受到客户需求内容、需求水平、需求结构、需求动机和行为的制约；换言之，客户需求推动了企业营销质量、提高了企业营销能力。

13.1.2 客户关系管理的目标

所谓客户关系管理是指企业在现代信息技术的基础上收集和分析客户信息，把握客户需求特征和行为偏好，积累和共享客户知识，有针对性地为客户提供产品或服务，发展和管理与客户之间的关系，从而培养客户对企业长期的忠诚度，以实现客户价值最大化和企业价值最大化之间的平衡。

13.1.2.1 客户关系管理的概念

（1）客户关系管理是一种营销理念。客户关系管理的核心思想是将企业的客户（包括供应链中的客户、企业内部的客户、厂商之间的客户）作为最重要的资源，通过深入的客户分析和完善的客户服务满足客户的需求，保证实现客户的最大收益。

（2）客户关系管理是一种管理机制。客户关系管理实施于企业销售、服务和技术支持等与客户相关的各个领域，通过客户关系管理将企业各类专业营销人员联结为一个整体，在企业与客户之间培育关怀与尊敬机制；同时，客户关系管理要求以客户为中心构建企业营销组织，完善适应客户需求的快速反应组织模式、规范以客户需求为核心的业务流程、建立客户驱动的产品和服务设计系统，通过信息共享、加快供应链运转速率，达到降低企业营销成本、提升企业营销业绩的目的。

（3）客户关系管理是营销战略方案。客户关系管理将客户关系置于战略的角度考虑，且贯彻于企业每一个部门和每一个环节。通过预测和管理企业现有和潜在的客户，与客户形成良好关系，为企业创造收益。具体而言，企业全体人员强化以客户为中心的营销理念，在执行客户营销管理过程中，企业的各种声音一致对外，营销效果、营销方式和营销态度善始善终，协调一致；同时，具备计算机网络设备等实施客户管理的基础条件，具有一整套对外连接客户、对内连接企业各部门、各环节的软件平台，借助于网络达到客户信息与企业信息相互置换，提高企业营销战略决策的质量。

（4）客户关系管理是软件和技术。客户关系管理将企业市场营销与数据挖掘、数据仓库、一对一营销、销售自动化以及其他信息技术紧密结合，为企业提供决策支持，在销售业务等领域提供自动化解决方案，使企业拥有快速处理诸多客户复杂信息的电子商务系统，从而顺利实现由弱势营销到强势营销的转化。

客户关系管理通过培养企业的最终客户、分销商和合作伙伴对本企业及其产品的偏爱或偏好，使其成为企业的长期客户，以此提升营销业绩。客户关系管理实践表明，企业已从关注产品的市场份额转向关注所占有的客户份额；已从以一定的成本争取新客户转向以一定的营销手段设法留住现有客户；已从完成一种短期的交易转向开发客户的终生价值，从企业利润和客户利益两方面实现客户关系管理价值的最大化。

13.1.2.2 客户关系管理的目标

（1）维护老客户、挖掘新客户，巩固企业客户群体，增强企业竞争能力。客户是企业营销的一项重要资源。阿伯丁（Aberdeen Group）在其营销专著中谈道："2/3 的客户离开其供应商是由于供应商与客户之间关系做得不好。"企业实现对客户关系的管理能够利用现代资讯技术与客户近距离接触，从而获取客户个体信息，并通过追踪、分析客户的信息内容，了解其所想、所需，为其量身定制产品且将产品及时送至手中，由此提高客户的满意程度。这种根据不同的客户建立不同的联系，并根据其不同的特点和需求提供不同的服务符合现代营销执行规律，能够赢得客户的“忠诚”，为企业保留更多的老客户；能够获取客户的关注，为企业吸引更好的新客户，从而相对固定企业的客户群体。

（2）促使企业业务流程的创新与再造，降低营销成本、提高营销绩效。据统计，绝大多数的 CEO 都持有这样的看法：“一个非常满意的客户的购买意向将6倍于一个满意的客户。”“如果客户满意度有 75% 的提高，企业的利润将加倍增长。”企业实现对客户的信息管理，不仅有助于现有产品的出售，而且能够追溯客户的消费历史，从而对未来的需求趋势作出预测，有的放矢地实现企业与客户之间的互动。企业通过客户管理能够依据客户过去的购买行为辨别其不同的需求偏好，捕捉其未来的购买意向，据此有针对性地调整营销模式，合理地安排业务流程，建立新的业务通道，避免高投入、低回报的风险扩张，降低企业营销成本，提高企业营销业绩。

（3）共享客户信息资源，提升企业营销管理的质量与速率。企业实现对客户群体的规范管理，通过电话呼叫中心能够实现故障申报、业务受理和客户投诉等服务的自动化，实现企业范围内客户信息的资源共享，提高企业业务流程处理突发事件的应变能力，使企业营销管理活动高速运转；同时，快速处理和分析客户信息，能够使企业充分利用客户资源，发挥其最大价值，为企业营销的日常管理工作提供质量保证。

13.1.3 客户关系的驱动因素

21 世纪，营销理论不断完善、日趋成熟，从传统营销演化为关系营销直至过渡到客户管理营销。在经济全球化的今天，客户管理营销备受关注，得到许多企业的青睐。客户管理营销的兴起源于下述三方面因素。

13.1.3.1 市场驱动

在快速发展和高度竞争的市场领域中，产品及其服务趋同化现象日益突出，企业单纯依靠产品及其服务已经很难维系持久的竞争优势，需要在展开产品功能预测、服务手段差别的基础上借助于相对亲密、稳定的客户关系，应对市场环境变化带给企业的冲击，缓解竞争压力。因激烈的市场竞争所致，企业需要将客户管理营销作为一项长期的战略任务，构建与客户之间亲近、长期的关系，以保证企业在市场竞争中的位置。

13.1.3.2 技术驱动

企业在营销策划、执行过程中面临着大量信息采集和信息转换工作，营销策划部门、产品销售部门、客户服务部门需要获取与客户互动的相关信息，倘若来自于客户的直接信息分散在企业内部各个部门，这些零散信息无法使营销人员从整体上全面了解客户的需求状态，管理人员难以从总体上面对客户，难以在营销决策上达成共识，因此，企业营销自动化和智能化势在必行。现代资讯技术的进步，尤其是数据库管理技术的发展为企业实施客户管理营销奠定了基础，使企业与客户构建"一对一"的对应关系成为可能。企业运用现代数据库知识，可以根据客户个体资料及其购买行为痕迹预测客户未来的消费行为，同时增强产品柔性设计，以满足客户的个性化需求。技术进步所至，企业能够有效实现客户挽留、客户管理和客户开发，巩固并且强化客户关系的基础，充分利用客户价值达到营销目的。

13.1.3.3 利益驱动

市场营销研究结果表明：吸引一个新客户的成本是挽留一个老客户成本的5~10倍，而且客户一旦流失就很难挽回，高价值客户的流失将给企业造成惨重损失，直接削弱企业的经济利益。研究结果还表明，维系客户的忠诚可以使该客户为企业带来的利润增加25%~85%，而企业精心管理每一个客户触点，实现与客户的良好沟通，以确保客户的忠诚几乎无须增加额外的成本。此外，客户终身价值能够为企业带来丰厚的收益，企业运用适当的数据挖掘技术对客户消费历史进行分析，有效地识别客户的购买动机和购买行为类型，能够明确开发经营产品的品类和品种，扩大产品销量，拓展营销机会。经济利益所致，企业必须培养客户忠诚度，延伸客户功能，发挥客户作用，实现客户的终身价值，在满足客户利益的同时获取企业最大的营销成果。

市场、技术、利益三方驱动，使客户管理营销具有必要与可能，企业运用客户管理营销以构筑新的竞争壁垒，获得长足发展的后劲。

13.2 客户关系运营模式

客户关系的实现是一个完整的过程，需要分析客户管理环境、构建客户管理目标，规划客户管理营销方案、实施客户管理营销策略，还要配置客户管理系统、运用客户管理信息。这一系列活动中有四个环节尤为关键：辨别客户存在状态、分析客户需求差别、保持与客户的紧密联系、满足客户个性需求（见图13-2）。

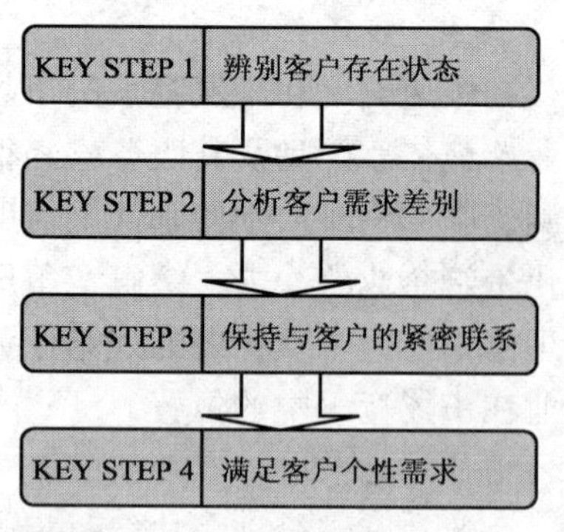

图13-2 客户关系运营模式

13.2.1 辨别客户存在状态

企业在正式启动客户关系管理之前，必须与供应链上的大量客户广泛接洽，触摸到企业与客户之间互利互动的脉搏，不仅要了解客户的基本情况，如姓名、住址、联系方式，还应收集有关客户生活习惯、消费偏好等诸如此类的信息。这样做的目的，一是储备客户信息资料，扩大企业客户管理的信息源；二是对客户以刺激式影响，调动其消费企业产品（服务）的欲望；三是了解客户的基本属性，识别客户的存在状态。具体方法如下：

（1）将尽可能多的客户名单输入数据库中，甚至可与同业中不构成对等竞争的企业交换客户名单。

（2）采用“滴灌式对话法”，掌握客户相关信息，了解客户的基本属性。

（3）验证与更新客户信息，把握客户与企业互动的状态与程度。

13.2.2 分析客户需求差别

客户需求差别主要表现为客户对企业及其产品认知方向的不同。企业对客户需求进行差异性分析，其一，将客户区分为四种类型：①核心客户，即直接为企业带来显著收益的客户；②边缘客户，即与企业处在若即若离状态的客户；③问题客户，即与企业发生了尖锐分歧的客户；④潜在客户，即在不久的将来可能与其产生联系的客户。其二，确定客户管理方式：根据客户为企业创造价值的大小，奖励占客户总数目5%的“金牌客户”；寻找近期企业最想与之“建立联系的客户”，加大精力、财力投入；发现占客户总数目20%的“拖后腿客户”，对其减少投入。其三，可以有的放矢配置资源，调整产品及其服务，牢固抓住最有价值的客户，以精耕细作的手法获取收益。具体方法如下：

（1）分析哪些客户导致企业成本的发生。

（2）分析哪些大宗客户对企业产品及其服务多次提出意见。

（3）分析哪些客户在本企业订货较少，而在其他企业订货更多。

（4）分析上年度最大的客户，本年度订货是否减少。

13.2.3 保持与客户的紧密联系

客户关系管理过程即为企业与客户保持紧密联系的过程：一方面，企业主动与客户进行信息交流，这是一种有计划、有组织、有步骤的感情投资，可以增进彼此之间的了解。当对某些问题产生意见分歧时，企业与客户易于相互体谅，达成共识；另一方面，企业加强对客户的信息反馈，正确处理客户的意见和投诉，将客户的不满情绪控制在适当水平，维持客户利益、赢得客户的尊重与信任。企业保持与客户的紧密联系将会增加与客户的接触点，降低与客户的接洽成本，扩大与客户交往的成效。具体方法如下：

（1）抓住具有重大价值的客户，指定专业营销人员积极主动进行联系。

（2）改善现代资讯技术，向客户提供多种可行的联系渠道，拓宽与客户的交流途径。

（3）优化对客户抱怨的处理手段，缩短处理周期，提高响应速度。

（4）对企业内部记录的客户信息进行跟踪。

（5）积极向客户提供特价促销、清仓处理、试用产品或服务等销售信息。

（6）以客户身份与同业竞争对手的客户管理部门联系，比较水平、质量的不同。

13.2.4 满足客户个性需求

卓有成效的客户管理将企业与客户关系锁定在“学习型”关系之中，企业不断向客户学习，站在客户角度研究其需求的动态性和差异性，因人制宜向客户提供“个性化”的产品或服务。这样，企业与客户都可获益：其一使客户在获得产品及其服务的物质享受时，精神上获得极大的满足与愉悦，使消费动机与行为更加贴近于企业营销目标；其二是调动企业营销积极性，养成“精细营销”的竞争素质，产品功能要能够符合客户的设想，服务方式与设施要能够适应客户的特殊要求，由此成就企业定制营销的经验与能力；其三是通过个性化营销，在企业与客户之间建立起人性化的合作关系，在学习气氛中，供需双方彼此加深理解、共同谋求发展方向与实现途径。具体方法如下：

（1）激发客户提出对企业产品、服务及其营销业务流程的期望，了解客户真正的需求。

（2）争取企业高层管理者对客户管理工作的支持。

（3）征求名列前茅的大客户的意见，请他们明示需要哪些特殊产品或特殊服务。

（4）改进客户服务过程中千篇一律的文档格式，提供不同版本的客户服务相关文档。

（5）个性化的向客户发送电子邮件、传真、信函进行调研，获取所需客户的信息。

客户管理是一个循序渐进、不断积累、不断完善的过程，辨别客户存在状态、分析客户需求差别、保持与客户的紧密联系、满足客户的个性需求是其中的精髓，只有做出系统规制，并贯彻、执行，才能为企业带来真正的商机，创造更多的利润。

13.3 客户关系策划与执行技术

13.3.1 客户价值管理

(1) 策划要义

客户价值管理即对客户特征、购买行为、价值取向、对企业的忠诚度以及对企业赢利的贡献等进行分析，区分不同客户价值的大小，从而对不同客户运用不同的营销策略，把最好的产品及服务提供给最有价值的客户。具体内容包括：①客户信息管理；②联系人管理；③时间管理；④潜在客户管理；⑤销售管理；⑥电话联系；⑦客户服务；⑧呼叫中心；⑨电子商务。

客户价值管理是现代营销思想的结晶，客户价值管理的策划与执行能够为企业与客户之间的沟通设计多条渠道，开辟多种方式与途径；能够及时、准确、持续地收集、存储客户的各种信息；能够有计划、有步骤地为客户提供个性化的服务项目；能够始终保持服务质量和服务内容的一致性。然而，现实中企业客户价值管理的成功事例并不多见。究其缘由，主要是客户管理思想尚未成熟，热衷于引进计算机电话整合（CTI）、销售自动化（SFA）、电子商务（EC）、数据仓库（DW）等客户管理软件，却不能真正理解企业与客户之间在于“培养关怀与尊重的机制”，从而秉承企业与客户双重价值最大化的原则。同时，没有意识到企业客户群体中只是小部分能够给企业带来丰厚的利润，而大部分只能够给企业带来微利甚至无利可图。因此，企业需要借助现代咨询技术鉴别客户价值，积极予以取舍。

(2) 策划方案

[涉及企业] 上海融氏企业有限公司

[营销业务] 功能性食品配料和食品添加剂

[背景资料] 上海融氏企业有限公司坐落于市郊南面的金山区朱行镇。企业占地面积 80 000 平方米，建筑面积 18 100 平方米，现有固定资产净值 1 600 万元。2000 年度实现销售 4 833 万元，利润 253 万元，税金 325 万元。上海融氏企业有限公司具有年产 5 万吨酶法淀粉糖浆的生产能力，占上海市场 9 家同行生产能力的 1/3。

上海融氏企业有限公司的产品是国家重点发展的产业（属“朝阳”行业）——功能性食品配料和食品添加剂，主要生产经营低 DE 值葡萄糖浆、低聚异麦芽糖、麦芽低聚糖浆等功能性食品添加剂和甜食品的配料及其衍生产品。

2000 年 9 月，上海融氏企业有限公司通过中国方圆标志认证委员会 ISO9002 质量体系认证；2001 年 4 月通过上海出入境检验检疫局对上海融氏企业有限公司申请的出口淀粉糖《出口食品检疫卫生注册》的评审；同时获得美国 KOF – K（即美国犹太教食品卫生认定）的卫生注册。该公司具备全球化经营的基本条件。

[**方案内容**]

第一步：确定客户价值管理的总体目标。随着上海融氏企业有限公司业务的不断扩展、员工数量的增加，内部管理承受着巨大的压力。在各种不确定性经营风险面前，融氏企业必须对市场环境和自身市场活动有清晰的了解和明确的认知，这就要求融氏企业首先找到能够为自己带来最大利益的产品，并充分了解竞争对手的动向，同时还要制定合理的定价策略。其次，在销售环节中，要透彻地了解客户的购买偏好、真正的需求，锁定目标客户。其三，在服务环节，随着业务的扩展，管理不力引出一些问题，公司的服务水平不够稳定，无法真正实现“一对一”的服务；同时，由于服务部门与销售部门之间缺乏协调配合和充分沟通，常常导致服务部门与销售部门之间的业务产生脱节。

融氏企业在处理与外部客户的关系时，越来越感觉没有信息技术支持的客户管理力不从心，有一种“找不到营销支点”的感觉。需要引用客户关系管理系统（CRM）采用个性化设计，通过市场管理、销售管理、客户服务以及分析决策等模块，为融氏企业提供业务进程管理、销售机会挖掘和决策支持等全面的管理功能，从而协助企业建立一个适应业务发展的全新模式。

第二步：建立客户价值管理的组织模式。融氏企业所有的事业部产品销售构架、市场构架不同，管理方式也不同。采用客户关系管理系统应对每个事业部建立一个独立的账号，事业部可以与融氏公司采用一个服务器，这样可以实现对事业部信息的实时监控和管理（见图 13 – 3）。

组织模式建立之后，需要进行权限的设定，以确认哪些业务功能是融氏企业及事业部均可以使用的，哪些业务功能只能是事业部使用的。集团应用的权限建立完毕，再建立融氏企业及事业部不同岗位的功能权限。为了保证职员之间的信息独立、保密，系统提供了“用户管理”、“功能权限设置”功能，以“角色”划分功能，同时支持上下级的权限划分，利用“用户分组”区分上下级关系，保证其相应工作权限以及员工考核的灵活管理。

第三步：建立客户价值管理的业务模式。

第一，整合关键基础数据。

客户数据的录入：融氏企业对客户大类进行划分，划分依据是重要度、行业特征等方面，并支持客户有多个类别属性，根据实际业务要求可以对不同的类别的客户进行查询，进行分析、统计。

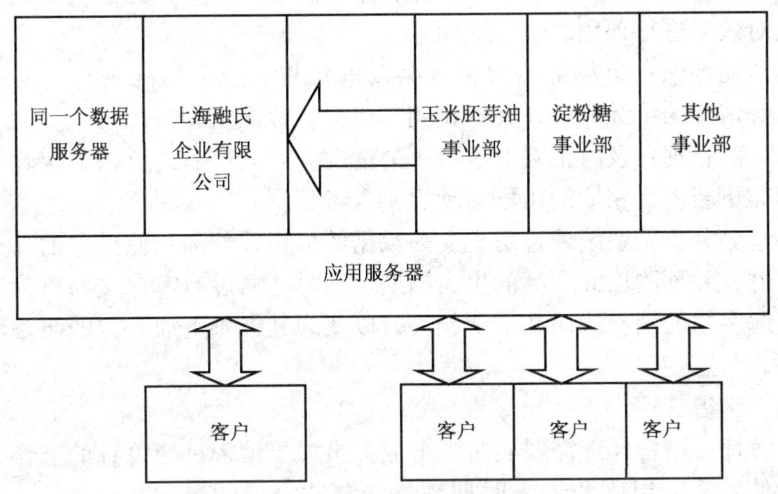

图 13－3　融氏企业客户价值管理组织模式

产品数据录入：系统运行是以客户为中心，以产品、服务为主线，并根据融氏企业业务范围进行产品类型的定义。

服务数据录入：根据企业具体的服务数据，进行服务业务定义。

价格数据录入：帮助企业定义标准的产品和服务价格体系，帮助企业进行合理价格管理。

第二，客户信息管理。

客户信息维护：用友 CRM 产品可以提供对潜在客户、正式客户及销售商的管理，管理的客体可以是个人也可以是单位，客户管理的信息包括基本的客户数据、联系数据，如果是单位类型，还可提供对账户数据及客户关系数据的管理。

潜在客户的信息管理：主要是针对新的销售机会进行的客户管理，潜在客户根据实际的交易情况会直接转入正式的客户，如融氏企业公司扩展业务管理范围后，可实现对该类别的客户的管理。

正式客户的信息管理：正式客户是融氏企业主要的业务主体，用友 CRM 产品可以记录该类型客户的多维信息，提供实时交易、反馈、服务情况的查询功能。客户来源可以是手工输入、潜在客户转入和电子商务前台数据维护。

销售商信息管理：如果需要对销售商（经销商）的档案信息及产品、服务的信息进行管理，可以定义销售商的相关数据。系统可以提供各个经销商的相关产品库存情况。

第三，市场管理。

市场方案录入：市场部需要对市场活动方案和计划进行留档和活动查询。

市场活动管理、市场活动日程管理：市场经理需要对市场活动的进程进行监控，以及对效果进行评估。

市场活动评估：市场部需要根据某期的销售、服务情况进行针对产品、客户、职员等情况的统计分析，并挖掘销售机会，提供给相关部门。

竞争厂商管理：及时记录竞争对手的情况，对其产品的价格、市场情况作出记录并即时更新，为相应的市场活动提供参考数据。

市场趋势分析：系统通过历史交易数据的分析，预测企业推出的新产品其特定的客户群，并预测出此产品的生命周期。同时，通过对客户交易行为进行统计分析，了解客户的消费倾向和消费趋势，以便为其提供更加完善的服务和有针对性的销售。

第四，销售管理。

机会管理：销售经理需要实时了解业务员关于销售机会每日的工作进程、状态和预计的收入，以判断未来时期销售任务的完成情况，并对失败（大多数）的机会进行统计分析，以及采取相应的管理措施。融氏企业客户价值管理的业务模式见图 13－4。

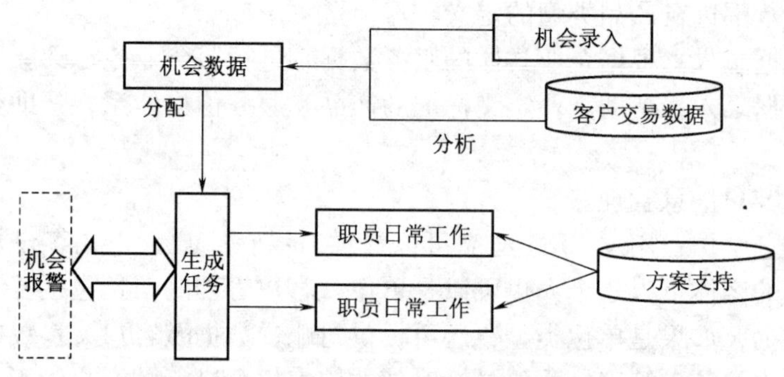

图 13－4　融氏企业客户价值管理业务模式

销售订单管理、销售日程管理：销售经理需要实时了解业务员关于销售订单每日的工作进程、状态和本期应收款项，以提前了解本期任务的预期完成情况，并对失败的（很少）情况进行统计分析，以采取相应的补救管理措施。

客户交易数据分析：销售部需要对现有的客户资源进行查询，以随时了解客户的变化和最新情况。销售部需要针对职员、客户、产品及地理区域等指标进行某一时期的统计分析，以得到价值最大的客户、销售业绩最好的职员、最能够带来最大收益的产品等信息，为相应的管理措施提供决策支持。

回款管理：销售部需要对客户进行客户销售方案的管理与查询。

合同管理：销售部需要针对机会完成时、与客户进行合同签订时，进行合同审批流程的设定。

第五，客户服务管理。

客户反馈录入、反馈任务管理：服务部门需要对客户反馈的情况进行记录，并针对其类型分别进行处理，对客户的服务请求进行监控和效果的评估。

服务日程管理、反馈日程管理：服务经理需要随时了解职员的任务进展情况。

客户满意度评价：服务部需要根据与客户的接触，估计客户的满意度情况。

第六，全方位的客户关怀。客户关怀是维护客户的主要途径，客户关系管理系统能够动态地提供客户的销售情况，对客户提供及时的全程关怀，提供各类标准的客户关怀任务流程，并由专人执行客户关怀的任务分配，保证客户成为企业的忠诚客户。相关的业务人员执行客户关怀操作，并输入关怀的进行程度，部门主管就可以直观地了解业务人员对客户关怀的程度，并提供对客户关怀后的效果评估。

系统提供了与客户进行交互的平台，客户只需输入融氏企业的网址就可以实现在线查询产品，直接订购产品，查询服务网点，寻求服务支持；另外，系统还能够提供客户直接反馈的相关信息，有助于企业管理和服务水平的提升。

第七，辅助决策。客户关系管理系统基于对产品、客户、员工的销售查询和分析，将得到的客户数据进行整理，得出对企业营销决策非常重要的结论；同时，可以通过对收入、费用的计划、汇总、分析，对营销计划进行控制与协调，通过对具体任务（项目）的费用作出规划，控制任务实施过程的费用状况。

(3) 执行要求

上海融氏企业有限公司在客户价值管理模式上进行探索，建立了客户规划的信息系统，形成较为完善的客户管理机制，企业在客户价值管理执行时需要做好下列工作：

①转变传统营销观念。在市场经济体制下，企业面临的市场环境复杂多变，客户的期望值越来越高，既需要更好的产品，又需要个性化的服务，企业间的竞争已由产品质量之争、价格之争转变为营销机制、营销速率之争。以“客户关系一对一理论”为基础的客户价值管理认为，每个客户需求不同，对企业的价值也不同，只有通过满足特殊客户的特殊需求，才能与客户建立长期稳定的客户关系，企业才能够获得相对稳定的收益。因此，面对激烈的市场竞争，企业需要转变观念，完善客户关系，建立以客户为中心的营销机制，提高营销效率。

②合理调整组织结构。我国绝大多数企业沿用计划经济体制下的组织模式（直线职能制形式和分部制形式），在市场经济环境中，我国企业固有的组织模式已经不能适应营销速率的要求，如果建立以客户为中心的营销机制，需要运用

客户份额、终生价值、数据资产收益等指标衡量营销成果，必须相应地调整企业的组织结构，先期或成立一个指导委员会负责与生意伙伴、顾客及员工的客户关系；或设立一个客户服务经理，站在客户的立场上研究客户关系中存在的问题，协调企业中的客户信息，进行各种公关服务活动，由此逐步向以“客户为中心”的组织模式过渡。

③重组业务流程。客户价值最大化取决于企业业务流程的重组，这是客户价值管理的关键。需要对企业固有的业务流程进行重新安排，建立一套 B2B 扁平化的营销体系：即涉及企业分公司、办事处岗位、职能的重新定位；销售系统与物流系统分离以后，第三方物流介入，与银行结算系统的重新设计；供应链环节中库存控制的重新布局等问题。由此，必然导致企业营销组织构架的调整和变革。然而，实现客户价值管理意味着企业成功实现了客户规划，为企业步入网上电子市场、融入电子商务时代奠定坚实的基础。

④谋求高层管理者的支持。客户价值管理的成功，必须得到企业高层管理者的支持，这样能够确保企业各个层面在客户关系问题上达成共识，以降低其他风险因素对客户关系的不良冲击。高层管理者的支持作用表现在四个方面：直接为客户价值管理确定目标；为客户规划与管理所要达到的目标提供所需的时间、人力、财力和其他资源；将客户关系提升到战略层面，在企业中进行融会贯通；当客户价值管理出现问题时，激励企业善始善终。因此，客户价值管理的执行需要一位高层管理者统筹全局进行决策，确定目标，指导实施，关注企业业务流程的重组，协调企业各职能部门之间的关系，以保证客户价值管理的顺利进行。

⑤设置客户信息管理平台，不求拥有，但求实效。实施客户价值管理必须将客户资源整合在一个数据库中，将销售线索和销售过程记录在系统中，企业形象始终是统一的，客户通过任何途径与企业接触都会得到一致性的服务。而且，客户新的联络信息会在系统中更新，以形成完整的记录。然而，建立客户价值管理系统需要注入大量资金，且系统结构复杂。一般而言，客户管理信息系统由九大模块组成（Data Warehouse，eAnalysis，eBridge，eService，eSales，eChannel，eSupport，eMarketing，Consulting），如果一步到位，操作不利、见效甚微，招致全盘失利。因此，企业应根据具体情况，选择其中急需使用的一两个模块，再考虑业务拓展的要求，留好接口，循序渐进、逐步完善、确保实效。

13.3.2 客户服务管理

(1) 策划要义

客户服务管理即在合适的时间、合适的场合，以合适的价格、合适的方式向合适的客户提供合适的产品和服务，使客户的需求得到满足，价值得到提高的管理过程。其中，为合适的客户提供合适的产品和服务、以合适的方式提供产品和服务、使客户实现合适的需求是客户服务管理的关键所在。具体内容包括以下三项：

①售前服务管理——通过市场调查，研究分析客户需求的心理特点，采用多种方法引起客户的注意和兴趣，激发客户的购买欲望；进行广告宣传、设置业务电话、开设培训班、提供咨询等，以此解除客户的心理疑虑，增强购买决心。

②售中服务管理——在商品交易过程中，直接或间接地为客户提供服务，传授商品知识、帮助客户挑选商品、满足客户的合理要求，提供代办业务、演示操作商品等，以提升交易数量与质量。

③售后服务管理——在商品交易之后延续服务过程，送货上门、包装服务、安装服务、维修与检修、电话回访和人员回访、提供消费指导、妥善处理客户投诉等，以赢得客户的信赖与口碑，谋求客户重复性购买行为。

在市场竞争条件下，客户服务管理非常强调服务个性。当客户感到企业是在“量身定制”，为他们提供特定的服务、满足他们特殊的需求之时，企业就获得了服务上的竞争优势，即显现出服务的个性化。企业的服务个性越突出，就会有更多的忠实客户，企业就会相应获取更多的利润。客户服务管理特别强调服务效率：一方面，确定清晰、可测和可行的服务标准，从而使服务质量得以衡量；另一方面，建立完善的服务程序，涉及服务的递送系统和反馈系统，涵盖满足客户需求的机制和途径。客户服务管理同时强调客户信息的置换，在企业与客户之间形成亲切愉快的互动，全面了解客户的消费理念和消费结构，源源不断地向他们提供新的营销思路，帮助客户发掘更多的需求机会，建立良好的合作伙伴关系；在企业内部共享客户的有效信息，包括成本与利润数据及个别最终用户的销售记录等，开展以客户为中心的营销业务。

（2）策划方案

［涉及企业］ 美国戴尔电脑公司

［营销业务］ 电脑

［背景资料］ 1984 年，还是美国德州大学一年级学生的戴尔（Michad Dell）以 1 000 美元的资本成立了戴尔电脑公司（Dell computer Corporation）。戴尔电脑凭借着“直接将消费者所需的电脑销售给消费者”的营销理念，销售额在 10 年之内突破 20 亿美元，1999 年已达到 253 亿美元，并成为全球最重要的电脑公司之一。在 20 世纪 80 年代，个人电脑还是一个新诞生的产业，个人电脑的客户状态存在着许多问题，一般人都认为个人电脑的内部原理不太好懂，大多数电脑公司只是通过地区经销商出售产品且价格昂贵。戴尔由于曾经组装并升级过电脑，了解经销商的利润空间虽大，但却不能提供更多的产品附加值，因此决定将电脑

直接出售给消费者，省去付给经销商的利润，并将这一利润返还给消费者。这种直复营销模式精简客户的订货流程，促使戴尔电脑公司将客户关系放在企业营销工作的核心位置，即完全以客户为导向，依照客户所需的规格组装电脑，并将电脑直接出售给客户，而不通过经销商参与产品分销。这样，可以使客户买到适用的电脑，而且节省经销商的转手利润，使产品价格更具有竞争力。更重要的是，通过整合供应链上的多余区块，市场供求信息的置换将更加快速、真实，交易成本迅速下降，对厂商与客户都有所收益。

［**方案内容**］戴尔电脑公司具有一套完整的客户管理营销方案，其核心内容是以客户为导向，用最低成本向客户提供真正满意的产品与服务，且顺利收集那些原本掌握在客户手中的信息，加以分析与处理，排除交易过程中的障碍，促使客户再度光临。这一过程概括为两个部分：信息置换和向客户提供有价值的、个性化的服务。

第一步：企业与客户的信息置换。戴尔电脑公司的营销目标是提供给客户真正需要的产品，如何收集客户的需求信息成为营销策划与执行的关键环节。为了获取翔实的客户信息，戴尔电脑公司设计了下列营销步骤：

对于一般企业而言，惯以产品线来区分不同的市场，戴尔电脑则以不同的客户群体作为市场划分的依据。不同的客户对产品和服务有不同的需求，因此戴尔电脑以“客户需要的电脑功能”以及“如何使用电脑”作为细分市场的参数，并以不同的营销团队和沟通方式服务于不同的市场。1994 年以前，戴尔将客户划分为“大型客户”和“小型客户”。1997 年以后，大型客户已进一步细分为全球性企业客户、大型企业、中型企业、联邦政府、州政府与地方政府和教育机构，而小型客户则衍生为小型企业与一般消费者。以客户群体作为市场细分的依据，使戴尔电脑得以更加接近客户的需求，可以掌握客户的关键信息，有效预测未来市场的变化趋势，这正是电子产业成功营销的关键所在。

①在产品研发过程中纳入客户的知识。为了给客户提供真正需要的产品，戴尔电脑直接开口问客户究竟需要什么。通过网络、电话以及业务人员面对面的沟通，不仅可以认识客户，也能了解他们的需求和喜好。由于客户真正需要的是符合其实际愿望且易于使用的产品，而不是技术先进且包含太多功能的产品，因此，戴尔电脑让客户在新产品研发阶段就提供意见，并认真考虑他们的意见，以免推出叫好不叫座的产品，否则，延误商机，甚至可能危及公司的生存。

②关注客户，而不是牵挂竞争对手。在竞争激烈的市场中，营销策略与手段很容易被他人仿效、抄袭，因此，时刻注意竞争对手的动向并没有太大的意义，重要的是将精力投放到客户身上。由于戴尔电脑的策略是直接与客户接触，只要将客户放在营销策略的核心位置，就可以随时收集到客户的真实信息，不至于与

客户脱节。由此，戴尔电脑要求其业务人员花费大量的时间与客户相处，以获得有用的信息，例如，客户要求戴尔公司在出厂的产品上面贴上订购公司的财产标签，这些看似零碎的小事汇集起来，就成为戴尔电脑所设立的竞争屏障。

③导入电子商务。将互联网导入商业领域是20世纪末人类交易行为史上最重要的里程碑。由于意识到互联网在品牌营销以及客户服务中的作用，戴尔电脑在1994年推出了www. dell. com网站。最初，这个网站的内容和当时大多数的企业网站一样，主要提供公司、产品简介及技术资源信息，但其中的客户服务电子信箱却收到了客户希望在网上可以获得不同电脑组装规格的报价并直接在线上订购的信息，由此戴尔电脑在一年后即推出了在线组装的服务项目，让客户在网上直接选择所需要的电脑规格，并在获得报价之后直接订购。此外，针对企业客户，www. dell. com还推出了根据各公司需要量身打造的“戴尔顶级网页”（Dell Premier Pages），企业可以利用密码进入公司的专属网页，在线选择需要的电脑规格或服务，再统一采购。这样一来，公司便可以在线管理他们订购的产品、电脑资产以及各种服务内容。互联网成为戴尔直接销售模式的强大工具，它不只是销售渠道的一个分支，更成为戴尔与客户之间交换信息的主干渠道。

戴尔电脑推出在线订购方案后，立即获得了广大客户的响应，其在线销售额在1996年年底已经达到每天100万美元的水平，同时每周上网浏览的人次超过200万。由于互联网上电子交易的庞大潜力，戴尔电脑公司在2000年9月推出一个称之为www. dellmarketplace. com的B2B电子交易市场，提供不同商品买卖双方直接交易的场所。

④建立虚拟营销组织。为了实现更精确、更快速的信息交换，戴尔电脑公司将其积累多年的数据库开放，与客户及供货商分享这些信息。例如，客户可以直接连线到戴尔的生产线上，了解其订购产品的组装或运送进度，而供货商也可以通过连接了解现有的库存信息，以备供货。通过这种信息处理方式，戴尔电脑公司实质上消除了供应链上、下游与最终客户之间的界线，让各种信息得以快速流通，使产品研发、产品成交的期限更为准确。此外，客户可以直接查询其订购产品的生产进度，即请客户作为戴尔生产线上的监督人员一样，其效果可能比来自内部的监督更好，成本也更低。

第二步：企业向客户提供有价值的、个性化的服务。由于戴尔电脑公司强调将产品直接销售给客户，而不通过各地区的经销商，因此它必须解决客户无法直接面对经销店面所产生的疑虑，尤其是个人电脑这种价格较高、需要计算机软硬件等相关知识的商品，使用过程中出现故障，客户或是担心开机程序设置不好，或是硬盘有问题，必然想到如何送修、退货等。客户的满意是完成交易的基础，以客户为中心的营销策略，仅是收集客户信息并列入决策参考是不够的，必须能够解决客户的疑虑。如果企业已经意识到客户的疑虑所在，且主动提出保障条件，即能够降低客户的疑虑，提高产品交易的概率。为此，戴尔电脑公司设计了下列营销步骤：

①提出30天退款保证。戴尔电脑非常清楚消费者很难从口袋中掏出4 000美元去一家没有实体店面的电脑公司购买电脑，因此戴尔电脑从一开始就在广告单上提出30天内不满意可退款的保证条款。这项保证让客户愿意先订购产品，等货品送到以后开始试用，而不会因为无法先行试用而放弃购买。

②提供上门维修服务。由于个人电脑的功能强大，牵涉的技术种类繁多，因此经常会有一些或大或小的问题产生。特别是一些较大型的企业，它们采购的品种多，这些电脑或服务器等设备彼此连接、整合的工作内容并不简单，因此，戴尔公司提供上门维修的服务，而不是让客户自己抱着出问题的电脑到公司来维修。对于美国波音公司这一类的大客户，戴尔公司甚至会派出一批工程师常驻，以协助客户解决产品出现的各种技术问题。

③对客户资料绝对保密。电子商务出现以来，网络隐私权的问题一直是公众讨论的焦点，对于各种企业和个人信息安全性的关切更是关键问题。由于在线交易已经成为戴尔公司营销的主要形式，因此其电子数据库中存储大量的客户资料，其中包括客户的一般性资料以及各项采购、产品配置等信息。如果无法有效地排除客户对于这些资料可能外泄的担心和疑虑，在线交易势必遭遇瓶颈。虽然在某些情况下，某些客户允许企业在事先告知的情况下出售其资料，但是为了得到客户的完全信任，戴尔电脑公司的观点十分明确，绝对不会出售客户的资料，以此得到了客户的理解与信任。

（3）执行要求

戴尔电脑公司谙熟客户开发、客户服务之道，在进行线上交易时，把握客户开发的症结，摸索客户服务规律。

①全面贯彻“客户是企业战略性资产”的理念。客户服务管理理念是企业实施客户开发、客户服务的基础。如果理念不到位，客户关系执行难以达到目的。一方面，企业决策者明确客户的价值所在，真正理解客户价值的现实意义；另一方面，企业各部门所有员工树立以客户为核心的营销意识，贯彻“吸引客户、留住客户、服务客户、让客户满意”的营销思路，争取客户价值最大化。

②运用“二八”定律细分客户。大量统计数据的研究结果表明，企业80%的利润来源于企业整体客户群中20%左右的老客户，即为营销“二八”定律。企业凭借数据库中大量的客户资料，可以运用“二八”定律对客户的消费过程及其动态作出分析，在进行客户开发时，不可能指望所有的客户都成为回头客，对新老客户必须进行识别，以便从事差别营销；发展和维持更多的老客户对企业

尤为重要；同时，不要总认为最大客户就是最关键的客户，一定要依据企业自身的能量，权变处理客户关系。

③讲求客户服务的方式。企业需要训练有素的专业人员与客户进行交流互动，了解客户的要求，协调企业的各种资源为客户服务。实施客户服务方法通常有三种：一是直接增加客户的经济利益，如“频繁营销计划”就是对频繁购买或连续购买的客户予以奖励；二是增加客户的社会利益，同时给予客户附加的经济利益，如企业通过了解客户的需求，使服务更加个性化、人格化；三是在增加客户经济利益和社会利益的基础上，增设与客户关系的情感纽带。

④提升客户满意度。客户在进行消费之前，一般在心中都持有对某种产品和服务的特定标准；在购买产品之后，客户会对产品和服务的实际表现与自己心目中的标准相比较，从而产生不同的满意感。客户的满意程度可分为五级：不满意，即产品和服务的实际表现与客户心中的标准相差甚多，不可接受；基本满意，即产品和服务的实际表现与客户心中的标准相差不多，尚可接受；满意，即产品和服务的实际表现与客户心中的标准相同；新奇，是指产品和服务的实际表现超过了客户心中的标准，给客户新鲜、兴奋的感觉；惊喜，是指产品和服务的实际表现是客户事先没有想到的，带给客户出乎意料的惊喜。

强化客户关系即增强客户的满意感，提高客户的满意层次，从而赢得客户的理解与信任。

本章内容小结

本章阐明客户关系的行为要素、客户关系的管理目标；阐述客户关系的驱动因素；系统分析客户关系的运营模式，强调辨别客户存在状态、分析客户需求差别、保持与客户紧密联系、满足客户个性需求的程序和方法；提出了客户关系策划与执行的核心技术。

■ 客户关系管理即发展与客户之间的关系，培养客户对企业的长期忠诚，以实现客户价值最大化和企业价值最大化之间的平衡。客户关系管理的目的在于：巩固企业的客户群体，促使企业业务流程、营销模式的创新与再造，共享客户信息资源，提升企业营销管理的质量与速率。

■ 客户关系运营是一个完整的过程，先要分析客户存在环境、构建客户管理目标，后要规划客户管理方案、展开营销策略，再要配置客户管理系统、有效运用客户信息。

■ 客户关系策划与执行核心技术包括客户价值管理和客户服务管理方面的策划要义、方案要领和执行要求。

【本章研习：客户信息管理技术】

研习目标：通过学习、训练，了解客户信息管理过程，掌握分析客户、选择客户、获得客户、保留客户和提升客户价值的具体方法。

研习内容：

■ 实地调研

选择北京燃气集团公司客户服务中心作为调查对象（也可选择保险公司、航空公司、金融公司等其他企业），具体调查下列各项内容：

其一，客户数据的有效采集（客户描述性数据的采集、客户促销性数据的采集、客户历史交易数据的采集）。

其二，客户信息管理（CRM 系统的客户信息管理模式）。

其三，客户资料分组（按照客户生命周期把客户分为潜在客户、意向客户、忠诚客户和高价值客户，对不同客户采取相应的管理方式）。

其四，客户关系动态（在每一时间段对客户进行横向、纵向比较，撰写客户关系日志、周志和月总结）。

其五，编写客户关系报告。

■ 小组讨论

在实地调研的基础上，归纳、提炼北京燃气集团公司客户信息管理流程图，说明主要环节的工作内容和作业要求。

■ 提交研究报告

阐述北京燃气集团公司客户信息管理过程与操作方法，明确存在的主要问题，提出建设性的改进方案。

■ 展示研习成果

以小组为单位交流课题的研究成果，质疑问题，进一步整合研究报告的内容，最后将报告提交北京燃气集团公司客户服务中心，请企业相关人员予以评价。

研习检测：满分 10 分

实地调研过程（4 分）；研究分析报告（3 分）；研习成果展示（3 分）。

14 体验营销策划与执行

本章教学目标

- ■ 深刻理解体验营销与传统营销的差别，把握体验营销的运行特点
- ■ 充分认识体验营销的生成背景及其作用领域
- ■ 了解体验营销运营模式，掌握体验营销“4P+6E”组合策略
- ■ 掌握制造商全面体验营销、零售商卖场主题体验营销策划与执行技术

14.1 体验营销概述

14.1.1 体验营销的特点

体验营销是一种为体验所驱动的全新的营销方式，在21世纪，这种营销方式将成为企业提升效益的新方法。何谓体验营销?《哈佛商业评论》的观点是基于企业角色考虑，体验营销即企业以服务为舞台，以商品为道具，围绕着消费者创造出值得回忆的活动。依理而论，体验营销即企业通过充分运用产品或服务这样的工具在满足顾客体验需求的基础上，为顾客最大化创造价值的营销活动过程。我国学者肖建仁、熊学慧认为，体验营销是企业以满足体验需求为目标，以营销空间为舞台，以产品或服务为载体，利用文化艺术和科学技术等手段提升产品内涵，更好地满足人们情感和审美等多种体验需求，在对人们的心灵造成强烈震撼的同时，推动产品销售的一种新型营销模式。由此而言，体验营销即从生活情景出发，塑造消费者感官体验及心理认同，使消费者产生难忘的美好感受，为产品和服务找到新的生存空间和新的利润增长点。

体验营销旨在创造美好的、值得回味的顾客体验，它与传统营销相比较在观念与方法上存在较大的差异（见表14-1)。传统营销就其本质而言是一种“产品功能特色与益处”的营销，往往狭义定义产品类别和竞争类型，把一种产品与同类产品相比较，由此找到针对消费者而言的产品的特点，寻求能给消费者带来的益处。基于传统营销的观点，消费者都被假定为理性的信息处理者，产品的特色和益处作为横轴，产品品牌作为纵轴，就此构成了信息处理系统，消费者借此处理各种信息，衡量和评价每种产品品牌所表现出来的特色和益处，计算每种品

牌的整体效用，然后进行比较与分析，最后运用计算公式作出决策。源于传统营销的观念，企业的营销主管、营销顾问及营销研究者，耗费了巨大的时间和精力研究回归分析、定位图、对应分析和组合分析，其目的在于找到测量特色和益处的参数及其相关的重要权数，得到最终的输出结果。现代经济条件下，营销环境发生根本转变，大多数消费者面对潮涌般的、琳琅满目的商品早已眼花缭乱，习以为常，他们把商品的功能性益处和产品质量，看做理所应当的事情，甚至对那些通过强行宣传推广，具有品牌特色的商品也没有留下深刻的印象。当今，消费的依据在于商品是否符合人们的生活方式与节奏；产品是否象征时代的潮流，体现时代的观念；产品的使用过程是否为一种激动人心、令人向往的体验。当产品在功能上的益处相差无几时，产品的体验价值就成为营销的关键。

表 14－1 体验营销观念与传统营销观念比较

传统营销	体验营销
着力于产品功能上的特性与利益	着力于顾客的体验过程
视客户消费为理性决策	视客户消费为理性决策和情感决策
关注于产品细分及其在竞争环境中的定位	关注于社会经济背景下消费体验的价值

14.1.1.1 关注顾客的情感需求

体验的产生是一个人生活遭遇、经历的结果。企业体验营销活动应站在顾客体验的角度审视自己的产品和服务，注重与顾客之间的沟通，发掘客户情感的渴望。美国西南航空公司在美国航空界是一家中小型公司，其规模在全美航空公司中居末尾，航线主要集中在美国西海岸的休斯敦、达拉斯等几个西部城市，航程较短，最长的航线也只在一小时左右，最短的为 40 分钟，其目标顾客被定为中小公司的出差人员、普通工薪阶层以及其他收入不高的美国公民。这样的航空公司，能够保持不亏损就是最大的成功了，但是它在“全美十佳公司”中几乎年年排名前列，与微软、惠普等国际大型公司齐名，其成功的秘密只有两个字：游戏。西南航空公司为了实现“轻松愉快的旅行生活”的承诺，在招聘空中小姐时，在所有的必要素质考核的前面加了一条：“必须会讲故事、讲笑话，并且能把顾客们逗乐”，如果其他方面优秀，但不会讲笑话，也不能通过考试。而且，公司董事长身体力行，多次在候机室里扮成兔子模样，逗得大家开怀大笑。西南航空公司因为有了“游戏”服务项目，能够让乘客感到快乐和舒适，在美国航空业中创造了“以小胜大”的奇迹。

通过对“顾客体验”的形象描述，可以进一步理解体验营销的内涵：当顾客十分口渴的时候，过去的厂商可能就是给顾客一杯水，而不管顾客是希望喝白开水还是矿泉水或是可乐，顾客体验就是不仅要满足顾客口渴喝水的需求，还要满足顾客对水的喜好和偏爱，即让顾客在接受商品时，能体验到企业对自己理解、尊重和体贴的情感。

14.1.1.2 以顾客体验为导向，设计、制作、销售产品

体验是源于某种刺激过后而产生的内心反应，刺激物也许是直接消费的有形产品，也许是无形产品，无论是真实的还是虚拟的，重要的是能够满足人们的某种心理需要。例如，当咖啡被当成“货物”（commodities）贩卖时，一磅可卖300元；当咖啡被包装为“商品”（goods）时，一杯就可以卖一二十元；当其加入了“服务”（services），在咖啡店中出售，一杯最少要几十元至百元；如能让咖啡成为一种香醇与美好的“体验”（experiences），一杯就可以卖到上百元甚至是数百元。不断减少产品的销量单位，增加产品的“体验”含量，能为企业带来可观的经济效益。再如，铅笔是由一段15厘米的木质管、一根石墨芯和一块橡皮三部分组成的，每一部分都有自身的特性，三部分的组合，不但确定了产品的整体价值，在体验过程中也发挥着重要的作用，成年人可以轻松地用手握住铅笔（15厘米长），书写流畅（石墨芯的特性），而且写错字后不用另找橡皮（用铅笔头上的橡皮）。总之，铅笔带来的写字体验令人满意。但是如果铅笔是5厘米而不是15厘米呢？它仍然是支铅笔，书写也流畅，且带有橡皮，但成年人要使用它就困难多了，这样的写字体验就不会那么令人满意了，产品的整体价值也就随之下降。因此，一件即使由几十、几百甚至上千个零件组成的产品，其设计制造的原则也是能够向顾客提供有价值的体验。

14.1.1.3 顾客体验的萌发需要“触景生情”

在信息时代，只有那些能够真正刺激顾客大脑与心灵，并且进一步将其融入生活模式的体验，才会使顾客内心深处感受到强烈的震撼，才能真正博取顾客的心智，得到其理解、支持和合作。企业的营销人员不能孤立地思考产品的品质特点（质量、包装、功能等），要通过各种手段和途径（娱乐、店面、人员等）创造产品的一种综合效应，以增强消费体验，还要跟随社会文化消费向量（socio cultural consumption vector，SCCV），思考消费所表达的内在的价值观念、消费的社会文化背景和现实意义；设计必要的消费情境，参照各项关联因素，扩展产品外延，在较为广泛的社会文化背景中丰富产品内涵，由此引发消费者的体验。

顾客既是理性的又是感性的。一般而言，顾客在消费时要作出理性的选择，但是也会有狂想、有冲动的表现，也有对感性的追求。企业不仅要从顾客的理性角度开展营销活动，也要考虑到顾客感性方面的需要。例如，日本大成建设公司运用现代信息技术开发出一种系统，可以让顾客在住房动工前就对竣工后的住房进行一番体验。该系统利用电脑绘图软件设计出房间布局和天花板高度等数据，

制作出遐想的住房内部画面，只要戴上一副特制的眼镜，就可以通过三维立体画面，从各个角度全方位观看住房内部与外部的情况，顾客不仅可以了解住房的整体布局和家具陈设的效果，还可以了解阳光照射、夜间照明、地板和墙壁的颜色等情况。除此之外，如果把新建筑四周的房屋、院墙、栅栏、道路和树木等数据输入系统，顾客还可以看到入住后的窗外景致，让其先“住”为快，产生难以忘怀的体验。

14.1.1.4 体验营销要有一个“主题”

体验营销要先设定一个精炼的“主题”，这是体验营销关键的一步。体验营销从一个主题出发设计若干“主题道具”，例如，一些主题博物馆、主题公园和主题游乐区域等，或以主题为导向设计一场活动。“体验主题”并非随意出现，而是营销人员精心策划的结果，如果是消费者个体“误打误撞”的体验，则不是体验营销所为，体验营销是企业能动的营销管理过程，要围绕着一个主题进行严格的计划、实施与控制，并非仅在形式上符合消费感受而已。

14.1.1.5 体验媒介繁多、方法别样

体验通常不是自发而是诱发的，诱发并非是指顾客在体验过程中是被动接受的，营销人员在体验过程中必须运用体验媒介触动顾客，引导其体验的产生。体验又是非常复杂的，没有两种完全相同的体验，人们只能通过既定的标准，将体验区分为不同的形式，由此体验媒介种类繁多、方法独特别样，企业需要考虑适宜的体验媒介，为顾客提供适当的体验形式，在体验工具与体验方法上不断推陈出新，增强体验营销的效果。

14.1.2 体验营销生成的背景

体验营销即企业通过激起顾客或其他受众的兴趣，把他们从单纯的购买者转变为自己忠实的拥护者，并体现企业对受众的关爱，为他们带来无尽的惊喜和刺激的一种营销方式。体验营销的生成有其自身的规律。

14.1.2.1 体验营销是体验经济的必然产物

从交易关系角度来看，经济形态是沿着农业经济、商品经济、服务经济的发展规律演进的，体验经济却是超越服务经济而独立出来的一种新的经济形态（见图 14－1）。

经济形态的发展带动了营销模式的变革。在商品经济形态下，商品是主要的经济提供物，整个社会的生产、流通和消费围绕着商品展开。因此，与这一经济形态相对应的是商品营销模式——成功将商品让渡给客户。尽管商品营销模式强调企业的主动性和客户的被动性，即企业利用适宜的手段和方法对客户施加影响，从而促进商品交易的最终完成，但是其营销行为仍然要以客户需求为导向。

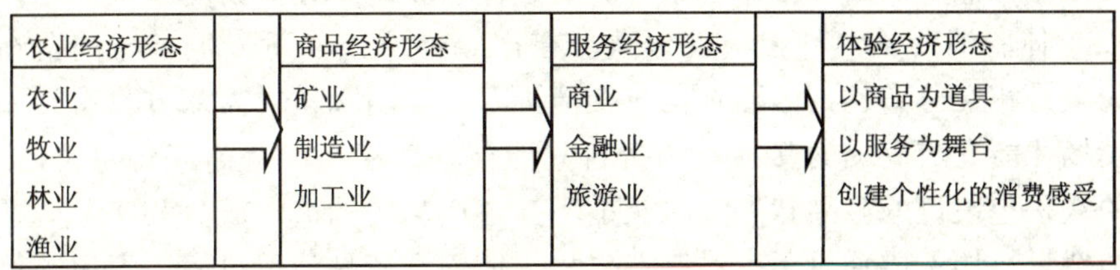

图 14－1 经济形态的演进过程

在服务经济形态下，服务替代商品成为社会主要的经济提供物。因此，与其相对应的服务营销模式占据主导位置——通过与客户的接触，对客户本身产生多重作用，为客户解决需求问题，使客户达到满意。由于服务生产与服务消费的不可分离性决定了客户参与服务过程的必然性，服务营销模式强调企业与客户的促进和互动，要求其营销行为以客户满意为导向。体验经济形态是商品经济和服务经济的有机融合，在这一经济形态下，商品与服务的消费体验逐渐成为经济提供物，同时，营销模式也发生了根本性变化——正如施密特教授在其《体验式营销》中所阐述的那样，“那是一种为体验所驱动的营销模式，将取代传统的营销方法”。与商品营销、服务营销相比，在体验营销模式中，企业主体与消费客体营销关系的位置产生本质的变化，客户从完全被动的角色到与企业互动的角色，最终转换到完全主动的角色，这样的营销行为堪称以客户价值为导向（见图 14－2）。

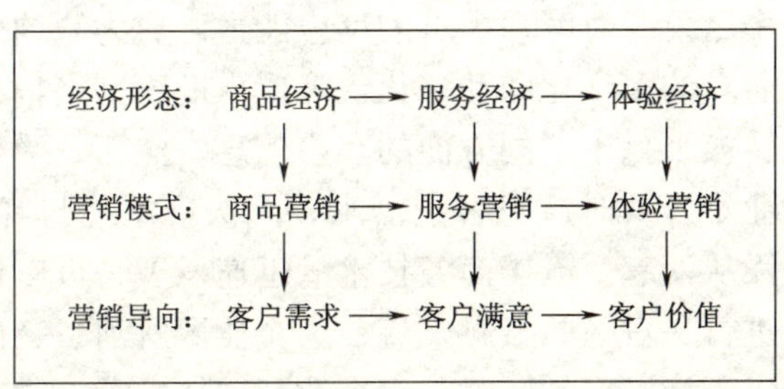

图 14－2 经济形态变化过程中营销模式的递进

14.1.2.2 体验营销是体验消费的客观要求

当今社会，不同品牌的产品在功能、性能等方面同质化趋势非常明显，消费者在满足自己对商品基本属性的需求之外，更加关注消费过程本身的体验，这种多重取向、多种价值的消费即体验消费。

（1）体验消费是一种个性化消费。伴随着人们消费水平的不断提高，价值观念日趋成熟，人们进而要求产品具有浓厚的“文化色彩”或“情感色彩”，其使用效果能够体现消费者独特的素养，通过消费获得个性张扬的满足。

（2）体验消费是一种参与性消费。在市场经济条件下，生产与消费在时间和空间上是相互分离的，因而在信息交流上存在着阻隔，供需双方只有在事先约定的卖场才能完成商品的交易，消费者只能被动地接受供货商广告宣传的诱惑，看到的只是包装过的产品状态，购买前不知道产品的构造、成分和实际效用。为此，消费者热切希望置身于产品制造过程，体验到产品消费过程；竞争与利益的驱动使生产者也期待能够近距离地接触消费者，与消费者面对面地协调与沟通。在互动过程中，供需双方的观点逐步趋近一致，供货商直接体验到客户的需求状态，客户体验到产品价值，双方进一步密切关系。

（3）体验消费是一种快乐性消费。从心理学来看，快乐是人的需求得到满足以后一种外在反应的情绪状态。人的消费需求的目的归结为两类：功利性消费需求和快乐性消费需求。功利性消费即使用产品是借助于产品的某项功能，从中寻求到一些实际效用；快乐性消费即使用产品是借助于产品的受用过程获取情感上的愉悦和精神上的满足。快乐性消费是伴随消费过程的一种心理体验，或是对阳刚之气或阴柔之美的一种感觉；或是对自我形象设计的一种热望；还可能是对回归自然的一种向往，无论怎样的消费体验都可以让消费者拥有快乐。人类消费的侧重点从产品的功能特征转向心理体验特征，这是消费模式的最高境界。

14.1.2.3 体验营销依托于网络信息技术的支持平台

随着市场竞争模式的升级，企业营销的较量早已由单纯的产品市场占有率之争转变为客户拥有率之争。对客户需求的反应能力已成为制约企业营销效率的关键因素。由于客户需求的多样化和动态化，需要借助于网络信息技术，才能有效地收集、处理并且转换来自于不同方面的客户信息。然而，受到技术条件及其营销成本的制约，企业难以及时应对客户需求，无法广泛地与客户进行直面沟通，开展体验营销更是无从谈起。电子商务技术的迅速发展，可以使企业不受时空限制与众多的消费者进行一对一的接触交流，为企业了解消费者的个性化需求提供了有效途径，在节省营销资源的同时，为企业开展体验营销创造了基础条件。借助于电子商务形式，客户也可以直接通过商业网站浏览商品信息、了解营销意图，反映所需要求，从而缩短了购买决策时间，提高了交易速率。由此而言，网络信息技术的开发与利用为企业实现体验营销提供了支撑平台。

托夫勒曾在《未来的冲击》一书中预言："我们正在从满足物质需要的制度迅速过渡到创造一种与满足心理需要相联系的经济。"托夫勒的预言已经得到印证，今天的经济形态早已超越商品经济形态，显现出服务经济形态的特征，并且正在向体验经济形态转变，体验经济背景下的体验消费模式已见端倪，引领营销模式的更新，电子商务技术的成熟发展促使体验营销成为现实。

14.1.3 体验营销的作用领域

面对愈加丰富和多样的产品及服务类别，传统营销与体验营销并存，直至传统营销的观点慢慢扬弃，体验营销的观点逐渐确立，方法愈见成效。

体验营销的优势在诸多行业领域里得以显现：首先是在交通运输领域，如汽车、火车、轮船和飞机等交通工具占据极大的市场空间，构成了跨越时空的消费场景，能够给客户提供品味社会、享受生活、体验审美价值的机会。其次是一般性工业产品和高新技术产品领域，在不断调整传统营销模式的同时，在产品设计及其宣传方面采取了体验营销方式，直至在配备原料及其制造工艺方面都融入了体验营销的要素。另外，在新闻娱乐领域，众多供应商顺应消费趋势，已经非常擅长把各种素材进而新闻素材制作成各种具有体验特征的节目。还有医疗及其他专业服务领域，客户尽管期待得到专业性治疗，然而更加期望得到医生的沟通与关爱，因此，体验营销价值尤为明显。再有金融领域，采用体验营销方式能够摒弃传统营销形式下的畏缩与保守，调动客户的强烈情感购买金融产品，承接金融投资所面临的风险与挑战。同时也可以看到，宾馆、饭店、主题公园、Web 站点等，特别是零售领域，正在利用体验营销方式稳定客户基础，锁定客户关系。

在企业运营过程中，体验营销的作用已经得到验证。例如，挽回、拯救正在衰退的品牌；实现差异化的产品竞争；促进创新，建立企业形象识别系统；诱导客户尝试、购买，赢得客户的信赖与忠诚。体验营销的成效如何？体验营销是否替代传统营销，取决于行业类别、产品属性、目标客户管理水平，在消费用品领域，尤其是在服务行业，体验营销是主要的营销手段；而在产业用品领域及其他行业，体验营销可以作为传统营销的辅助手段。对于大多数企业来说，在关注体验营销的同时，一定要重视传统的产品特色与利益的营销。部分企业尝试体验营销模式，同时还需要对传统营销进行深入的实践。

在我国，体验营销已经被诸多企业所运用，其作用也得到了很好的发挥，创造出不菲的价值。以“流行美”国际连锁机构为例，其董事长赖建雄具有渴望成功的梦想，体验营销使其梦想成真①。

赖建雄从事的发饰行业具有投资少、见效快、利润高且无品牌、无竞争的特点。尽管当时发饰行业中有“顶好”、“石头记”等品牌，但是这些品牌不足以成为优势品牌，赖建雄在这一行业准确找到快速创造财富的营销方法——体验，让更多的顾客体验发饰带来的乐趣，让更多的加盟商体验成就财富的喜悦。

1998 年 5 月 23 日，世界上第一间“免费教顾客打扮，免费为顾客设计发

---

① 肖建中、熊学慧：《体验营销：流行美 10 倍速盈利新模式》，中国人民大学出版社，2005 年版。

型、梳头、盘发、化妆”的发型体验屋在广东佛山百花广场开业，由此，“流行美”国际连锁机构的雏形问世。“流行美”创业之初，其营销方式也像大多数私营企业一样，是夫妻店经营管理模式，营销方法极其简单——坐店营业、等客上门。这种方法虽然简单，但是生意十分清淡。一段时间之后，赖建雄发现，有些很好看、样子很奇特的发卡顾客很喜欢，然而她们却不愿意掏钱购买。经过仔细观察，赖建雄认识到，并不是顾客不喜欢这些发卡，而是她们不懂得怎样使用这类发卡。他想出一个尝试性的解决方法，要求店员利用空余时间为顾客设计一些简单的发型，教会顾客使用发卡。每卖出一个发卡奖励店员 10 元。这种方法十分有效，店员们在空闲时间帮助顾客免费做发型，有一个女孩帮顾客做发型，一种发卡一天竟能卖出 30 多个，一个发卡最高能卖 1 000 多元。由此，店铺的经营业绩开始出现转机。

体验营销在“流行美”初见成效，赖建雄将这一方法向各家连锁店广泛推行，以佛山百花广场店为例，其经营利润每月都保持在 2 ~ 3 万元，“产品 + 免费发型设计”成为流行美基本的营销模式，它给顾客带来一种刺激性体验，使顾客产生快乐、兴奋、激动和令人难忘的感受。同时，这种全新的营销模式加速了流行美资金积累的进程，使之步入良性循环。

“流行美”是体验营销的探索者和实践者。在产品设计方面，“流行美”产品设计融入了对体验营销的理解，按照营销规划进行产品设计。为了提供为顾客带来快乐体验的产品，设计人员对产品进行了分类，根据顾客脸型和面部肤色的不同，“流行美”将产品区分为戏剧型、浪漫型、优雅型、前卫型、自然型等八大款型和春、夏、秋、冬四季色彩，以款型和色彩为参数，“流行美”提供符合不同顾客需要的各式产品。当顾客进店时，店员根据相应的标准能够迅速判断出这位顾客适合使用哪一类型的产品，并能够恰当地为顾客选出她所需要的产品。在顾客购物过程中，店员会引导顾客进行产品的鉴别和选择，让顾客真正体验到产品的价值和乐趣。在店铺环境方面，“流行美”建立概念店、专卖店、店中店，其店铺改造贯彻体验营销的思路：整合店面，形成统一鲜明的视觉形象，设计店面的空间布局；科学规划“流行美”的终端卖场；营造店铺内活力销售的氛围。改造后的店铺，店面形象给人以强烈的视觉冲击，一种尊贵、大方、富丽的气质展现无遗。通过色彩和空间布局体现精致典雅的店面观感，充分营造女性感受美丽、释放美丽的体验氛围。为了让顾客体察到细致、专业的服务，店面区分了各大功能区域，每个区域都会给顾客带来不同的体验。在产品陈列方面，“流行美”充分考虑到顾客的视、触、嗅的整体感觉，所有的产品陈列让顾客体验到“上帝”的尊贵。橱窗的陈设充分展示产品的魅力，它传递给顾客诱人的信息，将美丽与自信捧到顾客眼前，令顾客感觉到美丽就在脸上，自信就在心里。顾客置身于靓丽的橱窗面前，被产品的华贵品质所吸引，体验到国际化品牌的价值所在。“流行美”的商品陈列摆放有序、主次分明、主题突出、功能区别、重点明确。低价位、款式好看的产品放在顾客注意力相对集中的、靠近走廊的橱柜上，而镶有水钻的精致产品放在显眼处，配以灯光照射，七彩的反射光很容易将顾客游移的目光锁定。顾客进入店中即刻感觉到，无论需要什么样的产品，一眼望去尽收眼底，不必询问店员产品的陈列位置；没有明确购物目标的顾客，可以坐下来亲身体验每一种产品配以不同的发型所展现出的美丽效果。店员根据顾客特征，快速从陈列的商品中找到适合顾客的品种。在顾客服务方面，“流行美”步入个性化服务阶段，根据消费需求心理的变化不断推陈出新，提供专业化、个性化的服务项目，通过创新服务形式，让顾客真正体验到高品质的服务水平。

“流行美”推行了体验营销服务模式，具体而言就是抓住了顾客的心。以发卡为体验工具、以店铺为体验舞台，让顾客的购物过程演变为感动、兴奋、快乐难忘的体验经历，店员先免费为顾客做一些简单的发型，教会顾客怎样使用发卡，再为顾客设计出更漂亮的发型，让顾客体验到美丽效果，其自信心得到极大的满足，心动就会行动，顾客就会愉快地购买产品。顾客的购买行为起因于产品的功能，决定于使用过程中的美好体验，“流行美”将产品价值转化为体验价值。在顾客关系管理方面，“流行美”通过为顾客提供超值的服务，密切与顾客的关系。顾客购买一件产品之后，依附于产品的服务虽然会伴随产品寿命的终止而停顿，但是顾客所体验到的服务价值不会就此消失，因为大多数顾客并不具备发型设计的专业知识，每购买一款发卡都需要了解、掌握产品的使用方法，体验到产品使用的效果，因此，在“流行美”购买发卡的顾客，可以持续不断地享受到发型设计的超值服务，顾客得到越多的服务，就会频繁地光顾门店，就会选购更多的商品，这样，供需关系越加紧密，“流行美”的赢利空间随之不断扩大，品牌知名度不断提升。

14.2 体验营销运营模式

在体验营销中，体验作为消费者的产出物而存在，但是消费体验却始发于企业的营销设计，归功于企业的营销管理。体验营销的这种特殊性决定了企业实现体验营销的过程区别于传统的营销模式，需要从企业与客户两大视角构建体验营销的框架（见图 14－3）。

体验营销模式以消费体验为核心，依据企业营销战略目标，在充分考虑客户

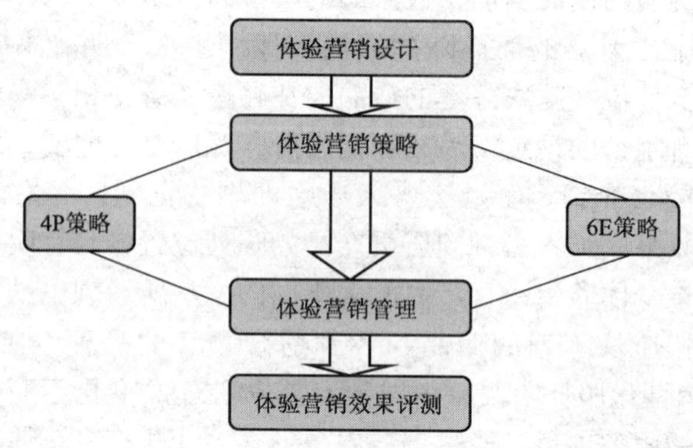

图 14－3 体验营销运营模式

体验价值的基础上进行体验营销的设计。其具体操作过程沿袭了传统营销 4P 策略的精华，融入体验营销 6E 策略的精髓，从而形成了 4P＋6E 的体验营销整合策略。为了保证体验营销的顺利实现，需要对其过程进行规划，形成体验营销的控制系统，同时还要对其绩效进行衡量，建立体验营销效果测评体系。唯此，体验营销模式才能正常运行，实现既定目标。

14.2.1 体验营销设计

设计是体验营销模式运行的基础，只有进行规划与设计，体验营销才能呈现标准化、定制化的运营模式。体验营销设计需要关注并做好以下各项工作：

14.2.1.1 进行 STP 决策

开展体验营销，必须在明确企业发展方向的基础上确定体验营销的目标，遵循营销 STP 定位法则，以行为变量和心理变量为参数，对市场进行细分，以此判断消费需求存在状态与发展趋势，辨析客户的缺失性需求和发展性需求，导入客户体验期望和体验结果，从而有针对性地进行体验营销设计。

14.2.1.2 分析体验价值

客户是一个多重感受体，客户对某项品牌的体验结果包含了多重内容的价值载体。就客户感知而言，包括感官体验、情感体验、思维体验、行动体验和关联体验五种形式；就客户涉及产品的类型而言，包括娱乐体验、教育体验、审美体验和逃避体验四种类型；就客户获取的价值而言，包括原点体验、中位体验、超值体验和盈溢体验四个等级。因此，消费体验包含着复杂的信息内容，不能依据某一方面的反应就判断其价值大小，需要立足于三维空间，立体分析体验价值所在（见图 14－4）。

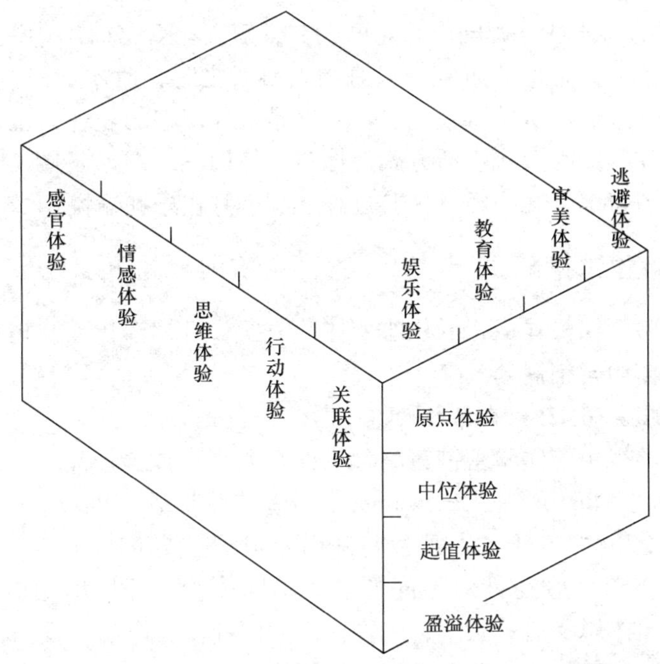

图 14－4 三维体验价值

14.2.1.3 遵循体验规律

（1）体验的非物质化、虚无性。在体验经济时代，体验对象往往是非物质化的产品，体验经济的提供物具有数字化、信息化的特征。正如《理由》杂志编辑威吉利亚·波斯特尔所言："实际上我们生活在一个越来越不确定的经济系统中，大量的财富不以实物的形成而存在。"因此，体验营销设计需要符合经济发展趋势，关注服务体验的基本属性，借助于现代资讯技术开辟虚无的消费体验通道，提供非物质的消费体验场景。

（2）体验的情感化、心理动态性。体验是消费者心理活动变化的过程，伴随体验的展开，客户的认知结构发生变化，他们将消费经验与新的认知衔接贯通，逐渐完成品牌认识上的升华；同时调整情感与意向，从物境过渡到情境，再提升到意境，最终获得体验价值。因此，在体验经济时代，体验营销设计具有难以事先预测和无法准确推断的特征。

（3）体验的互动参与性。体验是一种开放式的互动的过程，是企业与客户平等对视、相互促进的机会。通过体验过程，客户得到了人性化的体验价值，精神获得满足；企业得到了来自于客户犀利的观点、看法和评价，从而奠定交易基础。因此，体验营销的设计要充分展现人的自主性，为客户提供能够显现自我价值的平台。

（4）体验的娱乐性。德国思想家席勒在《审美教育书简》中断言："只有当人是完全意义上的人，他才游戏，只有当人游戏之时，他才是完整之人。"在体验经济条件下，人们消费的游戏化、娱乐性是人性回归的表现，是人们日渐追求的一种宽松、休闲的大众化生活方式。体验价值的三维图形（图 14 - 4）显示出娱乐体验的价值特征，客户经过体验过程能够得到快乐和愉悦。

14.2.2 体验营销策略

策略是体验营销模式运行的核心，体验方案设计出台以后，运用"4P + 6E"组合策略实施体验营销规划。

14.2.2.1 体验营销 4P 组合策略

基于企业的视角，体验营销策略包括四个要素：体验产品（Production）、体验价格（Price）、体验促销（Promotion）、体验交易情景（Place）。因为四大要素的英文单词都是以"P"开头，所以将其称为 4P 组合策略。

（1）体验产品。企业针对不同顾客的不同体验，开发出相应的体验产品。如根据约瑟夫·派恩和詹姆士·吉尔摩提出的四种体验产品：娱乐体验、教育体验、逃避体验和审美体验；针对人们的不同体验形式：感觉、感受、思维、行动和关联开发出不同的体验产品。无论什么类型的体验产品，只要迎合了客户的需求，具有高度的体验价值，客户就会给予提供体验产品的企业更高的价格回报。同时，企业可以吸引客户参与体验产品的品牌互动，实现品牌的认同和顾客忠诚。因此，提高产品和服务的体验化程度，吸引消费者的参与、互动是体验营销成功的关键。

（2）体验价格。理性消费者总是追求自身利益最大化，一般从能够为其提供最大让渡价值的企业购买产品。传统营销把体验作为一种服务，实际上，从服务中可以分辨出体验价值，但对于产品服务之外的体验价值却估计不足。体验营销模式下产品价格主要以心理需求为导向，依据满足客户精神需求程度而确定。最成功的定价是客户把价格作为回忆体验价值的一种手段。

（3）体验促销。促销本身是对体验的一种描述，对客户起引导作用。客户大多是通过企业促销了解体验活动内容的，不同类型的体验通过不同促销形式进行传播。尽管促销形式不同，但机制的作用过程却是相同的，体验促销都是将图像、文本等符号化的东西与位置等元素相结合，使其展现出来的日常生活具有动态感，且让具有很高的仿真性，如促销的位置决定了叙事背景、语境和内容，就此形成了促销情形，使促销所描述的现实可以是"超真实的"，这样，体验促销就以较大的弹性构筑了一个"体验的现实"，对于想象和冲动非常奏效，企业凭借“体验的现实”能够调动购买欲望、挖掘消费潜意识，进而提高客户的体验价值。

（4）体验交易情景。从根本上讲，交易的场景直接影响体验的结果。当客户距离交易地点较远时，一方面造成了客户消费体验总成本的上升，使客户消费次数减少；另一方面由地域的差距所导致的消费文化背景上的差异，造成了客户消费体验方面的差别化，如何让客户在消费过程中身临其境，且让具有不同文化背景的客户从各自的视角都能够得到体验的感触，这是体验营销执行的关键所在。

14.2.2.2 体验营销6E组合策略

基于顾客的视角，体验营销策略包括六大要素：体验（Experience）、情境（Environment）、事件（Event）、浸入（Engaging）、印象（Effect）和延展（Expand）。因为六大要素的英文单词都是以“E”开头的，所以将其称为6E组合策略。

（1）体验。体验是体验营销组合中最基本的要素。在施密特的研究成果中，体验被区分为感觉、感受、思维、行动和关联五种类型，但是顾客所产生的体验却无法被清楚地分辨成为哪一类型，而是几种体验类型的混合体。当然，这种混合并不是杂乱地交织在一起，而是以“体验的车轮”这种形式出现的，或是基于价值的层级发展的，因此，在实施体验策略时，一定要找到各种类型体验或各层级的连接点，然后在连接点上进行体验线的扩充组合，从而生成一个完整的顾客体验计划。

（2）情境。情境是企业为顾客搭建的“表演舞台”，是体验产生的外部环境。它既可以被设计成现实的场景（需要借助一系列的“道具”），如星巴克咖啡店设计的店堂环境，也可以被设计成虚拟的世界（需要一系列的画面、声音等），如网站经营者设计的虚拟社区。情境策略对于体验的生成具有极大的促进作用，同时又是事件展开的必要条件，因此，必须重视情境策略在体验营销中的运用。在情境的设计过程中，可以借鉴戏曲理论、心理学和社会学等方面的知识。需要强调的是，情景策略必须服从且服务于体验策略，否则难以获得体验的整体效果，甚至可能适得其反。

（3）事件。事件是为顾客设计的一系列的表演程序。体验营销的内涵反复强调，体验的产生需要顾客亲自参与演绎，但是却不能由顾客任意表演，否则企业很难为顾客提供特定意义的体验。如果企业提供的体验零散且无法控制，体验的结果很难在顾客心目中形成一个清晰的概念、留下深刻的印记、占据准确的位置。因此，企业必须对体验过程进行特别的设计，即为事件策略。根据表演程序的松散程度，可以将事件策略分成两种形式：一种是设立严格的程序，在线游戏的体验营销就属于此类；另一种是设立相对宽松的程序，使其存在一定的弹性，允许顾客在一定程度上按自己的理解进行诠释。如《体验经济》一书中提到的“迪斯尼生日俱乐部”组织的农场体验活动，顾客（一群小朋友）可以发挥自己的想象在农场里体验旧式的农家生活。在事件策略的制定过程中，除了考虑顾客自身的活动过程，还要考虑到顾客相互之间的关系，因为在体验活动中，经常是许多顾客同时参与，如果不注意协调他们之间的关系，很容易带来负面的体验，对企业来说将是重大损失。

（4）浸入。浸入策略主要是指通过营销手段使顾客真正浸入到企业所设计的事件情景之中，因此为顾客设计一个怎样的体验角色非常关键。浸入策略要求角色的设计使顾客成为一个真正的“演员”，而不能视其为观众，或者是可有可无之人。诱导顾客主动表演是浸入策略的关键所在，在事件过程中顾客只有真正参与其中，其心理活动才能纳入企业所设计的情境轨迹之中，最终促进体验（愿意付费的体验）的产生。

（5）印象。企业向顾客让渡体验的过程中必须注意顾客重复购买的问题，在体验营销组合中引入印象策略正是基于这一考虑。体验的寓意表明，体验是深刻且难忘的，体验的结果必然给顾客留下深刻的印象，因此印象成为维持长期顾客关系的一个重要因素。然而，印象会随着时间的推移逐渐淡化，如果不对印象进行管理，顾客关系的长期保持将很难实现。印象策略就是对印象进行管理的策略，具体方式可以借鉴关系营销中的一些做法，如保存体验过程的录像，拍照留念，赠送体验纪念品，建立体验会员俱乐部等。

（6）延展。体验营销的最终目的是获得顾客的忠诚，延展策略是实现这一目标的有效手段。体验营销借助于体验结果，以顾客为中心向外辐射，顾客的体验可以延展到企业的其他产品，可以延展到不同的区域、不同的时期，更重要的是向他人进行传播，从而使体验在延展过程中得到升华，实现顾客价值的最大化，同时实现企业价值最大化。

14.2.3 体验营销管理

管理是体验营销模式正常运行的保证。体验营销管理包括体验营销设计方案的贯彻与控制；现有客户的体验过程管理；潜在客户体验营销传播；体验营销系统的时效管理等。其目的是使企业的营销理念、核心能力及其组织结构与体验营销的运营模式相适应。

14.2.3.1 提升经营理念，培育核心能力，贯彻设计方案，确保体验营销目标的实现

体验营销是体验经济时代的产物，企业运用体验营销实现发展战略，跳出传统营销模式进行换位思考，立足于体验营销的视角，把握体验营销的规律，强化核心竞争能力，对体验营销模式实施动态管理。

14.2.3.2 调整组织结构，审定人员配置，建立基于体验营销模式下的企业文化

面对消费者，体验营销是一个感染和渗透的过程，在一定意义上借助于人员状态和情景氛围，促使其消费心理发生变化。因此，企业的组织结构具有体验导向型特征，企业的员工需要进行专业化训练、积累能量、充满活力、成就经验。唯此，体验营销模式才能持久，展开并产生连锁效应。

14.2.3.3 选择体验媒介对潜在客户进行有效传播

运用创新手段对现有客户进行全面体验管理，建立高度整合的体验营销系统，以实现体验价值。高度整合的体验营销系统即在企业的安排下，使客户体验活动形成链接，构成一个自我强化的系统，任何试图模仿的竞争对手只得照搬一个环节现象、一种活动形式，而不能轻而易举地复制整个系统。这样，企业的体验营销系统在让渡体验价值、达到即定利润目标的同时，能够有效抵御来自竞争者的侵扰。

14.2.4 体验营销绩效测评

评价绩效是体验营销模式运行的关键环节，需要建立体验营销测评系统，开发体验营销的评价指标与测量方法。众所周知，消费体验结果客观上存在一定的模糊性，运用模糊运筹学，可以设置相关评价指标、规定测评方法。

14.2.4.1 评价指标

评价体验营销绩效的主旨标准为“客户体验满意度”，为了避免评价指标过多从而加大客户体验成果的模糊性，应将“客户体验满意度”运用主成分的分析方法予以简化，即将多个指标简化成为少数几个既能相互独立又尽可能多地反映大量信息的综合性指标，也可以将综合性指标表述为以下条件极值模型：

$$V(a'x) = a'va \rightarrow m\triangle x \qquad a'a = 1$$

其中：$\boldsymbol{x} = (x_1, \cdots, x_p)$ 是 P 维随机向量，$V(x) = V_0$

对于满足上述条件的 a，称 $a'x$ 为 x 的主成分。

为了获得客户体验满意度，还必须明确各指标对客户满意度的贡献大小，即知晓各指标的权重。由于在这一问题上同样存在着认识上的模糊性，可以运用层次分析法，通过专家所作出的权重判断从而得到组合权重。假设第一级指标客户满意度用 A 表示，第二级指标用 C 表示，第三级指标用 P 表示。

第一级指标 A 对第二级指标 C 的相对权重为：

$$\overline{W}(1) = (W_1^{(1)}, W_2^{(1)} \cdots W_R^{(1)})\ \mathrm{T}$$

第二级指标 C 对第三级指标 P 的相对权重为：

$$\overline{W}(2) = (W_{1i}^{(2)}, \mathrm{W}_{2i}^{(2)} \cdots \mathrm{W}_{ki}^{(2)})\ \mathrm{T} \qquad i = 1, 2, \cdots, k$$

第三级指标相对第一级指标的权重通过 $W^{(1)}$ 和 $W_i^{(2)}$（$i = 1, 2, \cdots, k$）组合即可得到。

14.2.4.2 测评方法

鉴于客户满意体验所具有的模糊特点，使用模糊综合判断方法计算客户满意度及其分值，具体分解为四个步骤。

第一步：建立顾客满意指标集合 $U=\{U_1, U_2\cdots, U_n\}$，也就是顾客满意模型中的第四级指标，每一个指标都分别对应一个权数，组成集合就是 $V=\{V_1, V_2, \cdots, V_n\}$。

第二步：确定评语集。可以采用李克特量表把满意程度分为七类，$H=\{H_1, H_2, \cdots, H_m\}$ ＝｛很不满意、不满意、不太满意、一般、较满意、满意、很满意｝，如果最终结果要求得到具体的数据，还可以把评语集取 0～100 等分成 7 份的中间值，表示为 $H=\{H_1, H_2, \cdots, H_m\}=\{7, 21, 35, 49, 63, 77, 91\}$。

第三步：单因素评判。评判时根据问卷上的某一问题 U_i 的每个答案的选择人数占总回答人数的比例，构成向量 $\boldsymbol{R_i}$，由于满意指标集合有 n 个指标，因此可以得到 n 个向量。

第四步：综合评判。由上一步所得到的 n 个向量组成评判矩阵 R，评判矩阵 R 与权重集合所成的向量进行关系合成运算，就得到评判向量 $\boldsymbol{B}$，即：

$$\mathrm{VOR}=\boldsymbol{B}=(b_1, b_2, \cdots, b_m)\ \text{其中，}\ \underset{b_j=i=1}{\overset{n}{V}}(v_i \wedge r_{ij})\ (0 \leqslant b_{ij} \leqslant 1)$$

根据最大隶属度原则评判向量 $\boldsymbol{B}$ 中最大的数值所对应的评语就是所求顾客满意的程度。为了便于企业对不同时间段的总体因素的顾客满意度以及单项因素的顾客满意度进行前后比较，进而改进产品和服务，还可以用由数值量表所构成的向量与评判向量 $\boldsymbol{B}$ 进行关系运算，从而得到具体数值表示的顾客满意度。这一数值也可以称为顾客体验满意指数。

14.3 体验营销策划与执行技术

14.3.1 制造商全面体验营销

（1）策划要义

体验营销即从消费者的感官（Sense）、情感（Feel）、思考（Think）、行动（Act）、关联（Relecte）五个方面设计营销方式，从而达到营销目的。因此，体验营销区分为不同类型，每种类型有其自身的执行规律。伯德·施密斯在其《体验营销》一书中将不同的体验营销类型称之为“战略体验模块”。

①感觉体验营销。感觉体验营销关注消费悟性。通过刺激感官，使消费者视觉、听觉、嗅觉、味觉和触觉感受到愉悦、兴奋、满意，从而在心理上领悟快乐

体验。感觉体验营销有助于实现产品的差异化，传递产品价值，激励消费者的购买行为。

②情感体验营销。情感体验营销关注消费心情，即通过调动消费者的内在情绪，创造情感体验，使之经历刻骨铭心的消费过程。情感体验营销的执行需要真正了解怎样的刺激才能使消费者受到感染，引发消费情绪，从而在产品品牌与客户之间建立起连接的纽带。

③思考体验营销。思考体验营销关注消费智力。以创意性营销手段和方法引起消费者猎奇的兴趣，使其对问题进行发散或收敛的思考，指导客户在消费过程中感受认识问题和解决问题的体验。就高科技产品而言，思考体验营销是必需的营销方式，在产品设计、市场定位和客户沟通等方面效用显著。

④行动体验营销。行动体验营销关注消费行为。通过创造各种机会，增强消费者的身体体验、人际互动体验，以及生活形态体验。促使客户对其固有的消费行为进行自我认识，对其价值观进行自我判定，激发客户采取行动调整生活模式，丰富生活内容。

⑤关联体验营销。关联体验营销关注消费与品牌之间在社会意义上的背景联系。个体消费往往受到其他用户、社会团体和文化背景的牵制与影响，其消费动机源自于社会文化渗透的印记、社会角色之间的相互影响；源自于消费者对社会地位的认同和需求。因此，关联体验营销借助于社会文化背景，选择恰当的参照群体，创造条件使消费者在感官、情绪、思想与行动方面体验到与社会群体之间的联系，置身于某种品牌专用的社会阶层，享有与众不同的社会地位，从而产生购买行为。

全面体验营销即各类型的体验模块完整的组合过程，这一过程包括体验模块的选择、体验模块之间的连接度和适宜度，以及体验组合的实施方法等。全面体验营销可以逐步打造，以“体验之轮”的方式规划、研发新产品，并且循序渐进做出宣传与推广。

“体验之轮”是实施全面体验营销的工具，它强调体验模块是一个相互联系的整体结构，即依据层次分插原理，建立体验模块的优先顺序：感官—情感—思考—行动—关联。感官模块吸引人们的注意并且引发人们的兴趣；情感模块能够建立情感纽带，使人们在体验中与品牌结成紧密的联系；思考模块让人们对品牌产生认知、生成理解；行动模块调动人们的需求动机，最终实现购买行为；关联模块则超越了个体体验本身，在更广泛的社会层面上对消费领域产生深刻的影响。

（2）策划方案

[涉及企业] 大众汽车公司（Volkswagen）

[营销业务] 甲壳虫汽车

[背景资料] 大众汽车公司最具凡响的甲壳虫车型采取了体验营销的模式，致使美国人对甲壳虫汽车抱有一种不同寻常的感情。1993 年，大众汽车公司在全球已经亏损了 11 亿美元，在美国的汽车市场份额不足 1%。当时，公司执行主席费蒂那德·佩茨先生力排众议，决定上马新甲壳虫车型，以期重振大众汽车昔日的辉煌。1994 年，新甲壳虫概念车在底特律车展上首次亮相，立即引起巨大轰动，尽管新款车的外观造型沿袭了昔日车圆头圆脑的风格，让人一眼望去，即刻忍俊不禁，然而新甲壳虫确是一款完全符合现代时尚的车型：外形稍大，车内空间宽敞；配备现代驾车族习惯使用的一切设施，如回气囊、手机的电源插孔、可调节的方向盘等；附加了音响系统及方便遥控的中央控制锁系统。新甲壳虫是一款典型的 20 世纪 90 年代末期出产的汽车，其售价符合于当期的消费水平，但是却保持了老款车的价值体系。对于消费者而言，花费 8 300 美元就能购买一辆旧款甲壳虫，却要花费 15 200 美元才能购买一辆经典配置的新款甲壳虫，虽然多出近一倍的售价会让许多刚从大学毕业的新新人类面对新型甲壳虫望尘莫及，然而却刺激出他们的消费欲望，使他们感觉到甲壳虫车的时代魅力。热衷于收集与甲壳虫车相关的附件产品，从手表到钥匙链、从夹克衫到 T 恤等。

新甲壳虫概念车的目标市场相当宽泛：无论民族、不分老少、不同生活经历、不同收入水平和不同宗教信仰——所有的人第一眼看到这款车时都是微笑的表情。为此，大众汽车公司提出了“秀出车型，打破常规”的营销创意：即仅仅秀出这款车的车型，无须描绘它的形状，无须解释它的性能，不要谈论它的便利配置而破坏了消费者的梦想和回忆，让人们站在不同的角度以自己的方式定义这款车，让人们自己建立起情感纽带，发自内心地想驾驭这款车。

[策划过程] 新甲壳虫概念车的营销方案综合了体验营销的五种诉求。

第一步：感官体验。在汽车市场中，如果相距较远，即使是公司主管也很难将本公司制造的汽车与同业竞争对手的车型区分开，然而曲线优美、造型别致的甲壳虫汽车一眼望去就与众不同，这样的视觉效果正是供需双方所期待的。

第二步：情感体验。甲壳虫深入人们的感情世界，在现代与过去的时空变换中架起一座情感沟通的桥梁，能够引发人们的热忱、激情和怀旧的情怀。一位曾经参与甲壳虫汽车前期宣传推广的广告主管陈述他的经历：“当我把车停在一家餐厅门前的时候，人们都围拢上来，那种感觉就像摇滚歌星一样备受瞩目；但是当我在车里时，人们还是一直看车而不是看我。无论怎样，驾驭甲壳虫就拥有了满足。”这种精神上愉悦及其情感上的知足正是消费者所需要的。

第三步：思考体验。昔日的甲壳虫车，依托于车型类似于船型的消费时代，它凭借所倡导的“想想还是小的好”的消费理念，改变了整整一代人对交通工具的需求观点。今天的甲壳虫车并没有失去理性消费的色彩，同时具备时尚消费的风格，兼具过去与现在的消费特征，重新唤醒人们的消费意识，引发人们的思考。

第四步：行动体验。当今时代的甲壳虫车是一种大胆的尝试，在高效率、快节奏的生活中，它表明了一种坦荡自如、松弛幽默的生活态度，意味着一种个性张扬的消费倾向，人们购买这款汽车，以期改变自己的消费行为模式。

第五步：关联体验。新款甲壳虫汽车堪称20世纪六七十年代的标志，它使得相当一部分人能够重温青年光阴旧梦；同时，它可谓当今时代的象征，使得新新人类能够搜索到“酷”的踪影，触摸到时尚的脉搏，体验到引领消费的自豪。

(3) 执行要求

全面体验营销强调，彼此独立的体验模块是一个相互联系的整体结构，在结构中单一体验模块与其他体验模块连接，形成了许多结点，从而造就全面体验营销的整体效果，超越于单一体验模块效果的总和。同时，结点意味着可以站在某一种体验模块的角度，全面考虑体验营销的综合质量，调整体验之轮的顺序，反向驾驭体验之轮的进程。

全面体验营销的关键问题在于体验结点的区分和运用。以甲壳虫汽车为例，汽车返古式的造型设计找到了感官体验和情感体验的结点。这样的汽车造型一眼望去使人立即想起早期汽车的形状，有一种似曾相识的感觉，通过广告宣传和公关活动，人们的回忆得到充实，进而发展为饱满的情感体验。借助人们的怀旧情怀又将情感体验和思考体验结合在一起，人们不禁思索：让人喜爱甚至沉迷的汽车究竟是什么样子呢？通过暗示早期汽车及其驾驭者的特点，这种思考得到强化，进而发展成为行动上的体验，尤其是对于那些希望为平淡的日子添点生活情趣的驾驭者来说更是如此。同时，人们在感受甲壳虫汽车之际，表明一种反主流文化的生活态度，因此，甲壳虫汽车与人们的生存背景和消费模式建立起关联体验。

运用全面体验营销技术要做好基础性工作。

①全面体验营销需要进行战略规划，充分考虑体验结点的效用问题，权衡体验模块之间的相互关系和相互作用，尽量避免单个体验模块单纯效用的状况。

②全面体验营销可以改变体验轮回的程序，对于以思考体验和行动体验为切入点的产品，可以“退回”到感官体验和情感体验的角度重新审视产品的品质特征。然而，反向驾驭体验之轮绝非易事，需要做出精心策划与详细安排。

③全面体验营销需要丰富的营销经验和阅历，营销管理者凭借直觉和勇气能够判断消费需求心理，把握消费发展趋势，从而抓住消费体验的本质，作出正确的决策。

14.3.2 零售商卖场主题体验营销

（1）策划要义

卖场主题体验，即从一个诱人的典故导入一个营销主题，在卖场中围绕主题构思一种营销状态，形成一种独特的营销风格。根据消费者的兴趣、态度和偏好，以商品为“道具”，以服务为“舞台”，以环境为“布景”，使顾客在卖场中获得美好的体验，甚至当消费过程结束后，这种体验价值仍然留在客户的脑海中，使其拥有一份美好的记忆。

体验是一种客观存在的心理需要，每位消费者都有这样的心理要求。在物质需求得到满足之后，伴随着生活节奏的不断加快，富裕而又忙碌的人们消费体验的要求愈加强烈，迫使企业重新审视自己的营销方式，向消费者传递一种更高标准的生活模式。因此，消费体验的个性化使得卖场主题体验营销大行其道，从卖场位置、卖场布局、卖场氛围和卖场产品等方面实施营销策略。

（2）策划方案

［涉及企业］星巴克咖啡店

［营业项目］咖啡

［背景资料］星巴克咖啡连锁店的首席执行官霍华德·舒尔茨对卖场主题体验营销具有深刻的认识：“好几百年了，咖啡一直都是人们议论的焦点。”实际情况表明，客户需要“第三地点”，介于家庭和工作场所之间的地点，人们在这里打发他们的个人时光，星巴克为客户开辟了这样的地点，已成为人们住所的延伸，客户之所以时常光临星巴克，是因为他们在这里可以获得高质量的体验。1971年在美国西雅图“Poke Plouce”市场，星巴克第一家分店正式开业，当时美国经济已经从60年代的巅峰走向衰退，咖啡的销量已经下滑；80年代，咖啡销量进一步减少，那时的星巴克还只是西雅图市一个小小的连锁店公司，它以销售高品质的咖啡而出名，但是它只有百家店面，只销售咖啡豆。1987年，舒尔茨筹集了400万美元，从当时只销售咖啡豆的老板手中把星巴克买了下来，此后，舒尔茨把文化融入星巴克的经营过程，把美式文化逐步分解为可以体验的东西，把一种商品（咖啡）变成了一种文化符号。

［策划内容］星巴克以休闲放松为主题，着力强调美国式的消费文化，长期坚持人文品质，使其具有深厚的人文底蕴。星巴克将自身定位于“您的邻居”，是人们家庭客厅的延伸，是价廉物美的社交场所，是工作和家庭之外第三个最佳去处，是一个悠闲、放松身心的地方，这是星巴克的魅力所在，也是星巴克体验营销特征所在。

第一步：形象体验。星巴克的Logo形象设计，源自古老的海神故事。荷马史诗《奥德赛》中描述了海神如何将水手引诱到水中，让他们在销魂的声音中幸福快乐地死去，中世纪的艺术家们把这些生灵刻画成美人鱼，从此这些生灵传遍了整个欧洲，人们用它们装饰大教堂的屋顶和墙壁。星巴克徽记中那个年轻的双尾海神，便由中世纪的传说演绎而来，顾客耳闻星巴克的名称，目睹星巴克充满传奇色彩的徽记，由好奇、惊喜产生无尽的遐想。

第二步：环境氛围体验。走进星巴克咖啡店，顾客感受到置身于幽然、独特的人文环境，个性化的店堂设计、暖色的灯光、柔和的音乐、考究的咖啡制作器皿，烘托出一种典雅、悠闲的氛围。

第三步：自助消费体验。星巴克采取自助式经营方式，顾客在柜台点完用品，可以找位置稍加休息，也可以到旁边的等候区看店员调制咖啡，待听到喊你取用时，端起咖啡到用品区，那里有一些餐具和各式各样的调味料，自行拿取，顾客或单独品尝咖啡，享受清闲；或挪动桌椅，随意组合，与其他顾客谈笑风生，放松心情。

第四步：咖啡口味体验。星巴克的咖啡品种繁多，味道纯正：既有原味的，也有速溶的；既有意大利口味的，也有拉美口味的。为此，需要在印度、东非和拉丁美洲一带，与当地的咖啡种植者和出口商交流、沟通，从而采购到世界上最好的咖啡豆。

第五步：店员与顾客互动体验。星巴克的店员需要接受严格、全面的训练，每位店员能够预感到顾客的需求，与顾客产生良好的互动。结款之际，收银员在收银机上除了键入消费品名和价格外，还需要键入顾客的性别和年龄段，以便掌握消费信息，与顾客保持长期联系。

第六步：礼遇体验。星巴克所有用品的设计新颖、别致，尤其是店内器皿用具及其包装像礼器一样精致，从杯子、杯垫，咖啡豆包装袋、咖啡壳上的图案到每天用艺术字体公示的当日主推销产品等，其构思巧妙、匠心独具，使顾客爱不释手，产生触摸的冲动。

第七步：高科技服务体验。星巴克实施微软 NET my Services 的运营模式。顾客通过因特网可以预订想喝的咖啡，进入店门之后，不用等待，想要的咖啡即刻送至；星巴克还引入无线宽带网络技术，顾客喝咖啡的同时，将智能手机、掌上电脑接入宽带，享受免费上网的服务；另外，提供种类繁多的杂志，让顾客进入娴静自如的境界。

（3）执行要求

星巴克的顾客，主要是居住在拥挤城市中那些忙碌的人们。他们之所以光顾星巴克，是因为星巴克为他们提供了一个良好的消费环境，使他们暂时摆脱快节奏的生活，停下来悠闲放松。顾客满意于星巴克的咖啡，更满意于星巴克的环境和氛围，他们都在追求这样的一种经历：喝一杯咖啡，享受一次慢节奏生活的机会。尽管星巴克突飞猛进，发展迅速，但是从来没有偏离这一轨道。

卖场主题体验营销的核心是设计体验主题，即通过构造一个背景（表述一个故事），提出一种消费主导思想。伯恩德·施密特和亚历克斯·西蒙森在其作品《市场营销美学》中，提出体验主题涉及的领域：历史、家教、时尚、政治、心理学、哲学、实体世界、大众文化和艺术。体验主题无论源自哪个领域都应当符合消费潮流，引人瞩目；领导消费时尚，动人心魄；填补消费空白，令人向往。

创意体验主题的要求：

①主题的内容简洁明了，寓意深刻，既符合社会经济生活的发展趋势，又与企业的营销特征相协调。

②主题必须抓住未满足或未被完全满足的需求，引起人们关注，鼓动人们的愿望，调整人们的现实感受，具有相当的诱惑力。

③主题代表意境，能够引发人们思索，导向人们的生活模式，最终形成大多数人共识的消费理念。

④主题是集空间、时间和事件于一体的客观现象。空间无限，时间无止，时空的任何地方都发生着事件，企业应调整认识问题的视角，转换时空，让消费者感受事件的进程，从而产生深刻的体验。

卖场主题体验营销的执行要求：

①卖场地点的选择。卖场位置是体验营销能否成功的重要因素，其关联因素较多，地点选择应与体验主题内容相吻合，如果商品及其服务的体验价值较高，距离的远近和规模的大小可以稍加忽略。

②卖场布局的设置。卖场布局是体验营销的重要组成部分，主要包括店内布局、橱窗陈列和商品摆放，要充分体现主题思想。店内各区域功能明确，设施完善，布局合理，符合消费习惯；橱窗陈列、品牌标志吸引消费者的注意力，激发体验兴趣，表明卖场的主题思想；货架商品摆放协调，传递消费信息、昭示经营意向，能够使消费者赏心悦目、欣喜愉快。

③卖场氛围的营造。卖场的整体景观对消费体验具有直接作用，卖场的装饰颜色、灯光亮度、音量音调、气味清新度、温度湿度等都会影响消费体验价值，进而影响到消费行动。

本章内容小结

本章界定体验营销与传统营销理念和观点的区别，阐明现代经济环境中体验营销的运行特点；阐述体验营销生成背景及其作用领域；分析、论述体验营销的运营模式，强调体验营销设计、管理、策略、绩效测评的程序和方法；提出体验营销策划与执行的关键技术。

■ 体验营销是一种为体验所驱动的全新的营销方式，它与传统营销相比较在观念与方法上存在较大的差别，即从生活情景出发，塑造消费者感官体验及心理认同，为消费者创造全方位的难忘感受，为产品和服务找到新的生存空间和新的利润增长点。

■ 体验营销是体验经济的必然产物，是体验消费的客观要求，体验营销依托于网络信息技术的支持平台，其作用领域宽泛、价值显著。

■ 体验营销运营模式依据企业营销战略目标，在充分考虑顾客体验价值的基础上，进行体验营销的设计。体验营销沿袭 4P 策略的精华，融入 6E 策略的精髓，从而形成“4P +6E”的组合策略。

■ 体验营销策划与执行关键技术包括制造商全面体验营销和零售商卖场主题体验营销的策划要义、方案要领和执行要求。

【本章研习：体验营销技术】

研习目标：通过学习、训练，了解体验营销策略的使用价值与局限，掌握体验营销策划的方法，研究体验营销的执行规律。

研习内容：

■ 背景资料

2002 年 6 月，深圳市南头片区的“荔林春晓”项目进入市场推广阶段。当时片区之内房地产市场竞争比较激烈：在售物业有近十个，总建筑面积约 30 万平方米，大部分集中在桂庙路与南油大道交汇处以及南新路两侧。与南山后海、前海片区相比，本片区住宅供应量并不算大，且经过一定销售周期已出售了大部分，预计在未来一两年内，该片区的住宅供应量将会持续增长，从而给本项目的市场推广带来一定的竞争压力。

一、该项目的 SWOT 分析

（一）项目优势

A. 环境优势：项目紧邻占地 21 万平方米的荔香公园，整体环境清新雅静。

B. 交通便利：项目紧邻深南大道，来往交通便捷。

C. 周边教育配套设施较为完善：项目所在区域各类文化教育设施配套齐全，文化气氛浓郁，对二次置业客户有吸引力。

D. 项目具有良好的昭示性：项目临深南大道，同时周边无高大建筑物遮挡，使项目本身具有良好的昭示性。

E. 区位优势：本片区是南山区政府所在地，未来发展前景看好。

（二）项目劣势

A. 北临深南大道，繁忙的交通为项目北面部分区域带来一定的噪音影响。

B. 项目周边的商业、饮食、娱乐设施档次均不高。

C. 项目景观受到一定遮掩：项目与荔香公园之间有另外的地块存在，此地块建好后，将使本项目的东向公园景观受到遮挡。

D. 片区现存许多农民房，大部分用于出租，人员流动性大，人口情况复杂。

E. 本片区属于旧城区，原有规划较为滞后，相对南山区规划良好的后海，蛇口片区整体环境不甚理想，且短时间内很难改善。

F. 南头片区商业皆为传统型老的商业街，设施陈旧、规模小、档次不高，娱乐设施更是缺乏。

（三）项目机会点

本片区处于深南大道和滨海大道两大主要交通干道之间，深圳城市中心的西移、地铁的兴建将为南头片区带来新的机遇。

（四）项目威胁点

后海、前海、科技园等周边片区近年来楼盘供应较多，对本片区客户造成分流。

二、该项目的目标市场

一是南头本地原住居民。此类客户大都居住在自建楼房里，由于现住房的条件欠佳，他们希望能选择那些居住环境好、小区设施配套全的楼盘，借此提升自己的生活质量，本片区内若有符合他们需求的楼盘，一定会受到他们的欢迎。

二是科技园“小资一族”、“中产阶级”。科技园历经10多年的发展，园内聚集了一大批拥有一定资金的科技从业人员，此客户属于“挑剔型”客户，对楼盘的质量要求相当高，但如果这部分客户一旦认可了楼盘，又会在周边形成良好的口碑，从而带动周围的同事集体购买。

三是南山区工业区的大集团、大企业的中高层管理人员。这部分人以前居住的房子多为集团购买的宿舍，这些房子现在已较为陈旧。随着资金的积累与身份的上升，他们需要重新购买质量、档次较高的房产，满足居住需求。

四是南山区公务员（包括深大等周边学校教师）。这部分客户在南山区的可选择范围较为广泛，由于资金的限制，对房子的“性价比”会较为看重，对住房周边的配套设施、交通条件的完善程度要求较高。

三、“荔林春晓”项目配套营销策略

（一）借势营销策略

A. 借广东省一级重点学校南山实验学校的实力和品牌，提供给客户最大的实惠。

B. 借世界五百强百安居的实力和品牌，给客户以信任感，同时提升项目知名度、美誉度。

C. 借中国知名企业康佳集团公司的展销场地，派发项目宣传资料，同时在售楼处现场摆放康佳产品的宣传资料，适时将购买康佳产品作为各种促销活动的奖品。

（二）事件营销策略

A. “全家福”置业安居积金计划。

B. “六一”儿童节给孩子和家长们营造一个温馨和谐、开心快乐的节日氛围。

C. 教师慰问活动及项目推介会。

■ 策划训练

成立课题训练小组，了解中国房地产行业的发展现状，在了解研究深圳“荔林春晓”项目具体情况的基础上，提出“主题体验营销”的策划方案；同时阐明“荔林春晓”项目营销策略组合的作用指向。

■ 执行训练

设计“荔林春晓”项目“主题体验营销”的实施步骤，并就体验主题和执行环节（现场体验园林的惬意、现场体验房屋的材质、现场体验工程质量）的可行性，请房地产开发专业人士予以评价和咨询。

研习检测：满分 10 分

“荔林春晓”项目“主题体验营销”的策划方案（4 分）；分析“荔林春晓”项目营销策略组合的作用指向（3 分）；“荔林春晓”项目“主题体验营销”实施可行性分析（3 分）。

15　非营利性营销策划与执行

本章教学目标

- ■ 深刻理解非营利组织的概念及其作用领域
- ■ 认识非营利组织导入营销原理的必要性和局限性
- ■ 了解非营利性营销运营程序，掌握非营利性营销的关键环节
- ■ 掌握非营利性营销策划与执行技术

15.1　非营利组织的界定及其发展状态

15.1.1　非营利组织的概念

现代社会组织分为两大类，即政府组织与非政府组织。其中，非政府组织又可以分为两大类，即营利组织与非营利组织。经过两次划分之后，社会组织区分为三种类型：政府组织、营利组织和非营利组织，即为现代社会组织的“三元结构”。由于世界各国的政治、文化、历史背景不同，对非营利组织的界定方法有较大的差别。从法律角度界定，美国税法第501条中有26个条款对各类组织免征所得税，凡是符合这些条款的就可定义为非营利组织；从资金来源角度界定，联合国国民收入统计系统规定，非营利组织的收入主要不是来自以市场价格出售的商品和服务，而且来自其成员缴纳的会费和社会的捐款；从组织目的或功能角度界定，如果一个组织的目的是促进“公众利益”或“特定公益事业”，即可视为非营利组织。

非营利组织是指不以营利为目的向社会提供服务，为实现公共目标而存在的组织，包括学校、慈善机构、宗教机构、合作团体、社会组织和市民俱乐部等。

根据美国约翰—霍布金斯大学非营利组织比较研究中心的观点，非营利组织具有下列基本属性。

15.1.1.1　组织性

非营利组织必须是合法注册的、具有常规的组织机构和管理体制，并开展经常性活动的组织。这意味着这个组织有一个章程，定期的会议、工作人员、规则，或其他相对持久的指标；而那些临时的、非正式的、没有常规的组织机构和

管理体制的组织被排除在这一概念之外。典型的情况是，非营利组织具有像公司一样的法律地位，这种地位使非营利组织可以以法人的身份订立合同，同时可以使管理者不会因承担组织的义务而承担个人财务责任。

15.1.1.2 民间性

非营利组织必须是民间的、非官方的组织，在组织机构上独立于政府部门，不承担政府的职能。而且，理事会或董事会的成员不应由政府官员担任，也不接受政府官员指定的董事会管理。也就是说，它们不是政府的下属机构，也不受政府控制（这正是人们往往称之为非政府组织的原因）。但是，这并不等于说非营利组织不能接受政府的捐赠或支持，只是强调它是自治的民间组织。

15.1.1.3 非营利性

非营利组织不像在私有部门中的其他组织，它设立的目的不是致力于为业主或管理者创造利润，它多余的收入必须被全部投入符合宗旨的事业之中，用来完成该组织的使命。这并不是说非营利组织不能取得利润，而是说把利润分配给那些管理和经营这个组织的人是受到禁止的，这是营利组织和非营利组织的根本区别。

15.1.1.4 自治性

非营利组织有自己的内部管理程序，实行自我治理，不受外部实体的控制。它们有自己的董事会并且不受政府的控制和指导。正因为这一特征，一些人把非营利组织又称为“独立部门”。

15.1.1.5 自愿性

非营利组织的人员应当是完全自愿的，不是官方指派的或强迫的，而且来自社会的财产捐赠和志愿服务也必须是自愿的。这并不等于说，非营利组织的工作人员必须都是志愿者，他们也可以拿工资，但理事会成员只能是志愿者，不能拿报酬。“慈善组织”和“自愿性组织”之类的称谓就是来源于非营利组织的这一特征。

15.1.1.6 奉献性

非营利组织所从事的行业大都是营利性组织一般不涉足的领域，如慈善事业、环境保护等。营利组织为在市场上追求最大利润而相互竞争，这使得它们的服务质量常常比非营利组织差。据调查统计，营利性医疗服务质量比非营利性医疗组织的服务质量差。因此，非营利性使人们对这些非营利组织的信任度大大高于营利性组织，在医院、托儿所和养老院等领域，非营利性组织比营利性组织更具有竞争优势。由于非营利组织的一般工作人员的待遇通常比营利性组织低，使命感促使他们对所从事的事业锲而不舍，对关注的对象无比细致，能够兢兢业业，对付出的心血无怨无悔，通常要求对该项事业具有奉献精神，这是非营利组织能够生存发展的缘由。特别是从事于残疾人事业、希望工程、青少年发展基金会、自然科学和社会科学基金会、扶贫、孤儿、慈善、妇女儿童权益保护和环境保护等方面工作的人员，更要求他们有使命感和奉献精神，因为他们服务的对象大都是特别需要在经济上予以援助，或对社会发展和人类生存环境改善具有重要意义的群体。

15.1.2 非营利组织存在的依据

非营利组织的产生有其历史渊源，它是社会经济发展的必然要求，市场失效、契约失效、政府失效和多元性社会结构是非营利组织得以存在的主要原因。

15.1.2.1 “济危解困”观念与行为延伸

“济危解困”是一种古老的伦理观，一向被人类社会尊崇为美德，其观念与行为的使然在一定程度上改善了社会的生存条件。在美国及其他一些国家，社区的形成先于国家的形成，先于政府机构而形成的社区要帮助人们处理所共同面临的困境。开始时，人们各自解决问题，后来人们发现，同其他社区联合起来成立志愿组织解决难题更有益处，一旦这些组织建立起来，既使政府进入了历史舞台，它们仍然继续存在，帮助政府实现其使命。“济危解困”的动因成就了社会志愿组织，是现代非营利组织的雏形。

15.1.2.2 市场在满足公众需求方面的先天不足

市场在分配个人消费物品方面是有效的，但对于那些只能集体消费的物品，如清洁的空气、巩固的国防、安全的街区等，市场是无效的。这些公共物品具有不可分割性和非排他性特点。无须通过市场体系，它不是由个别的消费者和生产者之间的交易提供的，任何人无论付费与否都可以享用这些物品，致使出现供应不足或需求浪费。为了避免这种情况发生，政府部门通过征税的形式强迫每一位社会成员分担公共物品的成本；非营利组织使一些社会成员将其资源汇集起来生产公众所希望的公共物品，但是并不能保证大多数社会成员分担这些物品的成本。市场经济制度的内在局限促成非营利组织创建并且发挥其应有的作用。

15.1.2.3 政府行动失效

政府作为公共物品的供应者本身具有先天缺陷，政府的行动需要多数人的支持，政府很难在公共物品的质和量方面满足多方面的要求，即使存在多数人支持，大多数人也倾向于使用非政府组织提供服务。因为政府的行动通常伴随着效率的低下、迟钝的反应和官僚主义作风，人们对政府的主张抱有相应的抵触情绪，倘若通过非营利组织集结、提供公共物品，就可以影响其他群体的态度和需要，进而使那些无法确保其他群体一定会支持的需要得到充分满足。即使是当政府认为项目的资助十分必要时，通常也是由政府提供资金，由非营利组织提供服务，这样导致政府与非营利组织之间复杂的合作关系，由此促成非营利组织迅速成长，成为社会必需的强有力的组织。

15.1.2.4 社会成员对平等合作的要求

在市场经济条件下，当契约机制无法帮助消费者监督生产者行为时，消费者必须寻求一种可以降低监督成本的方式满足交易中平等合作的需要。由于社会服务本身的性质比较复杂，如果提供该项服务的组织抱有鲜明的获利目的，就极有可能利用自己在合作关系中交换信息不对称欺骗消费者，谋求利润最大化。这样，当消费者自己无法评价服务质量、服务满意度时，就会作出明智的选择，与非营利组织产生平等合作交易关系。由此，非营利组织进入社会服务系统，有利于缓解交易关系信息不对称的问题，降低消费者的消费损失。

15.1.2.5 现代社会的多元价值

现代社会领域中非营利组织运行动机基本归纳为三类：第一类是以非营利活动谋取个人或团体私利，包括金钱、地位、荣誉和权力等；第二类带有利他主义色彩，但也期望获得某种回报，包括精神上的快慰；第三类是纯粹利他主义的，他们将自己的公益事业作为一种使命，倡导为实现公众利益创造性地发挥个人价值，以自己的行为带动更多的人成为公益事业的支持者。作为现代社会机构的必要成分，非营利组织能够在许多领域中发现未被满足或未被完全满足的公益需求，而且为满足需求进行大量的实践活动，如环境保护、社区安全、儿童福利以及妇女权益等，以弥补政府部门在满足人们公益需求方面的不足，使社会整体呈现多元化的结构特征。

15.1.3 非营利组织的作用领域

15.1.3.1 服务供需双方分离的领域

当服务的提供者和服务的接受者之间没有任何直接的联系，而且彼此之间很少沟通时，非营利组织就会发挥比企业更重要的作用。例如，美国的CARE组织主要以个人捐赠的方式收集资金，资金的主要用途是向美国有需要的个人运送、分发食品以及其他的必需品，包括向印度挨饿的儿童派发牛奶、向非洲的贫困国家提供粮食等。美国公众为什么不通过企业来完成这项任务呢？事实上，从事食品运输和配送的企业到处都是，选择CARE这类非营利组织来完成是由于食品的接受者与捐赠者之间没有任何联系。当服务的提供者与使用者之间处于隔离状态时，购买者很难知道自己所提供的服务项目能否有效地传达到自己期望的接受者手中。他们担心企业会偷工减料，甚至根本就不提供任何服务，而是从中牟取暴利，将利润分配给企业的所有者，然而自己又无法亲自到印度或非洲对整个食品的发放过程进行监督。所以，对于这种类型的服务来说，个人会倾向于借助非营利组织来完成，因为这类组织不受利润机制的控制，同时法律也对其行为作出了严格的规定。

15.1.3.2 创造公共物品的领域

从经济学角度来看，公共物品通常具有两个特点：一是个人对某一公共物品的消费不会影响他人同时对该物品的消费，因为向一个人提供公共物品的成本与向多个人提供的成本是相同的；二是一旦公共物品生产出来，就无法阻止其他人对该物品的消费。例如，空气污染的治理就是一项典型的公共物品。如果公共物品以最优的方式提供，那么社会每一个成员所贡献的价值应当等于该物品的边际价值，但是从博弈论的角度分析，消费者会倾向于不贡献或是少贡献，其原因有两个：其一，与整个社会相比，个人的贡献所占比例相对很小，不会影响公共物品的供应量；其二，即使个人不贡献，他仍然可以享受由其他人贡献所创造的公共物品。因此，就个人角度而言，其贡献大小与其所享用的公共物品的数量之间没有必然的联系。然而，如果社会上每个人都遵循这种逻辑，那么即使社会对某种公共物品的需求量很大，真正的供应量却可能很小，甚至为零。由此，在公共物品市场上容易出现契约失效问题，非营利组织的作用显著。

15.1.3.3 价格歧视领域

社会上诸多艺术团体都是非营利组织，它们的大部分预算来自外界公众的自愿捐款。值得一提的是，对于典型的剧院或合唱团来讲，捐款的人一般也是买票观看演出的公众，通常这些艺术团体的门票都十分低廉，为什么不能通过提高票价来弥补成本，反而依靠公众的捐款呢？事实上，即使他们将票价提高少许，社会需求并不会降低，而组织的收入则会增加。从本质上讲，这是艺术团体采取的一种自愿性的价格歧视政策，虽然观众享受的服务是相同的，但是不同的客户所承担的价格却不一样，这是由艺术表演这一行业的特点决定的。像歌剧、芭蕾、古典音乐这类高品位的艺术表演通常只能吸引很少一部分观众，然而一旦某个节目开始决定上演，其启动资金是非常昂贵的，当节目搬上舞台之后，每一次演出的附加成本则是相对较低的，由此演出一场和演出一百场的成本相差并不是很大，所以只要票价足以补偿边际成本就可以维持演出。另外，艺术团体不可能对同样的演出制定不同的价格，或者是针对不同的观众制定不同的票价，但是如何补偿初期所投入的固定成本，这是所有非营利表演团体所面临的共同问题。在这种情况下，自愿性的价格歧视政策是有效的解决途径。非营利的艺术团体可以要求观众自愿捐款，前提条件是观众认为演出的价值高于票价。经验表明，许多观众都乐意额外捐献部分款项。但这种政策只能适用于非营利组织，因为艺术表演的质量与个人的捐款之间没有直接的联系，只有非营利组织的“无利润分配机制”可以排除捐赠人的顾虑。

15.1.3.4 变相贷款领域

许多非营利教育机构都是依靠企业和个人的捐款来维持组织的日常经营，支付各种营业费用的，如美国大学的捐赠主要是来自已经毕业的校友。从本质上讲，这类捐赠是毕业生对在校生的一种资助。这种行为是对市场机制不完善的一种反应，可以弥补教育机构贷款机制的不足。对于大多数人来讲，接受高等教育实际上是一种投资，他们认为毕业后的预期收入要高于其成本，所以他们愿意贷款支付学费，但是私人贷款机构却不愿意提供这类贷款，因为他们觉得风险成本太高：一是担心贷款人将来不努力工作，无力偿还这笔贷款；二是这类贷款的期限比较长，通常贷款人需要在 20 ~ 30 年之后才能达到其收入的高峰期。在无法获得私人贷款的情况下，如果私立学校完全按照教育的全部成本确定学费，那么具备这种承受能力的学生寥寥无几。针对这种情况，私立学校一般采取的措施是：学费要低于真正的教育成本，但是让学生感到自己有义务在将来给予偿还，因此毕业校友的捐款可以视为他们的分期付款。当然这完全是自愿性质的，不受任何法律的约束。

15.1.3.5 复杂的个人服务业领域

有些行业的非营利组织是通过向社会销售产品或服务来维持组织的生存和发展的，如护理行业、幼儿园、教育机构和医疗机构等。通常来说，这类服务都相对复杂，而且不像工农业产品那样标准化，再加上服务环境的特殊性，消费者难以确保自己接受的是全面的、高质量的服务。此时，消费者希望在直接的契约之外，有其他相关因素来制约这些服务组织的行为，而非营利组织的无利润分配机制能够满足这一要求。

15.1.4 非营利组织的发展现状

国外的非营利组织已发展成为一个举足轻重的产业。著名的管理学权威德鲁克曾经提出：非营利组织不仅在功能上代替政府解决了许多社会问题，而且非营利组织的效能比较高，也削减了政府的赤字。例如，德国病人每 10 个住院日中就有 4 天是在非营利组织中度过的；有 50% 的需要照顾的居民住在非营利性疗养院中；60% 的居民保健设备都是由非营利组织提供的；在所有日托服务机构中有 1/3 是非营利组织[①]。非营利组织已经成为就业的一条重要途径，世界各地的非营利行业仍在不断发展壮大，已经或正在提供越来越多的就业机会。在美、英、法、德、日、泰等国家，非营利部门的就业人数几乎占到服务业全部就业人数的 1/8。非营利组织中志愿者的投入对社会文明的建设也有巨大的贡献。非营利组

---

① 郭国庆，刘彦平：《国外非营利机构的发展及其管理趋势》，北京行政学院学报，2003 年第 04 期

织的发展除了其有偿雇员的工作努力之外，还得益于数量众多的志愿者的积极参与，他们将志愿工作看做是追求成功、自我实现以及成为有意义的公民的必要途径。志愿者的投入不仅极大地增强了非营利组织的运营活力和实力，而且还在营造“关心他人、热心公益”的良好风尚方面，在密切人际关系、保障社会和谐与稳定方面起到促进作用。

我国非营利组织的建立起步较晚，目前还没有形成完整的体系，但是从总体的发展趋势来看，社会对非营利组织的需求量不断增加。例如，20 世纪 80 年代开始，我国陆续建立了上千个基金会，涉及社会福利、慈善救助、助学培训、文教科研等各类公益事业；同时，各种非营利组织也大量涌现，诞生了大量的民办学校、民办托儿所、民办研究所、民办社会福利机构和民办医院等。我国的非营利组织无论是组织数量，还是从业人数堪称发展迅速，但是存在着诸多方面的问题。

15.1.4.1 资金匮乏

在计划经济体制下，我国非营利组织所有的资源都是由政府统一供应、统一安排使用的。但是，随着政府职能的调整，以及社会对非营利组织需求的增加，单靠政府的财政拨款维持非营利组织的生存和发展已经不现实，加之国家财政支出逐年增加，要想为每一个非营利组织提供充足的经费是不太可能的。因此，资金短缺可谓是我国非营利组织面临的普遍问题，已经成为我国非营利组织发展的瓶颈。

15.1.4.2 人才不足

非营利组织的工作人员理应得到合理的收入，但是资金不足带来的后果是不能吸引高素质的专业人才。我国经济发展速度较快，但是还没有达到发达国家的水平，在人民生活达到小康水平时期，让人们放弃一些企业的优厚待遇、政府的稳定收入和较高的社会地位，从事酬劳不高的非营利的工作是不现实的。

15.1.4.3 竞争不实

我国的非营利组织面对的竞争并不激烈，存在着限制竞争的情况：我国《社会团体登记管理条例》规定：“在同一行政区域内已有业务范围相同或者相似的社会团体，没有必要成立”。民政部进一步明确了“相同”和“相似”的含义：“相同”是指社团的名称、性质、宗旨、任务等相同或基本相同，如“中国青年摄影家协会”与“中华青年摄影家协会”即属于“相同”的社团；“相似”是指社团名称虽有不同，人员构成也有差别，但实际业务活动属于同一业务领域，如“民间文学研究会”、“通俗文学研究会”和“大众文学研究会”即属于“相似”的社团。在《民办非企业单位登记管理暂行条例》中也有类似规定：社会团体可以设立分支机构，但不具备法人资格，且不能设立地域性的分支机构，分支机构也不得再设立分支机构；对于民办非企业，不得设立分支机构。这样就限制了竞争，导致某些非营利组织事实上的垄断和低效率。

15.1.4.4 法规滞后

目前我国对于非营利组织的管理只有登记管理条例，除此之外再没有其他相关管理规定，缺乏对于非营利组织比较具体、详细的管理法规和法律。对于非营利组织的管理无法可依，但又不能不管，所以，只能采取行政手段。

15.1.4.5 管理松散

纵观我国非营利组织的运营管理，其改革步伐、管理手段、营销观念及企业文化等各方面均落后于营利性企业的发展。例如，从市场营销的角度看，很多非营利组织没有做到消费者至上，服务质量差，医院是人们目前抱怨较多的部门之一。而且，我国的非营利组织几乎没有设立市场营销部门。

总之，我国的非营利组织的建立起步较晚，法律法规不健全，非营利组织本身还没有形成一套行之有效的管理理论和办法，目前的非营利组织远不能适应社会发展的需要，离社会经济对非营利组织的要求差距甚远。随着社会的不断进步和经济的持续发展，非营利组织在整个社会中的地位日益重要，必将成为经济领域中必不可少的组成部分。

15.2 非营利性营销运营模式

非营利组织提供的有形产品和服务与人们的切身利益密切相关，然而其获利的欲望和要求似乎并不显著，因此，人们普遍认为，非营利组织的存在必不可少、营销却毫无必要，从而忽视其营销策划作用，忽略其营销执行的效果。事实上，当非营利组织面临客户背弃、会员减少、资源锐减等问题时，必须导入市场营销。

15.2.1 非营利组织导入营销原理

在现代市场经济条件下，非营利组织如同企业组织一样，都面临着产品、服务设计、研发和销售方面的问题，非营利组织的运转需要资源支撑，若想获得充足资源，保证长久发展，就必须为其公众对象提供优质服务，并得到他们的认可；非营利组织也面临着机构成本叠加和竞争对手的压力，诸多非营利组织在职能和作用方面具有较大的近似性，他们在服务对象和服务领域上展开一定程度的争夺；非营利组织还面临着适应外部环境的变化以寻求自身发展的问题，社会环境变化既可能给组织带来发展机遇，也可能带来潜在威胁，非营利组织需要抓住机遇、化解危机。非营利组织更需要公众的理解、支持与合作，以获得资源的保障和客户的信赖。显而易见，上述问题借助于营销原理将得以解决，营销原理的导入，使非营利组织摆脱松散、懈怠的官僚习性，对环境变化更加敏感，对客户需求及时作出反应，全面提高组织执行效率。实践证明，非营利组织很早就开始应用会计制度、财务管理、人事管理和战略计划等企业组织广泛使用的管理和控制方法，营销是最后一个被非营利组织导入的管理职能。近年来，营销已经成为许多非营利组织诸如大学、医院、博物馆、交响乐团甚至教堂发展战略的重要组成部分。

15.2.1.1 以医院为例

由于医疗费用和病房价格的上涨，许多医院面临使用率不足的情况，以产科和儿科尤为突出，因此许多医院采取了营销行动。如美国费城一家医院为赢得产妇住院，为刚做父母者提供一顿有牛排和香槟的烛光晚餐；印第安纳州埃文斯顿的圣玛丽亚医疗中心采用广告牌方式促销其急救服务；还有其他一些医院为了吸引病人而设置了一些附加服务，如桑拿浴、司机接送和私人网球场等。

15.2.1.2 以美国教堂为例

一座新教堂在开业之前，聘请了一家市场调查公司调查其客户想要什么。调查结果表明，“不上教堂的人”，即当时与教堂没有联系的人，认为教堂很烦人，教堂服务与他们的日常生活毫不相关，他们抱怨教堂总是向他们要钱。据此，该教堂增设了流行音乐和幽默小品，放宽了服装要求，还就一些当前话题进行布道，如理财、为人父母等。他们在直接邮寄的宣传品上写道：“已放弃了教堂?我们不会责怪你。事实上许多人已放弃了教堂，因为他们已极其厌倦枯燥的布道，没有任何意义的仪式，没有人喜欢的音乐，以及看起来对钱包比对人更感兴趣的教士。但是，××教堂与众不同。来一次吧。”其结果该教堂取得了相当的成功，自教堂开业以来已招收了近400名成员，其中80%是原来不上教堂的人。

15.2.1.3 以大学为例

许多大专院校纷纷运用营销原理分析自己所处的环境、所面对的市场和所服务的客户及其特性，评估现有资源状况及资源趋势，明确自己的使命、目标及市场定位。通过对市场、资源及使命的分析，许多大学作出明确的营销决策：招生数量不断增加、教授招聘进展顺利、资金募集日见成效且趋于制度化。

15.2.1.4 以邮政业为例

曾经一度墨守成规的美国邮政管理局制定了具有创新精神的营销计划。在一次全国性的活动中，邮政管理局为获得人们对美国奥林匹克队的支持发起了一场旨在向奥林匹克运动员寄送卡片和为奥林匹克队筹集资金的促销活动。它在全国28 000个邮局中主办“奥林匹克精神周”活动，并邀请顾客在邮局的一张“世界最大的明信片”上签名，这张巨型明信片的面积达 348 × 523 英尺，上书“美国向美国队敬礼”。每个捐赠 1 美元的顾客可以收到两份普通尺寸的该卡片复印件，并且他们还鼓励顾客把一张卡片寄给一位奥林匹克队员，另一张则留作纪念。邮政管理局计划在赞助奥林匹克运动方面花费约 1 亿美元，但是通过邮政产品销量的增长，预计能得到约 5 000 万美元的净利。更有甚者，许多非营利组织把他们的名称和标志特许给他们认为合适的产品使用，并从产品销售额中获取特许权使用费。

非营利组织导入营销原理为组织的演进和发展提供新的管理思想和方法，使其摒弃低效高耗的短期行为，适应社会发展要求，跨越到高效率的营销执行层面，从而走向成熟。同时，伴随着社会经济日趋复杂化，营利性组织的目标体系中已经超越单纯利润最大化的限定，呈现出“非营利性”的倾向，许多成绩卓著的营利性组织正在设法以某些非营利组织的营销智慧构筑和强化自身长期的营利能力。营利性与非营利性的营销观点相互渗透、相互借鉴；营销行为相互影响、相互制约，共同推动社会经济向前发展。

15.2.2 非营利性营销运营程序

非营利性营销首先是确定组织的使命和目标、规划和控制组织形象，产生足够的社会号召力；其次是通过市场调查展开营销环境研究，并对目标公众进行分析，尔后进行产品决策、价格决策、分销渠道决策以及公关宣传决策和沟通促销决策。这一过程与营利性营销思维的逻辑顺序基本相同，只是营销行为的出发点和指向性具有一定的区别（见图 15－1）。

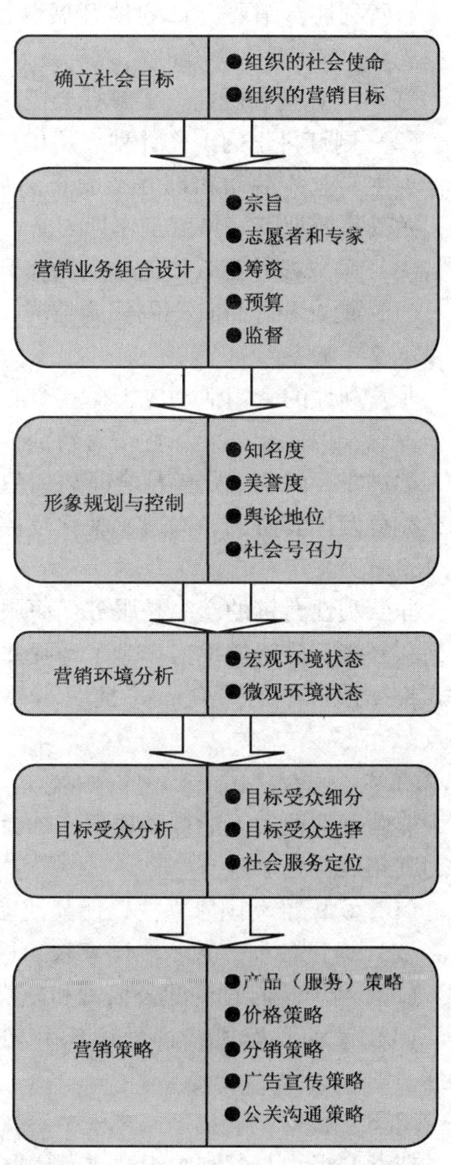

图 15－1 非营利性营销运营模式

15.2.3 非营利性营销的关键环节

非营利性营销运营是一个完整的过程，其中，计划（募捐）、服务、展示、权力、联盟和监督等环节尤为重要。

15.2.3.1 计划

非营利性营销要有计划地开展营销活动，这样才能保证各项工作的效率与效益。

（1）认真调查研究，了解社会需求，确定应当解决的社会难点和热点问题。

（2）制订科学的工作计划。从构成要素上看，应当包括非营利组织的任务、目标、主要业务活动和部署及安排。从时间上看，应当包括长期计划和短期计划，尤其是要拟订好年度工作计划。

（3）采取各种有效措施推动工作计划的实施。

（4）检查和评价计划的实施情况，提出改进意见。

15.2.3.2 服务

非营利性的营销活动应当树立全心全意、真心实意、一心一意为客户服务的营销理念，把社会公众利益作为判别行为好坏的最高标准。非营利性营销要以促进人类进步，解决或化解社会矛盾，倡导良好社会道德风尚，增进社会福利为目标，充分发挥其协调、沟通、教化及控制功能，为人类社会的稳定繁荣做贡献。

15.2.3.3 展示

非营利性营销的产品是服务，而服务是无形无质的，客户在接受服务前无法鉴别和判断其质量的优劣。为了增强非营利性营销产品的吸引力，应当运用各种方式将无形产品有形化，并且明示公众，使其更好地了解组织状态及其产品特点。

15.2.3.4 权力

非营利性营销不能被动地适应社会经济环境，而是要学会借用国家的政治权力为其拓展业务服务。

（1）积极推动国家立法，使其活动得到国家法律的支持。

（2）通过各种方式争取国家权力机关的支持，获得国家财政的援助。

（3）利用政府官员的公信力和影响力排除营销活动的各种障碍。

（4）请求政府机构出面组织和协调各方面工作，以保证营销活动的正常开展。

15.2.3.5 联盟

非营利组织与营利组织建立营销联盟是非营利组织营销执行中较为普通的现象。主要的联盟形式有以下三种：

（1）与交易关联的公益推广活动。在这种联盟形式中，营利组织将销售收入的一定比例以现金、食品或设备的形式捐赠给非营利组织。

（2）共同主题营销。在这种联盟形式中，营利组织与一个或多个非营利组织达成协议，通过分发产品或宣传资料以及做广告等方式共同解决某个社会问题。

（3）核发许可证。这种形式是非营利组织在收取一定的费用或提取部分收入的条件下批准营利组织使用其名称和商标，该形式最早于20世纪80年代出现在扶助公益事业当中。

15.2.3.6 监督

必须加强非营利性营销过程的监督、控制和协调工作，以保证各项资源合理、有效地利用，这也是非营利组织赢得社会公众信任、能够长久存在的前提条件。例如，全国青少年基金会对于每一笔希望工程捐款的来源及使用都认真地加以记录，还采用了公开透明的办公方式，使捐款人与受益人之间建立直接联系，并接受国家审计署的定期审计，这样既可以保证各种捐款的合理使用，避免出现挤占挪用现象，又可以增强捐助者及社会公众的信任，消除种种猜测和疑虑。

15.3 非营利性营销策划与执行技术

（1）策划要义

非营利性营销是营销系统中重要的组成部分，与营利性营销相比较，源于组织目标、组织功能、组织架构和组织价值取向等方面的差异，在营销策划与执行时呈现非营利组织的特征。

①面向公众。非营利组织在社会经济领域中操纵着公益事业、面向公众群体，至少有两大类公众需要引起足够的重视：一是捐助者；二是受益者。前者涉及资源的吸引和供应问题；后者涉及资源的配置和使用问题。非营利组织需要扮演中介人的角色，在捐助者与受益者之间进行沟通，因此，非营利性营销需要借助市场营销原理妥善处理与各种类型公众之间的关系。由于资源的供给者和资源的受益者之间是非对称性交换的关系，如果非营利性营销不运用公关手段唤起人们的社会责任感和道德意识，就不可能顺利得到所需要的资源，也就无法保证营销活动的正常进行。

②多重目标。非营利性营销倾向于追求多重目标，而不是仅仅追求单一目标，非营利组织通过营销运营谋求自身的利益，尽可能地增加收入，使本组织发展壮大，还要为公众群体谋求利益，最终目标在于造福整个社会。对于营销决策者来说，要想实现所有目标是很困难的，必须善于从中选择较为关键的目标，以

便更为有效地配置资源。众所周知，营利性营销在某一阶段虽然也存在着多重目标的问题，但是追求利润无疑是压倒一切的关键目标；非营利性营销缺少实现资本增值的内在动力，获得利润也不是目标体系中的关键内容，然而，非营利性营销活动同样要消耗一定的社会资源，因此，在一定资源耗费条件下提供社会利益的多少应当成为评价非营利性营销效益的标准，即社会利益是非营利性营销活动的出发点和归宿点，是其多重目标中的关键目标。

③专项服务。非营利性营销是以满足用户需求为目的，变潜在交换为现实交换的活动，与营利性营销一样，非营利性营销活动的核心仍然是交换，但是此种交换有时并不完全遵循市场经济条件下等价交换的原则，也不完全是互惠互利的交换活动。非营利组织与捐助者之间以及与受益者之间并不是一一对应的供求关系，他们往往以中介者的身份从社会公众那里募集资源，然后向社会提供专项服务，而服务营销具有无形性、易变性和时效性等特征。

④内容转换。大多数非营利性营销向公众提供专项性的服务事业，然而社会环境是动态的，非营利性营销的活动内容需要经常转换：一方面，随着社会经济的发展和人民生活水平的提高，人们的价值观念、社会责任、道德水准、个性修养和法律意识都在发展变化，非营利性营销的方式、手段也要做出相应的调整；另一方面，伴随社会一定时期内热点及难点问题的出现，非营利性营销的主题、目标和任务都会有相应的变化。

⑤公开监督。非营利性营销过程要受到公众的严格监督，其提供的公益服务是享受公众资助和政府免税的，因此，其营销宗旨必须服从社会整体利益，其营销内容必须符合公众整体要求。从这一角度来看，非营利性营销所承受的社会舆论的压力远大于营利性营销市场竞争的压力。

(2) 策划方案

[**涉及企业**] 英国切斯特动物园

[**营销业务**] 园林及其动物

[**背景资料**] 英国切斯特动物园是一个著名而且成功的野生动物保护机构，其起源可以追溯到乔治·索尔·模特斯海德（George Saul Mottershead）及其家人于1934年建立的一个动物学花园，以改善野生动物的栖息环境。早在孩童时代了，乔治·模特斯海德就为他所参观的动物园环境而焦虑。后来，他为动物们设计了一个可以不太受限制的宽敞环境，有助于改善动物的栖息方式。1934年英格兰北方动物协会成立，其任务是管理动物园和花园。乔治·模特斯海德在与一个业务合作伙伴分手之后，不得不为动物园寻找一个较大的地方，经过几个月考虑之后，他买下了Qakfield，这是一个维多利亚式公馆，占地几英亩，位于阿普顿乡间，距离切斯特市中心2.5英里。3 500英镑的购买价格要求一大笔抵押贷

款，然而，良好的地貌和大建筑群对于开办动物园来说是个理想的场所。在整个20世纪30年代，乔治·模特斯海德不断在动物园周围购买土地。第二次世界大战期间，它继续开放，为驻扎在当地的军人和居住在默西塞德郡的家庭提供服务。1950年，英格兰北方动物协会的经营范围扩大，成为一个集教育和科研于一体的联合体，强调生态平衡、保护动物的主题，1999年会员人数超过14 500个。今天，占地110英亩的切斯特动物园是英国最大的野生动物娱乐园。

切斯特动物园与英国、欧洲和其他地方的动物园一起合作，扩大其喂养濒危和脆弱的生物种群的项目，并且制订了动物饲养计划，包括该动物园的所有哺乳动物和90%以上的鸟类和爬行动物。该动物园保护濒危动物种群计划在筹集资金活动时起到了重要作用，1998年在Halewood推出“美洲幼虎”车型的同时，美洲虎汽车制造商同意赞助180万英镑为该动物园购置世界级的美洲虎饲养设施，2001年召开了美洲虎灵魂展示会，参观者发现自己是在一个雨林中探险，知道了很多有关美洲虎栖息环境的情况，而自然闪电、岩石、瀑布、水塘、急流及灌水为栖息动物创造了理想的生存环境。

切斯特动物园积极参与保护动物的各种活动。20世纪80年代，该动物园与代表毛里求斯政府的泽西野生动物保护托拉斯合作进行一项拯救洛德里格斯大蝙蝠的行动，这项活动包括一个精心控制的饲养计划，最初只是10只蝙蝠，1992年该园收养的蝙蝠是原先的4倍，达到41只。现在对洛德里格斯大蝙蝠的保护活动还在继续，还有大量的资金支持对蝙蝠行动的研究项目，切斯特动物园为大蝙蝠提供了一个可以自由翱翔的最大的人工栖息地。1998年该动物园的大象饲养计划也取得了成功，作为大象种群联合管理集团中的重要参与者，切斯特动物园自己喂养雌性小亚洲象在交配以后在Twyeross动物园产下两头雌性小象。

切斯特动物园拟定自己的发展战略《2020年视野》，根据这一战略，一系列的营销措施逐步展开，以确保组织可以有一个辉煌的未来，同时还要保证大量新的赞助注入，以支撑保护动物事业的延续。

［**方案内容**］

第一步：目标受众分析。对顾客进行详尽研究，在主要目标大城市都进行了经常性的顾客调研和焦点访谈，其调研目的是了解参观者对动物园的印象，正确认识顾客消费选择的标准。顾客调研由动物园的营销人员执行，寻求参观者的人口统计方面的信息，以及他们参观的范围和参观印象，还有参观者家庭住址方面的信息，如，有关驾驶的时间。调研所展现的竞争状态对于组织营销极有帮助，动物园所面对的竞争不仅来自于其他野生动物园的景点，如阿尔顿塔（Alton Towers）、黑池快乐海滩（Blackpool Pleasure Beach）、蓝行星水族馆（Blue Planet Aquarium）、特兰山姆花园（Trentham Gardens）、切斯特历史名胜、北威尔士海滨、利物浦的阿尔伯特码头（Albert Dock）、附近的切斯海尔·奥克斯（Cheshire Oaks），顾客购买乡村、普通公园里的一顿野餐，都可以使其沉溺于休闲之中，从而成为切斯特动物园的替代场所。

第二步：营销业务组合。切斯特动物园有 531 个不同种群的大约 6 680 只动物，包括 652 只哺乳动物、958 只鸟、268 只爬行动物、232 只两栖动物、3 163 条鱼和 1 407 只无脊椎动物。这些种群中大约有 50% 属于濒危物种，动物园定期喂养着濒危种群的 3/4。

动物园设施中应当包括各种招待场所，从正规的 Oakfield 餐馆，到休闲的 Jubilee 咖啡厅、Oasis 酒吧以及出售各种冰激凌、糖果、麦片和饮料的小卖部。2000 年咖啡馆获得了 80 万英镑的注资，从而扩大了两倍。寻找纪念品的游客也可以发现很多各式各样的商店和小卖部出售明信片、书籍、钢笔以及各种礼品和玩具。动物园应当有自己的 CD、录像制品和书籍。喜欢点缀自己花园的人还可以买到整包的“Zoo Poo”（一种大象的排泄物），以培育自己花园的玫瑰花。

动物园中应当有很多花园，这对于游客来说至关重要，而不属于附加的景观。这些花园要参加不列颠和切斯特的花卉比赛，并且应当取得非常大的成功。这些花园培育和种植 80 000 株春季花卉，80 000 株夏季花卉，从花园中的 15 000 株玫瑰花到香蕉树、热带温室里的芭蕉和橡胶树、醉鱼草、杜鹃花，还有蝴蝶园里的忍冬和荚莲树皮等。

动物园需要开展多种多样的教育活动。动物园的教育机构由有执业资格的教师负责，与来自中学、中专和大专的教育机构的教师共同合作，面向学龄前、小学、中学和中专水平的教材涵盖了整个实践活动，信息内容和教学进程完全与国家课程（National Curriculum，英国教育部对学校考试课程安排的指导性文件）的要求保持一致。

动物园的商业零售和招待活动将提高门票价格：成人 9 英镑，儿童 6.5 英镑，优待门票（退休人员等）7 英镑，家庭套票（两个成人和 3 个小孩）32 英镑，3 岁以下的幼童则免费。

第三步：营销策略。

①服务准则。切斯特动物园基于对顾客需要的充分满足和对细节的特别关注，营销服务始终保持高标准。要想留住更多的回头客，这些标准是必须的。动物园的绝大多数参观者都有过参观经历，以前至少参观过一次，说服新的顾客参观和使现有的顾客重复参观需要在没有大量的广告和促销预算支持的情况下完成，而这些预算在其他休闲型营销领域中却是惯用的。动物园非营利性营销应当特别强调服务顾客的重要性和确保顾客重复参观的必要性。

为使有限的资源得以最大化地利用，必须设计各种创造性的营销计划以支持这种营销努力，开展各种免费的公关活动，所有这些营销努力都以不破坏该动物园的慈善性质或不损害其动物保护目标为前提，在竞争压力加大时，休闲消费比以往任何时候都有更多样的选择，因此，高水准的服务非常必要，必须保持现有顾客的兴趣，同时吸引新顾客。

②广告宣传。切斯特动物园销售收入的1.8%，即大约35万英镑要花在广告促销方面，在所有广告支出中，约75%的支出花在电视广告上，范围遍及从东海岸到西海岸；报纸广告集中在特殊的促销活动上，这些活动经常在重要的节日、假日举行。广告预算意味着电视广告集中于Granada地区、中部地区和Harlech地区等高清晰度电视覆盖的地区，属于10秒钟商业广告的范畴。这些节目时间段在参观的高峰时期之前或之间预订下来，同时还有地区和地方的报纸广告给予支持，并辅之以一些无线广播的广告和公关活动。这些广告总会吸引新的参观者。值得注意的是，要使电视广告更加可信，在目标区域的广告必须超过600次。随着营销业务渐趋成熟，广告利用电视台不同的发射架逐步向中部的电视覆盖地区扩展。动物园还需要一个内容丰富的网站从事较高声誉的电子商务。

③公关沟通。切斯特动物园开展一系列的公关促销，与顾客进行沟通，从摄影竞赛、动物收养计划和赞助，到生日聚会、儿童菜单和年轻人的成员俱乐部等各种营销活动。近期活动中有一个年度的残疾人认知晚会，大约7 500名客人被邀请参观该动物园所有的设施，其中很多人由于身体残疾平时无法参观，空军和海军军官学校的学生帮助推轮椅。同时，BBC电视台的系列节目《拯救动物的兽医》，讲述受人爱戴的兽医特鲁德·毛斯图的故事也在该动物园拍摄。所有这些活动都有助于提高社会大众对该景点的认知。动物园的动物收养计划也将持续进行，使得个人、家庭和公司可以为保护他们喜爱的动物做出贡献，而作为交换的内容，收养人可以获得收养证书、免费门票和在有关围栏上刻上自己的名字。

曼亚拉（Manyara）是动物园第六只黑色的幼猩猩，它出生于1997年。它的姐姐艾玛（Emma）出生于1991年初，是第一只在英国动物园出生和饲养的第二代黑猩猩。那时，艾玛是英国国内仅有的17只黑猩猩中的一只。不幸的是，它的妈妈伊瑟（Esther）没有充足的奶水喂养这些营养不良的小猩猩，所以艾玛是人工喂养的。濒危动物的出生为动物园提供了一个重要的营销机会，动物园对黑猩猩喂养的成功吸引了当地和国家报纸以及电台和电视台的注意，对于一个费用预算有限的组织而言，这样的公关活动具有特别重要的营销作用，社会大众热衷于听到新的珍稀小动物出生的消息，对这种消息的反应是相当积极的，动物园管理层需要不厌其烦地发布有关动物出生的最新消息，以吸引公众的注意力。如幼象西塔米（Sithami）、第四只新的亚洲幼狮、两只苏门答腊猩猩以及第一只不列颠安第斯山秃鹰，已经习惯于社会公众的瞩目。伴随着这些有羽毛的小生命的到来，从动物园商店和网站上可以购得相应的商品。动物园可以利用其广告标题告知：切斯特动物园——永远都是新的。

第四步：营销竞争。距离切斯特动物园 3 英里的地方有一家新的水族馆开张——蓝行星水族馆。这个耗资 1 300 万英镑的水族馆有强大的地方权力部门的支持，这是切斯特动物园遇到的最大潜在威胁。这个室内深海休闲场所有一个深度超过 100 米的螺旋形鱼缸，一个运输参观者的游览车穿过巨大的鱼缸，轻而易举地在该景点中来回运输参观者，潜水员可以在鱼缸中游泳，教育讲座可以帮助解释该水族馆的一些重要的特征，该水族馆有购物和餐饮设施，以及一个水下剧院。蓝行星水族馆最具盛名的是一个鲨鱼隧道，参观者可以在里面感受在这些令人惊惧的捕食者中间游弋的那种恐怖的感觉。显而易见，蓝行星水族馆将是个高质量的休闲场所，它成功地吸引了 300 万英镑的欧盟开发基金，该水族馆在苏格兰的前身每年吸引着接近 50 万的参观者。研究资料显示，切斯特动物园的参观者人数随着这个水族馆的开业可能会减少 1/4，这样将影响动物园一直从事的动物保护计划的贯彻，也可能导致员工的过剩。

切斯特动物园面临着营销挑战，采取的首要措施应当是增加当年的营销预算，发动一个持续的夏季销售活动，用以降低营销威胁。例如，黎明地区蝙蝠洞，一个专为夜间飞行的有翅动物所准备的颇具新意、气氛适宜的新环境正式开张；一个重新设计的企鹅泳池和最近到来的一头幼象也为营销对策提供了平台。

蓝行星水族馆的平均价格可能比切斯特动物园略低，它们也会发动一个更为积极的电视广告战役。而切斯特动物园则需要采取一系列营销战术来应对这些营销威胁：开发动物园的广告和传单的新版本。这些广告宣称儿童参观可以获得免费的优待（价值 6 英镑）。《切斯特动物园新闻》（Chester Zoo News）杂志还附带一张类似的优惠券，同时还预定一个报刊媒体的广告安排，动物园可以在任何时间发放免费的儿童入场券。为了应对蓝行星水族馆的电视广告所带来的影响，动物园在 Granada 地区、高清晰度电视覆盖地区（威尔士）和中部地区启动电视广告战役，这些战役在暑假开始，一旦蓝行星水族馆的开张日确定下来，所有的报刊广告都转而发行“节省 6 英镑”的优惠券，这些广告还侧重宣传该动物园最有吸引力的新景点，包括黎明地区蝙蝠洞和各种幼兽等。伴随应对竞争的举措，在当地的盛会和演出中间分发《切斯特动物园新闻》杂志（附赠优惠券）。

第五步：营销业绩。动物园自主开发了一个业绩指标，即每千个参观者的现金流，这个比率在 1995 年至 1998 年 3 年间增长了 75%。

动物园的这一业绩指标的提高主要归咎于大量新动物的出生，尤其是幼象和幼猩猩，这些动物吸引了大量媒体的关注，动物园可以举办专门展示会，开辟一个新的延长参观者“逗留时间”的入口。此外，还可以举办一系列特殊的盛会，如开放一个皇家猴岛（Monkey Islands），同时，门票价格可以提高到与直接竞争者的价格以及为提高动物园认知程度和吸引力的专项资金相匹配的水平。谨慎的财务控制是该动物园营销业绩的关键，切斯特动物园参加了一个系统化的样板研究项目，这一项目由领先参观景点协会发起，通过收集32个不同旅游景点的数据，采用一系列不同的指标衡量业绩，例如，5个小时的“逗留时间”和参观价值，动物园也把自己的业绩指标纳入了这项研究：①饲养濒危物种；②增加会员；③增加动物收养数量；④5小时+旺季“逗留时间”（在动物园超过5个小时的参观者数量）；⑤参观价值的排名；⑥与其他英国排名领先的旅游景点相比较的参观价值；⑦公共知名度——广告支出。

根据现实情况，切斯特动物园与其他竞争景点相比较，拟在顾客逗留时间和参观价值方面取得显著的营销业绩。

（3）执行要求

非营利性营销具有独特性，不是靠“利润动机”的驱使，而是靠“使命”的凝聚力和引导，其行为能够反映社会需要且获得外部环境的支持，并实现其组织内部的协调执行。尽管不是旨在追求利益最大化，而是作为公益品供给者追求社会效益，然而非营利性营销执行同样需要讲求实效。近年来，营利性的营销方法与经验逐渐迁移到非营利性营销领域之中，这种转移与借鉴使非营利性营销走向成熟阶段，形成自身的个性特征。然而，与营利性营销相比较，非营利性营销确有其难度。

①市场调研资料不翔实。一些有关公众群体（消费者）的特点、行为、偏好等缺乏翔实的数据资料，公众对某些敏感性问题避实就虚或拒不回答，给市场调研带来了一定的困难，这种不可靠的资料无法为机构提供营销决策相关信息。

②在提供符合消费者利益的产品服务方面表现不充分，并且其推广产品的阻力相当大，以致国家有时不得不通过法律形式予以强制执行，如避孕和计划生育的实施等。

③消费者获益不明显。与营利性营销不同，消费者在购买商品之后能够立即体验到其价值所在。非营利性营销所提供的产品为消费者带来的价值上的满足相对来说是一个漫长的过程，难以获得立竿见影的效果。

④非营利性营销有时不允许充分进行市场细分，甚至不考虑成本的高低以及消费者的经济状况和购买意愿等因素，要求消费者使用统一产品，如邮票和电信的使用等。

⑤非营利性营销的实施对目标市场并未达到预期效果，相反致使营销业绩受损。如某些绿色环保组织反对使用含磷酸盐的洗涤剂，因为含有这种洗涤剂的废水一旦流入大海，会使海藻无限制地生长，而海藻死亡时会分解出大量的微生物

吸收水中的氧气，造成其他生物窒息；同时，它还会使水变质，这样就不得不花费大量的资金净化水质，但是在洗涤剂新品种问世之前，要广大消费者停止使用现有的产品难度很大。

⑥公众对某些非营利性营销活动表现出漠不关心，甚至是毫无兴趣，使营销策划无从制定或者既定的营销策划也无法贯彻实施，如人们对太阳黑子运动、酸雨、水土保持与生态平衡等问题表现出漠视的态度，普遍认为这些现象与自身的现实生活相距遥远，实际上正是这些问题威胁着人类的生命安全。

上述问题确是非营利性营销的障碍。作为非营利组织应当在营销观念的指导下采取相应的营销策略，发挥非营利组织可信度高、权威性强的特点，积极提供服务，设法改变公众的态度，使自己的产品和服务符合社会发展的长远利益，充分利用广告宣传树立组织形象，使公众感觉到他们所关心的同样是组织机构正在致力于解决的问题。

[营销策划与执行范例8]　UNICEF 贺卡非营利性营销

前言：在中国，慈善虽然是一个非常年轻的事业，但是在20多年的改革开放过程中，随着我国经济的不断增长，我国慈善事业在慈善机构建设、慈善组织服务、民众慈善意识、政府法律政策支持和国际交流与合作等方面已经取得了突飞猛进的发展。尤其是随着慈善组织作用的不断增强，以及慈善服务领域的不断扩大，慈善事业为解决纷繁复杂的社会问题发挥了难以替代的补充作用。

联合国儿童基金会（以下简称“儿基会”）从成立之初便开始了与我国的合作。从1947年到1949年，儿基会参与了对我国救援与社区助产士的培训，1949年后出于历史等原因，儿基会与我国的合作出现了30年的空白，直到1979年才再次开始与我国的合作项目，而最近一次的合作则是帮助我国实现2001～2010年中国儿童发展纲要，计划2001～2005年在我国投入资金6 000万美元，利用非政府组织在扶贫和其他相关领域所具有的能力，在中国最贫困和最需要帮助的地区积极开展维护儿童权益的工作，强调进步、和平与儿童福利之间的联系，进一步促进我国儿童的健康成长和儿童事业的持续发展。而这些用于开展项目的资金，除了依靠来自纽约联合国总部的拨款外，组织还在谋求更多的资金注入，即在依靠联合国总部补贴资助外，在依靠成员国缴纳的会费和社会捐款（企业捐赠和个人捐赠）的基础上，增加了贺卡售卖这种儿基会特有的资金募集方式，以补充传统资源的不足，把贺卡的募集所得用于援助中国儿童，开展一种特定的公益事业。

一、贺卡营销的总体态势

（一）贺卡需求

20世纪90年代初，纸制贺卡的市场需求旺盛，随着电子贺卡逐渐成为一种时尚以及人们环保意识的增强，贺卡的总体市场态势不容乐观。综观整个社会经济的发展可以发现，虽然随着e时代的到来，电子贺卡在短时间内将成为人们的主要沟通方式，但是在相当长的时间里贺卡的需求总量将稳步小幅增长，这主要是因为：贺卡有其独特的文化品位和民族传统，传统的祝福方式不会轻易被电子信息（电子邮件、电子贺卡、手机短信）所取代。正相反，越是在电子信息发达的时代，一张精美的贺卡代表的意义就越重，正如读电子邮件不如看亲笔信感觉亲切一样，传统贺卡依然有着电子贺卡不能取代的优点。此外，我国素有礼仪之邦的美誉，而人们正可以通过贺卡的方式传递情谊，同时还可以向贺卡的接收者暗示，贺卡虽小，但是花费一定时间来精心挑选的。可见，随着人们生活水平的提高，高档次、高品位的贺卡仍然有一定的需求。

需要注意的是，随着消费者消费理念的逐渐成熟，原有的贺卡需求结构将有所变化：其一，日用卡片（生日卡、纪念卡）及特殊卡（感谢卡、道歉卡）将成为新的消费热点；其二，带有传统文化特色的贺卡将受到大众的追捧；其三，劣质、一次利用的贺卡纸张（非环保）印刷将被市场淘汰。这种需求结构的变化也将促使新的需求态势出现，人们开始用环保贺卡来传达一种文化，以及用贺卡作为一种人际关系的沟通方式。可见，贺卡市场还有一定的市场空间，还需相关责任者尽早地转变传统思想，顺应时代的潮流进行积极的创新。

从目前的贺卡制作上看，正规的贺卡多是由专门的设计印刷单位进行市场调研后制作的。相比较而言，儿基会的贺卡则是由设在瑞士日内瓦的联合国儿童基金会筹款部每年向全世界的艺术家招募贺卡样式（艺术家们完全是免费设计贺卡），统一定稿、印刷（2003年我国广州市第109中学高三（1）班彭艳莉同学的国画《鱼乐图》就成为儿基会成立以来第一幅入选的中国作品），依据前一年的贺卡募捐量及驻华办事处当地的文化特色，由东亚及太平洋地区办事处统一派发相应的贺卡。儿基会驻华办事处的贺卡没有最初贺卡印刷、定价的环节，完全受日内瓦筹款部和东亚及太平洋地区办事处地区办的管理。

（二）贺卡总体营销态势的特征

贺卡总体营销态势的特征包括：①电子贺卡走上主流市场。②拇指贺卡盛行。③小商品贺卡泛滥。④绿色倡导先行。⑤受传统观念的制约。⑥趋于理智的情感消费。

二、UNICEF贺卡筹资状况分析

（一）2003年贺卡筹资状况

1. 贺卡募捐量。2000年贺卡募捐量为232 640张；2001年贺卡募捐量为279 440张，比上一年增长20.2%；2002年贺卡募捐量为241 820张，比上一年下降13.5%；受“非典”影响，2003年募捐量为281 135张，仍比上一年增长

16.3%；2004 年贺卡的募捐稳步增长，达到 320 000 张，增长率达到 13.8%（见图 15－2）。

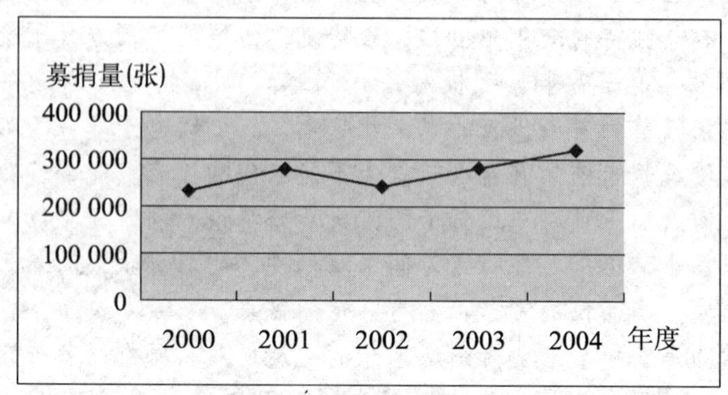

图 15－2　贺卡募捐量折线图

2. 贺卡募捐地。2003 年贺卡募捐主要集中在北京、天津、上海、南京、广州、深圳、青岛和厦门 8 个城市。

（二）产品分析

儿基会的贺卡作为非营利组织的产品，一方面通过多年的发展形成了诸如"新年卡"、"长寿卡"、"中式卡"、"欧式卡"、"UN 卡" 条有形的贺卡样式；另一方面，儿基会又在通过贺卡募捐这种有形产品的方式宣传"关注儿童问题，帮助中国儿童" 的社会观念与价值观（见表 15－1）。

表 15－1　贺卡类型

贺卡样式	贺卡特色
新年卡	带有强烈的中国年的样式，以每年的生肖作为封面。
长寿卡	依据中国的文化特色，用"鹤" 来表示长寿。
中式卡	以中国传统的年画作为封面，或以典型的中国龙为主。
欧式卡	以圣诞树、圣诞老人、教堂等西方传统节日中的图案作为主要背景。
UN 卡	依据每年世界政治、经济的发展状况决定贺卡样式，图案多寓意"和平" 的含义。
此外，还有一些依据世界儿童所创作出的漫画或写实贺卡，带有很强的 UNICEF 色彩。贺卡设计图案全部来自于世界各国著名画家之手，具有其他贺卡不可比拟的艺术性。	

联合国儿童基金会驻华办事处在中国开展贺卡募捐，实践中必须考虑到国家

大（中国），经费少（仅以2004年为例，儿基会在中国12个地区的贺卡营销费用为32万元人民币，北京仅为3万元人民币）的因素，从而增强了儿基会驻华办事处贺卡销售的特殊性。

1. 成本虽低，附加值却高。一张贺卡平均成本为2元（定价策略由儿基会东亚及太平洋地区办事处统一定价，驻华办事处无权变动价格——援引儿基会驻华办事处贺卡募捐部国际拓展官员钟德新先生）到平均一张标价7.5元的贺卡，其中，用于慈善的比重大，用贺卡方式进行募捐。儿基会的贺卡募捐不是靠“利润动机”的驱使，而是依靠“为儿童服务的使命”来执行。

2. 收入用途的慈善性。出售贺卡的募集所得，除了一部分按照募捐量的多少乘以贺卡成本，将一部分募集所得返还给日内瓦的儿基会筹款部外，其他资金全部留用在中国下一年的项目开展中（见表15－2）。

表15－2　贺卡募集所得款用途

金　额	具体操作
1元人民币	为一名幼童提供足够服用一年的维生素A胶丸。维生素A能够显著增强人体免疫力，减少幼童夭折情况的发生
5元人民币	用于购买一套供60名儿童使用的碘盐食用情况检测用具。食用碘盐可预防儿童碘缺乏症以及由此导致的生长期儿童智力发育不良现象
10元人民币	为一名新生儿购买乙肝疫苗
20元人民币	为一名农村小学生提供两部教科书（语文和数学）和足够他（她）使用的笔记本
200元人民币	使一名孕妇能够得到当地医院提供的全面产科护理，包括孕期保健和助产，从而全面保障产妇及新生儿的安全
500元人民币	用于购买一个“箱子学校”小学教具包。教具包中备有40种教具，足够供一间教室的一至四年级小学生共同使用
1 660元人民币	用于购买一套供教师在紧急情况下使用的基础教学设施，以确保学生在当地遭受自然灾害后仍能正常就学
3 000元人民币	支付一系列医疗服务，包括注射疫苗和相关医护措施，使120名新生儿安全接种乙肝疫苗

3. 包装特点。完全沿袭欧美国家的做法有一定劣势，不符合我国消费者的购买习惯，即只能成包购买，不能单张购买。

（三）目标市场分析

参见表15－3。

表 15－3　目标市场与消费动机分析

<table>
<tr><th>目标市场</th><th>消费动机</th><th>选择理由和用途</th></tr>
<tr><td>企业 65%：包括外资、独资、民营等各类企业</td><td>人道主义需要：资金雄厚，愿意参与公益事业，出于强烈的道德责任而购买贺卡
满足虚荣心的需要：提升自身的价值，树立企业的良好形象
得到别人承认的需要：努力提高企业的社会地位，或者提高企业在同行业中的威望</td><td>多数为购买外送
少数为自购使用</td></tr>
<tr><td>散户 35%：包括一些外国团体、外国人士及我国有条件的个人消费者（多接受过正规教育，更多地从事于专业或经理工作）</td><td>习惯者：慈善的观念已经深入人心，这些人购买贺卡仅仅是出于习惯而没有真正的原因，他们只是认为自己应该这样做。通过参与慈善事业，他们会感觉好
被打动：他们会因为得知有些地区的儿童还处在困难中而难过，他们真心愿意帮助儿童</td><td>多数为自购使用
少数为购买外送</td></tr>
<tr><td colspan="3">在儿基会，营销者只是要求消费者付出两项成本：
1. 经济成本，即消费者为慈善事业直接捐赠金钱，或是自己直接购买贺卡。
2. 放弃已有的思想、价值观和世界观，通过对贺卡的销售宣传儿基会的宗旨。</td></tr>
</table>

三、UNICEF 贺卡营销战略

第一，贺卡募捐主旨：购买联合国儿童基金会的贺卡，帮助中国贫困儿童。

第二，资金支持：2004 年中国 12 个城市拨款共计 44 100 美元，361 620 元人民币（汇率），北京地区只限 3 万元人民币。

第三，筹资目标：2004 年的募捐量实现大于 13% 的增长，即 317 682. 55 张 [281 135 × （1 + 13%）]，约为 32 万张。募捐所得达到 1 760 000 元人民币，用于中国项目的开展。其中，作为儿基会在中国开展贺卡项目 12 个城市之一的北京，贺卡募捐量计划达 3 万张。

第四，募捐手段：在营销组合改善的前提下，对现有销售渠道进行必要的调整，采取公关、广告等手段，最终实现营销策划的目标。

第五，组织规划。

第一阶段：准备阶段。

（1）人员招募。由于作为儿基会贺卡项目的志愿者，可以使志愿者获得经验，有利于最后找到“正规”的有薪酬的工作，同时可以使其通过接触他人和参与各种活动提高自身的生活质量。所以人员招募的信息不用大范围的宣传就可以取得效果，只是管理者在招聘时需强调具有交流能力，目的在于降低消费者对机构贺卡销售的不理解而影响营销。发布人员招募信息，要产生两项费用：

①利用合作伙伴关系：中国日报、北京青年报免费为其做广告宣传。

②互联网：与“招聘网”进行合作，让其在网上发布信息，费用为300元人民币（由于网络的特殊性，其宣传效果是覆盖全国的，但费用支出由北京地区承担）。

（2）价格策划。由于儿基会驻华办事处隶属于UN总部，在贺卡价格的改变上无权做出让步，因此对价格的策划最终“流产”。

（3）开展电子商务。随着电子商务的普及，儿基会可以利用网络用户多、覆盖面广、传输速度快的环境，以及其直接性、及时性的特点，加大自身宣传力度，扩大社会影响力，选择一家点击率高的网站进行合作，本着为儿童服务的精神，在贺卡旺季时利用其税收减免的有利条件，对外宣传自己。但是不实行网上销售，主要是因为网上销售往往给消费者很大的折扣，比市场价格还低，而儿基会贺卡需要遵循总部统一管理，贺卡价格不能变动。

第二阶段：实施阶段。

（1）全面落实第一阶段的各项工作。

（2）办公室人员组成评估小组，应对具体情况，使营销策划得以顺利实施。

第三阶段：总结阶段。对整个营销策划的实施做出一个全面、客观、真实的评价，为下一年的工作奠定良好的基础。

四、UNICEF贺卡营销策略

（一）产品

1. 贺卡退“还”。

（1）背景实施：对老客户、订购量大的客户实行有条件退“还”的决定。

（2）实施目的：以促进客户的大批量购买。

（3）实施前景：由于UNICEF贺卡是成包出售，企业往往都是成批量购买，往往不会因一张、两张的贺卡花费大量的时间与办事处联系退卡，更何况贺卡购买本身是一种慈善事业，企业不会因此而有损形象。

（4）费用产生：退还而产生的费用由对方承担，这主要是因为企业购买儿基会贺卡可以免税。

2. 贺词服务。

（1）背景实施：对于贺卡消费者，往往因写贺词而苦恼，儿基会为这部分需要服务的消费者提供中英文贺词服务。

（2）实施目的：以贺词吸引消费者。

（3）费用产生：《贺卡英语》12.5元人民币，书内有中英文对照的贺词。

（二）分销

由于儿基会资金有限，所以贺卡的销售必须求助他人，以获得其他机构的支持与协助，使少量的资源充分发挥作用。

方案一：在各新华书店内设置贺卡出售点。

(1) 形成原由：演绎贺卡文化，以文化吸引消费者。

(2) 背景实施：提前挑选出带有浓郁文化特色的贺卡，如新年卡、长寿卡和中式卡，这三种贺卡主要吸引中老年人、有一定经济基础的消费者；欧式卡和特殊卡两种贺卡，主要吸引追求个性、时尚，崇尚西化的年轻者及白领一族，以及爱好和平的人士。

(3) 时间：建议在贺卡旺季的 11 月底到 12 月底开展，争取新华书店的理解、支持与合作，在书店内专设柜台义卖贺卡。

(4) 人员：从招募的志愿者中选出，要求有一定的教育背景，最好有教师及图书售卖的经验。这是因为，老师的背景在消费者中容易建立可信度，而图书类售卖工作的经历可以适时掌握贺卡在书店的售卖情况。为了增强信任感，志愿者穿印有儿基会标志物的制服进行贺卡募捐。

(5) 特别小贴士：做一“贺卡来历”的海报，宣传贺卡文化，以吸引消费者的注意。

(6) 费用：海报费用 300 元。争取书店的合作，免租金。

2 名志愿者/50 元 ×30 天 =3 000 元人民币

方案二：在各大酒店、写字楼内设置贺卡出售点。

(1) 设点原由：消费者经济基础好，儿基会贺卡在这一消费群体中有一定的知名度。同时，由于儿基会在住宿、开会、培训时与各大饭店有业务来往，因此可以与其商量免费提供场地。而通过与一些国外旅游者的接触发现，国外旅游者总是保留着一些他们可能永远不会再用的外国货币，儿基会在各大酒店设置募集箱，请旅游者把这些余钱捐赠出来，以“轻装回国”。

(2) 实施背景：与酒店写字楼协商免费提供场地，选取以特殊卡为主打，发放贺卡集锦为辅的售卖方式。原因旨在宣传一种人际沟通的新方式，利用一些感谢卡、道歉卡在繁忙的工作之余开展沟通。此外，各大酒店、写字楼的客户多以大企业为主，往往以“团购”的方式支持儿基会的贺卡售卖，而贺卡集锦的提供，恰好为客户提供了一个贺卡展示的机会，最大程度地宣传了贺卡。

可喜的是，机构已经与一些饭店谈妥，如昆仑饭店、京广中心，对方为儿基会提供免费场地。

(3) 费用：1 名志愿者 1500/［50（元）×30（天）］元人民币。计划在 5 家写字楼或饭店出售，费用为 7 500 元人民币（5 ×1 500）。

方案三：直复营销。

(1) 特性：通过电话等沟通工具，跨过中间环节直接面对终端消费者，进行面对面沟通，直接面对较分散的目标客户或者直接针对大宗购买的消费者。

（2）对潜在消费者：直邮目录；对忠诚客户：进行电话沟通，适当时由儿基会贺卡部办公室人员亲自拜访。

（3）费用：电话费由机构支付；车辆属于机构，行政部门免费为其提供用车。

方案四：与某知名电器连锁店（国美、大中或苏宁）进行合作。

（1）合作原由：通过与某电器制造商沟通，促进其连锁店卖场销售 DVD、电视的厂家为儿基会进行宣传。

（2）合作方式：儿基会提前向连锁店提供影像资料，但需要由儿基会一方进行监督，以免部分厂家将光盘拿走制售盗版以求牟利。机会允许时，为儿基会设置免费柜台，在旺季时进行贺卡售卖。

（3）费用支出：4 名志愿者，每人每天 50 元，每人工作 15 天，每人需 3 000 元。

（三）广告宣传

1. 广告理念：宣传 UNCIEF 贺卡的意义，追随儿基会第一张贺卡面世的场景展开，营造出一种“怀旧”的氛围。

2. 广告制作：继续由儿基会驻华办事处常年合作伙伴宁瀛导演进行广告制作。

3. 广告播放：与麦当劳连手，在各连锁餐厅内播放。

（1）2003 年，麦当劳曾与“中国宋庆龄基金会”在工人体育场举行过一场慈善晚会，充分显示了麦当劳参与慈善事业的决心，而 UNICEF 对宋庆龄基金会工作开展的帮助，可以促成麦当劳与 UNICEF 的合作。

（2）麦当劳的连锁餐厅都有电视机和录像机，节省媒介费用。而麦当劳的受众多为儿童，恰好应对了儿基会慈善事业的发展。

（3）麦当劳与 UNCIEF 的合作，不仅可以提升自身的社会形象，还可以扩大贺卡在北京地区的影响。

（4）播放：销售旺季 12 月的前半个月，如果效果好可以与麦当劳商议设置出售点，UNCIEF 需提前准备出带有爱心式样的“爱心卡”。

4. 费用：由于儿基会设有对外宣传部，因此这部分费用由宣传部支付。

（四）公关沟通

事件一：北京的五六月正值高校毕业生择业的关键时期，儿基会此时能够在高校中开展征集 UNICEF 贺卡营销方案活动，不仅可以得到媒体的关注，最重要的是，方案一经采纳，儿基会将为学生免费提供大学期间的社会实践机会。由此 UNICEF 可以在社会上扩大影响，同时吸取到优秀方案。

（1）过程：在实习过程中此项策划已经转为在社会上招募志愿者。

（2）结果：已经在六月初时对应聘者进行了面试与笔试，让应聘者通过对儿基会的了解，制定出自己的贺卡募捐方案。

事件二：征召儿基会贺卡公益事业北京办事处的亲善大使，利用名人效应进行贺卡募捐。

（1）前期准备：建议征召演艺圈内明星夏雨作为亲善大使，主要是因为夏雨活泼健康的形象深受大学生等年轻消费者的欢迎与追捧，而其青春形象可以帮助儿基会在各大高校校园内开展贺卡募捐活动。此外，从志愿者中选取一名优秀志愿者，从自身参与儿基会贺卡募捐的感触为出发点，向公众宣传儿基会的良好形象。

（2）形成原由：每年，儿基会都在首都体育馆或是工人体育场举行慈善晚会，但媒体往往更关注于艺人本身，却非他们所从事的慈善事业，需要对记者的采访内容加以调整。

事件三：贺卡新样式2004年度媒体见面会暨答谢会。

（1）形成原由：北京的5月，主流媒体先后发布了胡润版的《2004中国大陆慈善家排行榜》和《福布斯》中文版的“2004中国慈善榜”，使还显得有些新鲜的“慈善”一词一时间变得炙手可热，虽然两榜的结果不尽相同，但是充分显示了我国企业家对全社会的责任。UNICEF可以利用两榜公布的名单，邀请相关企业参加2004年度的贺卡新样式揭晓活动。使公众及媒体知道儿基会提供什么样的帮助（服务），及通过帮助儿童所产生的积极影响，从而塑造社会形象。

（2）地点与花费：盈科中心免费为贺卡销售提供场所，同时利用主流媒体的支持，让其免费为此次活动进行宣传报道。在报纸杂志上可以以谈话类的方式，对儿基会贺卡募捐部的工作人员或志愿者进行采访，对外宣传儿基会的宗旨。儿基会只需提前制定出贺卡捐助目录，在见面会上发放，造就声势。目录书列出各个捐赠者的单位、资助水平，前提是得到捐赠者的同意方可公开。

对重要的个人捐赠者——一些俱乐部、商会进行合作，给予这些个人捐赠者以回报，免费授予不同团体的会员资格。那些以慷慨大方著称的大企业是极好的筹资对象，尤其是儿基会作为一家联合国背景的非营利组织，可以使企业在捐助的过程中有一种与儿基会同处一个层次的满足感。

（3）媒体支持：利用常年合作的媒体加强自身的对外宣传。

（4）礼品费用：1 000元。

（五）旺季市场推广

第一浪潮：软性文章诉求跟进，把产品铺进消费者的心中，让消费者乐得购买。

在铺货率达到80%时，进行广告宣传的媒体配合。根据前期的实习得知，消费者对儿基会的贺卡售卖所知甚少，因此有必要适时开展媒体宣传。

（1）全面介绍儿基会售卖贺卡的意义。

（2）将上一年贺卡筹集款的用途向公众进行公布。

媒体报道时间为12月11日至12月20日，以10天为一个媒体组合，打出一个小高潮，以配合后续推广工作的开展和深入。

第二浪潮：铺货，把产品铺到消费者的面前，让消费者见得到。

（1）要求：采用渠道策略的方式进行渠道渗透。

（2）时间：12月12日~12月31日，铺货应达到预期铺货率的80%以上。

（3）地点：各大饭店、写字楼的大厅区域，计划在五个地方。

（4）费用：与“渠道策划”的方案二结合，不再产生费用。

五、UNICEF贺卡营销控制

（一）产品的特殊性

作为一项营销策划，是对未来活动进行超前的预测，对最后能卖出多少是未知的，所以存在风险。表15-4的财务分析表就是在预测儿基会贺卡募捐所产生费用的情况下，以预计的募捐所得减去计划中的花费制作而成的。客观地讲，非营利组织的投入产出一般难以直接准确地测量。

表15-4 联合国儿童基金会贺卡项目财务分析表 单位：元

项 目	行次	本年实际数	上年实际数
一、主营业务收入	1	225 000.00	
减：主营业务成本	4	60 000.00	
主营业务税金及附加	5	0.00	
二、主营业务利润（亏损以“-”号填列）	10	165 000.00	0.00
加：其他业务利润（亏损以“-”号填列）	11	0.00	
减：营业费用	14	0.00	
管理费用	15	24 312.50	
财务费用	16	0.00	
三、营业利润（亏损以“-”号填列）	18	140 687.50	0.00
加：投资收益（亏损以“-”号填列）	19	0.00	
补贴收入	22	0.00	
营业外收入	23	0.00	
减：营业外支出	25	0.00	
四、利润总额（亏损以“-”号填列）	27	140 687.50	0.00
减：所得税	28		
五、净利润（亏损以“-”号填列）	30	140 687.50	0.00

（二）具体财务分析

1. 主营业务收入＝30 000（张）×7.5（元）＝225 000（元）（反映机构经营主要业务所取得的收入总额）

2. 主营业务成本＝30 000（张）×2（元）＝60 000（元）（反映机构经营主要业务发生的实际成本）

3. 管理费用＝刊物费200（元）＋网上信息发布费300（元）＋贺词参考费12.5（元）＋贺词印刷 9 000（元）＋海报制作费300（元）＋礼品费 1 000（元）＋办公室志愿销售人员费用3 000＋7 500＋3 000＝2 4312.5（元）（反映机构发生的管理费用）

其中，志愿者销售人员的费用是儿基会贺卡募捐部对志愿者交通、伙食的补助。

综上所述，此策划方案筹款所得为 140 687.5 元。

本章内容小结

本章阐明非营利组织的概念及其基本属性；阐述非营利组织的作用领域、导入营销原理的必要性与局限性；分析非营利性营销的运营模式，强调其营销运营的关键环节；提出非营利性营销策划与执行技术。

■ 非营利组织，是指不以营利为目的，向社会提供服务，为实现公共目标而存在的组织，包括学校、慈善机构、宗教机构、合作团体、社会组织和市民俱乐部等。营销原理的导入，使非营利组织摆脱松散、懈怠的官僚习性，对环境变化更加敏感，对客户需求及时作出反应，能够全面提高执行效率。

■ 非营利性营销运营模式与营利性营销运营模式基本相同，只是营销行为的出发点和指向性有一定的区别。非营利性营销运营涉及六个关键环节，具有一定的营销特征。

■ 非营利性营销策划与执行不是靠“利润动机”的驱使，而是靠“使命”的凝聚力和引导，其营销行为能够反映社会需要且获得外部环境的支持，并实现其内部营销的协调运行，尽管不是追求利益最大化，却作为公益品供给者追求社会效益，其策划与执行同样要明确要义、规划方案、讲求效率。

【本章研习：非营利性营销技术】

研习目标：通过学习、训练掌握非营利性营销与营利性营销的区别，研究非营利组织营销战略与策略的运营规律。

研习内容：

■ 实地调研

选择一个非营利性医院（或非营利性教育机构）作为调查对象，该医院的运营现状表明：骨科和皮肤科的就诊病人与过去相比逐年下降，医院的主管人员丝毫没有意识到就诊病人会下降，医院也没有任何资料可以提供线索说明病人下降的原因。为什么就诊病人下降仅限于骨科和皮肤科，究竟这种下降是个案现象，还是普遍趋势？医院需要引入市场营销原理。

■ 小组讨论

非营利性医院的营销理念与营销宗旨、资源运营机制、战略选择与战略定位、营销目标与营销策略。

■ 提交研究报告

阐述我国市场环境下非营利性医院的营销模式，明确存在的主要问题，并就“社会服务性角色”、“产品价格”、“募捐筹款”等方面提出策划方案。

■ 展示研习成果

以小组为单位交流研习成果，质疑问题，进一步整合研究报告的内容，最后将报告提交医院，请相关人员予以评价。

研习检测：满分 10 分

实地调研过程（3 分）；研究分析报告（4 分）；研习成果展示（3 分）。